Hans Jansen

Mohammed

Hans Jansen

Mohammed

Eine Biographie

Aus dem Niederländischen von
Marlene Müller-Haas

Verlag C.H.Beck

Die niederländische Originalausgabe erschien in zwei Bänden mit den Titeln
«De historische Mohammed. De Mekkaanse verhalen» (2005)
und «De historische Mohammed. De verhalen uit Medina» (2007)
im Verlag De Arbeiderspers in Amsterdam, Antwerpen

Für die deutsche Ausgabe wurden Vorbemerkung, Einleitung,
Epilog und bibliographische Hinweise neu verfaßt.

Die Übersetzung dieses Buches wurde gefördert
vom Nederlands Literair Productie- en Vertalingenfonds.

Mit 19 Abbildungen

Satz: Kösel, Krugzell
Druck und Bindung: CPI – Ebner & Spiegel, Ulm
Gedruckt auf säurefreiem, alterungsbeständigem Papier
(hergestellt aus chlorfrei gebleichtem Zellstoff)
Printed in Germany
ISBN 978 3 406 56858 9

www.beck.de

Inhalt

Transkription, Aussprache und Zitierweise

Da es im Arabischen (wie im Deutschen) mehr Laute als arabische oder lateinische Buchstaben gibt, lassen sich Namen und Begriffe auf verschiedene Weise transkribieren. Am konsequentesten wäre es, die wissenschaftliche Transkription zu verwenden, die wegen der vielen diakritischen Zeichen jedoch nur Fachleute richtig lesen können. Wer Arabisch kann, braucht keine exakte Transkription, und wer kein Arabisch kann, hat nichts von ihr. Ob man den Namen des Propheten nun «Mohammed», «Mouhammad», «Muhammad», «Mahomet» oder noch anders schreibt, ist letztlich eine Frage der Konvention.

Dieses Buch folgt einer vereinfachten Transkription. Der Zirkumflex bezeichnet lange Vokale (langes *â* im Gegensatz zu kurzem *a*). Hat das Wort nur einen langen Vokal, so trägt dieser in der Regel die Betonung. Das *r* bezeichnet das gerollte Zungenspitzen-*r*, während mit *gh* das deutsche Zäpfchen-*r* wiedergegeben wird; *k* entspricht dem deutschen *k*, während *q* ein kehliges, dunkles *k* (nicht *qu!*) bezeichnet; *ch* lautet wie das harte deutsche *ch* in «Bach»; *th* entspricht dem englischen *th* wie in «thing», *dh* dem englischen stimmhaften *th* wie in «the»; *s* ist immer stimmlos wie das deutsche *ss*, auch am Wortanfang, *z* dagegen immer stimmhaft wie in «Sonne». Das *h* ist immer ein hörbarer Konsonant und kein Dehnungsbuchstabe (z. B. in «Mahdi»). Das nach links offene Häkchen ʾ bezeichnet einen Stimmabsatz (wie in «Seeʾufer»), während ein ʿ ein für Nichtaraber schwer aussprechbarer, stimmhafter Knarrlaut ist. Im Deutschen gut eingebürgerte Namen und Begriffe wie «Mohammed» oder «Kaaba» werden in der im Deutschen üblichen Schreibweise wiedergegeben.

Der Koran wird nach der deutschen Übersetzung von Rudi Paret zitiert. Wo davon abgewichen wird, ist dies gekennzeichnet. Die in runden Klammern gesetzten Bemerkungen stammen vom jeweiligen Übersetzer.

Zitate aus der Mohammed-Vita des Ibn Ishâq wurden aus dem Niederländischen ins Deutsche übertragen, da es derzeit keine verläßliche deutsche Gesamtübersetzung gibt. Die Stellenangaben beziehen sich auf die englische Übersetzung von Alfred Guillaume, die auch dem deutschen Leser empfohlen sei. Da am Rand dieser Übersetzung die Seitenzahl des arabischen Originals angegeben wird (in der von Ferdinand Wüstenfeld herausgegebenen Ausgabe von 1858–1860), wurde hier auf die zusätzliche Stellenangabe zum arabischen Text verzichtet.

Die Bibel wird, sofern nicht anders angegeben, nach der Übersetzung Martin Luthers in der revidierten Fassung von 1984 zitiert.

Einleitung

Wer war Mohammed?

Was für ein Mensch war Mohammed? Die islamische Überlieferung gibt darauf verschiedene Antworten, die sich teilweise widersprechen. Einerseits war Mohammed ein Mann, der das absolute Vertrauen seiner Umgebung genoß und daher auch gelegentlich *al-amîn*, der Zuverlässige, genannt wurde. Andererseits wußte er in Mekka seine Umgebung so gegen sich aufzubringen, daß seine Mitbürger ihn und seine Jünger ächteten. Das Ende vom Lied war, daß Mohammed und sein Anhang im Lauf des Jahres 622 die Stadt Mekka verließen. Nachdem alle Muslime, einschließlich Mohammed, bereits von Mekka nach Medina aufgebrochen waren, soll ʿAlî, der Pflegebruder, Schwiegersohn und Vetter Mohammeds, noch drei Tage lang mit der Rückgabe von allerlei Gütern beschäftigt gewesen sein, die von ihren Besitzern zur Sicherheit bei Mohammed deponiert worden waren.[1] Diese Eigentümer können keine Muslime gewesen sein, denn sonst wären sie ja vermutlich bereits auf dem Weg nach Medina gewesen. Dennoch hatten sie der Geschichte zufolge einen großen Teil ihrer Habe Mohammed anvertraut. Nach der islamischen Überlieferung war Mohammed also offenbar sowohl beliebt als auch unbeliebt.

Vergleichbares gilt auch für Jesus: Wenn er predigte, strömten «große Scharen» herbei, und als er in Jerusalem einritt, wurde er so begeistert empfangen, daß in den Augen derjenigen, die nicht in den Jubel einstimmten, die öffentliche Ordnung gestört wurde. Aber nur eine Woche nach diesem triumphalen Empfang verlangte eine Menschenmenge, die sich vor dem Palast des Statthalters Pontius Pilatus versammelt hatte, Jesus zu kreuzigen. Er wurde also von vielen Menschen abgelehnt.[2] Waren Jesus und Mohammed bei ihren Zeitgenossen und Mitbürgern nun beliebt oder nicht? Wer diese Frage beantworten möchte, stößt sofort auf ein Problem. Außerhalb der christlichen beziehungsweise der islamischen Tradition existiert nur wenig Material, das zu einer zuverlässigen Antwort führen könnte. Außerdem kann sich das Renommee von Menschen, die im Zentrum des öffentlichen Lebens stehen, besonders schnell ändern. Wer sich in der Öffentlichkeit exponiert, hat immer auch Feinde. Das gilt vor allem für die Gründer neuer religiöser Bewegungen. Es gibt daher zwei widersprüchliche Wahrheiten: Nichtmuslime in Mekka ärgerten sich über Mohammed, und gleichzeitig war Mohammed sogar bei Nichtmuslimen eine angesehene Persönlichkeit. Letzteres ist in der islamischen Apologetik ein wichtiger Topos. Aber wie kann jemand mit einem so gewaltigen Ruf, fragt sich ein Außenstehender schnell, aus der Stadt gejagt werden? Ähnliches gilt im Falle Jesu. Wie kann jemand, dessen Einzug in Jerusalem ein so aufsehenerregendes, fröhliches Schauspiel war, in der Woche darauf, unter anderem auf Verlangen der Öffentlichkeit, hingerichtet werden? Auch die religiösen Traditionen sehen dieses Problem und versuchen, es zu klären, indem sie über die Feinde von Jesus oder Mohammed Geschichten erfinden. Mitunter jedoch widersprechen sich die Erzählungen. Welche ist nun die wahre? Ist sie überhaupt erhalten? Wenn mehrere Berichte über ein Ereignis überliefert sind, kann es immer noch sein, daß die «wahre» Geschichte verlorengegangen ist.

Die ersten Generationen von Gläubigen hatten offenbar kein Problem damit, Geschichten zu erzählen, die keine Erinnerung an ein historisches Ereignis enthalten, sondern nach moderner Auffassung Predigten in Form von Erzählungen sind. Spätere Generationen waren bisweilen nicht in der Lage, die fromme Tendenz der Geschichte zu durchschauen, sondern wollten nur allzugern glauben, daß sich alles tatsächlich so ereignet hatte. Das bekannteste Beispiel für dieses Genre ist wahrscheinlich das Gleichnis vom barmherzigen Samariter, das im Neuen Testament von Jesus erzählt wird. Sogar der Verfasser bezeichnet es ausdrücklich als eine Predigt in Geschichtenform. Trotzdem kann der heute aus Jerusalem kommende Reisende an der Straße nach Jericho auf der rechten Seite die Herberge bewundern, in der sich alles zugetragen haben soll. Für moderne Leser und areligiöse

Menschen ist der Unterschied zwischen einem historischen Bericht und einer «Predigt in Geschichtenform» wichtig. Für gläubige Menschen ist er eher unerheblich. Es ist ausschließlich die moderne, sachliche Neugier, die wissen möchte, wie es war und was sich wo und wann ereignet hat. Niemand weiß heute genau, welche Erzählungen über Mohammed wahr sind und welche als fromme Erfindung verstanden werden müssen. Vielleicht wird es in einigen Jahrhunderten dank der Arbeit von Archäologen mehr Sicherheit in die eine oder die andere Richtung geben. Aber derzeit, im einundzwanzigsten Jahrhundert, haben wir diese Sicherheit nicht. Wer fromm ist und gern alle traditionellen Erzählungen über Mohammed glauben möchte, sollte dieses Buch daher besser aus der Hand legen. Aber auch wer sehr kritisch ist und meint, daß alle Geschichten über Mohammed erlogen seien, kann seine Zeit besser nutzen, denn auf jeder Seite wird der Möglichkeit Rechnung getragen, daß ein Teil der überlieferten Geschichten auf wahren Ereignissen beruht. Leider weiß nicht einmal der größte Optimist, welcher Teil das ist.

Die religiöse Bedeutung der Erzählungen über Mohammed hängt nicht von der Frage ab, ob sie sich tatsächlich so ereignet haben. Für den, der zu glauben wagt, daß diese Geschichten (einschließlich der von der Offenbarung des Korans) wahr sind, wird das Leben durchschaubarer, aber nicht unbedingt leichter, stellen sie doch Forderungen an den Gläubigen. Die Frage ist, ob es sich für ihn lohnt, den Vorbildern nachzueifern, die in diesen Erzählungen erwähnt werden. Wer dem überlieferten Vorbild Mohammeds folgen möchte, sollte Muslim werden oder Muslim bleiben. Wer dies ablehnt, lehnt damit im Grunde den Islam ab. Er kann nicht, oder nicht länger, als Muslim gelten. Bei der Entscheidung, ob man religiösen Vorbildern folgen möchte, kann die Wissenschaft keine große Hilfe sein. Religiöse Führer, die Verantwortung für ihre Gemeindemitglieder tragen, denken anders darüber, aber ein wissenschaftliches Buch über religiöse Leitbilder kann kaum viel Böses anrichten. Religionssoziologen haben festgestellt, daß sich so gut wie jeder in religiösen Fragen vom Beispiel seiner Freunde oder Verwandten leiten läßt, nicht von Büchern oder anderen Veröffentlichungen.

Ohnehin kann die Wissenschaft Glaubensinhalte weder beweisen noch widerlegen. Angenommen, es könnte bewiesen werden, daß Jesus von Nazareth zu Beginn unserer Zeitrechnung tatsächlich in Palästina lebte und im Auftrag des damaligen römischen Statthalters Pontius Pilatus gekreuzigt wurde, dann wäre damit nicht gleichzeitig belegt, daß Gott, wie ihn die Kirche beschreibt, tatsächlich existiert und die Dogmen der Kirche ein Segen für die Menschheit sind. Aber auch das Gegenteil gilt. Wenn bewiesen würde, daß Jesus nicht gelebt hat, dann sagte das noch nichts über den positiven Wert aus, den die Lehre der christlichen Kirche für das Leben eines Menschen haben kann.

So ist es auch beim Islam. Muslime sind zwar weniger vertraut mit solchen Argumentationen, und muslimische Theologen wollen damit, wahrscheinlich zu Recht, wenig oder gar nichts zu tun haben. Aber auch hier gilt: Wenn bewiesen werden könnte, daß Mohammed gelebt hat, wäre damit noch längst nicht bewiesen, daß der Islam Gottes höchsteigene Religion ist. Und umgekehrt könnten die Verhaltensregeln, die der Islam den Menschen gibt, auch dann göttlichen Ursprungs sein, wenn es Mohammed nie gegeben hätte. Wenn sich Gott durch einen Propheten offenbaren kann, dann kann er sich auch in irgendeiner anderen Weise offenbaren. Er könnte seinen Willen beispielsweise auch durch die Initiierung einer Tradition von Geschichten zum Ausdruck bringen, die diese Verhaltensregeln vorschreibt. Eine solche von Gott gestiftete Sammlung von Geschichten würde dann beispielsweise verkünden, es habe einmal einen Propheten gegeben, der Gottes Gesandter schlechthin gewesen sei, und wer den Vorschriften aus den Geschichten über diesen (imaginären) Propheten folge, werde beim Jüngsten Gericht verschont werden.

Mekka und Medina

Was hat Mohammed in Mekka erreicht? Es gelang ihm, eine neue religiöse Bewegung zu gründen, der sich eine große Zahl von Mekkanern anschließen wollte. Diese Bewegung kannte, wie das rabbinische Judentum, nicht nur detaillierte Speisegesetze, sondern auch immer mehr allgemeine Verhaltensregeln, und es gelang ihr, wie dem Judentum, ihren Anhang zu einer großen Loyalität gegenüber diesen Regeln zu bewegen. Außerdem war diese Bewegung, wie das Christentum, missionarisch, das heißt, ihre Anhänger sahen in einem Außenstehenden keinen potentiellen Feind, sondern einen potentiellen Glaubensbruder. Auf diese Weise wurden die starken Seiten des Judentums und des Christentums kombiniert: Loyalität gegenüber den Verhaltensregeln der eigenen Gruppe und ein uneingeschränkter Enthusiasmus für Ausbreitung und Expansion.

Hierzu ist eine Randbemerkung nötig. Moderne gebildete areligiöse Menschen empfinden heute keine Hochachtung mehr vor einem Missionierungsstreben. Etwas, das jahrhundertelang als starker Pluspunkt einer Bewegung gegolten hat, besitzt in heutiger Zeit keinen hohen Stellenwert mehr. Auch Loyalität gegenüber Verhaltensregeln wird längst nicht mehr nur positiv bewertet. Es fällt heutigen Menschen schwer, Regeln und Gesetze als Kern einer Religion zu sehen. Auch Loyalität gegenüber einer Gruppe, in der Antike ein notwendiger Überlebensmechanismus, wird heute schnell als Chauvinismus oder Überlegenheitswahn interpretiert. So werden die beiden damals positiv besetzten Grundsätze Missionierungsstreben und Gruppenloyalität, die den Islam geprägt haben, gegenwärtig meist negativ bewertet.

Mohammed konnte seine Anhänger dazu bewegen, Mekka zu verlassen und nach Medina zu emigrieren. «Auswanderung» ist die Übersetzung des arabischen Wortes *hidschra*, aber Hidschra meint nicht die Auswanderung aus wirtschaftlichen Gründen, an die wir heute meist denken. Die Muslime, wie sie sich mit der Zeit selbst nannten, emigrierten nach Medina, um diese Stadt, und danach den Rest der ihnen bekannten Welt, fundamental zu verändern und zu islamisieren. Das ist ihnen gelungen. Innerhalb eines Jahrhunderts haben die Muslime die Welt erobert, eine Welt, die vom heutigen Portugal bis zum heutigen Pakistan reichte. Die Eroberungen bedeuteten nicht, daß jeder in diesem immensen Gebiet Muslim geworden war, sondern daß in der gesamten Region die Überlegenheit und

Autorität des Islam anerkannt wurde, also auch Nichtmuslime die Regeln respektierten, die der Islam aufgestellt hat. Wie man dies auch bewerten mag, es bleibt eine herausragende Leistung.

Nach der traditionellen Umrechnung in die christliche Zeitrechnung lebte Mohammed von Ende September 622 bis zu seinem Tod im Juni 632 in Medina.[3] In diesem Zeitraum war er nicht mehr nur der Gründer einer neuen religiösen Bewegung. Die gesellschaftlichen Bedingungen erzwangen eine Ausweitung seiner Rolle. Von Medina aus ist es ihm gelungen, aus dem politisch zersplitterten Arabien allmählich einen Staat zu schaffen. In Medina trat Mohammed, gezwungenermaßen oder freiwillig, nicht nur als Prophet auf, sondern immer mehr auch als Staatsmann. Die Situation erlaubte es nicht, klar zwischen Mohammed, dem religiösen Führer, und Mohammed, dem Inhaber politischer Macht, zu unterscheiden.

Ob die Ereignisse in Medina, von denen die Tradition berichtet, tatsächlich stattgefunden haben, ist ungewiß. Die wissenschaftliche Diskussion darüber ist gerade erst in Gang gekommen und wird durch allerlei politische Rücksichtnahmen behindert. Einiges wird dabei auf den Kopf gestellt, und trotzdem kann man noch immer auf Medina sehen und einfach glauben, daß vieles, wenn nicht alles von dem, was wir vernehmen, «wirklich geschehen» ist. Die Ereignisse in Medina sind gewöhnlicher und alltäglicher als die in Mekka. Es wird reichlich Krieg geführt, ein harter Machtkampf ist im Gange, und es fließt viel Blut. Man kann sich von vielen Begebenheiten gut vorstellen, daß sie auch ohne göttliches Eingreifen in etwa so verlaufen sein könnten, wie es uns die Erzähler überliefern. Gleichzeitig sind die Hinweise, daß auch die mit Medina zusammenhängenden Erzählungen kritisch betrachtet werden sollten, doch zu stark, um sie völlig ignorieren zu können.

Die Mekka-Geschichten enthalten dagegen viel weniger konkrete weltliche Ereignisse. Doch sogar wenn wir daneben stünden, ließe sich nicht sagen, ob jemand eine Offenbarung empfängt, ob er einen Engel sieht oder ob es ihm gelingt, einen Dämon zum Islam zu bekehren. Mit den militärischen Kampfhandlungen in Medina ist das meist anders. Gelegentlich beteiligen sich zwar auch dort der Überlieferung zufolge Engel am Geschehen, aber eine große Zahl der Geschichten kommt ohne überirdisches Eingreifen aus. Vielleicht ist es eine Kompensation für den «gewöhnlichen» Charakter der Medina-Geschichten, daß Mohammed in diesen Erzählungen regelmäßig als Hellseher und Wundertäter dargestellt wird, der beispielsweise, genau wie Mose, Wasser aus den Felsen schlägt.

Es gibt Wissenschaftler, die meinen, daß alle Berichte, sowohl die aus Mekka wie die aus Medina, Literatur seien, das heißt erdacht von Geschichtenerzählern, die vor allem ein Interesse an der religiösen und politischen Botschaft hatten: kurze Erzählungen, die nur die Kulisse (Mekka, Medina) und die Hauptperson (Mohammed) gemeinsam, aber darüber hinaus wenig Verbindung miteinander hätten. Einige Erzählungen sind tatsächlich in sich sehr brüchig oder offensichtliche «Predigten in Geschichtenform», und zahlreiche Geschichten enthalten Ungereimtheiten, die sich meist auch nicht als Wunder erklären lassen. Es kommt beispielsweise vor, daß ein Bericht mit vielen Details ausgeschmückt wird, der Erzähler aber, sobald die erbauliche Botschaft formuliert ist, jedes Interesse an seinen Protagonisten verliert und die Geschichte im Telegrammstil zu Ende bringt oder sogar abrupt abbricht. Einige Geschichten sind wirklich schön, werden für moderne Leser dadurch aber nicht glaubwürdiger. Manche der Figuren erscheinen als starke Charaktere, von denen man gern mehr wissen möchte, die aber nach ihrem ersten Auftritt verschwinden. So ist es zum Beispiel kaum vorstellbar, daß Dschuwairiyya, eine von Mohammeds Ehefrauen, nicht auch später versucht haben sollte, Einfluß auf die Ereignisse zu nehmen.

Externe Zeugen

Über Mohammed sind keinerlei Berichte erhalten, die nicht aus der islamischen Tradition stammen. All unser Wissen über Mohammed hat seinen Ursprung in der islamischen Überlieferung. Selbstverständlich hat das bei kritischen Historikern grundsätzliche Fragen provoziert, wie sie auch regelmäßig zu Jesus gestellt wurden: Hat es

Mohammed wirklich gegeben? Wäre es, wenn es ihn wirklich gegeben hätte, nicht naheliegend gewesen, daß irgendwo ein zur selben Zeit lebender syrischer, irakischer, armenischer, griechischer, äthiopischer, persischer, hebräischer oder aramäischer Chronist eine Bemerkung über Mohammed gemacht hätte? Bis heute wurden solche (nahezu) zeitgenössischen Meldungen nicht gefunden. Was an Inschriften entdeckt wurde, ist schwer zu datieren, zu entziffern und zu interpretieren. Über Mohammed sagen auch sie nichts. Das ist sonderbar und nährt natürlich Zweifel an der Existenz Mohammeds. Aus wissenschaftlicher Sicht ist das Schweigen der nichtislamischen Quellen jedoch kein starkes Argument. Im Lauf der Jahrhunderte könnte ja leicht irgendwo eine Inschrift, ein Dokument oder eine Chronik verlorengegangen sein. Und daß Mohammed im Bewußtsein der Gläubigen noch lebendig ist, das ist über jeden Zweifel erhaben.

Bis auf den heutigen Tag sind keine zeitgenössischen Texte aufgetaucht, die uns etwas über das Leben Mohammeds berichten. Alles, was wir von ihm wissen, erfahren wir aus schönen Geschichten,[4] die die Muslime selbst überliefern. Mehr gibt es eigentlich nicht, aber vielleicht wird sich das zukünftig ändern.[5] Wer weiß, was noch alles unter dem Sand Arabiens oder anderswo verborgen liegt. Die Chancen, schon in naher Zukunft im Mittleren Osten unter Aufsicht der heutigen Regime wissenschaftliche Ausgrabungen durchführen zu können, sind jedoch gering. Dies ist sehr bedauerlich, da ohne solide, breite archäologische Untermauerung viele Aussagen, die den frühen Islam betreffen, spekulativ, vorläufig und unsicher bleiben. Neue Erkenntnisse sind davon abhängig, was an Inschriften oder anderem Material gefunden wird. Vor allem unter den heutigen Gegebenheiten sind solche Funde häufig rein zufällig.

Die muslimische Überlieferung hat im Lauf der Zeit zunehmend die Neigung entwickelt, Mohammed so positiv wie möglich darzustellen. Geschichten, die etwas Ungünstiges über den Propheten berichten, könnten deshalb vorrangig alt oder nicht erfunden sein. Wer etwas erfindet, orientiert sich unbewußt an den Auffassungen seiner Zeit, und in der islamischen Gemeinschaft wurde Mohammed allmählich immer mehr als ordentlicher und besonders makelloser Mensch gesehen. Erzählungen, die Kritik an Mohammeds Tun und Lassen enthalten – so der wissenschaftliche Konsens –, sind alt, sie stammen auf jeden Fall aus der Zeit vor der Verklärung, die ihm später zuteil wurde. Natürlich ist das ein vages Kriterium für die annähernde Datierung einer Geschichte, aber es ist besser als nichts.

Die Propheten-Vita des Ibn Ishâq

Buchstäblich alles, was über Mohammed bekannt ist, geht auf ein Buch eines gewissen Ibn Ishâq («der Sohn von Isaak», 704–767) zurück, der in Medina geboren wurde, eine Zeit in Kufa verbrachte und in Bagdad starb. Dieses Werk wurde wahrscheinlich gegen 750 im Irak geschrieben. Alle enzyklopädischen Artikel und akademischen, erbaulichen oder populären Beschreibungen von Mohammeds Leben gehen, im Westen wie im Osten, ohne Ausnahme auf Ibn Ishâq zurück. Auch die Koranverse, die als Hinweis auf Ereignisse aus dem Leben des Propheten betrachtet werden, sind das nur, weil Ibn Ishâq es sagt. Die fraglichen Koranverse könnten sonst auch ganz anders verstanden werden.

Ibn Ishâqs Text ist leider nicht in der Originalfassung erhalten. Er ist in der Bearbeitung eines Ibn Hischâm überliefert, der 830 oder etwas später gestorben ist. Ibn Hischâm hat Passagen weggelassen und eigene Fußnoten hinzugefügt. Glücklicherweise haben andere Autoren, die sich auf Ibn Ishâq stützten, ausgiebig und buchstabengetreu aus der Vorlage zitiert, wodurch eine Anzahl von Fragmenten aus Ibn Ishâqs Originaltext erhalten geblieben ist, zum Beispiel bei at-Tabarî (gestorben 923).

Ibn Ishâq fügt sich ein in eine Reihe von Erzählern, die sich mit dem frühen Islam und der Zeit kurz danach befaßt haben. Zwar wissen wir nichts Genaues über seine Quellen, sicher ist aber, daß er nicht alles selbst erfunden hat, sondern in einer lebendigen Überlieferungstradition stand, die den Ausgangspunkt für seine vermutlich subjektive Auswahl bildete.

Ibn Hischâms Bearbeitung des Originaltextes von Ibn Ishâq wurde von 1858 bis 1860 von dem deutschen Gelehrten Ferdinand Wüstenfeld auf der Grundlage einiger damals in Europa zur Verfügung stehender Handschriften herausgegeben. 1864 hat ein weiterer deutscher Gelehrter, Gustav Weil, diesen arabischen Text ins Deutsche übertragen. Diese Übersetzung ist noch in vielen Universitätsbibliotheken auf der ganzen Welt verfügbar, gilt heute aber als unzuverlässig. Gernot Rotter hat 1999 einen Auswahlband aus Ibn Ishâq beziehungsweise Ibn Hischâm für das deutsche Publikum zusammengestellt. Eine niederländische Auswahl des Orientalisten Wim Raven wurde erstmals 1980 publiziert.

Den vollständigen Text der Propheten-Vita in englischer Sprache hat 1955 Alfred Guillaume, ein britischer Arabist, vorgelegt. Diese englische Fassung wurde seither häufig nachgedruckt und ist eine unverzichtbare Quelle zum Leben Mohammeds geworden. Sie sei auch deutschen Lesern empfohlen, auch wenn sie nicht immer leicht zu verstehen ist. Das muß auch nicht verwundern, schrieb Ibn Ishâq doch für ein Publikum, das, anders als wir heute, gut mit den Sitten und der Kultur der Araber des achten Jahrhunderts vertraut war und zudem immer das weitere Schicksal der in diesen Geschichten vorkommenden Figuren kannte. Wenn beispielsweise von der Jugend ʿAlî ibn Abî Tâlibs erzählt wird, wußten die Leser oder Zuhörer, daß ʿAlî nach Mohammeds Tod Kalif war (von 656 bis 661). Er konnte also schwerlich, wie vielen Gefahren er auch ausgesetzt war, gleich zu Beginn der Geschichte das Zeitliche segnen.

Ibn Ishâq verklärt den Dschihad. Immer wieder stellt er heraus, daß es diesseits des Grabes nichts Besseres gibt, als für den Ruhm des Islam, für Gott und für dessen Gesandten zu kämpfen. Auch das muß nicht verwundern. Ibn Ishâqs Publikum und das der anderen Geschichtenerzähler bestand nicht aus städtischen Bleichschnäbeln oder braven Theologiestudenten. Es gibt allen Grund, anzunehmen, daß die Kampfhähne aus den arabisch-islamischen Heeren überproportional vertreten waren. Deshalb ist das Interesse der Erzähler an militärischen Inhalten, wie zum Beispiel der Verteilung der Beute, an Raubzügen und ähnlichem auch sehr groß. Die Kulisse, vor der die Erzähler ihre Geschichten vortrugen, war meist das Heerlager. Es ist reizvoll, darüber zu spekulieren, wie anders der Islam hätte aussehen können, wenn die Berichte über das Leben Mohammeds nicht durch den Filter der Geschichtenerzähler in den Heerlagern gegangen wären.

Ibn Ishâq gibt seine Daten in der islamischen Zeitrechnung an, die mit dem Jahr der Hidschra beginnt, der Auswanderung der Muslime von Mekka nach Medina. Nach der traditionellen Umrechnung in unseren modernen Anno-Domini-Kalender, der die Jahre «seit dem Jahr (der Geburt) des Herrn (Jesus Christus)» zählt und um das Jahr 800 in Westeuropa eingeführt wurde, um von dort seinen unaufhaltsamen Marsch durch die ganze Welt anzutreten, dauerte das erste Hidschra-Jahr vom 16. Juli 622 bis zum 4. Juli 623. Der islamische Kalender wird in der Regel mit der Abkürzung AH gekennzeichnet, was für *Anno Hegirae* steht, «vom Jahr der Hidschra an».

Westliche Lebensbeschreibungen

Die bedeutendsten westlichen Forscher, die im zwanzigsten Jahrhundert über das Leben Mohammeds geschrieben haben, sind der Däne Frants Buhl und der Schotte William Montgomery Watt. Beide gingen noch wie selbstverständlich davon aus, daß es möglich sei, aufgrund der vorhandenen Quellen, wie zum Beispiel der von Ibn Ishâq, eine (beinahe) historisch vertretbare Geschichte der Erlebnisse Mohammeds zu schreiben. Heute gilt dieser Standpunkt als überholt. Die Mohammed-Biographien von Buhl und Watt sind deshalb so wichtig, weil die meisten der vielen populärwissenschaftlichen europäischen und amerikanischen Kurzfassungen zum Leben des Propheten direkt oder indirekt auf ihnen basieren.

Ein besonderer Fall ist die Lebensbeschreibung Mohammeds aus der Feder des französischen Orientalisten Maxime Rodinson (1915–2004). Seine Biographie aus dem Jahre 1960 wurde in viele Sprachen übersetzt und fand in Europa und Amerika Zehntausende von Lesern. In zahlreichen arabischen Ländern ist das Buch verboten. Der Autor verfaßte es kurz nach seinem Bruch mit der Kommunistischen Partei Frankreichs. Es handelt sich nicht um den üblichen Extrakt aus den Werken von Buhl und Watt, sondern um eine seriöse, gut geschriebene Studie eines großen Gelehrten, der einen ausgezeichneten Überblick über die verfügbaren Quellen hatte. Wie Buhl und Watt war Rodinson noch davon überzeugt, daß man auf der Grundlage der islamischen Überlieferung eine Biographie im heutigen Sinne des Wortes schreiben könne. Als Marxist schenkte er den ökonomischen und gesellschaftlichen Faktoren große Aufmerksamkeit, die Mohammeds Karriere beeinflußt haben könnten. Das macht sein Buch keineswegs langweilig oder unlesbar (wie es bei vielen vom Marxismus beeinflußten Historikern der Fall ist). Bemerkenswert ist außerdem, daß Rodinson – bewußt oder unbewußt – Mohammed mit Stalin verglichen haben muß. Trotz der großen Hochachtung, die Maxime Rodinson verdient, leidet auch seine Darstellung darunter, daß sie die großen Linien der islamischen Überlieferung als historisch verbürgt unterstellt. Letztlich basiert auch sein Werk auf einer Interpretation Ibn Ishâqs und der Autoren, die meinten, den ersten Biographen Mohammeds ergänzen oder korrigieren zu müssen. Auch Rodinsons Biographie bestätigt: Alle bisherigen Mohammed-Biographien sind Umarbeitungen von Ibn Ishâq.

Bei Ibn Ishâq sind Geschichten über Mohammed zu finden, die von den meisten westlichen Wissenschaftlern nicht berücksichtigt wurden, weil sie diese als unglaubwürdig, irrelevant oder unhistorisch betrachteten. Das vorliegende Buch scheut allerdings nicht vor ihnen zurück. Es folgt genau Ibn Ishâqs Sammlung von Geschichten und unternimmt keinen Versuch, diese auf der Basis unserer modernen Kriterien in bezug auf Glaubwürdigkeit zu sortieren. Es scheint doch wichtiger, die islamischen Überlieferungen über Mohammed zu kennen, als sich mit den heutigen modernen, einem starken Wandel unterworfenen Auffassungen darüber auseinanderzusetzen, was historisch mehr oder weniger wahrscheinlich ist.

Ferner sind bei Ibn Ishâq Geschichten zu finden, die nach modernen Kriterien Mohammed in ein ungünstiges Licht stellen. Westliche Mohammed-Biographen haben solche Schilderungen oft weggelassen oder die erzählten Ereignisse beschönigt. Die Gründe dafür sind komplex, und vermutlich stand längst nicht immer eine böse Absicht dahinter. Manchmal mag eine Rolle gespielt haben, daß der Zweifel des Biographen am Wahrheitsgehalt einer solchen Geschichte zu groß war. Es ist auch denkbar, daß der Verfasser mögliche negative Reaktionen von muslimischen Freunden bei der Erwähnung unangenehmer Dinge über Mohammed fürchtete. Schließlich überbringt niemand gern schlechte Nachrichten, ganz bestimmt nicht über den Gründer einer Weltreligion, hinter der Millionen von Anhängern stehen, von denen ein Teil es als heilige Pflicht ansieht, jede vermeintliche Kränkung des Propheten zu rächen. Eine Reihe dieser in modernen Augen eher negativen Aussagen kommt hier dennoch zur Sprache. Vorhaltungen über den Inhalt dieser Erzählungen von Mohammed sollten dorthin adressiert werden, wohin sie gehören: an die islamische Tradition und nirgendwohin sonst.

Die Erzähler, die die islamische Überlieferung über Mohammed weitergetragen haben, waren sich der möglichen Unzuverlässigkeit bewußt, die ihren Geschichten anhafteten, und lassen das bisweilen in ihrer Wortwahl durchschimmern. Regelmäßig verwenden sie Formulierungen wie «Es wird gelegentlich behauptet …». Wenn die Geschichten, die sich die frühen Muslime über Mohammeds Jahre in Mekka und Medina erzählt haben, mehr oder weniger historisch wahr sein sollten, welches Bild zeichnen sie uns dann von Mohammed? Das ist die Frage, auf die dieses Buch eine Antwort geben möchte.

*Der neugeborene Mohammed liegt in den Armen seiner Mutter Âmina.
Sein Großvater, ʿAbd al-Muttalib, und wandernde Mekkaner besuchen ihn.
Osmanische Miniatur, 1368. Topkapı Sarayı Museum Istanbul.*

1. *Der Anfang und die Chronologie*

Der Islam überliefert, daß Mohammed im antiken Arabien geboren wurde. Damals hing nicht in jedem Haus ein Kalender. Ebensowenig gab es eine allgemein anerkannte Zeitrechnung. Und es gab ganz bestimmt kein Amt, das ein Geburtsregister führte. Wer die Geschichte Mohammeds also mit seiner Geburt beginnen lassen möchte, setzt bei dem Punkt an, wo die Unsicherheit am größten ist. Für eine Gestalt, die eine wichtige religiöse Rolle gespielt hat, ist das kein guter Anfang, denn Religionen schätzen Sicherheit. Andererseits beginnen auch fromme Lebensbeschreibungen von Jesus mit der Weihnachtsgeschichte, ungeachtet der Tatsache, daß gerade die Weihnachtsgeschichten voll historischer Unklarheiten sind. Wer ein Menschenleben beschreiben will, beginnt nun einmal mit dem Anfang, und das ist die Geburt.

Vielleicht sollte man Mohammeds Geschichte besser mit seiner Reise von Mekka nach Medina im Jahr 622 beginnen lassen, mit der sogenannten Hidschra, der «Auswanderung» oder «Überfahrt». Nach dieser Reise wirkt Mohammeds Lebensgeschichte immer weniger wie eine fromme Legende, sondern mehr und mehr wie eine Geschichte, die sich sehr gut von A bis Z so zugetragen haben könnte. Aber die moderne Neugier auf das, was den Ereignissen in Medina vorangegangen war, schließt aus, daß wir Mohammeds Geschichte erst nach der Hidschra von 622 beginnen lassen. Im neunzehnten Jahrhundert wurde die Hidschra gelegentlich noch als «die Flucht» bezeichnet. Für die frühen Muslime war sie so wichtig, daß sie sich dafür entschieden, die islamische Zeitrechnung mit dem Anfang des Jahres, in dem dieses Unternehmen stattgefunden hat, beginnen zu lassen.

Ein guter Ausgangspunkt könnte auch Mohammeds Berufung zum Propheten im Jahr 610 sein. Lebensbeschreibungen, die für

Muslime und von Muslimen geschrieben wurden, widmen diesem Moment naturgemäß große Aufmerksamkeit, wurden Mohammed dabei doch auch die ersten Koranverse offenbart. In jedem der fünf vorgeschriebenen täglichen Gebete hat ein Muslim einen oder mehrere Koranverse zu rezitieren. Allein schon wegen dieser Verpflichtung spielt der Koran im Alltagsleben eines jeden Gläubigen eine wichtige Rolle.

Oder sollte eine Lebensbeschreibung Mohammeds nicht am besten mit der politisch-religiösen Situation in Arabien am Vorabend seines Auftretens beginnen? Das wäre zumindest guter akademischer Brauch. Der Gründer einer neuen religiösen Bewegung hat, so verlangt es der akademische Kodex, im Kontext seiner eigenen Welt betrachtet zu werden. Aber wie es im Nordwesten des damaligen Arabien im sechsten und siebten Jahrhundert zuging, ist eigentlich nur wegen der Plastizität wichtig, die diese Region und diese Zeit dem Leben Mohammeds geben. Zudem wissen wir noch nicht allzuviel über den Zustand des antiken Arabien in jenem Zeitraum. Und einiges von diesem «Wissen» ist nicht viel mehr als Spekulation und beruht auf literarischen Quellen, nicht auf ordentlichen Ausgrabungen oder der Entzifferung von Inschriften und Papyri. Das ist natürlich schade, aber es ist nun einmal so, und eines Tages wird die Situation vermutlich anders sein. Das unsichere Wissen über die Geographie und die Geschichte Arabiens bietet also auch keinen guten Ausgangspunkt, selbst wenn in der Vergangenheit zahlreiche Gelehrte dieser Ansicht waren.

Die Lebensgeschichte Mohammeds mit der Auswanderung nach Medina anfangen zu lassen, mit seiner Berufung oder mit dem antiken arabischen Umfeld unmittelbar vor seinem Auftreten – das alles läßt sich zweifellos vertreten, aber die praktischen Nachteile überwiegen. Es bleibt wenig anderes übrig, als die Geschichte eben doch ganz konventionell mit der Diskussion über Mohammeds Geburtsjahr zu beginnen.

Mohammeds Geburtsjahr

Der Islam überliefert, daß Mohammed in Mekka geboren wurde, «am Montag, dem zwölften Tag des Monats Rabîʿ al-awwal im Jahr des Elefanten».[1] Der Koran erwähnt in Sure 105,1 einen Elefanten: «Hast du nicht gesehen, wie dein Herr (seinerzeit) mit den Leuten des Elefanten verfahren ist?» Der dazugehörenden Geschichte zufolge war der äthiopische Kriegsherr Abraha von seinem Stützpunkt im Jemen in den Norden Arabiens einmarschiert, mit einem Kampfelefanten in seinem Heer. Es ist zwar die Frage, wie ein Elefant, der zum Überleben viel Wasser braucht und zur Abkühlung regelmäßig baden muß, das trockene Wüstenklima Nord- und Südarabiens ertragen konnte, aber gut, das wird wahrscheinlich möglich gewesen sein.

Vor den Toren Mekkas, erzählt die Geschichte weiter, wurde das Heer der «Leute des Elefanten» von Gott höchstpersönlich zum Stehen gebracht, denn offenbar war Mekka in der Heilsgeschichte zu Höherem bestimmt, als lediglich von den Äthiopiern erobert, geplündert und zerstört zu werden: Der Prophet mußte dort aufwachsen. Die Korankommentare, nicht der Koran selbst, erwähnen, daß der Elefant der Äthiopier Mahmûd hieß und «das Jahr des Elefanten das Jahr ist, in dem Mohammed geboren wurde».

Eigentlich weiß niemand genau, welches Jahr es denn war, dieses Jahr des Elefanten, aber es ist allgemeiner Konsens, daß es sich um das Jahr 570 handelt. Die Diskussion über die Frage der historischen Zuverlässigkeit ergibt schnell eine herzhafte Jahreszahlensuppe, an der nur wenige Feinschmecker ihre Freude hätten. Daß das Jahr des Elefanten das Jahr 570 gewesen sein muß, wird vor allem aus der Überlieferung abgeleitet, daß Mohammed bei seiner Berufung zum Propheten im Jahr 610 etwa vierzig Jahre alt war. Auf Grund dessen wurden bis vor kurzem beim Zurückrechnen von 610 aus zwei Dinge als allgemein akzeptiert angenommen: (1) daß Mohammed «ungefähr im Jahr 570» geboren wurde und (2) daß 570 das Jahr des Elefanten war. Vier wichtige Hinweise sprechen jedoch dafür, daß nicht 570, sondern 552 das Jahr des Elefanten war.[2] Der griechische Historiker Prokop beschreibt die Herrschaft des äthiopischen Heerführers Abraha und berichtet einiges über dessen Feldzüge. Es ist gut möglich, daß Prokop im Konstantinopel des mittleren sechsten Jahrhunderts nicht viel mehr vom Arabien seiner Zeit wußte als heutige Fernsehexperten, aber was er berichtet, weist auf 552 als das Jahr des Elefanten.

Weiter existiert noch die südarabische *Muraighan*-Inschrift, die von einer Expedition Abrahas in die Umgebung von Mekka berichtet und ein Datum nennt, selbstverständlich entsprechend dem südarabischen Kalender, der üblichen Zeitrechnung für den Verfasser der Inschrift. Eine datierte Inschrift ist ein starkes Argument. Etwas Besseres gibt es eigentlich nicht. Dennoch existieren durchaus noch Unsicherheiten, weil die Inschrift in einer anderen Zeitrechnung datiert ist. Bei der Umrechnung eines Kalenders in einen anderen geht man von der Annahme eines Eichpunkts aus, der nicht immer unumstritten ist. Doch trotz aller möglichen Einwände verweist auch diese Inschrift auf 552 oder möglicherweise sogar etwas früher. Die Ergebnisse archäologischer Untersuchungen lassen es unwahrscheinlich erscheinen, daß die Äthiopier in Südarabien nach 555 noch zur Organisation großer Expeditionen in den Norden in der Lage waren. Auch dies zeigt, daß das Jahr des Elefanten lange vor 570 gesucht werden muß.

Das vierte Argument zugunsten einer Identifikation mit dem Jahr 552 ist erneut rein literarisch. Die Analyse von arabisch verfaßten literarischen Quellen zeigt, daß, lange bevor die Muslime das Jahr des Elefanten mit der Geburt Mohammeds in Verbindung gebracht haben, eine Chronologie für den Zeitraum unmittelbar vor dem Aufkommen des Islam existierte, nach der das Jahr des Elefanten auf 552 gelegt wurde. Dies widerspricht zwar späteren Auffassungen, ist aber gerade deshalb ein Hinweis darauf, daß wir es mit einer echten, historisch zuverlässigen Überlieferung zu tun haben, denn eine verfälschte, erst später erfundene Überlieferung richtet sich nicht gegen die Überzeugungen der Zeitgenossen, sondern bestätigt sie implizit.

Die ersten Generationen von Muslimen werden behalten haben, daß Mohammed vor langer Zeit, aber nach dem Jahr des Elefanten berufen wurde. Sie werden auch davon ausgegangen sein, daß Mohammed im Alter von vierzig Jahren berufen wurde, weil ein Mann in diesen Jahren noch nicht von den Schwächen des Alters heimgesucht wird, aber allmählich die Unbesonnenheiten der Jugend hinter sich gelassen hat. Es war selbstverständlich, daß Gott die schwierige Aufgabe des Prophetentums nicht jemandem anvertrauen würde, der noch nicht trocken hinter den Ohren war, sondern einem reifen Mann – von vierzig Jahren. Denn «vierzig» wird natürlich auch oft für «viel» verwendet. Die Übersetzung war schnell gemacht: Mohammed war «geraume Zeit», das heißt vierzig Jahre, nach dem Jahr des Elefanten zum Propheten berufen worden. Er war damals vierzig Jahre alt. Dann fällt das Jahr des Elefanten ins Jahr 570, vierzig Jahre vor 610.

Die islamische Überlieferung, die davon ausgeht, daß Mohammed bei seiner Berufung und seinen ersten Offenbarungen ungefähr vierzig Jahre alt war, ist in Verbindung mit Sure 46,15 zu sehen: «Wenn er dann schließlich (herangewachsen und) mannbar geworden ist und das Alter von vierzig Jahren erreicht hat [...]» In der Fortsetzung der Passage geht es um eine «Gnade», einen Begriff, der im Koran häufig verwendet wird, um die Offenbarung des Korans anzudeuten, weil diese, wie Muslime glauben, sowohl für Mohammed als auch für alle Muslime, ja für die ganze Menschheit eine Wohltat gewesen ist. Wer möchte, kann Sure 46,15 auch auf Mohammed selbst beziehen und daraus folgern, daß Mohammed zu Beginn der Offenbarung des Korans vierzig Jahre alt war.

At-Tabarî (839–923) war der wichtigste, aber nicht der erste Gelehrte, der die islamische Überlieferung aufgezeichnet hat. Auch er widmet sich natürlich der Frage, wann der Prophet gelebt hat und wie alt genau dieser bei seiner Berufung denn gewesen ist. Er führt eine Reihe von Autoritäten aus den Jahren vor ihm an, die allesamt der Ansicht waren, daß der Prophet bei seiner Berufung im Jahre 610 vierzig Jahre alt gewesen sei. Daran hielten sich in der Folge auch die meisten muslimischen Gelehrten. At-Tabarî erwähnt allerdings eine

Überlieferung, nach der Mohammed zu seiner Tochter Fâtima sagte: «Jesus wurde berufen, als er vierzig Jahre alt war, und ich, als ich zwanzig war.»[3] Das würde Mohammed um einiges jünger machen. Geboren wäre er danach zwanzig Jahre vor 610, und bei der Auswanderung von Mekka nach Medina 622 hätte sein Alter nicht über fünfzig Jahre betragen, wie es beim Geburtsjahr 570 der Fall wäre, sondern erst etwas über dreißig.

Eigentlich ist es noch komplizierter, denn es gibt einen weiteren Unsicherheitsfaktor. Es kann gut sein, daß auch die Jahreszahl 610, von der wir vierzig abgezogen haben, um auf 570 zu kommen, vor allem auf Berichten beruht, in denen der Wunsch nach einer symmetrischen Chronologie im Leben Mohammeds die eventuell bekannten historischen Fakten überlagert hat. Die Jahreszahl 610 könnte sich beispielsweise aus der Überlegung ergeben haben, daß sich Mohammed jeweils etwa zehn Jahre in Mekka und in Medina aufgehalten hat: in Mekka von 612 bis 622 und in Medina von 622 bis 632. Daß er seine ersten Offenbarungen wenige Jahre bevor er seinen Mitbürgern öffentlich den Islam zu predigen begann, empfing, ist eine vertretbare Annahme – und dann sind wir im Jahr 610. Aber keine der Argumentationen basiert auf Fakten, Archivalien oder Inschriften. Der Beginn des Prophetentums hätte auch früher oder später als ins Jahr 610 fallen können.

Wie dem auch sei, es sieht danach aus, als sei 552 das «echte» Jahr des Elefanten gewesen. Wenn Mohammed in diesem Jahr geboren wurde, und nicht 570, dann war er bei seinem Tod 632 achtzig Jahre alt. Das stimmt nicht mit dem Bild überein, das die islamischen Geschichten von seinem Leben und seinem Tod zeichnen. Diese Geschichten vermitteln, ohne daß man den Finger genau auf eine bestimmte Stelle legen könnte, den Eindruck, daß Mohammed bei seinem Tod jünger als achtzig Jahre war. Wahrscheinlich hätten die Überlieferungen auch die Besonderheit eines Todes in so hohem Alter erwähnt. Selbst Anfang bis Mitte sechzig, das Alter, von dem man heutzutage ausgeht, ist eigentlich schon sehr hoch angesetzt, denn es würde besagen, daß die Hidschra von Mekka nach Medina im Jahr 622 stattgefunden hat, als Mohammed bereits über fünfzig Jahre alt war. Bei jedem anderen wäre es berechtigt, anzunehmen, daß er für ein derart schwieriges Unternehmen, bei dem so große Investitionen in die Zukunft getätigt wurden, ein wenig zu alt gewesen wäre.

Aus all dem folgt: Mohammeds Geburtsjahr ist nicht bekannt. Kein Mensch glaubt, daß es vor 552 oder nach 590 gewesen ist. Traditionell geht man vom Jahr 570 aus, es könnte jedoch durchaus auch ein wenig später gewesen sein. Aber eigentlich hängt alles von der Datierung eines Ereignisses ab, das die Muslime für viel wichtiger als Mohammeds Geburtsjahr halten: der Beginn der Offenbarung des Korans. Und dafür wird meist das Jahr 610 angesetzt, natürlich ebenfalls, ohne daß man dafür irgendein Dokument heranziehen könnte oder ein solches denkbar wäre. Es gibt offenbar eine Chronologie, die Mohammed zehn Jahre in Mekka und zehn Jahre in Medina wirken sieht und die diese zwanzig Jahre in ein Schema pressen möchte, bei dem Mohammed zu Beginn vierzig und am Ende sechzig Jahre alt ist (in diesem Schema gibt es eine kleine Lücke für die Zeit zwischen der allerersten Offenbarung und dem Anfang seines öffentlichen Predigens).[4] Unser gesamtes Wissen über Mohammeds Geburtsjahr gründet sich letztlich auf dieses von theologischen Erwägungen inspirierte Schema.

Das Geburtsdatum

Nicht nur über das Geburtsjahr besteht Ungewißheit. Auch mit dem Geburtsdatum gibt es ein Problem. Traditionell wird dieser Geburtstag auf den zwölften Tag des Monats Rabîʿ al-awwal datiert. In der ältesten Mohammed-Biographie lesen wir über seinen Todestag: «Der Apostel starb am zwölften Tag des Monats Rabîʿ al-awwal.»[5] Daß jemand am gleichen Tag stirbt, an dem er auch geboren wurde, kommt vor. In der Regel hat ein Jahr 365 Tage, also existiert eine Wahrscheinlichkeit von 1 : 365 oder auch 0,27 Prozent, daß jemand an seinem Geburtstag stirbt. Doch im Fall von für Religionen wichtigen Männern oder Frauen liegt die Wahrscheinlichkeit anders. Deren Vollkommenheit ist so groß, daß ihr Sterbetag zugleich auch ihr Geburtstag sein muß. Wenn man sich die Überlieferungen über Heilige und Märtyrer ansieht, erweist sich diese Wahrscheinlichkeit jedoch nicht kleiner als ein halbes Prozent, sondern scheint in nahezu hundert Prozent der Fälle zuzutreffen.

Ibn Kathîr (1300–1373), ein berühmter arabischer Historiker aus Syrien, geht noch weiter. Er schreibt, daß sowohl die Geburt als auch die Berufung, die nächtliche Himmelsreise, die Hidschra und der Tod Mohammeds allesamt auf einen Montag, den zwölften Tag des Monats Rabîᶜ al-awwal, gefallen seien.[6] Manche Menschen werden von so vielen Zufällen in ihrem Glauben gestärkt. Bei modernen Zeitgenossen funktioniert das leider nicht; so viele Zufälle wirken eher unglaubwürdig und lassen sie zu der Schlußfolgerung kommen, daß die Daten vermutlich erfunden sind und dies wiederum den Wahrheitsgehalt der restlichen Geschichte in Frage stellt.

Mohammed starb nicht einsam, sondern im Kreis seiner Verwandten und Freunde. Es ist also durchaus möglich, daß die Erinnerung an diesen Todestag gut im Gedächtnis geblieben ist. Um den Geburtstag ist es natürlich weniger gut bestellt. Vielleicht waren bei Mohammeds Geburt ein paar religiöse Zeichen zu sehen, aber uninteressierte Zeitgenossen werden diese nicht bemerkt, geschweige denn behalten haben. Daher ist die Annahme naheliegend, daß das Geburtsdatum von einem historisch belegten Todesdatum im Jahr 632 abgeleitet wurde. Auch in den Überlieferungen über die islamischen Heiligen, deren hohe Festtage von den Sufis gefeiert werden, sind Geburts- und Sterbetag oft identisch.

Inzwischen hat sich der Geburtstag des Propheten, im Arabischen *Maulid an-Nabî*, zu einem der drei großen islamischen Feiertage entwickelt, zusammen mit dem Fest am Ende des Ramadân und dem Opferfest, das mit der *Haddsch* zusammenfällt, der jährlichen Pilgerreise nach Mekka. Das war allerdings nicht immer so. Erst seit dem Mittelalter wird der Geburtstag des Propheten als wichtiger islamischer Feiertag gesehen.[7] Noch um 1300 war der militant-orthodoxe Theologe Ibn Taimiyya der Meinung, daß das Feiern des Maulid aus drei Gründen falsch sei: (1) Es gibt keinen Konsens über das Geburtsdatum des Propheten, (2) die Maulid-Feier ist vom Weihnachtsfest abgeleitet, und (3) die ersten Generationen von Muslimen pflegten dieses Fest nicht zu feiern.[8] Trotzdem wurde beispielsweise im Jahr 2006 der Maulid des Propheten um den 12. April gefeiert und 2007 um den 2. April.

So viele offensichtliche Zweifel am Geburtstag und Geburtsjahr Mohammeds mögen für Feinde des Islam ein Grund zur Schadenfreude sein und für fromme Muslime ein Grund, böse zu werden – oder noch schlimmer. Aber das ist nun einmal so. Bei anderen Gestalten der Religionsgeschichte sind die Probleme mit dem Geburtsdatum, sowohl hinsichtlich des Jahres wie des Tages, oft noch viel größer. Die Geburt eines Menschen, der erst viel später eine wichtige religiöse Funktion innehaben wird, geht nun einmal in der Regel von der Öffentlichkeit unbemerkt vor sich. Späteren Generationen von Gläubigen erscheint es natürlich unvorstellbar, daß die Geburt eines Menschen, der eine so entscheidende Rolle in der Heilsgeschichte gespielt hat, nicht sofort in verschiedenster Weise umfassende Aufmerksamkeit gefunden hat. Sie möchten diese Lücke füllen. Das ist menschlich, aber es macht die frommen Geburtsgeschichten unzuverlässig: je detailreicher, desto unzuverlässiger.

Aber selbst wenn an der historischen Zuverlässigkeit der Überlieferungen keinerlei Zweifel bestünde, gäbe es noch immer ein Problem. Das große Interesse an Geburtsdaten ist ein modernes Phänomen. Aufmerksamkeit für und Interesse an Geburtsdaten ist erst dann möglich, wenn es eine allgemein eingeführte und anerkannte Zeitrechnung gibt. Zur Zeit von Mohammeds Geburt existierte eine solche Zeitrechnung im Grunde noch nicht. Darüber hinaus gibt es den Geburtstagskult, wie wir ihn kennen, in anderen Zeiten und an anderen Orten nun einmal nicht in dieser Form. Ganz sicher stoßen Geburtstage im Mittleren Osten, früher genauso wie gegenwärtig, nur auf wenig Interesse. Dort gibt es selbst heutzutage nicht immer ein Standesamt, das die Geburtstage registriert.

Die Eltern

Die Überlieferung erzählt, daß der Vater Mohammeds «ʿAbdallâh» hieß. Das ist ein ziemlich islamisch klingender Name, er bedeutet «der Knecht (ʿAbd) Gottes», das arabische Äquivalent zum biblischen «der Knecht des Herrn». Der Name ʿAbd-Allâh kommt später im Islam häufig vor, aber es sind auch Dutzende von Varianten im Umlauf, bei denen einer der Bezeichnungen für Gott ein ʿAbd vorangestellt ist, beispielsweise «der Knecht des Barmherzigen», ʿAbd ar-Rahmân, oder «der Knecht des Allmächtigen», ʿAbd al-Qâdir. Daß jemand in der präislamischen Zeit bereits ʿAbdallâh hieß, wäre daher auch allzu schön. Ein Name, in dem die am häufigsten verwendete islamische Bezeichnung Gottes vorkommt, und das bereits Jahre vor dem ersten Auftreten Mohammeds, ist nicht völlig ausgeschlossen, aber wenig wahrscheinlich.

Ob der Name wohl ursprünglich mit ʿAbd angefangen hatte, aber mit einem anderen Gottesnamen dahinter? Solche Benennungen waren in der vorislamischen Zeit üblich. Wenn im Namen von Mohammeds Vater ein heidnischer Gottesname enthalten war, kann man sich vorstellen, daß spätere Muslime diesen nur allzugern vergessen wollten. Das Tabu, das auf der Erwähnung dieser heidnischen Götter lag, kann leicht dazu geführt haben, daß Mohammeds Vater als ʿAbdallâh in die Geschichte eingegangen ist. Oder weist sein Name, falls er tatsächlich ʿAbdallâh lautete, womöglich weniger auf ein islamisches (denn das kann noch nicht sein), sondern eher auf ein monotheistisches Umfeld hin? Sollte er tatsächlich ʿAbdallâh geheißen haben, wird es allerdings ziemlich wahrscheinlich, daß er einer Art von Monotheismus anhing – doch darüber berichtet uns die islamische Tradition leider nichts.

Mohammeds Mutter wird in dieser Überlieferung Âmina genannt, mit einem langen «A» am Anfang. Vielleicht hieß sie tatsächlich einfach so. «Âmina» bedeutet auf den ersten Blick, nach dem arabischen Wörterbuch, «jemand, der sich in Sicherheit befindet». Der Name stammt von derselben Wurzel wie das hebräische *Amen*, das am Ende von Gebeten steht. Auch das arabische Wort für «Glauben» leitet sich aus derselben Wurzel her. Âmina ist schlicht ein Name, der im Arabischen von positiven Konnotationen nur so überquillt.

Auf den zweiten Blick ist es komplizierter: Das Arabische und das Hebräische sind eng verwandte Schwestersprachen, ungefähr vergleichbar der Nähe des Niederländischen zum Deutschen. Die hebräische Form von Âmina lautet *Omenet*, was «Erzieherin» bedeutet. In der Bibel kommt sie zweimal vor. Sie wird für Naomi verwendet, die das Kind von Ruth und Boas erzieht (Ruth 4,16), und für die Pflegerin des gelähmten Sohnes von König Saul, Mefiboseth (11. Samuel 4,4). Auch das hebräische Wort *Omen*, in der männlichen Form, taucht in der Bibel regelmäßig in der Bedeutung von «Erzieher» auf.

Es ist natürlich gut möglich, daß Mohammeds Mutter einen Namen hatte, der zufällig in einer der Schwestersprachen des Arabischen «Erzieherin» bedeutet. Aber das wäre ein ganz großer Zufall. Viele moderne kritische Wissenschaftler werden es für einen allzu großen Zufall halten und zu der Schlußfolgerung neigen, daß es sich dabei um eine Legende handelt. Gewißheit ist in diesem Punkt jedoch nicht zu erlangen; daß aber nach islamischer Überlieferung Mohammeds Mutter Âmina hieß, ist so sicher wie das Amen in der Kirche.

Der Name «Mohammed»

Auch der Name Mohammed stellt uns vor ein Problem, denn in vielen frühen muslimischen Geschichten wird Mohammed Abû l-Qâsim genannt. «Abû» heißt «der Vater von». Der Name Abû l-Qâsim bedeutet also «der Vater von al-Qâsim», von einem Sohn dieses Namens ist aber nichts bekannt. Ein Bruder von Mohammeds Vater hieß Abû Tâlib – ebenfalls ohne daß über einen Sohn namens Tâlib etwas bekannt wäre. Offenkundig wurden solche Namen gelegentlich vergeben, auch wenn es gar keinen Sohn gab. Im antiken Arabien existierten natürlich noch keine Vor- und Nachnamen, wie es bei uns seit Napoleon üblich ist. Mohammeds vollständiger Name müßte in seinem eigenen Milieu gelautet haben: *Abû l-Qâsim Muhammad ibn ʿAbdallâh al-Hâschimî al-Quraschî* oder auch: der Vater von al-Qâsim, Mohammed, der Sohn von ʿAbdallâh aus dem Clan Hâschim aus dem Stamm der Quraisch.

Das Wort «Mohammed» kommt im Koran nur viermal vor (Sure 3,144; 33,40; 47,2; 48,29). Im Arabischen bedeutet es eigentlich «gepriesen» oder «gelobt». Die Wurzel ist *h-m-d*, von der im Arabischen Dutzende von Formen vorkommen, auch beispielsweise in Personennamen wie Ahmad und Mahmûd. Des weiteren wird die Wurzel *h-m-d* in der arabischen Formel «Lob sei Gott», *al-hamdu li-llâh*, verwendet, eine Formel, die im Christentum vor allem in der lateinischen Form *Soli Deo gloria* bekannt ist, was wiederum «Gott allein sei Ehre» bedeutet.

«Mohammed» erscheint auch in der bekannten arabischen Formel *Muhammad rasûl Allâh*, «Mohammed ist der *rasûl* Gottes». Das ist die zweite Hälfte des islamischen Glaubensbekenntnisses. Die erste Hälfte lautet «Es gibt keinen Gott außer Allâh», was eigentlich besser mit «Es gibt nur einen Gott» zu übersetzen wäre. Um sehen zu können, was «Mohammed» bedeutet, muß man sich die zweite Hälfte der Formel genauer anschauen. Was heißt das mittlere Wort *rasûl?* Die Grundbedeutung ist «Botschafter», «jemand, der (mit einer Nachricht) weggeschickt wird», daher die Übersetzung «Apostel», die von einem griechischen Verb abgeleitet ist, das ebenfalls «wegschicken» bedeutet, *apostellein*. Im Koran kommt das Wort *rasûl* auch häufig in einem Kontext vor, der die Bedeutung «Engel» nahelegt. Ein Engel ist nämlich ebenso ein Botschafter Gottes. Das niederländische wie das deutsche Wort «Engel» ist sogar eine Verballhornung des griechischen Wortes für «Botschafter», *angelos*.

Die Formel bedeutet also «Der Botschafter Gottes ist X». «X» kann sowohl ein Eigenname als auch ein Adjektiv sein. Im ersten Fall hätte die Formel die Bedeutung, die Muslime ihr in der Regel geben: «Mohammed ist der Gesandte Gottes.» Aber im zweiten Fall könnte die Formel etwas anders übersetzt werden, und zwar: «Der Gesandte Gottes sei gelobt und gepriesen.» Danach könnte «Gesandter Gottes» auf nahezu alle Gestalten der kirchlichen oder biblischen Tradition hinweisen. In diesem Fall könnte es eine ursprünglich christliche, vorislamische Formel sein, die später mißverstanden wurde – oder die man als für Mohammed zutreffend befunden hat.

Wenn man mehr über den Sprachgebrauch arabischer Monotheisten oder arabischer Christen kurz vor dem Aufkommen des Islam wüßte, ließe sich diese Frage genauer beantworten. Einige kritische moderne Wissenschaftler vermuten, daß die Figur Mohammed aus einer falschen Interpretation einer alten christlichen, vorislamischen arabischen Redensart entstanden sei, die ursprünglich einmal bedeutet hatte: «Gelobt sei der Gesandte Gottes.» Für Muslime sind derartige wissenschaftliche Hypothesen, das versteht sich von selbst, beinahe ein Tabu. Anders als viele Muslime denken, lehnen aber auch die meisten westlichen Wissenschaftler derartige Hypothesen ab, aus Achtung vor dem Islam, aus Angst vor den Reaktionen ihrer muslimischen Freunde oder weil sie es für spekulativen Unsinn halten.

Zeugung und früheste Kindheit

Ibn Ishâq widmet der Zeugung Mohammeds große Aufmerksamkeit. Es ist nicht schwer, den Grund dafür zu erraten: Er will wahrscheinlich betonen, daß Mohammed, im Gegensatz zu Jesus, einen menschlichen Vater hatte. Das ist sicher auch die Botschaft hinter dem Text in Sure 112,3: «Er [Gott] hat weder gezeugt, noch ist er gezeugt worden.»

Wie dem auch sei, in dieser Biographie wird erzählt, daß der Großvater Mohammeds, ʿAbd al-Muttalib, seinen Sohn ʿAbdallâh, der außerdem noch sein Lieblingssohn[9] war, beinahe dem vorislamischen arabischen Götzen Hubal geopfert hätte. Durch überirdisches Eingreifen sei die Opferung verhindert worden. Anstelle von ʿAbdallâh wurden Kamele geopfert. Es fällt schwer, bei dieser Geschichte nicht an das Opfer Abrahams zu denken, wie es in Genesis 22 erzählt wird, wo Abraham als Prüfung die Anweisung erhält, seinen Sohn, «den du lieb hast», zu opfern. Doch durch Gottes Eingreifen wird diese Opferung verhindert und statt dessen ein von Gott zur Verfügung gestellter Widder geopfert. Für Abrahams Sohn nur ein Widder, für Mohammeds Vater Kamele. Es ist also klar, wer in der Heilsgeschichte eine größere Rolle gespielt hat.

Vielleicht hat sich die ganze Geschichte der verhinderten Opferung ʿAbdallâhs tatsächlich so abgespielt. Aber selbst dann hätten sich Christen und Juden im achten und neunten Jahrhundert, die sich womöglich zum Islam bekehren wollten oder sich gerade zum Islam bekehrt hatten, beim Hören dieser Geschichte an die biblische Geschichte vom Opfer Abrahams erinnert. Dieser Zusammenhang muß offensichtlich gewesen sein. Das Überleben ʿAbdallâhs, des Vaters von Mohammed, war für die Heilsgeschichte und für den Erfolg von Gottes Plänen mit der Menschheit von ebensogroßer Bedeutung wie das Weiterleben von Abrahams Sohn, der ja ebenfalls eine zentrale Position in der jüdischen und christlichen Heilsgeschichte einnimmt. Und natürlich auch in der islamischen.

Ibn Ishâq überliefert zwei Geschichten von der Zeugung Mohammeds.[10] In der ersten wird ʿAbdallâh, der spätere Vater Mohammeds, von einer Frau angesprochen, die ihn bittet, zu ihr zu kommen. ʿAbdallâh weigert sich. Noch am selben Tag heiratet er Âmina und vereinigt sich mit ihr. Am nächsten Tag geht er zu der Frau zurück, die ihn angesprochen hatte. Die hat nun kein Interesse mehr, denn «das Licht, das am Tag davor noch bei ihm war, ist nicht mehr da». In der zweiten Geschichte ist ʿAbdallâh schmutzig und staubig von der Arbeit und möchte mit einer Frau schlafen, die er neben Âmina auch noch hatte. Diese will jedoch nicht. ʿAbdallâh geht nach Hause, wäscht sich, richtet sich her und macht sich wieder auf den Weg. Nun möchte ihn die Frau wohl empfangen, aber jetzt will er zu Âmina und weist daher die Frau zurück. Mohammed wird gezeugt. Als ʿAbdallâh danach wieder zu der anderen Frau kommt, verweigert sie sich ihm, denn «zuerst war ein weißer Fleck, eine Blesse wie bei einem Pferd, zwischen deinen Augen, aber jetzt ist er verschwunden».

Die Geschichten ähneln sich, aber sie können nicht beide wahr sein. Obwohl man nicht viel über den Vollzug der Ehe im Mekka der vorislamischen Zeit weiß, wird ein Bräutigam aber wohl kaum schmutzig und staubig von der Arbeit eine Ehe geschlossen haben. Der Anfang der zweiten Geschichte schließt also aus, daß es sich um einen abweichenden Bericht über dieselben Ereignisse handelt wie in der ersten Geschichte. Außerdem ist ʿAbdallâh in Geschichte zwei offenkundig schon eine Weile verheiratet, während es in Geschichte eins um den Tag seiner Hochzeit mit Âmina geht. Wenn aber die Geschichten offenkundig teilweise oder ganz erfunden sind, gilt das dann nicht auch für die Personen?

Für Ibn Ishâqs frommes Publikum waren solche Fragen nicht wichtig. Für sie zählte vor allem, daß diese Geschichten illustrierten, daß der Prophet nicht irgendein durchschnittlicher Mensch war. Seine Zeugung und Geburt waren keine alltäglichen Vorkommnisse, sondern außerordentliche Ereignisse, wichtige Momente der Heilsgeschichte, in denen Gott deutlich sichtbar eingegriffen hatte. Weil beide Geschichten dies illustrieren, wurden sie offenkundig nicht als widersprüchlich empfunden. Moderne Muslime haben damit wohl ein Problem. Was sollen sie denn glauben? Welche Version ist wahr? Moderne Menschen wollen das wissen. Nun handelt es sich hier um eine harmlose Sache, von der mancher Muslim sagen wird, sie sei ihm wirklich einerlei. Doch es gibt unendlich viele Geschichten, die sich zwar ausschließen, aber sehr große Ähnlichkeiten aufweisen und so einen modernen Gläubigen in Verwirrung stürzen können.

Die Geschichten über Âminas Schwangerschaft werden nicht dazugehören, sind sie doch nicht wirklich wesentlich für den Glauben eines Muslim (aber das muß natürlich jeder für sich selbst entscheiden). Es sind Geschichten, wie sie vermutlich von Religionen über viele wichtige Personen erzählt werden. Während ihrer Schwangerschaft, schreibt Ibn Ishâq, habe Âmina eine Stimme gehört, die ihr auftrug, ihren Sohn «Mohammed» zu nennen und ihn «zum Schutz gegen das Böse eines jeden Mißgünstigen dem Einen anzuvertrauen».

Bei der letzten Formel wird jeder, der den Koran ein wenig kennt, sofort an den Schluß von Sure 113 denken müssen, ein Gebet zur Abwehr von Bösem. Natürlich wäre es unschicklich, uneffektiv und schädlich gewesen, wenn Âmina die Frucht ihres Leibes zum Schutz einem heidnischen Gott geweiht hätte, deshalb die Bezeichnung «der

Eine». Wäre Âmina in den Mund gelegt worden, ihren ungeborenen Sohn Allâh zu weihen, so wäre das unglaubwürdig gewesen, denn Âmina konnte ja noch nicht muslimisch sein. Andererseits ist die Geschichte, wenn sie wahr sein sollte, wieder ein Hinweis auf ein monotheistisches Milieu. Die islamische Tradition ist sich allerdings darin einig, daß die Araber vor dem Auftritt Mohammeds nicht monotheistisch waren.

Daß Gott den Namen eines Kindes, das eine besondere Rolle in der Heilsgeschichte spielen wird, bereits vor der Geburt einem Elternteil mitteilt, kommt auch im Neuen Testament vor. Bei der Geburt von Johannes dem Täufer (Sure 19,4; Lukas 1,61) erhielt dessen Vater Zacharias von einem Engel den Auftrag, seinen Sohn «Johannes» zu nennen. Bibelfeste Exchristen im Mittleren Osten des achten und neunten Jahrhunderts mußten sicher auch an Lukas 1,31 denken, wo der Engel Maria aufträgt, ihren Sohn Jesus zu nennen. Daß auch Âmina den Namen ihres Sohnes nicht selbst wählte, sondern von einer überirdischen Stimme vernahm, ist doch mindestens ein ebenso großes Wunder, woraus man schließen kann, daß Mohammed in Gottes Plänen mit der Menschheit ganz sicher keine geringere Rolle spielt als Jesus.

Schließlich sah Âmina während ihrer Schwangerschaft auch noch ein großes Licht, so groß, daß sie von Mekka aus die Bollwerke von «Bosra in Syrien» erkennen konnte. Bosra war die erste Stadt des Oströmischen Reiches, die die arabischen Muslime erobern sollten. Auch die Legende von der Begegnung des jungen Mohammed mit dem Mönch Bahîra (der in Mohammed den künftigen Propheten erkennt und ihm die Zukunft vorhersagt) spielt in Bosra. Bosra liegt nördlich der heutigen syrisch-jordanischen Grenze, vierzig Kilometer östlich der Straße von Damaskus nach Amman. Für viele Araber, die in den ersten islamischen Jahrhunderten Arabien verließen, muß es die erste römische Stadt gewesen sein, die sie auf ihrem Weg ins Römische Reich zu Gesicht bekamen. Bezeichnend ist, daß Mohammeds Mutter ausgerechnet diese Stadt gesehen hat, als sie mit ihm schwanger war, denn der Islam sollte ja das Byzantinische Reich erobern.

Mohammeds Geburt in Mekka ging an den Juden von Yathrib nicht unbemerkt vorüber (Yathrib wurde später als Medina bekannt; dort lebte Mohammed von 622 bis zu seinem Tod 632 und trug eine Reihe heftiger Konflikte mit den dortigen jüdischen Clans aus; Medina liegt etwa dreihundertfünfzig Kilometer nördlich von Mekka). Ibn Ishâq zufolge soll einer der Juden in Yathrib/Medina seine Glaubensbrüder zu sich gerufen und ihnen gesagt haben: «Heute nacht ist der Stern aufgegangen, unter dem Ahmad geboren wird.» Nur Böswillige werden eine solche Geschichte mißverstehen wollen. Ein Stern, genau wie bei Christi Geburt! Ein Name, Ahmad, der eine gut erkennbare Variante des Namens Mohammed ist! Diese Geschichte wird unter Berufung auf Hassân ibn Thâbit überliefert, Mohammeds späteren Hofdichter, der aus Medina stammte und als Kind Zeuge der Ereignisse war.

Nach Mohammeds Geburt nahm ʿAbd al-Muttalib, sein Großvater, ihn mit in den Tempel der Stadt, in die Kaaba, um Gott für die Geburt zu danken. Bei dieser Geschichte sehen wir etwas sehr Interessantes. Ibn Ishâq, der den Text um 750 niederschrieb, hatte offenkundig mit aufgenommen, daß ʿAbd al-Muttalib den Neugeborenen dem Götzen Hubal zuführte. Es ist bekannt, daß in der Zeit vor der Eroberung Mekkas durch die Muslime im Jahr 630 eine Hubal-Skulptur in der Kaaba stand. At-Tabarî, der um 900 schrieb, zitiert diese Geschichte aus Ibn Ishâq und erwähnt Hubal, weil Ibn Ishâq es offenkundig ebenfalls getan hatte. Ibn Hischâm jedoch waren kurz nach 800 offensichtlich Bedenken gekommen, so daß er den Namen Hubals wegließ. Dies könnte anschaulich illustrieren, wie das Tabu, heidnische Götzen, die in der vorislamischen Zeit angebetet wurden, beim Namen zu nennen, schon zu Lebzeiten at-Tabarîs nicht mehr existierte. Damals stellten die Götter keine Gefahr mehr dar, doch zur Zeit Ibn Hischâms war der alte Götzendienst möglicherweise noch eine heikle Sache. Je weniger diese Namen, vor allem im Zusammenhang mit dem Propheten, ausgesprochen wurden, desto besser. Ist es auszuschließen, daß Ibn Hischâm beim Kürzen des Textes von Ibn Ishâq noch öfter vorsichtig und mit Bedacht vorgegangen ist? So etwas läßt sich nur höchst selten überprüfen, und wenn, dann nur

– wie hier an dieser Stelle –, indem man Ibn Hischâms Text mit den Angaben anderer Autoren vergleicht, die Ibn Ishâq zitieren. Vermutlich wird es nicht bei diesem einen Mal geblieben sein, auch wenn wir dafür keine echten Beweise haben ohne Ibn Ishâqs eigenen, ungekürzten Originaltext.

Über Mohammeds Vater ist nichts weiter bekannt – außer daß er noch vor dessen Geburt starb. Als Mohammed sechs Jahre alt war, starb auch seine Mutter Âmina. Es ist eine merkwürdige Reihe: Mose war ein Findelkind, Jesus der Sohn einer (anfangs) ledigen, jungfräulichen Mutter und Mohammed ein Waisenkind. Oder sollte die Geschichte, daß Mohammed ein Waisenkind war, von Sure 93,6 abgeleitet worden sein? Dort steht ja: «Hat er dich nicht als Waise gefunden und (dir) Aufnahme gewährt?» Die Bibel bringt alle möglichen Informationen über den Lebenslauf von Mose und Jesus, folglich muß es in den Augen der Muslime aus den ersten Jahrhunderten logisch gewesen sein, daß auch der Koran Informationen über den Lebenslauf Mohammeds enthielt. Aber es wird nicht explizit gesagt, daß Sure 93,6 vom Leben Mohammeds handelt. Mit ein wenig gutem Willen ist auch eine andere Deutung dieses Verses und dieser Sure möglich. Geschichten wie die von Ibn Ishâq und Ibn Hischâm zeigen immer wieder, daß Muslime in den ersten Jahrhunderten durchaus der Meinung waren, daß sich die im Text erwähnten Ereignisse aus Mohammeds Leben vermutlich auch so abgespielt haben. Eines ist allerdings sicher: Die islamische Tradition überliefert einhellig, daß Mohammed bereits von Kind an Waise war.

Als Kleinkind hatte Mohammed eine «Milchmutter», eine Amme. Auch das ist natürlich nur aus Ibn Ishâqs Erzählungen bekannt; es gibt keine Archivdokumente. Die Amme hieß Halîma. Halîma lebte nicht in Mekka, sondern war eine «Wüstennomadin», eine Beduinin. Sie gab dem jungen Mohammed die Brust, und solange sie das tat, waren die Euter der Tiere, die Mohammeds Pflegeeltern gehörten, jeden Tag wunderbar voll. In dieser Periode ereignete sich noch etwas anderes Wundersames: Zwei weißgekleidete Männer legten den jungen Mohammed auf den Boden und öffneten seine Brust (oder seinen Bauch oder beides). Einer seiner Pflegebrüder war Zeuge. Waren die weißgekleideten Männer Engel? Nachdem sie Mohammed die Brust geöffnet hatten, holten sie etwas heraus und warfen es weg. Seine Sündhaftigkeit? Reinigten sie ihn von heidnischen Makeln? Es ist unmöglich, bei dieser Geschichte Ibn Ishâqs nicht an Sure 94,1–2 zu denken: «Haben wir dir nicht deine Brust geweitet (d. h. haben wir dir nicht (wieder) Mut gemacht?), dir deine Last abgenommen?»

In einer etwas anderen Version dieser Geschichte ist von einer Schale mit «Schnee» die Rede, die dazu verwendet worden sein soll, Mohammeds Inneres zu waschen. Schnee und Eis sind auf der Arabischen Halbinsel eine Seltenheit. Das macht das Wunder um so größer. Oder stammt die Geschichte vielleicht aus einer Gegend, in der Schnee eher bekannt ist, beispielsweise aus Syrien, wo in den etwas höher gelegenen Landesteilen Schnee und Eis normale Winterphänomene sind? Oder ist die Geschichte etwa das Echo eines wohlbekannten biblischen Satzes: «Wenn eure Sünde auch blutrot ist, soll sie doch schneeweiß werden» (Jesaja 1,18)? Es gibt so gut wie keine Anekdote über Mohammeds Kindheit, die nicht solche Fragen provoziert. Heutige areligiöse Menschen werden geneigt sein, diese Art von Geschichten als kleine Predigten in erzählerischer Form zu betrachten, die dem Zweck dienen, eine religiöse Wahrheit über Mohammed zu illustrieren, und nicht als Berichterstattung über historische Ereignisse, die sich tatsächlich zugetragen haben. Zweifellos gibt es aber auch Gläubige, die hier ganz oder teilweise derselben Meinung sind.

Die Geschichte über Mohammeds Zeit in der Wüste bei seiner Amme Halîma dient auch dazu, die Gläubigen auf noch einen anderen Punkt aufmerksam zu machen: Genau wie Mose und Jesus hat Mohammed in seiner Kindheit als Hirte gearbeitet. Das tun Propheten nun einmal. Über Mose als Hirten gibt es in der Bibel genügend Belege (etwa Exodus 3,1). Das Neue Testament sagt zwar an keiner Stelle, daß Jesus kürzere oder längere Zeit den Hirtenberuf ausgeübt hätte, aber er wird im Neuen Testament immer wieder als «der gute Hirte» bezeichnet (Johannes 10,11). Mohammed als Hirte – es ist durchaus möglich, daß es tatsächlich so war, aber selbst wenn es wirklich so gewesen sein sollte, ist in diesem Zusammenhang doch vor allem von Bedeutung, daß auch Mose und Jesus als Hirten bezeichnet werden. Über Âminas Tod lesen wir in der Überlieferung kaum etwas, doch das wenige enthält ein faszinierendes Detail:[11] Âmina hatte in der Oase Yathrib, dem späteren Medina, Blutsverwandte. Sie starb nach einem Besuch ihrer Familienangehörigen auf der Rückreise nach Mekka. Falls es sich wirklich so zugetragen hat, falls Mohammed tatsächlich mütterlicherseits Verwandte in Medina hatte, wäre das eventuell mit eine Erklärung dafür, warum Einwohner der Oasenstadt Interesse an Mohammed zeigten und ihn 622 (dem Jahr der Hidschra) nach Medina kommen ließen. Das klingt wenig spektakulär, doch über solche Fragen läßt sich (außer für einen Gläubigen) keine Gewißheit mehr herstellen.

Zwei Jahre nach dem Tod seiner Mutter starb auch sein Großvater ʿAbd al-Muttalib. Sind wir inzwischen im Jahr 578 angekommen? Es ist schade, daß die Geschichte so sehr mit frommen Anekdoten überfrachtet ist, daß es nahezu unmöglich scheint, den historischen Kern (falls es überhaupt einen gibt) zu entdecken. ʿAbd al-Muttalib, so will es die Geschichte, oblag die Verwaltung der Quelle Zamzam, aus der die Mekka-Pilger trinken wollten, auch schon in vorislamischer Zeit. Nach seinem Tod übernahm sein jüngster Sohn, al-ʿAbbâs, diese Aufgabe. «Als der Islam kam», erzählt Ibn Ishâq, «hatte al-ʿAbbâs noch immer diese Aufgabe. Der Apostel Gottes bestätigte ihn in diesem Recht, und dieses Recht ist bis auf den heutigen Tag in der Hand von al-ʿAbbâs' Familie.»[12] Hier ist es möglicherweise eher die Politik als die Frömmigkeit, die unsere Sicht auf die Ereignisse behindert. Vielleicht ist es einfach wahr, daß al-ʿAbbâs nach dem Tod seines Vaters die Verwaltung der Quelle Zamzam übernommen hatte und seine Nachkommen diese Aufgabe noch immer innehatten, als Ibn Ishâq und Ibn Hischâm ihre Lebensbeschreibung Mohammeds herausbrachten.

Doch um 750 ergriffen die Nachkommen von al-ʿAbbâs, auch bekannt als die Abbasiden, die Macht und rissen das Kalifat an sich, das kurz darauf in Bagdad errichtet wurde und bis 1258 dort bleiben sollte. Bis das abbasidische Kalifat 945 den größten Teil seiner politischen Macht an eine schiitische Militärdynastie verlor, hatte die wichtigste politische Frage für Muslime immer gelautet: «Wer soll dort Kalif werden?» Mit anderen Worten: «Muß ein guter Muslim für oder gegen die Abbasiden sein?» Hunderte von Anekdoten enthalten implizit pro- oder antiabbasidische Propaganda. Gehört die Geschichte über die Verwaltung des Wassers der Zamzam-Quelle ebenfalls dazu? Sollen wir mit Hilfe dieser Geschichte zu der Schlußfolgerung gelangen, daß al-ʿAbbâs und seine Nachfahren tatsächlich seit eh und je in Gottes Plänen mit dem Islam einen besonderen Platz eingenommen haben?

Nach ʿAbd al-Muttalibs Tod übernimmt Mohammeds Onkel Abû Tâlib, ein Bruder seines Vaters ʿAbdallâh, die Sorge für den jungen Mohammed. Abû Tâlib ist der Vater von ʿAlî, dem späteren vierten Kalifen (656–661), der bekanntlich durch seine spätere Heirat mit Mohammeds Tochter Fâtima dessen Schwiegersohn wird. Die beiden waren eng miteinander befreundet, schon lange bevor ʿAlî Mohammeds Schwiegersohn wurde. (In einer polygamen Gesellschaft ist «Schwiegervater» keine besonders wichtige familiäre Bindung. Ein Mann hat ebenso viele Schwiegerväter wie Frauen. Und ʿAlî hatte einen umfangreichen Harem.) Sie waren praktisch Pflegebrüder. Die verschiedenen Gruppierungen innerhalb der Schiiten hegen zwar unterschiedliche Auffassungen über ʿAlî, aber die Bezeichnung Schiiten ist vom arabischen *Schiʿat ʿAlî* abgeleitet, «die Partei von ʿAlî». In allen Formen der Schia spielt ʿAlî eine zentrale Rolle. Schiiten sind der Ansicht, daß ʿAlî, oder zumindest seinen Erben, nach Mohammeds Tod 632 die Führung der islamischen Bewegung zugestanden hätte. Es gibt Richtungen innerhalb der Schia, in denen ʿAlî beinahe vergöttlicht wird, und um deutlich zu machen, daß die Schiiten im Unrecht und die Sunniten im Recht sind, werden wir von sunnitischen Autoren nur allzugern daran erinnert, daß Menschen nicht vergöttlicht werden sollen. In Wirklichkeit handelt (oder richtiger: handelte) es sich bei den Gruppen, die ʿAlî vergöttlichten, hauptsächlich um marginale, inzwischen meist so gut wie ausgestorbene Sekten und Bewegungen, nicht um die Hauptströmung der Schia.

Wie dem auch sei, die Hauptakteure in den späteren Konflikten und Bürgerkriegen der islamischen Geschichte nach Mohammeds

Tod – oder die direkten Vorfahren dieser Hauptakteure – sind in allen Geschichten über das Leben Mohammeds prominent vertreten. Allerdings gibt es eine unvermeidliche Komplikation. Die Geschichten wurden, selbst wenn sie sich tatsächlich so ereignet haben sollten, natürlich von Menschen weitererzählt, die diese späteren Bürgerkriege und Konflikte aus nächster Nähe miterlebt hatten. Dabei werden die Chronisten zumindest das berücksichtigt haben, von dem sie inzwischen wußten, daß es sich so zugetragen hatte oder ihrer Ansicht nach eigentlich so zugetragen haben sollte. Auf diese Weise könnte parteiliches Denken und Propaganda aus dem achten und neunten Jahrhundert leicht in die Geschichten über Mohammeds Leben eingesickert sein. Einige Wissenschaftler gehen sogar so weit, zu behaupten, daß viele Berichte über die frühe Zeit rein literarisch seien, das heißt verfaßt, um die Standpunkte zu rechtfertigen, die ihrer Ansicht nach im achten und neunten Jahrhundert vertreten werden mußten. Es könnte sogar noch viel schlimmer sein: Die nahezu komplette Sammlung der Geschichten über die Frühzeit des Islam (und über das Leben Mohammeds) könnte erst im achten und neunten Jahrhundert entstanden sein, und zwar aus Diskussionen über die theologischen, sektiererischen und vor allem politischen Streitfragen, die in dieser Zeit eine wichtige Rolle spielten. Letztere Meinung vertritt zum Beispiel der Historiker John Wansbrough, der 2002 im Alter von vierundsiebzig Jahren starb. Wansbrough wurde in Illinois geboren, lehrte jedoch sein ganzes Leben an der Londoner *School of Oriental and African Studies*. Die Korantexte, die Tradition und die Korankommentare enthalten gelegentlich klare Hinweise darauf, daß Wansbrough recht haben könnte, aber ein Hinweis ist kein Beweis. Deshalb kann man heute eigentlich nicht mehr über das Leben Mohammeds oder über den Koran nachdenken, ohne Wansbroughs Meinungen mit zu berücksichtigen – auch wenn diese möglicherweise ganz oder teilweise unrichtig und für viele Muslime inakzeptabel sind.

Der syrische Mönch Bahîra

Die Überlieferung läßt nun etwas ganz Bemerkenswertes geschehen: Nachdem Mohammed der Fürsorge Abû Tâlibs anvertraut worden war, erkannte ein syrischer christlicher Mönch namens Bahîra in Mohammed den Propheten. Das geschah nicht in Mekka, sondern in Bosra, in Syrien. Mohammed war dorthin geraten, weil sein Onkel und Pflegevater, Abû Tâlib, mit einer Handelskarawane nach Bosra gereist war. Obwohl noch ein Kind, hatte er doch mitkommen dürfen. Die Geschichte enthält kaum Details über Syrien, aber eine Unmenge kleiner Wunder, die ein moderner Mensch nicht glauben möchte. Methodisch ist es natürlich falsch, alle unglaubwürdigen Einzelheiten wegzulassen, aber den möglicherweise historischen Kern der Geschichte («Mohammed als Kind mit auf Handelsreise nach Syrien») als wahr anzunehmen. Doch genau so wurde bei vielen Lebensbeschreibungen Mohammeds verfahren. Es ist kaum zu glauben, daß die Communis opinio, daß Mohammed als Kind in Syrien gewesen sein muß, allein und ausschließlich auf den Wundergeschichten um Bahîra basiert.

In der Nähe von Bosra, so erzählt die Geschichte, kam die Karawane aus Mekka immer an der Klause des Mönchs Bahîra vorbei. Darin hatte dieser ein Buch, das von Geschlecht zu Geschlecht weitergegeben wurde. Nie zuvor hatte Bahîra der Karawane auch nur die geringste Aufmerksamkeit geschenkt, doch das eine Mal, als Mohammed seinen Onkel Abû Tâlib auf der Reise begleitete, war es anders. Bahîra hatte nämlich im Traum in der herannahenden Karawane den Propheten gesehen, mit einer Wolke nur über seinem Kopf, die allein ihm Schatten spendete. Als die Karawane in der Nähe von Bahîras Klause anhielt, erblickte der Mönch ein weiteres Zeichen: Eine Wolke blieb über dem Baum stehen, bei dem die Karawane haltgemacht hatte, und seine Zweige neigten sich über den Propheten, so daß allein er beschattet wurde. Bahîra lud die ganze Karawane zum Essen ein. Mohammed, der ja noch ein Kind war, blieb zurück und bewachte das Lager. Der Mönch merkte, daß die Karawane nicht vollzählig war. Nebenbei legten die Reisenden aus Mekka bei den Göttinnen ihrer Heimatstadt, al-Lât und al-ʿUzzâ, einen Eid ab. Daraufhin ließ Bahîra Mohammed zu sich rufen. Das Gespräch kam auf al-Lât und al-ʿUzzâ, und der Junge sagte, daß er nichts so sehr hasse wie diese beiden. Da entdeckte Bahîra das «Siegel des Prophetentums» zwischen Mohammeds Schultern. Abû Tâlib, der sich für den Vater Mohammeds ausgab, wurde indes von Bahîra durchschaut. Schließlich riet der Mönch den beiden, sich vor den Juden gut in acht zu nehmen, und sagte Mohammed eine großartige Zukunft voraus.

Was können Zuhörer aus dem achten Jahrhundert wohl aus einer solchen Geschichte herausgehört haben? Zuallererst werden sie die Szene als eine Bestätigung der Annahme gesehen haben, daß das vorislamische Mekka eine Handelsstadt war, von der aus regelmäßig Karawanen in alle Richtungen zogen. So steht es auch in Sure 106,2, genauer gesagt in den Kommentaren zu Sure 106,2. Wer davon ausgeht, daß Mekka eine Handelsrepublik gewesen ist, kann Sure 106,2 fast nicht mehr anders lesen als unter diesem Gesichtspunkt. Die Wissenschaftlerin Patricia Crone, eine gebürtige Dänin, hat ein ganzes Buch geschrieben, um nachzuweisen, daß die Überlieferung, Mekka sei eine Handelsstadt gewesen, ausschließlich auf der Auslegung von Sure 106,2 beruht.[13] Diese Deutung, führt sie aus, ist hauptsächlich aus der Not geboren, für Sure 106,2 und die benachbarten Verse doch noch einen Sinn zu finden. Außer diesem Vers gibt es keinerlei Hinweise dafür, daß Mekka eine Handelsstadt war. Auch in der Literatur sind keine historischen Fakten zu finden, aus denen sich ein Bild ergibt, womit die Händler in Mekka wohl gehandelt haben. Auch bei den sicherlich nicht analphabetischen Nachbarn auf der Arabischen Halbinsel ist keinerlei Spur zu finden, die auf diesen Handel hinweist. Genausowenig Hilfe bietet vorläufig die Archäologie, was aber vielleicht an den zu geringen Grabungsmöglichkeiten auf der Arabischen Halbinsel liegt. Dennoch ist die Schlußfolgerung unausweichlich: Der vermeintliche Mekka-Handel ist allein eine Schöpfung der Korankommentatoren. Aber der vermutlich nicht existente mekkanische Handel schafft wiederum die Kulisse für einen Besuch des Kindes Mohammed in Syrien. Es gibt moderne Wissenschaftler, die, falls es diesen Handel in Mekka nicht gegeben haben sollte, auch die Geschichten, die von der Existenz dieses Handels ausgehen, zu Märchen erklären wollen.

Der Erzählung zufolge hatte Bahîra in seiner Klause ein Buch, in dem offenkundig etwas stand, das ihn in die Lage versetzte, in Mohammed den Propheten zu erkennen. Was für ein Buch mag das gewesen sein? Traditionell lehrt der Islam bis auf den heutigen Tag, daß Kirchen und Synagogen ihre eigenen heiligen Schriften absichtlich verfälscht hätten: So seien unter anderem die Hinweise auf das Kommen Mohammeds herausgestrichen worden. Aber Bahîras Buch war augenscheinlich kein kirchlicher Text; es war etwas ganz Besonderes. Es war ein Buch, das sich offenbar der kirchlichen Kontrolle hatte entziehen können, denn «sie hatten es von Geschlecht zu Geschlecht weitergegeben».[14] Dieses Buch enthielt also, im Gegensatz zu den «kirchlichen» Schriften, durchaus noch die Zeichen, an denen man den Künder des Islam erkennen konnte. Folglich konnte Bahîra, Gott sei Dank, Mohammed als Propheten und Gottgesandten erkennen.

Die Stadtgöttinnen von Mekka, al-ʿUzzâ und al-Lât, werden in Sure 53,19 genannt. Sie spielen in der Geschichte der satanischen Verse eine Rolle. Eine Offenbarung, in der diese Göttinnen vorkamen, war ursprünglich wohl zwischen Sure 53,19 und 53,20 zu finden, aber Mohammed soll später erkannt haben, daß diese Offenbarung nicht von Gott, sondern vom Satan stammte, daher die Bezeichnung «satanische Verse». Wenn Mohammed in der Bahîra-Geschichte sagt, daß er «nichts so sehr hasse wie diese beiden», greift das der wohlbekannten Geschichte der satanischen Verse vor. Es bestätigt die Vermutung, später eine dogmatische Gewißheit, daß Mohammed nie und nimmer Polytheist war: Bereits als Kind hatte er die Götzen gehaßt. Gleichzeitig unterstreicht die Geschichte, daß die Bewohner Mekkas zu diesem Zeitpunkt durchaus Polytheisten waren, eine Annahme, die ebenfalls in keiner anderen Quelle als in der islamischen Überlieferung überreich dokumentiert ist.

Die Warnung, sich vor allem vor den Juden gut in acht zu nehmen, kann man nach den Erfahrungen des Holocaust nur als antisemitische Äußerung lesen. Doch die frühen Muslime haben natürlich an etwas anderes gedacht: Der Koran teilt mehr als einmal mit, beispielsweise in den Versen 2,91, 3,181 und 4,155, daß die Juden die «Propheten Gottes» getötet hätten. Im Neuen Testament lesen wir etwas Vergleichbares. Der Evangelist Lukas läßt Jesus sagen: «Jerusalem, Jerusalem, die du tötest die Propheten und steinigst, die zu dir gesandt werden.»[15] Mohammed sollte später zwar die verschiedensten Auseinandersetzungen mit den Juden ausfechten, aber vielleicht war es der Warnung Bahîras zu verdanken, daß diese Konflikte für ihn nie schlecht ausgegangen sind.

An die verschiedenen Formen des wundersamen Schattenspendens, von denen die Geschichte berichtet, wird ein moderner Mensch kaum glauben können. Selbst wenn er eine solche wunderbare Beschattung mit eigenen Augen sähe, wäre er vermutlich noch nicht überzeugt. Andererseits fällt es nicht besonders schwer, zu begreifen, daß das Publikum in der Antike den Bericht über ein solches Wunder zu schätzen wußte.

Trotz allerlei gegenteiliger Äußerungen genossen Mönche im alten Mittleren Osten in der Regel hohes Ansehen. Eigentlich hat sich daran bis heute nicht viel geändert. Das Wort eines Mönchs, der etwas Positives über Mohammed und den Islam äußert, hat also viel größeres Gewicht als die Bemerkung eines Laien oder eines Heiden. Der Geschichte von der Erkennung durch Bahîra gehen bei Ibn Ishâq eine Reihe von Erzählungen über heidnische Seher voraus, die meinten, bei Mohammed die Zeichen des Prophetentums zu erkennen – aber diese Seher werden durch Abû Tâlib und ʿAbd al-Muttalib von dem Kind ferngehalten. Man hat den Eindruck, als hätten die beiden gewußt, daß eine viel prestigeträchtigere Erkennung durch einen echten Mönch bevorstand. Und wenn sie es nicht wußten, dann wußten es zumindest die Überlieferer dieser Geschichten.

Bahîra prophezeit Mohammed schließlich eine große Zukunft. Diese war im achten und neunten Jahrhundert natürlich hinreichend bekannt. Aber wer den Koran ein wenig kennt, wird bei dieser Prophezeiung bestimmt an Sure 93,4 denken müssen, wo Gott zu Mohammed sagt, das, was komme, sei besser als das, was gewesen ist. Die doppeldeutige Formulierung dieses Koranverses hat bei Interpreten wie Übersetzern Verwirrung gestiftet. Geht es etwa nicht um die Zukunft hier auf Erden, sondern um das Jenseits? Bahîras Prophezeiung scheint doch vor allem Mohammeds Zukunft hier auf Erden zu betreffen. Damit verstärkt die Bahîra-Geschichte die rein linguistischen Argumente, Sure 93,4 nicht auf das Jenseits zu beziehen, sondern auf die Zukunft.

In christlichen Erzählungen lebt Bahîra als «Sergius» weiter. Einige aufmerksame christliche Theologen, die im Mittelalter mit dem Islam konfrontiert wurden, meinten behaupten zu können, daß alles, was am Islam und am Koran in religiösem und theologischem Sinne gut war, von diesem Bahîra/Sergius herrührte. Was nichts taugte, stammte danach von anderen und nicht von ihm. So hat die Geschichte von Bahîra/Sergius, trotz ihrer geringen historischen Wahrscheinlichkeit, auch in der nichtislamischen Welt eine nützliche Rolle erfüllen können. Sie konnte immerhin eine Erklärung für das Vorhandensein wertvoller Elemente im Islam bieten, die auch Christen, einerlei wie heftig ihre Aversion gegen den Islam war, nicht links liegenlassen konnten.

Obwohl die Bahîra-Geschichte fast der einzige umfangreiche Bericht über Mohammeds Kindheit ist, werden moderne Menschen sie zweifellos ins Reich der Legende verweisen wollen, in der eigentlich keine konkrete Information über das Leben des Propheten zu finden ist. Wohl finden sich in der Bahîra-Geschichte aber, wie immer, versteckte Informationen darüber, wie Muslime in späteren Zeiten über alles Mögliche gedacht haben. Mit der Geschichte über Mohammeds Ehe mit Chadîdscha verhält es sich bis zu einem gewissen Grad anders. Diese Erzählung wird durchaus allgemein als historisch verbürgt erachtet. Aus der Ehe gingen schließlich Kinder hervor, die ihrerseits ebenfalls Nachkommen hatten, die bis in historische Zeiten bekannt geblieben sind.

Das gilt übrigens nicht im selben Maße für alle in der Überlieferung genannten Kinder von Mohammed und Chadîdscha. Ein Sohn, al-Qâsim – falls es ihn gab –, starb noch vor der Gründung des Islam. Über ihn ist jedenfalls nichts bekannt, und man hält seine Existenz für das literarische Ergebnis des Umstands, daß Mohammed allerlei

Berichten zufolge gelegentlich «Abû l-Qâsim» genannt wurde. Von den vier Töchtern, Zainab, Ruqayya, Umm Kulthûm und Fâtima, wissen wir mehr. Über sie kursieren alle möglichen Geschichten, und sie sollen auch Nachkommen gehabt haben. Alle vier lebten noch nach Einführung des Islam, und alle vier sind muslimisch geworden.

Der Bericht, wie die Ehe zwischen Mohammed und Chadîdscha zustande kam, ist eigentlich eine Variante der Bahîra-Geschichte. Der Erzähler wollte Mohammed um jeden Preis nach Syrien versetzen, damit er dort von einem Mönch erkannt werden konnte. Diesmal kam der junge Mann nach Syrien, weil er als Sachwalter für Chadîdscha, eine Händlerin, auftrat, die Vertreter dafür bezahlte, daß sie ihre Waren in Kommission verkauften.[16] Leider berichtet uns die Geschichte nichts über die Art der Güter. Da nicht bekannt ist, mit welchen Waren in Mekka gehandelt wurde, wäre ein Bericht darüber nur allzu willkommen gewesen. Als Chadîdscha hörte, «wie zuverlässig Mohammed war»,[17] schickte sie ihn zusammen mit Maisara, einem ihrer Sklaven, nach Syrien. Dort trafen die beiden Händler einen (diesmal namenlosen) Mönch. Maisara knüpfte ein Gespräch mit ihm an, und Mohammed legte sich zum Ausruhen unter einen Baum neben dessen Zelle. Erschrocken rief der Mönch aus: «Unter diesem Baum haben immer nur Propheten gesessen.» Also war Mohammed, der gerade unter diesem Baum saß, offenkundig auch ein Prophet, und ein richtiger Mönch legte davon Zeugnis ab.

Man sieht das Bild vor sich: ein Prophet unter einem Baum. Das Alte Testament kennt eine berühmte entsprechende Szene. Nachdem der Prophet Jona die Stadt Ninive aufgefordert hatte, sich zu bekehren, da Gott andernfalls die Stadt untergehen lassen würde, setzte er sich unter einen Baum und wartete. Und nichts geschah, denn wider jede Erwartung bekehrte sich die Stadt. Auch Mohammed prophezeite später den Einwohnern von Mekka dieses Urteil – und es geschah ebenfalls nichts, weil sich die Mekkaner bekehrten. Gläubige haben damit absolut kein Problem, areligiöse Menschen wohl. Es hätte ja, rein theoretisch, auch der Fall sein können, daß nichts geschah, weil Gott beispielsweise nicht böse auf Ninive oder Mekka war.

Chadîdscha, Mohammeds erste Ehefrau

Die Ehe zwischen Mohammed und Chadîdscha wird allgemein als feststehende historische Tatsache angenommen. Auch das Wissen, daß die erste Ehefrau des Propheten eine «selbständige» Geschäftsfrau war, gehört beinahe zur Allgemeinbildung von Intellektuellen in Ost und West. Dennoch ist dies fragwürdig. Die Überlieferung, daß Chadîdscha mit Syrien Handel trieb, wurde möglicherweise aus der Not geboren, um plausibel zu machen, warum Mohammed von einem Mönch in Syrien als künftiger Prophet erkannt wurde. Auch wenn wir leider nichts über die Handelswaren erfahren, die Mohammed für Chadîdscha in Syrien abgesetzt hat, vernehmen wir doch etwas anderes. Auf der Heimreise beobachtete Maisara abermals allerlei wundersame Beschattungen Mohammeds, die er Chadîdscha treu berichtete und die auf diese – so erzählt es die Geschichte – großen Eindruck machten, die aber einen modernen Leser in bezug auf den historischen Wert dieses Erzählungszyklus skeptisch werden lassen.

Wegen der ungewöhnlichen und positiven Berichte, die sie über Mohammed zu hören bekam, beschloß Chadîdscha, ihm einen Heiratsantrag zu machen. Heutzutage werden regelmäßig sympathische Versuche unternommen, die Welt des Islam etwas frauenfreundlicher zu machen. Sie suchen und finden Unterstützung in dem Bild, das die Überlieferung von Chadîdscha zeichnet: eine selbständige Geschäftsfrau, die von sich aus einem Mann einen Heiratsantrag macht. Wenn der Prophet trotz seiner hohen Stellung seiner künftigen Frau ein so großes Maß an Selbständigkeit zugestanden hat, um wieviel mehr müßten dann gewöhnliche muslimische Männer ihren Frauen ein gewisses Maß an Selbständigkeit gewähren? Es ist jedoch eine unheimliche Vorstellung, daß das traditionelle Bild einer vorbildlichen, unabhängigen Chadîdscha letztlich auf nichts weiter als ein paar Zeilen aus Ibn Ishâq beruht. Die Wahrscheinlichkeit ist ja beträchtlich, daß diese Zeilen nicht auf historische Fakten zurückzuführen sind, sondern darauf, daß Mohammeds Aufenthalt in Syrien für die Religionsgeschichte wünschenswert war.

Die Überlieferung geht davon aus, daß Chadîdscha zuvor schon zweimal verheiratet war, aber es herrscht Unsicherheit über die genauen Namen und die Abstammung ihrer ersten Ehemänner (und über die Reihenfolge der beiden Ehen). Handelte es sich um Abû Hala und Utayyik? Abû Hala soll sie verstoßen haben, Utayyik soll während ihrer Ehe gestorben sein; dann wäre Chadîdscha bei ihrer Heirat mit Mohammed also tatsächlich eine Witwe gewesen. Über ihr genaues Alter zum Zeitpunkt der Eheschließung gehen die Überlieferungen auseinander. Die bekannteste Geschichte berichtet, daß Chadîdscha bei der Heirat vierzig und Mohammed fünfundzwanzig Jahre alt war. Es gibt auch Erzähler, die meinen, Chadîdscha sei achtundzwanzig und Mohammed einundzwanzig oder dreiundzwanzig Jahre alt gewesen.

Es ist verlockend, Sure 93,8 – «Hat er dich nicht bedürftig gefunden und reich gemacht?» – auf diese Ehe zu beziehen. Die Kommentare gehen einhellig davon aus, daß Vers 8 tatsächlich darauf verweist, daß Gott Mohammed durch seine Ehe mit Chadîdscha reich gemacht habe. Auch die restliche Sure 93 wird meist als Hinweis auf das Leben Mohammeds aufgefaßt, spricht doch, bei unaufgeregtem Lesen, nur wenig dagegen, Vers 8 metaphorisch aufzufassen: Mohammed war bedürftig, weil er weder Gott noch dessen Gebote kannte, und wurde daraufhin durch das Geschenk der Offenbarung des Korans reich gemacht.

Der vorangehende Vers 7, in dem steht: «Hat er dich nicht auf dem Irrweg gefunden und rechtgeleitet», kann natürlich auch sehr gut als geistiges Irren verstanden werden, aber der Wunsch, in Sure 93 den Lebenslauf Mohammeds wiedergegeben zu sehen, ist einer der Faktoren, die dazu geführt haben, daß in den meisten Korankommentaren zu diesem Vers 7 die Geschichte erzählt wird, wie sich Mohammed als Kind einmal in der Wüste verirrt hatte und nur durch überirdisches Eingreifen wieder nach Hause fand. Andererseits bietet auch das islamische Dogma, nach dem der Prophet ohne Sünden gewesen sein muß, ein gutes Motiv, das Wort «Irrweg» in 93,7 wörtlich aufzufassen als «verirrt in der Wüste». Denn wenn es in religiösem Sinne «Irrweg» bedeuten würde, könnte es möglicherweise implizieren, daß sich Mohammed an den heidnischen Ritualen seiner Zeit beteiligt hatte, und genau dies bestreitet die islamische Überlieferung vehement.

Waraqa ibn Naufal

Chadîdscha erzählt ihrem Vetter Waraqa ibn Naufal die wundersamen Geschichten über Mohammed, die sie durch den Mund Maisaras von dem syrischen Mönch vernommen hat. Dieser Waraqa «wußte, daß ein Prophet zu erwarten war», denn er «war ein Gelehrter und ein Christ, der die Schriften studiert hatte».[18] Ibn Ishâq und Ibn Hischâm lassen Waraqa leidenschaftlich darüber klagen, wie lange er auf das Kommen des Gesandten Gottes habe warten müssen. Es ist schwer, hier nicht an die biblische Geschichte vom alten Simeon erinnert zu werden, der im Tempel von Jerusalem auf den «Trost Israels» gewartet hatte.[19] Als Josef und Maria mit dem Jesuskind in den Tempel kamen, erkannte dieser Simeon augenblicklich die Situation (Lukas 2,25–35) und was dies für die Heilsgeschichte bedeuten sollte. Auch in der Geschichte über die Berufung Mohammeds, die jetzt nicht mehr fern war, spielte dieser Waraqa eine wichtige Rolle.

Die Geschichte von Waraqas Reaktion auf Maisaras wundersame Berichte ist eindeutig eine Variante der Geschichte von Waraqas Reaktion auf das Wunder von Mohammeds Berufung, genau wie die beiden Erzählungen über den syrischen Mönch Varianten voneinander sind. Oft ist die eine Geschichte besser als die andere. Ist die bessere eine verfeinerte Fassung einer früheren Variante? Die Abû-Tâlib-Bahîra-Geschichte spricht die Phantasie mehr an als die Maisara-Schilderung und erwähnt ein zusätzliches, wichtiges Detail, nämlich den Namen des Mönchs. Das gibt zu denken und deutet eigentlich darauf hin, daß die Maisara-Geschichte früher verfaßt wurde. Doch die Maisara-Variante enthält außer dem Bericht über Mohammeds Reise als Handelsvertreter nach Syrien fast nur überirdische Elemente und wird von modernen Historikern als so gut wie sicher unglaubwürdig beiseite geschoben. Etwas Vergleichbares wird sich im folgenden für die beiden Waraqa-Geschichten zeigen.

Westliche Mohammed-Biographien folgen in bezug auf diese (und andere) Erzählungen aus der islamischen Überlieferung einer stereotypen Taktik: Die wundersamen überirdischen Elemente (meist mit Ausnahme der Offenbarung des Korans) werden weggelassen, der Rest wird als wahr angenommen. Folglich «weiß» jeder interessierte Nichtmuslim und jeder moderne Muslim, daß Mohammed als Kind mit Abû Tâlib in Syrien gewesen ist und auch als Handelsvertreter für Chadîdscha Syrien besucht hat. Aber möglicherweise haben beide Geschichten eine gemeinsame Wurzel. Es könnte sich um ganze oder halbe Legenden handeln, die ausschließlich klarmachen wollen, daß die tonangebende christliche Elite der vorislamischen Zeit, personifiziert in einem syrischen Mönch, Mohammed bereits (an)erkannt hatte.

Ibn Ishâq und Ibn Hischâm berichten, der Stamm der Quraisch habe, als Mohammed fünfunddreißig Jahre alt war, die Kaaba, den Kubus im Heiligtum zu Mekka, restaurieren und wiederaufbauen wollen. Die Bemerkung «fünfunddreißig Jahre alt» ist fast zu schön, um wahr zu sein, aber die Überlieferung datiert die Geschichte jedenfalls auf einige Zeit vor der Berufung Mohammeds. Wieder gibt es ziemlich viele Wunder zu berichten. Die Tendenz aller wundersamen Ereignisse ist, daß Mohammed bereits in der vorislamischen Zeit als außergewöhnlicher Mann anerkannt war, mit dem Gott zweifellos Großes vorhatte. Nun, wenn die Heiden in der Zeit der Unwissenheit, die dem Islam vorausging, das bereits sehen konnten, dann sollten doch erst recht wir in der Lage sein, zu erkennen, welch einen besonderen Platz Mohammed in der Geschichte von Gott und Menschheit einnimmt.

Gleichnis oder Geschichte

Unter all diesen Wundergeschichten gibt es eine, die aus dem Rahmen fällt.[20] Das Schiff eines griechischen Kaufmanns war bei Dschidda gestrandet. Das Holz des Wracks wurde bei der Restaurierung des Daches der Kaaba verwendet. Ein griechisches Schiff bei Dschidda um 600? Das Schiff wird wohl kaum durch den Suezkanal gekommen oder um das Kap der Guten Hoffnung herumgefahren sein? Bauten Griechen im sechsten Jahrhundert tatsächlich am Roten Meer Schiffe? In Ägypten oder im Sudan? Haben wir es hier mit einer historischen Überlieferung zu tun, oder müssen wir die Geschichte doch wieder nur als eine Legende lesen, die uns mitteilen möchte, daß die gesamte christliche Welt des Mittleren Ostens, die Syrer, die Griechen, ja sogar die Kopten, die christlichen Bewohner Ägyptens, mitgeholfen haben, Mekka auf das Kommen des Islam und des Gesandten Gottes vorzubereiten? Tatsächlich ist unmittelbar im Zusammenhang mit der Geschichte über das gesunkene griechische Schiff die Rede von einem koptischen Zimmermann.

Vor allem bei den modernen westlichen Lesern all dieser Geschichten, seien sie Muslime oder nicht, muß sich doch bei der Lektüre immer stärker das Bedürfnis einstellen, diese Sammlung von Erzählungen über die Frühzeit des Islam nicht wörtlich zu nehmen und die ganze traditionelle *Sîra*, den «Lebenslauf» des Propheten, wie ihn der Islam überliefert, nicht länger für eine historische Information zu halten. Ein Mensch der heutigen Zeit ist eher geneigt, sie als Exempel zu lesen, aus denen ein gläubiger Muslim wichtige Lehren ziehen soll, vergleichbar der Art und Weise, in der viele moderne Christen das Buch Jona im Alten Testament lesen. Unter Christen herrscht nahezu einhelliger Konsens, daß es sich bei dem Buch Jona um keine «Geschichte» handelt, in welcher Bedeutung des Wortes auch immer, sondern um ein Gleichnis, um eine Legende wie die von Jesus erzählte Geschichte vom barmherzigen Samariter (Lukas 10,25–37). Kein einziger Fundamentalist wird fordern, daß irgend jemand die Geschichte vom barmherzigen Samariter für historisch wahr zu halten habe. Es ist eine literarische Schöpfung, von Jesus selbst erfunden, und dennoch wird sie von den Lesern, an die sie sich richtet, sehr gut verstanden. Die darin enthaltene religiöse Lehre ist für heutige wie für damalige Leser eindeutig. (Dennoch gibt es bis heute an der Autobahn von Jerusalem nach Jericho die Herberge, wo sich all das ereignet haben soll.)

Es kann nicht oft genug wiederholt werden: Auch historische Geschichten können alle Merkmale einer Legende haben. Man nehme nur die Feldzüge Napoleons: Wären sie nicht gut dokumentiert, könnten spätere Historiker die Berichte darüber auch als Legenden deuten: Zu seiner Niederlage bei Waterloo beispielsweise könnten spätere Experten mutmaßen, fromme Geschichtsschreiber hätten sich diese, vermutlich als Anspielung auf das spätere Watergate im zwanzigsten Jahrhundert, über das ausreichend Archivdokumente und Tonbänder erhalten geblieben sind, ausgedacht. Deshalb wurde «Waterloo» auch in der zweiten Hälfte des zwanzigsten Jahrhunderts von skandinavischen Popkünstlern generell als symbolische Bezeichnung für den Ort einer Niederlage verwendet. Und so weiter, und so fort. Es kann gut sein, daß vieles aus der historisch-kritischen Forschung über den frühen Islam genauso großer Unsinn ist.

Eigentlich läßt sich derzeit nur ganz wenig, vielleicht sogar überhaupt nichts mit Sicherheit darüber sagen, wie und wann das Leben Mohammeds begonnen hat. An sich ist das, angesichts des Ortes und der Zeit des Geschehens, nicht ungewöhnlich. Möglicherweise bringen archäologische Funde oder die Entdeckung von heute noch unbekannten Texten und Inschriften eines Tages doch noch eine plötzliche und sensationelle neue Erkenntnis. Dennoch sind sich Muslime durchaus darüber einig, daß Mohammed um 570 oder etwas später in Mekka geboren wurde, Waise war und irgendwann kurz nach 600 mit einer gewissen Chadîdscha in den Stand der Ehe getreten ist. Die Übereinstimmung betrifft nicht die Details; die sind häufig Gegenstand von Kontroversen. Möglicherweise war Chadîdscha älter als Mohammed. Möglicherweise war sie reich, und möglicherweise war sie Witwe. Die einzigen Nachfahren Mohammeds gingen aus dieser Ehe hervor. Und: Sein Leben nimmt eine entscheidende Wendung, als er von Gott zum Propheten berufen wird, ein Ereignis, das traditionell ins Jahr 610 datiert wird. Mit der Berufung beginnt die Offenbarung des Korans.

Der Erzengel Gabriel verkündet Mohammed die Worte Gottes.
Osmanische Miniatur, 16. Jahrhundert. Topkapı Sarayı Museum Istanbul.

2. *Die Berufung*

Religion ist nicht überprüfbar. Uns stehen keine Methoden zur Verfügung, um kontrollieren zu können, ob die Himmel tatsächlich Gottes Gerechtigkeit verkünden oder ihn lobpreisen.[1] Diese Unkontrollierbarkeit wird vor allem bei den Geschichten über die Berufung von Propheten und Gottgesandten sehr deutlich, wie sie in der biblischen und islamischen Tradition überliefert sind. Wegen ihres Auftrags, der nicht von dieser Welt ist, besitzen Propheten Prestige und Macht in der Welt. In den Augen ihrer Feinde können sie einem jeden willkürlich ihren Willen aufzwingen, ohne daß es dafür einen vernünftigen Grund gäbe, außer der von ihnen selbst geäußerten, nicht nachprüfbaren Behauptung über sich und ihren von Gott erteilten Auftrag. Dieser Umstand hat Einfluß auf die Entstehung der Berufungsgeschichten.

Das Widerstreben der Propheten

Es ist menschlich und daher entschuldbar, daß die Feinde der Propheten gelegentlich Einspruch dagegen erhoben haben, daß deren Macht auf nichts weiter als auf eigenen Aussagen beruht. Dagegen werden sich die Anhänger gern bemühen, ihren geliebten Propheten von Machthunger und allzu großem Dünkel freizusprechen. Deshalb sind Erzählungen darüber, wie ein Prophet voller Entsetzen die Aufgaben und Gefahren vor sich sah, die ihm wegen seines Prophetentums auferlegt werden sollten, gut erhalten. Wenn zu diesem Thema irgendwo eine Geschichte existierte, gab man sich besondere Mühe, gerade diese zu überliefern. Deshalb haben sich auch anfängliche Weigerungen und ein Widerwille gegen die unglaublich schwere Aufgabe, ein Prophet zu sein, in Berufungsgeschichten als feste Motive herausgebildet. Hier können die Propheten von Machtgier und Eitelkeit freigesprochen werden. Solche Geschichten können sich durchaus ereignet haben, obwohl man natürlich nur schwer sagen kann, was dort eigentlich vor sich geht beziehungsweise sogar, ob dort überhaupt etwas geschieht, wenn von nichts anderem als dem Gemütszustand eines neuberufenen Propheten die Rede ist. Aber für Freund wie Feind steckt die Bedeutung dieser Erzählung in ihrer Botschaft: Propheten haben ihr Prophetentum mit der dazugehörenden Macht nicht selbst gesucht, es ist gegen ihren Willen über sie gekommen.

Den Überlieferungen zufolge reagierten die Propheten in der Regel negativ auf ihre Berufung. Noch schlimmer, sie zeigten zu Beginn überhaupt kein Interesse an der außergewöhnlichen Machtposition, die sie mehr und mehr einnahmen. Oft wird von anfänglichen Ohnmachtsgefühlen vor der ehrfurchtgebietenden Aufgabe berichtet, die ihnen auferlegt wurde, und auch davon, daß sie voller Widerwillen gegen diese Aufgabe waren. Manche Propheten haben sich sogar mit Ausreden gegen ihre Berufung gewehrt. Aber gut, wer kann sich schon gegen Gott durchsetzen? Implizit fordern solche Geschichten den Durchschnittsgläubigen auf, sich wie der Prophet zu verhalten und seinen Widerstand gegen Gottes Willen aufzugeben. Übrigens, was genau Gottes Wille ist, wissen gewöhnliche Menschen nicht, aber dem Propheten stehen deshalb ja zum Glück alle möglichen Informationen zur Verfügung.

Jona (1,1–3), bekannt aus der Geschichte mit dem Wal, flüchtet per Schiff, als das Wort des Herrn über ihn kommt. Mose, ein Prophet, wie es nur wenige gegeben hat (Deuteronomium 34,10), verweigert sich zunächst den göttlichen Aufgaben, weil er «eine schwere Zunge» habe (Exodus 4,10). Jesaja (6,5) hält sich zuerst nicht für würdig, ein Prophet zu werden, läßt sich aber trotzdem ernennen. Auch Jeremia (1,6) reagiert bei seiner Berufung ablehnend und sagt: «Ich kann nicht sprechen.» In der bekanntesten Geschichte über Mohammeds Berufung sagt dieser: «Ich kann nicht lesen» und danach «Was soll ich lesen?», als ihm zum ersten Mal ein Teil des Korans vorgehalten wird.[2]

Auch in der islamischen Überlieferung spielt das Motiv des anfänglichen Widerstrebens des Propheten eine große Rolle. Aber noch bevor wir zu Mohammeds Berufungsvision kommen können, müssen wir feststellen, daß in der klassischen Lebensbeschreibung von Ibn Ishâq kurz darüber Auskunft gegeben wird, was vor der Berufung geschah. Begreiflicherweise verschweigen heutige Mohammed-Biographien diesen Prolog, denn moderne Menschen, und ganz bestimmt areligiöse Menschen, werden möglicherweise ihr Vertrauen in die Quellen über das Leben des Propheten verlieren, wenn sie sehen, daß diese auch Berichte darüber enthalten, was im Himmel zuerst noch alles geregelt werden mußte, bevor Mohammed berufen werden konnte. Solche Geschichten machen klar, daß Ibn Ishâq und Ibn Hischâm keine Historiker waren wie Herodot oder Thukydides, sondern Prediger und Evangelisten wie die Verfasser der vier Evangelien des Neuen Testaments. Trotzdem will jeder den Text der beiden zur Rekonstruktion von Mohammeds Leben benutzen, da es eine bessere oder ältere Quelle nicht gibt.

Verkünder froher Botschaft

Goethes *Faust* enthält einen «Prolog im Himmel». Den kann man natürlich überschlagen, wenn man den *Faust* lesen möchte, aber dann verpaßt man doch Informationen über die Art des von Goethe verfaßten Stücks, ganz abgesehen von einer Handvoll wunderbarer Verszeilen, darunter beispielsweise der berühmte Satz «Es irrt der Mensch, solang' er strebt». Genauso verzichtet der Leser, der den Prolog der Berufungsgeschichte bei Ibn Ishâq überschlägt, auf Informationen über die Art von Geschichten, die Ibn Ishâq und Ibn Hischâm erzählen.

Vor Mohammed hatte Gott mit allen Propheten einen Vertrag geschlossen, erzählen Ibn Ishâq und Ibn Hischâm, in dem jeder zusagte, künftig an einen Propheten zu glauben, der nach ihm kommen und seine Botschaft bestätigen würde.[3] Deshalb haben auch alle Propheten versprochen, diesen Bericht einem jeden, der ihnen Glauben schenkt, weiterzugeben. Es handelt sich um eine Bearbeitung von Sure 3,81–82:

> Und (damals) als Gott die Verpflichtung der Propheten entgegennahm (des Inhalts): Wenn immer ich euch eine (Offenbarungs)schrift oder Weisheit gebe und hierauf ein Gesandter zu euch kommt, der bestätigt, was euch (an Offenbarungen bereits) vorliegt, dann müßt ihr an ihn glauben und ihm helfen! Er sagte: «Erkennt ihr (es) an und fühlt ihr euch mir gegenüber daran gebunden?» Sie sagten: «(Ja) wir erkennen (es) an.» Er sagte: «Dann bezeugt (es), und ich will mit euch Zeuge sein!» Diejenigen aber, die sich abwenden, nachdem dies (d. h. die feierliche Verpflichtung) vor sich gegangen ist, sind die (wahren) Frevler.

Ibn Ishâq und Ibn Hischâm zitieren die ganze Koranpassage. Sie erklären also vor der Berufungsgeschichte ausdrücklich, daß nichtmuslimische Gläubige von ihren religiösen Führern betrogen worden seien, wenn die Geschichte der Berufung und auch die Person Mohammed nicht in ihrer eigenen religiösen Tradition vorkämen. Das ist ein ziemlich polemischer Standpunkt und eine schwere Anschuldigung an die Adresse der Propheten des Judentums und der vier Evangelisten des Neuen Testaments. An sich ist es in Ordnung, daß Ibn Ishâq diese Meinung vertritt, aber es bedeutet abermals, daß seine Beschreibung vom Leben des Propheten als historisches Dokument an Wert verliert – denn sie ist keines. Im Gegenteil, sie ist ein Evangelium, sie verkündet die frohe Botschaft vom Kommen eines Gottesgesandten. Allein durch konsequentes, systematisches Ausklammern der überirdischen Randbemerkungen der frommen Autoren[4] können wir diese Erzählung als historische Quelle betrachten. Aber im Grunde ist sie ein Dokument, das zeigen möchte, daß der Prophet Mohammed zu «den Menschen allesamt» gesandt wurde als «Verkünder froher Botschaft», wie es in Sure 34,28 heißt, einem Vers, den Ibn Ishâq und Ibn Hischâm in der Einleitung der Berufungsgeschichte Mohammeds ebenfalls zitieren. Das ist deshalb so schön, weil «frohe Botschaft» die wörtliche Übersetzung des griechischen Wortes «Evangelium» ist.

Große Einsamkeit

Es liegt in der Natur der Sache, daß es keine Zeugen der Berufung Mohammeds gibt, ebensowenig wie es Zeugen von der Berufung der biblischen Propheten gibt. Der einzige, der versucht hat, die Geschichte seiner Berufung mit Zeugen zu untermauern, ist Joseph Smith (1805–1844), der Prophet der Mormonen. Die Standardausgaben von *Das Buch Mormon* enthalten zwei Zeugnisse, eines von drei und eines von acht Zeugen, die übereinstimmend erklären, die goldenen Tafeln gesehen zu haben, aus denen Joseph Smith das *Buch Mormon* ins Englische übersetzt hat. Bedauerlicherweise sind beide Zeugnisse undatiert, und auch der Ort, an dem die elf Zeugen die Tafeln gesehen haben wollen, bleibt ungenannt. Wer kein Mormone ist, den werden diese Mängel stören. Im normalen Rechtswesen haben Zeugnisse ja immer Ort und Zeit der Bekundung zu enthalten. Eigentlich wäre es einleuchtend, auch im Falle von Joseph Smith darauf zu bestehen, daß es keine Zeugen seiner Berufung gegeben habe. Die im *Buch Mormon* angeführten Zeugen schweigen sich im übrigen auch über Joseph Smiths Berufungsvisionen aus; sie äußern lediglich, die goldenen Tafeln gesehen zu haben.

In der Einleitung zur Geschichte von Mohammeds Berufung finden wir eine Reihe kurzer Berichte, die zum Teil auf Aischa, eine seiner Ehefrauen, zurückgehen.[5] Diese enthalten implizit die Botschaft, daß es keine Zeugen der Berufung gegeben haben kann. So erzählt Aischa, daß die Offenbarung mit «einem wahrheitsbringenden Traum» begann, der «so klar war wie die Morgenröte». Alle westlichen Biographen übernehmen diese Geschichte. Die Klarheit ist natürlich auch interessant. Aber den letzten Satz der Erzählung erwähnen die westlichen Nacherzähler der islamischen Überlieferung nicht immer, obwohl dieser doch die Pointe von Aischas Geschichte enthält: «Gott hatte dafür gesorgt, daß der Prophet gern allein war, nichts tat er lieber, als allein zu sein.» Aus diesem Grund kann es auch keine weiteren Zeugen für die Berufung Mohammeds geben.

Die Einleitung fährt damit fort, daß der Prophet, als er ein Bedürfnis verrichten mußte, weit zur Stadt hinauswanderte, bis kein Haus mehr zu sehen war, «und die Steine und die Bäume, an denen er vorbeikam, ihm dann zuriefen: ‹Friede sei mit dir, Gesandter Gottes!›» Angesichts der Situation gibt es auch hierfür keine Zeugen. Weil moderne Wissenschaftler nun einmal nicht glauben, daß Steine und Bäume solche Dinge sagen können, wurde die Geschichte nicht immer in die Beschreibungen von der Berufung Mohammeds aufgenommen, obwohl sie Ibn Ishâq zufolge durchaus dorthin gehört.

Ibn Ishâq versichert uns sogar ein drittes Mal, aus einer weiteren Quelle, daß der Prophet zu Beginn der Offenbarung allein gewesen sei: Jedes Jahr zog sich Mohammed einen Monat lang in die Einsamkeit zurück, wobei er betete und die Armen speiste, die zu ihm kamen. Nach diesem Monat der Meditation, des Gebets und der Wohltätigkeit pflegte er sich zur Kaaba zu begeben, die er mindestens siebenmal umrundete. Diese drei Geschichten sind immer in modernen Mohammed-Biographien zu finden, häufig ergänzt um eine scharfe religionshistorische Analyse der von den Erzählern verwendeten arabischen Begriffe, insbesondere des auffallenden *tahannuth*, das, so sagt die Überlieferung, «Frömmigkeit» bedeuten soll und eigentlich hauptsächlich aus diesen Geschichten bekannt ist; das Wort wird benutzt, um die Gesamtheit der frommen Taten Mohammeds (die Meditation und anderes) zu bezeichnen.

Unglücklicherweise wird dabei meist gerade das ausgelassen, was die Essenz dieser Geschichten ist: Bei seiner Berufung war Mohammed allein. Und gerade um diese Einsamkeit war es den Überlieferern der Geschichten gegangen. Das ist das einzige Element, das alle drei Geschichten verbindet. Die anderen, mehr oder weniger zufällig enthaltenen Elemente wurden in den modernen Biographien immer so dargestellt, als handle es sich dabei um eine historische Information, deren Bedeutung bis auf den letzten Tropfen ausgepreßt werden müsse. Das ist natürlich zulässig, aber die ursprünglichen Erzähler verfolgten eine ganz andere Absicht. Sie wollten mit aller Macht die Aufmerksamkeit auf die Einsamkeit Mohammeds in diesem wichtigen Augenblick der Heilsgeschichte lenken. Es ist seltsam, großen

Wert auf die Geschichten dieser frühen Erzähler zu legen und dann das Element, um das es ihnen offenkundig gegangen war, außer acht zu lassen.

«Sage auf!»

Die erste Offenbarung fand der Überlieferung zufolge auf dem Berg Hirâ' statt, einem der Berge, die die Stadt Mekka umgeben. Der Erzengel Gabriel war es, der Mohammed das Wort Gottes brachte. Die Überlieferung hat uns ein langes Fragment erhalten, in dem Mohammed in der Ich-Form über dieses Ereignis spricht.[6] Der Anfang lautet wie folgt:

> Während ich schlief, brachte mir Gabriel ein Tuch aus Seide, auf dem etwas geschrieben stand. Er sagte *iqra'* («Lies vor» oder «Rezitiere») zu mir. Ich sagte *mâ aqra'* («Ich kann nicht lesen» oder «Was soll ich lesen/rezitieren?»). Dann nahm er mir damit (mit dem Tuch) den Atem, ich dachte, ich würde sterben, aber er ließ mich auch wieder los. Danach würgte er mich noch einmal. Danach sagte er erneut *iqra'*, und nun sagte ich: «Was soll ich lesen (oder: rezitieren)?» Das sagte ich nur, um ihn loszuwerden, damit er das, was er mir antat, nicht noch einmal wiederholen konnte. Da sagte er:
>
> *Lies vor im Namen deines Herrn,*
> *der erschaffen hat,*
> *den Menschen erschaffen hat,*
> *aus einem Blutklumpen.*
> *Lies vor!*
> *Dein Herr ist der ehrwürdigste,*
> *der durch das Schreibrohr gelehrt hat,*
> *den Menschen gelehrt hat,*
> *was er nicht wußte.*[7]
>
> Dann hörte er auf und ging weg von mir. Ich erwachte, und es war, als wäre mir etwas auf mein Herz geschrieben.

Religionshistoriker werden immer argwöhnisch, wenn sich eine Geschichte auf eine bekannte Passage aus dem Heiligen Buch stützt, wie es hier der Fall ist. Dann könnte es sich ja durchaus um eine Geschichte handeln, die mit der Absicht verfaßt wurde, diese Stelle aus dem Heiligen Buch mit einem Kontext zu versehen und so verständlich zu machen. In dem Abschnitt, um den es hier geht, Sure 96,1–5, gibt es tatsächlich eine Reihe von Problemen: Sie beginnt mit dem ersten Wort, *iqra*ʾ, das «Lies» oder auch «Lies vor» beziehungsweise «Rezitiere» oder «Trage vor» bedeutet. Auch *Qur*ʾ*ân* («Koran») ist von diesem Wort abgeleitet. Die islamische Tradition lehrt, daß Mohammed nicht lesen konnte und deshalb die heiligen Schriften der Juden und der Christen auch nicht gelesen und kopiert haben kann; aus diesem Grund muß er seinen Koran wohl von Gott empfangen haben. Eine andere Möglichkeit – Betrug und Plagiat – kommt nicht in Betracht, weil Propheten, und ganz sicher Mohammed, nach den Erkenntnissen der islamischen Theologie nun einmal ohne Sünden sind.[8]

Das arabische *iqra*ʾ zu Beginn von Sure 96,1 kann also nicht «Lesen» oder «Vorlesen» bedeuten; das würde im Widerspruch zu der islamischen Überzeugung vom Analphabetentum Mohammeds stehen. Der Mohammed in der Ich-Form zugeschriebene Bericht macht daher auch nach und nach klar, daß die Bedeutung von *iqra*ʾ nicht «Lies vor», sondern «Rezitiere», «Sage auf» sein muß. Beim ersten Mal ist das Arabische noch doppeldeutig; *mâ aqra*ʾ kann mehrere Bedeutungen haben: «Was lese ich?» oder «Ich lese nicht.» Beim letzten Mal ist die Wortwahl zum Glück eindeutig, denn *mâdhâ aqra*ʾ kann, jetzt, wo wir so weit in der Geschichte sind, nichts anderes bedeuten als: «Was soll ich denn rezitieren?» Aus der Geschichte zum Fragment 96,1–5 geht hervor, daß es sich um Rezitieren handelt und nicht um Vorlesen, hat doch der Engel Mohammed den Text vorgesagt und dieser ihn daraufhin auswendig gelernt.

Die Unklarheit von *mâ aqra*ʾ ist subtil; nicht nur die Bedeutung von *aqra*ʾ ist anfangs unklar, auch *mâ* kann in zweierlei Weise gedeutet werden: Es kann eine Verneinung, «nicht», oder ein Fragewort, «Was?», sein. Bibelfeste Leser werden sich, damals wie heute, außerdem gewiß an Jesaja 40,6 erinnern:

> Höre, jemand sagt: «Ruf!» [*qra'*] Darauf sagte er: «Was soll ich rufen?» [*mâ eqra'*] [Übers. Jansen]

Hier kann *mâ* nichts anderes als das hebräische Fragewort «Was?» sein. Beim Arabischen *mâ aqra'* dagegen muß sich ein Hörer zwischen dem Fragewort und der Verneinung entscheiden. Dieses Problem wird in der Geschichte zuerst gelöst, und der Zuhörer wird gerade erleichtert aufatmen wollen, weil er endlich begriffen hat, als der Erzähler für ihn ein zweites Problem löst und ihm die Bedeutung von *aqra'* mitteilt, die sein muß: «Ich rezitiere (einen Text, den ich inzwischen auswendig kenne).»

Eine Lösung der in Sure 96 vorkommenden Probleme, die in eine völlig andere Richtung geht, wurde von Christoph Luxenberg[9] vorgeschlagen. Er ist der Ansicht, daß die Eröffnungsworte von 96,1 aus dem Syrischen entlehnt und arabisiertes Syro-Aramäisch seien. Danach heißt 96,1 nicht «Lies im Namen deines Herrn», sondern einfach «Bete zu deinem Gott». Das würde zu einer guten, in den Kontext passenden Bedeutung führen, aber könnte auch implizieren, daß im arabischsten aller arabischen Bücher ein «Syriasmus» stünde. Noch schlimmer, das Koranfragment, das in der islamischen Überlieferung üblicherweise als das älteste und erste gilt, bestünde dann nahezu vollständig aus arabisiertem Syrisch, einer Schwestersprache des Arabischen.

Dafür gibt es einen weiteren Hinweis: Daß Gott nach Vers 2 den Menschen aus *ʿalaq*, einem Blutklumpen bzw. geronnenem Blut, erschaffen hat, ist merkwürdig, denn an anderer Stelle sagt der Koran wiederholt, daß Gott den Menschen aus Lehm erschaffen habe; vergleiche beispielsweise Sure 37,11 oder 6,2. Was ist nun wirklich wahr? Hat Gott den Menschen nun aus Lehm oder aus einem Blutklumpen erschaffen? Da paßt es eigentlich ganz gut, daß *ʿalaq* auch aus dem Syro-Aramäischen stammen könnte und dort «Lehm» bedeuten kann. Sollte *ʿalaq* tatsächlich Lehm bedeuten, würde das den Koran konsistenter machen. Dann stünde einfach einmal mehr im Koran, daß Gott den Menschen aus Lehm erschaffen habe, und die Mitteilung über die Schöpfung aus einem Blutklumpen wäre vom Tisch. Luxenberg bringt überzeugende Hinweise vor, daß es sich in Sure 96, vom Anfang bis zum Ende, um arabisiertes Syrisch handelt. Ein Hinweis ist noch kein schlüssiger Beweis. Aber trotzdem: Wenn in Vers 2 ein «Syriasmus» steckt, wird es wieder ein Stück plausibler, daß dies auch in Vers 1 der Fall sein könnte.

Inzwischen hat sich ein Problem ergeben. Die Geschichte von der Berufung Mohammeds, wie sie überliefert und in der ersten Person von ihm erzählt wird, wirkt eher wie eine Geschichte, die erfunden wurde, um Sure 96,1 zu erklären, und weniger wie eine Berufungsgeschichte. Obwohl die meisten Islamwissenschaftler wahrscheinlich noch lange nicht soweit sind, wird die Mehrheit der Religionshistoriker (die es gewohnt sind, an alle religiösen Überlieferungen dieselbe akademische Meßlatte anzulegen) den Schluß ziehen wollen, daß die Erzählung über die erste Begegnung mit Gabriel Sure 96,1 untergeordnet ist, das heißt: Die Geschichte ist vom Korantext abgeleitet. Eigentlich ist sogar die Bedeutung, die sich in der islamischen Überlieferung für 96,1–2 erhalten hat, weniger überzeugend als Luxenbergs Analyse. Das heißt, daß wir die beste und schönste Geschichte über die Berufung Mohammeds verloren haben. Möglicherweise ist sie wenig mehr als eine spätere Erläuterung des bereits vorhandenen Anfangs von Sure 96. Das Fragment aus der Geschichte, wie wir es heute kennen, bringt in 96,1 eine Bedeutung für *iqra'*, die ein erst später aufgetauchtes dogmatisches Problem in bezug auf Mohammeds Bildung widerspiegelt. Das spricht nicht für die Historizität der Geschichte.

«Du bist der Gesandte Gottes»

Die Fortsetzung der Geschichte will vor allem betonen, daß Mohammed große religiöse Verehrung genießt, weil seine Offenbarungen, vermittelt durch den Engel Gabriel, wahrhaftig von Gott stammen. Deshalb geht es in der Fortsetzung auch um die Autorität Mohammeds und wie er anzusprechen ist. Da und dort weist der Koran darauf hin, daß Mohammed von seinen Mitbürgern für einen Orakelpropheten *(kâhin)*, für einen Dichter oder einen Besessenen gehalten wurde (etwa Sure 52,29). Dagegen bezieht diese Geschichte in präzisen Worten Stellung, ist gleichfalls so gut wie sicher von Vers 52,29 abgeleitet und unterstreicht die große Autorität, die Mohammed gebührt, im Gegensatz zu dem, was wir von Orakelspezialisten und Besessenen denken müssen:

> Gegen nichts (erzählt Mohammed weiter) hatte ich einen größeren Widerwillen als gegen Orakelpropheten oder Besessene. Ich wollte nicht, daß meine Mitbürger mich als einen solchen ansehen. Ich dachte Ich werde auf den Berg steigen und mich hinabstürzen, damit ich mich umbringen kann und Ruhe finde. Ich machte mich auf den Weg, doch auf halber Höhe hörte ich eine Stimme aus dem Himmel, die sprach:
>
> *Mohammed!*
> *Du bist der Gesandte Gottes [rasûl Allâh].*
> *Ich bin Gabriel.*
>
> Ich blickte nach oben, um zu sehen, und da stand Gabriel, in der Gestalt eines Mannes, dessen Füße den Horizont berührten, und sprach:
>
> *Mohammed!*
> *Du bist der Gesandte Gottes [rasûl Allâh].*
> *Ich bin Gabriel.*
>
> Ich blieb stehen, ohne mich zu bewegen, und sah ihn an. Als ich meinen Blick abwenden wollte, sah ich ihn noch immer so am Horizont stehen, wohin ich auch immer meine Blicke schweifen ließ.

Es ist wichtig, daß die Geschichte Mohammed hier durch keinen Geringeren als den Engel Gabriel selbst als *rasûl Allâh* bezeichnen läßt, als Gesandten Gottes, und das bereits zu Beginn seiner Laufbahn. Die zwei Worte *rasûl Allâh* sind ja auch ein Bestandteil des allbekannten islamischen Glaubensbekenntnisses: «Ich bezeuge, daß es nur einen Gott gibt und daß Mohammed der Gesandte Gottes ist.» Deshalb ist die ganze Geschichte, wie wir sie bei Ibn Ishâq lesen, auch keine Berufungsgeschichte, sondern unterstreicht das religiöse Prestige Mohammeds, das die Legitimität seiner religiösen Autorität beweisen möchte. Auch die Fortsetzung weist in diese Richtung:

Ich blieb dort lange reglos stehen (erzählt Mohammed). Chadîdscha schickte Diener aus, um mich zu suchen. Die gingen durch die ganze Stadt und kamen wieder zu ihr zurück, während ich dort einfach auf derselben Stelle stand. Danach ging Gabriel von mir weg, und ich kehrte in mein Haus zurück. Ich setzte mich nah zu Chadîdscha. Sie sagte: «Abû l-Qâsim,[10] wo bist du gewesen? Mein Gott, ich habe meine Diener ausgeschickt, dich zu suchen, und sie sind (ohne dich zu finden) wieder zu mir zurückgekommen!» Da erzählte ich ihr, was ich gesehen hatte. Darauf sagte sie: «Sohn des Bruders meines Vaters, sei froh und halte durch! Bei dem, der die Seele Chadîdschas in seiner Hand hält,[11] ich hoffe, daß du der Prophet dieser Nation sein wirst!» Darauf ging sie zu Waraqa ibn Naufal, einem Sohn ihres Onkels väterlicherseits. Waraqa war eines Tages Christ geworden,[12] er hatte die Schriften gelesen und bei denen, die an Thora und Evangelium glauben, Wissen erworben. Sie erzählte ihm, was ihr der Gesandte Gottes berichtet hatte über das, was er gesehen und gehört habe. Daraufhin sagte Waraqa: «Heilig, heilig, bei ihm, der die Seele Waraqas in seiner Hand hält, falls diese Geschichte stimmt, ist das Gesetz, das zu Mose gekommen ist, nun auch zu ihm gekommen, fürwahr, er ist der Prophet dieser Nation. Ermuntere ihn durchzuhalten!»

Das tat Chadîdscha tatsächlich, und dies, so erzählt Ibn Ishâq, nahm Mohammed ein wenig von seiner Angst. Dann geht seine Geschichte ganz merkwürdig weiter und setzt eigentlich bei der früheren Mitteilung an, daß Mohammed nach dem Ende seiner Zeit in der Einsamkeit auf dem Berg Hirâ' immer zuerst mehrmals die Kaaba umrundete. Man gewinnt den Eindruck, als habe der Autor die ganze Geschichte, die er soeben über Chadîdscha erzählt hat (daß sie nach Mohammed suchen ließ, ihn ausfragte und sich besorgt an ihren Vetter Waraqa wandte), einfach vergessen. In dieser zweiten Erzählung ging Mohammed unmittelbar nach seiner Begegnung mit Gabriel zur Kaaba, «wie es seine Gewohnheit war». Dabei begegnete er Waraqa, der ihn aufforderte zu berichten, was er gesehen und gehört habe.

Das tat Mohammed, worauf Waraqa ihn warnte, daß man ihm nicht glauben werde und er gegen seine Feinde werde kämpfen müssen. Der Wortlaut Waraqas ähnelt an manchen Stellen sehr stark dem des Korans. Ein kritischer moderner Forscher wird zweifellos vermuten, daß die hier Waraqa in den Mund gelegten Worte von jemanden geschrieben wurden, der den Koran bereits gut kannte. Wenn das so ist, hat die Geschichte als historische Quelle keinen großen Wert, da der Koran zu diesem Zeitpunkt noch in statu nascendi war und Mohammed auch noch keine Feinde hatte, die ihm nicht glaubten; das kam erst später. Der Gedanke ist naheliegend, daß die erste Erzählung über Chadîdscha, die Mohammed beruhigte und Waraqa um Rat fragte, eine verbesserte Fassung der Geschichte von der Begegnung Waraqas und Mohammeds bei der Kaaba ist.

Für die Historizität beider Geschichten spricht dies alles nicht. Es ist für Historiker natürlich lästig, wenn Berichte den Eindruck erwecken, der eine sei aus dem anderen hervorgegangen, statt über wirklich stattgefundene Ereignisse zu berichten. Es gibt ja keine objektiven Kriterien für die Entscheidung, welcher Geschichte als historische Quelle der Vorzug zu geben wäre; beide sind eher eine Botschaft (über die Art von Mohammeds Prophetentum) als ein historischer Bericht über Begebenheiten. Die Erzählung über Chadîdschas Sorgen spricht am stärksten die Phantasie an. Daher muß auch nicht erwähnt werden, daß gerade diese bis in die modernen Mohammed-Biographien vorgedrungen ist.

Waraqa erwähnt sowohl in dem Gespräch mit Mohammed bei der Kaaba als auch in demjenigen mit Chadîdscha die Gesetze Moses, die, so Waraqa, nunmehr auf Mohammed gekommen seien. Ibn Ishâqs Geschichte verwendet hier das ungebräuchliche arabische Wort *nâmûs*, das eine Arabisierung des griechischen *nomos* ist, des gängigen Wortes für «Gesetz», etwa bei Johannes 7,23: «das Gesetz des Mose». Wahrscheinlich meint Waraqa damit, daß genauso, wie die Offenbarung von Gottes Gesetzen auf dem Berg Sinai über Mose gekommen ist (vergleiche beispielsweise Exodus 19), jetzt auf dem Berg Hirâ' die Offenbarung von Gottes Willen über Mohammed allmählich in Gang käme. Die Moral daraus lautet, daß die Geschichte wohl wahr sein müsse, wenn selbst alte christliche Zeugen wie Waraqa davon künden.

Dem läßt Ibn Ishâq noch zwei kurze Geschichten folgen, deren Tenor vermutlich sein soll, daß der geheimnisvolle Besucher, der Mohammed die Offenbarung überbracht hat, kein Dämon gewesen sei: Er verschwand sofort, wenn Mohammed und Chadîdscha miteinander intim waren. Offenkundig lohnte sich in der Zeit, in der Ibn Ishâq und Ibn Hischâm tätig waren, noch die Mühe, den Vorwurf zu entkräften, Mohammed sei von einem Dämon besucht worden und nicht von einem Engel. Aber solche Geschichten sind natürlich keineswegs historische Quellen zum Leben Mohammeds.

Warum hat der Islam überlebt?

Wir können uns der Erkenntnis nicht entziehen: Die älteste Biographie Mohammeds überliefert uns zwar Erzählungen über den Anfang der Offenbarung und die Berufung Mohammeds, diese sind jedoch kaum historisch zu nennen. Dennoch bringen sie uns Informationen. Aus den Geschichten geht hervor, daß bereits in der frühislamischen Zeit, noch bevor Ibn Ishâq und Ibn Hischâm ihr inzwischen so berühmtes Buch verfaßten, die Muslime und Araber nicht mehr genau wußten, was der Text von Sure 96 eigentlich zu bedeuten hatte, und ein Bedürfnis vorhanden war, dies mit einer zusätzlichen Erzählung zu erläutern. Am Ende ist sie zur beliebtesten Geschichte von Mohammeds Berufung geworden. Auch der von Nichtmuslimen jener Tage natürlich regelmäßig wiederholte Vorwurf, der Koran stamme nicht von Gott und Gabriel, sondern von einem Dämon, wurde von Muslimen noch der Mühe des Widerlegens wert befunden.

So stehen wir nun mit leeren Händen da: Wir wissen nicht, wie die Offenbarung an Mohammed begann, und so muß es auch sein. Nur Historiker haben damit ein Problem, Muslime eigentlich nicht, denn sie erkennen unter allen Umständen im Koran das Wort Gottes, unabhängig von der Entstehungsgeschichte von Islam und Koran. Es gibt nicht besonders viele Historiker, die in ihrer eigenen Unwissenheit verharren und, wären sie Muslime, den Beginn des Islam und die Berufung des Propheten einer Initiative Gottes, mit allen damit einhergehenden Unwägbarkeiten, zuschreiben wollen. Historiker haben gelernt, nachprüfbare, irdische Bedingungen zu finden, die Licht in weltgeschichtliche Ereignisse wie das Aufkommen des Islam bringen können, die auf den ersten Blick unbegreiflich und unerklärlich scheinen. Sich auf die Hand Gottes zu berufen, die eben alles so geregelt hat, ist für Historiker nicht möglich.

Gläubige und Wissenschaftler wüßten trotzdem gern, warum der Islam, nach islamischer Auffassung Gottes eigene Religion, ausgerechnet im siebten Jahrhundert auf der Arabischen Halbinsel entstanden ist. Eigentlich ist das eine seltsame Frage. An den verschiedensten Orten und zu den verschiedensten Zeiten entstehen nun einmal Religionen, und weil sich der Kontakt zwischen Mensch und Gott eben nicht nachprüfen läßt, kann darüber nur wenig gesagt werden. Die meisten Religionen setzen sich nicht durch, und trotz aller Anstrengungen ihrer Gründer ist der Mehrzahl neuer religiöser Bewegungen lediglich ein kurzes Leben beschieden. Die darwinistischen Regeln vom *survival of the fittest* treffen auch auf Religionen zu. Die These muß also eher lauten: Warum hat gerade der Islam überlebt?

Die Frage, warum es einige Religionen schaffen, sich trotz Verfolgungen und Widerständen durchzusetzen, läßt sich mehr oder weniger befriedigend beantworten. Ein Gläubiger wird womöglich sofort einwerfen, eine Religion setze sich dann durch, wenn es Gottes Wille sei, aber dagegen könnte man einwenden, daß Gott es offenkundig bei einer ziemlich großen Menge von Religionen gewollt hat, daß sie sich durchsetzen. Wenn wir nach dem Vorbild des amerikanischen Religionssoziologen Rodney Stark Religion als ein Produkt betrachten, für das es einen Markt gibt, kann eine nüchterne Antwort auf die Frage gegeben werden, warum Religionen sich durchsetzen oder nicht.[13] Auf einem Markt gibt es unendlich viele verschiedene Kunden, von denen jeder unendlich viele Bedürfnisse hat. Manche haben viel für das Produkt «Religion» übrig und daher auch große Erwartungen. Andere erwarten nur wenig von der Religion und haben deshalb auch nicht so viel für sie übrig. Was zur Folge hat, daß sich die Menge der angebotenen Produkte genau wie im Supermarkt – nach dem Motto «für jeden etwas» – unendlich auffächert.

Aber genau wie im Supermarkt muß es für ein Produkt auch eine Nische geben, einen eigenen Bereich auf dem Markt. Es ist nicht Platz für zwei Religionen, die beide exakt dasselbe bieten.[14] Auch Produkte, die der Kunde bereits hat, werden nicht leicht gegen Bezahlung über den Ladentisch gehen. So wird eine Religion, die lehrt, daß nach dem Tod nichts ist, in einer Gesellschaft, in der sowieso schon jeder denkt, daß es nach dem Tod nichts gibt, nur wenige Kunden anlocken. Aber eine Religion, die mit der (nicht nachprüfbaren) Botschaft wirbt, daß auf das Erdenleben ein paradiesisches Leben im Jenseits folgt, hat sicher gute Erfolgsaussichten.

Verglichen mit dem Judentum und dem Christentum füllte der Islam im monotheistischen Denken der spätantiken Welt eine Lücke, und diese füllt er noch heute aus. Das Christentum ist eine missionarische Religion, die sich an jeden Menschen richtet. Es ist aber nicht, wie das Judentum, eine Religion, in der Gesetz und Verhalten im Mittelpunkt stehen. Dem Christentum geht es vor allem um Intention und Mentalität. Das Judentum tut das genaue Gegenteil. Es ist nicht missionarisch, richtet sich nur an die Juden, bietet jedoch ein komplettes System von Vorschriften und Geboten, mit dem sich der Gläubige jeden Moment des Tages und der Nacht beschäftigen kann und das sein ganzes Leben beherrscht. Das Judentum ist, anders als das Christentum, sicher eine Religion, die sich um das Gesetz, die Thora, dreht und in der das Verhalten des Gläubigen derart im Mittelpunkt steht, daß Außenstehende sehr schnell von Legalismus oder Überregulierung werden sprechen wollen.

Der Islam nun kombiniert diese beiden Merkmale. Wie das Judentum ist er eine Religion, in der das Gesetz (arabisch: *scharīʿa*) eine große Rolle spielt, und genau wie das Christentum hat er missionarische Züge, die in jedem Menschen einen potentiellen Muslim vermuten. Ohne die Scharia wäre der Islam zu einer Art Christentum geworden und ohne den Missionierungsdrang eine Art Judentum geblieben. Im Wirrwarr religiöser Strömungen des spätantiken Mittleren Ostens hat sich der Islam in einer völlig eigenen Art herauskristallisiert – mit Gottes Hilfe, wird ein gläubiger Muslim sagen –, weil er die frei gebliebene Lücke genau ausfüllte.

Die neue monotheistische religiöse Bewegung, die der Islam im siebten und achten Jahrhundert unserer Zeitrechnung gewesen ist, hat es geschafft zu überleben, weil sie zweierlei miteinander verband: missionarisch zu sein wie das Christentum, aber auch gesetzestreu wie das Judentum. Wenn es den Islam nicht schon gäbe, würde ein respektloser Marketingexperte vielleicht sagen, müßte man ihn sofort erfinden.

Mohammed begegnet auf einer Handelsreise nach Syrien dem Mönch Bahîra. Dieser erkennt das Siegel des Prophetentums zwischen seinen Schultern. Osmanische Miniatur, 16. Jahrhundert.

3. Dschahiliyya – Zeit des Heidentums

Die islamische Tradition überliefert, daß dem Auftreten Mohammeds und der Einführung des Islam eine Zeit des Heidentums voranging, die *dschâhiliyya* genannt wird. Die Überlieferung berichtet uns, daß es eine Ära außergewöhnlicher Verrohung gewesen sei. Muslime sind sich in vielen Dingen uneins, doch in bezug auf die Dschahiliyya besteht bei allen islamischen Gruppierungen eine absolute Einigkeit in zumindest einer Sache: Diese Zeit soll nie wiederkommen. Der niederländische Journalist Joris Luyendijk hat einmal darauf hingewiesen, daß die Dschahiliyya im Islam nahezu dieselbe Funktion erfüllt wie der Zeitraum 1940 bis 1945 in den niederländischen Diskussionen über die Frage, wie die Gesellschaft in den Niederlanden organisiert werden müsse. Kein Niederländer wird auf die Idee kommen, sich für die Wiederholung auch nur eines Elements aus dieser Periode auszusprechen. Die schwarzen Jahre der Dschahiliyya waren schlecht, und der Islam ist gut. So ist es nun einmal.

Die Ermordung neugeborener Mädchen

Die Dschahiliyya wird in der islamischen Überlieferung als eine Periode dargestellt, in der Ehebruch, Unzucht, sinnlose Gewalt, Trunkenheit und Götzendienst an der Tagesordnung waren. In diesen Tagen kannte der Mensch, wie man so sagt, weder Gott noch Gebot, weder Ethik noch Etikette. Eines der schrecklichsten Dinge, von denen man annimmt, daß sie gang und gäbe waren, ist die systematische Ermordung neugeborener Mädchen. Weibliche Babys, so überliefert der Islam, wurden zu Zeiten der Dschahiliyya lebendig begraben. Dieser schlimme Brauch war offenbar eine Form der Geburtenregelung, und der Koran (Sure 81,8–9) sagt darüber:

Wenn das Mädchen, das (nach der Geburt) verscharrt worden ist, gefragt wird, wegen was für einer Schuld man es umgebracht hat [...]

In erbaulichen Filmen und Fernsehserien, die den aufkommenden Islam zum Thema haben, gehört die Szene mit dem Begraben eines Babys zum ständigen Repertoire: Ein grober, unbehauener Kerl läuft mit Schaufel und Kind in die Wüste, gräbt ein Loch, wirft das Neugeborene hinein und schüttet das Loch zu. Ein Mädchen, das diese Bilder oft genug sieht, wird froh sein, auf der guten Seite geboren zu sein und trotz Klitorisbeschneidung, Kopftuch und Jungfräulichkeitskult erleichtert aufatmen, daß seine Eltern muslimisch sind und sie nicht bei lebendigem Leib werden begraben wollen.

Das Fernsehen spielt bei dem Bild, das heutige Muslime von der Dschahiliyya haben, eine große Rolle. Um ein ganzes Bataillon geschmackloser Götzenbilder, um die der Rauch von Brandopfern wabert, sehen wir halbnackte, rüde Kerle mit ungewaschenen, ungekämmten Haaren in der Gesellschaft molliger, nuttiger Blondinen, die sie ständig anschmachten, in hemmungslosem Tanz. Manchmal ist die Ähnlichkeit mit westlichen Touristen oder mit Hippies frappierend. Wer diese Bilder gesehen hat und dann nicht froh ist, ein Muslim zu sein, mit dem kann etwas nicht stimmen. Und genau das ist auch die Botschaft.

Das Wort Dschahiliyya kommt im Koran zu selten vor, um aus dem Kontext mit Sicherheit seinen Sinn ableiten zu können. Daß es sich um einen Zeitraum handelt, wird durch Sure 33,33 plausibel gemacht, einen Vers, der sich an Frauen richtet, wie aus den Verbformen hervorgeht: «Und bleibt in eurem Haus (Variante: benehmt euch in eurem Haus mit Würde und Anstand), putzt euch nicht heraus, wie man das früher im Heidentum zu tun pflegte.» Es handelt sich um denselben Vers, der häufig als Rechtfertigung dafür herhalten muß, daß Frauen das Haus nicht ohne explizite Erlaubnis ihres Mannes verlassen dürfen. «Heidentum» ist hier das Wort, mit dem Dschahiliyya übersetzt wurde. Es kommt an drei weiteren Stellen im Koran vor und könnte dort außer einen Zeitraum eventuell auch einen Gemütszustand bezeichnen: Sure 3,154, 5,50 und 48,26.

Wie auch immer, man hat den Eindruck, daß Dschahiliyya das Gegenteil von Islam ist.

Unwissenheit

Die Grundbedeutung des arabischen Wortes *dschâhil* (von dem Dschahiliyya abgeleitet ist) ist «unwissend», und die Dschahiliyya hat dann, als Zeit der Unwissenheit hinsichtlich des einzigen wahren Gottes und deshalb als Epoche des polytheistischen Götzendienstes, eine wunderbare Parallele zu der Art, wie das Wort «Unwissenheit» im Neuen Testament, in der Apostelgeschichte 17,29–31, verwendet wird:

> Da wir nun göttlichen Geschlechts sind, sollen wir nicht meinen, die Gottheit sei gleich den goldenen, silbernen und steinernen Bildern durch menschliche Kunst und Gedanken gemacht. Zwar hat Gott über die Zeit der Unwissenheit [*agnoia*] hinweggesehen; nun aber gebietet er den Menschen, daß alle an allen Enden Buße tun. Denn er hat einen Tag festgesetzt, an dem er den Erdkreis richten will mit Gerechtigkeit.

Auch hier, im Neuen Testament, wird «die Zeit der Unwissenheit» verbunden mit der Anbetung von durch Menschenhand geschaffenen Götzenbildern und mit dem nahenden Jüngsten Gericht. Bis auf eine Kleinigkeit (der Islam lehrt nicht, daß Menschen die Kinder Gottes, d. h. göttlichen Geschlechtes, seien) könnte die ganze Passage eigentlich, was den Inhalt angeht, genauso aus dem Koran stammen.

Das klassische arabische Wort *dschâhilî*, «unwissend», ist offenbar das Gegenstück zu «islamisch». Doch aus der antiken arabischen Dichtung, wie sie aus der vorislamischen Zeit überliefert ist, geht hervor, daß *dschâhilî* eigentlich ein anderes Gegenstück hat, nämlich *halîm*, ein Wort, das für jemanden gebraucht wurde, der über Selbstbeherrschung, Geduld und Verstand verfügte, also das Gegenteil eines gesetzlosen, vernunftlosen Barbaren. Aufgrund dieses alten Gegensatzes neigten vor allem westliche Wissenschaftler dazu, Dschahiliyya lieber mit «Barbarei» als mit «Unwissenheit» zu übersetzen. Der Einfachheit halber sprechen viele Übersetzer daher nur von «der Zeit der Barbarei und Unwissenheit». Die Unwissenheit der Menschheit in diesem Zeitraum betraf natürlich die göttliche Offenbarung, und zwar vor allem die Gesetze und Verhaltensregeln, die Gott gegeben hat und die ein Mensch für ein sinnvolles Leben nun einmal braucht. Das Wort *dschâhil* wird im heutigen Standardarabisch noch immer verwendet und hat dort einen breiten Fächer von Bedeutungen, von «dumm» und «unwissend» bis zu «ungesittet», «stumpfsinnig», «unislamisch», «ohne Savoir-vivre» und so weiter.

Daß es bei der vorislamischen antiken Dschahiliyya aus islamischer Sicht tatsächlich um Gesetze und Verhaltensregeln geht, wird beispielsweise mehr oder weniger gestützt, wenn nicht bestätigt, durch die Art, in der Fred Leemhuis, der Groninger Arabist, auf der Grundlage von allerlei Kommentaren und Analysen den Koranvers 5,50 übersetzt hat: «Ist es die Rechtspraxis aus der Zeit der Unwissenheit, die sie begehren? Wer hat eine bessere Rechtspraxis als Gott?» «Rechtspraxis» als Übersetzung des hier in Sure 5,50 verwendeten Wortes *hukm* ist für eine Koranübersetzung vielleicht ein seltsames Wort mit einem leicht anachronistischen Klang, aber Leemhuis ist es dennoch gut gelungen, den Sinn dieses Verses herauszuarbeiten. Die Art, in der die Gesetze Gottes das menschliche Leben ordnen (das heißt die islamische Rechtspraxis), ist vollkommen, es gibt keine besseren, und solche heilbringenden, von oben kommenden Gesetze waren zur Zeit der Dschahiliyya noch nicht vorhanden. Gott sei Dank ist das heute wohl der Fall, legt Sure 5,50 dar, heute, da der Gottgesandte Mohammed unter den Menschen weilt.

Das antike Arabien

Diese Betrachtungsweise provoziert unvermeidlich die Frage, welche Gesetze denn nun eigentlich am Vorabend des Auftretens von Mohammed auf der Arabischen Halbinsel galten. Zu welchem Land gehörte das damalige Arabien eigentlich? Bekanntermaßen wird heutzutage das Territorium, in dem die beiden Städte Mekka und Medina liegen, in denen Mohammed gelebt hat, Saudi-Arabien genannt, nach der heute herrschenden königlichen Familie, den Saud. Zu Zeiten Mohammeds war dieser Name natürlich noch nicht in Gebrauch, damals sprach man von der «Arabischen Halbinsel» oder auch gelegentlich vom «Hidschâz», mit der Betonung auf dem «a». Die Saudis sind bereits seit dem achtzehnten Jahrhundert in diesem Gebiet aktiv, aber das Königreich Saudi-Arabien wurde erst im Jahr 1932 gegründet. Daß «der Islam in Saudi-Arabien begonnen hat», ist deshalb auch ein häßlicher Anachronismus, fast so absurd wie die Aussage, daß Kolumbus 1492 die Vereinigten Staaten von Amerika entdeckt habe. Zwischen dem Arabien, in dem Mohammed auftrat, und unserem heutigen Saudi-Arabien liegen ja schließlich mehr als tausend Jahre; es ist übrigens das einzige Land auf der Welt, das nach der dortigen Herrscherfamilie benannt wurde.

Das antike Arabien Mohammeds war von Meeren und Staaten umgeben, aber das Gebiet selbst gehörte nicht zu einem der Nachbarreiche. Im Norden lag das (Ost-)Römische Reich, das sich bis (in etwa) über das heutige Jordanien, Israel, den Libanon, Syrien, Ägypten und die Türkei erstreckte. In diesen Ländern lebten zur Zeit Mohammeds, und davor übrigens auch schon, große Gruppen von Arabern, wie Namenslisten beweisen, die aus jener Region und jener Zeit bekannt sind. Das Gebiet brachte sogar schon im dritten Jahrhundert römische Kaiser arabischer Abstammung hervor, man denke dabei an Philippus Arabs, der Name sagt es bereits, von 244 bis 249 Kaiser, oder an Heliogabalus, geboren in Homs in Syrien und von 218 bis 222 Kaiser (*gabal* ist arabisch für «Berg», *helio* griechisch für «Sonne»). Auch wenn es damals bereits seit Jahrhunderten Araber gegeben hatte, die in den Norden gezogen waren und sich dort niedergelassen hatten, gehörte doch weder Arabien noch der Hidschâz zum Römischen Reich. Das griechischsprachige Oströmische Reich wird häufig als Byzanz bezeichnet.

Nordöstlich von Arabien lag das Persische Reich, das seit 224 von der Sassanidendynastie regiert wurde und grob gesagt den heutigen Irak und Iran umfaßte, mit der Hauptstadt Ktesiphon unweit des heutigen Bagdad. Perser und Griechen haben mehr als tausend Jahre gegeneinander Krieg geführt. Die berühmte Schlacht bei Marathon zwischen Griechen und Persern fand bereits 490 v. Chr. statt, und das war nicht das erste Mal, daß es zu einer griechisch-persischen Begegnung kam. Nach der Spaltung des Römischen Reiches 395 n. Chr. in einen westlichen und einen östlichen Teil übernahmen die «Oströmer» die alte griechische Rolle in bezug auf Persien, so daß die griechisch-persischen Kriege fortgeführt wurden. In der Folge eroberten die Perser 614 Jerusalem von den Griechen oder «Oströmern», aber bereits 622 (dem Jahr der Auswanderung Mohammeds von Mekka nach Medina) gelang es dem byzantinischen Kaiser Heraklius, die Stadt wieder zurückzuerobern. Vielleicht spielt der Anfang von Sure 30 auf diese Eroberungen an. Nicht lange danach, im Jahr 636, vier Jahre nach Mohammeds Tod, wurde Jerusalem von den Muslimen eingenommen. Die Staatsreligion des persischen Sassanidenreichs war der Zoroastrismus, aber dort lebten auch viele syrischsprachige nestorianische Christen und Manichäer. In den Jahren von 637 bis 650 eroberten die arabischen Muslime die Gebiete, die wir heute Irak und Iran nennen, und machten dem Sassanidenreich ein Ende.

Am anderen Ufer des Roten Meers, das Arabien von Afrika trennt, lag das Äthiopische Reich, das christlich war. Im Laufe des vierten und fünften Jahrhunderts war Äthiopien von Ägypten aus christianisiert worden. Nach der Legende hatte das Christentum möglicherweise schon früher in Äthiopien Einzug gehalten; dies wird aus der Apostelgeschichte abgeleitet, in der sich ein «Kämmerer» der Königin von Äthiopien zum Christentum bekehrt (8,26–40). Es sieht ganz danach aus, als könnten im sechsten und siebten Jahrhundert Gruppen von Äthiopiern in Arabien gelebt haben, auch wenn es sich dabei vermutlich vor allem um Sklaven handelte. Unter den ersten Jüngern Mohammeds wird ein äthiopischer Sklave erwähnt, Bilâl. Die Kommentare zu Sure 105 enthalten darüber hinaus die berühmte Geschichte eines fehlgeschlagenen äthiopischen Feldzugs in der Mitte des sechsten Jahrhunderts, durch den die Stadt Mekka, unter anderem mit Hilfe eines Kampfelefanten, erobert werden sollte. Doch selbst wenn Arabien vor allem über den Jemen viel Kontakt mit Äthiopien gehabt haben sollte, war es doch nicht Teil des Äthiopischen Reiches.

Eine Gesellschaft ohne Staat

Moderne Menschen sind so selbstverständlich in einem Staat aufgewachsen, daß sie sich kaum noch vorstellen können, daß es auch staatenlose Gesellschaften gab. Dennoch gibt es sie vielleicht sogar noch heute. Die Nachrichten über Kongo, Somalia oder Süd-Sudan erwecken regelmäßig den Eindruck einer bis auf den heutigen Tag staatenlosen Gesellschaft in dieser Region. Möglicherweise haben auch die Berber in den Bergen Marokkos bis zum Ende der vierziger Jahre des zwanzigsten Jahrhunderts in einer staatenlosen Gesellschaftsform gelebt. In vielen Ländern der Dritten Welt funktioniert die Obrigkeit überdies so schlecht, daß dort kaum von staatlichen Strukturen die Rede sein kann. Wie auch immer, das antike Arabien der Dschahiliyya, in der der Islam entstanden ist, war eine staatenlose Gesellschaft. Darüber besteht so gut wie allgemeiner Konsens.

Das Christentum dagegen nahm seinen Anfang unter einem anderen Stern, nämlich in der Blütezeit des römischen Kaiserreichs. Die ersten Christen waren sich des Vorhandenseins und des Nutzens staatlicher Gewalt wohlbewußt. Einer der bekanntesten Sätze, die Jesus zugeschrieben werden, lautet: «Gebt dem Kaiser, was des Kaisers ist.» Deshalb kennt das Christentum auch eine lange Tradition des sich aus der Politik Heraushaltens, was natürlich nicht bedeutet, daß es nicht auch Christen gegeben hätte, die ihre Religion als Ideologie für ihre politischen Hoffnungen genutzt haben. Moderne westliche areligiöse Menschen halten sich angesichts der Trennung von Religion und Politik meist ohne langes Nachdenken an die für selbstverständlich erachteten christlichen Vorstellungen zur Trennung von «Kirche» und «Staat». Das kann leicht dazu führen, daß sie schon allein aus diesem Grund Mohammed argwöhnisch betrachten, der auf religiösem wie auf politischem Gebiet das Oberhaupt seiner Anhänger sein wollte. Aber ihm und seinen Nachfolgern blieb wenig anderes übrig: Es gab ja keinen Staat, der Autorität ausüben konnte, und in Medina bekam Mohammed als religiöser Führer wie von selbst gleichzeitig so viel politische Macht in den Schoß geworfen, daß es merkwürdig wäre, nicht von einem islamischen Staat zu sprechen.

Warum nur ist ein Staat so notwendig? Warum sollten wir nicht ohne ihn auskommen? Der Apostel Paulus schreibt, die Obrigkeit, von der er glaubt, daß sie von Gottes Gnaden existiere, «trägt das Schwert nicht umsonst» und die Macht des Staates sei nötig, um den, der falsch handelt, seiner verdienten Strafe zuzuführen (Römer 13,1–4).

Wenn jemand falsch handelt, und es existiert weder Staat noch Obrigkeit, wer soll ihn dann seiner verdienten Strafe zuführen? Genau das ist die Frage, die zur Zeit der Dschahiliyya akut war. Die damals lebenden Araber mußten im Fall von Raub, Überfall, Mord, Vergewaltigung oder Diebstahl selbst sehen, wie sie zurechtkamen. Es gab – es ist fast absurd, so etwas überhaupt zu schreiben – keine vom Staat angestellte Polizei oder Gendarmerie, bei der man Klage erheben oder die einem Schutz gewähren konnte. Die einzige Garantie für Frieden und Sicherheit war die Bedrohung, die von dem Risiko ausging, daß die benachteiligte Partei sich rächen würde.

Vergeltung

Schutz konnte ein Individuum ausschließlich dann erhalten, wenn seine Familie im weitesten Sinne, sein Clan oder Stamm, für ihn eintreten wollte. Ohne diesen Schutz war ein Individuum völlig vogelfrei. Je mächtiger ein Stamm war, desto zuverlässiger wurde jedes Unrecht geahndet, das einem seiner Mitglieder angetan wurde, desto sicherer durfte sich die Einzelperson fühlen. Ein ungeahndeter geringfügiger Taschendiebstahl machte auf Dauer das Leben eines jeden Stammesangehörigen gefährlicher und konnte sogar als Einladung verstanden werden, es ein weiteres Mal zu versuchen. Die Ermordung eines unbedeutenden Taschendiebs brachte dagegen allen Mitgliedern des Clans wieder monatelange Sicherheit. Nach außen hin wirkt ein solches System ziemlich inhuman, aber wenn jeder sicher weiß, daß er totgeschlagen wird, falls er einen nichtigen Taschendiebstahl begeht, dann werden keine Taschen mehr geraubt, und folglich wird auch niemand mehr totgeschlagen.

Die zügellose Vergeltung und Heimzahlung, wie es die Dschahiliyya der Überlieferung zufolge kannte, führt deshalb zwangsläufig zu der Frage, wo die Gesetzgeber, die Arabien früher gewiß gehabt haben wird, denn in der Zwischenzeit abgeblieben waren. Die Stärke, die Unerbittlichkeit und die Unkontrolliertheit des Rachesystems weisen ja darauf hin, daß es weder einen Herrscher noch einen Staat gegeben hat. Wie konnte es nur so weit kommen, daß die Araber der Dschahiliyya weder Fürsten noch Herrscher oder Gesetzgeber kannten? Sie stammten doch von Adam und Abraham ab, die beide, wie der Koran und die islamische Theologie lehren, an der Spitze geordneter Gruppen standen, die Gottes Gesetze befolgten?

Auffassungen über die öffentliche Sicherheit und Ordnung, die Funktion des Staates und natürlich die Trennung von Politik und Religion sind häufig implizit und werden selten ausgesprochen. Obwohl es sich um von Menschen erdachte kulturelle Systeme handelt, sind sich die meisten Menschen überhaupt nicht bewußt, daß andere Gruppen in dieser Hinsicht andere Auffassungen hegen könnten. So fällt es schwer, zu begreifen, daß muslimische Denker eigentlich immer davon ausgehen, daß Menschen einen Herrscher über sich haben müssen, das heißt ein Individuum, einen Kalifen oder einen Gottgesandten, und nicht unter der Autorität eines abstrakten Staates leben. So fordert das islamische Gesetz, die Scharia, an keiner Stelle die Einsetzung von Institutionen oder rechtlichen Prozeduren. Alle Figuren auf dem Schachbrett sind Individuen. Eine Gesellschaft, gleich welcher Form, kann nicht prozessieren oder angeklagt werden. Das gilt sogar für das Kalifat. Wenn es dort nur einen starken Kalifen oder einen anderen Machthaber gibt, der den Islam mit Leidenschaft umsetzt, dann ist das Heil der Menschen hier auf Erden sichergestellt. Christliche Autoren gehen dagegen eigentlich immer von einer abstrakten staatlichen Autorität aus, selbst wenn es sich dabei um ein Individuum oder eine Gruppe von Individuen handelt, die mit dieser Aufgabe betraut sind. Diese Situation bringt unvermeidlich die Einführung von Verfahren und Institutionen mit sich (und führt auf die Dauer zu einer Form von demokratischer Rechtsordnung).

Wie dem auch sei, die altarabische Periode des Irrtums, der Herrscherlosigkeit und Unwissenheit, wie sie bezeichnend für die Dschahiliyya gewesen war, wurde erst durch das Auftreten Mohammeds beendet. Wer ihn ablehnte, lehnte damit im weitesten Sinne die öffentliche Ordnung ab. Mohammed abzulehnen bedeutete (und bedeutet) fast dasselbe wie der Aufruf zur Straflosigkeit von Raub, Mord, Unzucht, Diebstahl und so weiter. Die Araber sind natürlich stolz darauf, daß Mohammed zu ihnen gekommen ist. Aber auf die Dschahiliyya sind sie nicht stolz. Die Abwesenheit von Herrschern oder Gesetzen, die diesen Zeitraum kennzeichnet, spiegelt ja das Ausmaß wider, in dem die Araber vom Wort Gottes abgeirrt waren,[1] und daß andere heidnische Völker häufig wohl durchaus, trotz ihres Heidentums, Herrscher und Gesetze kannten oder gekannt hatten, war gewiß einer Reihe von Muslimen und muslimischen Gelehrten bekannt.

Die Art, wie die Entwicklung nach Mohammeds Tod verlief, gibt nahezu sichere Hinweise darauf, wie zu seiner Zeit über Religion und Politik gedacht wurde, selbst wenn nicht auszuschließen ist, daß sich viele Auffassungen gerade in dieser Periode schnell und gründlich geändert haben. Einige Jahrzehnte nach Mohammeds Tod kam, wie der Islam überliefert, ein heftiger Streit um die Frage auf, wer der wahre Nachfolger des Propheten sein solle. Dabei waren weniger religiöse Meinungsunterschiede von Bedeutung als der politische Kampf um die Oberhoheit: um das Kalifat. Die drei wichtigsten Kandidaten waren ʿAbdallâh ibn az-Zubair, der «Gegenkalif» in Mekka; ʿAlî ibn Abî Tâlib, dessen Anhang sich vor allem im Irak befand und der von 656 bis 661 zwar als Kalif galt, aber kaum in üblicher Weise regieren konnte (bekanntlich war ʿAlî Mohammeds Pflegebruder und Cousin); und Muʿâwiya, der muslimische Gouverneur Syriens, der sich 661 in Damaskus selbst zum Kalifen ausrief, und zwar mit Erfolg. Sein Sohn Yazîd folgte ihm 680 nach. Die heutigen Sunniten sind die Nachfolger der Partei von Muʿâwiya und der späteren Kalifen in Bagdad. Die Schiiten dagegen sind die Nachfolger von ʿAlîs Partei.

Wer soll Kalif werden?

Nichts weist darauf hin, daß zwischen diesen drei Parteien religiöse Differenzen bestanden haben. Es ging um nichts anderes als um die Frage, wer Kalif werden sollte. Dennoch führte der politische Machtkampf zur Entstehung religiöser Bewegungen, denn die politischen Führer waren zugleich die religiösen Führer schlechthin.[2] Sollte es etwa vor dem Aufkommen des Islam anders gewesen sein? Wer Mohammed damals als Abgesandten Gottes akzeptierte, wurde zugleich um einen Gesetzgeber, Gesetze und einen politischen Machthaber reicher. In der ersten Hälfte des siebten Jahrhunderts hatten die arabischen Muslime ihrem politisch-religiösen Oberhaupt zu folgen wie die Mitglieder einer Karawane durch die Wüste ihrem Führer. Wer die Karawane verläßt, geht verloren. Eine Karawane, die auseinanderfällt, geht zugrunde.[3]

Auch Mohammed muß, vermutlich bereits von seinen Zeitgenossen, aber bestimmt von den Generationen kurz danach, nicht nur als religiöses Oberhaupt und als Prophet gesehen worden sein, sondern auch als Führer, der den Arabern den Weg aus der sozial-religiösen Sackgasse zeigen sollte, in der sie sich befanden. Mohammed wußte durch die ihm geschenkte Offenbarung, welcher Weg aus der Dschahiliyya zum Islam führte, und er verstand es, unter den arabischen Stämmen und Clans den ursprünglichen Monotheismus wieder einzuführen. Gleichzeitig konnte er eine von ihm ausgeübte politische Oberherrschaft initiieren, die über den Stämmen und ihren Rachefeldzügen stand. Das erreichte er hauptsächlich, indem er alle Muslime davon überzeugte, ein einziger Stamm zu sein, in dem es nun einmal keine Rache und Vergeltung geben kann. Innerhalb eines Stammes, und von daher auch innerhalb des Islam, muß bedingungslose Loyalität als einzige Richtlinie gelten. Jede andere Haltung wäre für alle Stammesgefährten – inzwischen auch Glaubensbrüder – lebensgefährlich. Während heutige Beobachter geneigt sind, Mohammed in Mekka als Propheten und in Medina als Staatsmann zu sehen, zeigt die Rückbesinnung auf die Art der Dschahiliyya, daß Mohammed sowohl in Mekka als auch in Medina der oberste Führer seiner Anhänger war, der sie auf Erden wie im Jenseits vor dem drohenden Untergang behüten konnte.

Vielleicht ist die Annahme falsch, daß die Auffassungen über Religion und Politik, denen die Muslime zur Zeit der Bürgerkriege von 656 bis 661[4] und von 684 bis 685[5] offenbar anhingen, mit denjenigen übereinstimmten, die die Araber in der Epoche der Dschahiliyya, der Zeit vor Mohammeds Auftreten in den Jahren zwischen etwa 600 und 632, zu diesem Thema hegten. In einem halben Jahrhundert kann sich ja vieles ändern, und zwischen 600 und 650 hat sich tatsächlich sehr vieles gewandelt.

Aber gerade weil im Zeitraum von 600 bis 700 die Auffassungen der Araber einem starken Wandel unterworfen waren, läßt sich nur schwer präzises historisches Wissen über den Zeitraum von 550 bis 800 erwerben. Denn die so gut wie einzige Quelle für diese Periode ist die muslimische literarische Überlieferung, und die wiederum basiert auf den unausgesprochenen Vorstellungen über Politik, Religion, Autorität, Kalifat und so weiter, denen die Übermittler selbst anhingen. In jener Epoche ist es auf jeden Fall zu einer großen Veränderung gekommen: Menschen traten zum Islam über. Sollte das ihre unbewußten Vorstellungen über Macht, Gesellschaft und Religion mehr oder weniger unberührt gelassen haben, dann könnte die Überlieferung an einigen Stellen ziemlich zuverlässig sein. Sollte dieser Schritt allerdings ihre Auffassungen auf den Kopf gestellt haben, dann spräche das nicht für die Zuverlässigkeit der Überlieferung.

Die moderne Dschahiliyya

Sicher ist jedenfalls, dass sich die Ansichten über die Dschahiliyya hartnäckig halten. Es lassen sich heutzutage noch immer Muslime finden, die über den Gegensatz von Dschahiliyya und Islam genauso denken wie Ibn Ishâq und Ibn Hischâm im achten und neunten Jahrhundert. Offenkundig handelt es sich dabei um Auffassungen, die viele Muslime für attraktiv halten. Über das, was die Heiden in der

Zeit der Dschahiliyya glaubten und dachten, wissen wir dagegen so gut wie nichts. Darüber sind keine vollständigen, zuverlässigen, von ihnen selbst verfaßten Dokumente erhalten geblieben. All unser Wissen wurde von den Muslimen, von ihren Gegnern, überliefert.

Kurz nach 1950 trat der ägyptische Autor Sayyid Qutb (1906–1966) mit einer Theorie hervor, in deren Zentrum wieder der Gegensatz Dschahiliyya – Islam steht. Qutb gelang es, viele seiner Zeitgenossen zu überzeugen, und er gilt eigentlich als der Vater der islamischen fundamentalistischen Bewegungen. Er bezeichnete die ägyptische Gesellschaft, in der er lebte, als nicht islamisch, sondern als *dschâhilî*, und erklärte, daß der Islam wieder gegen die Dschahiliyya kämpfen und die Scharia als landesweites Gesetz eingeführt werden müsse, weil eine Gesellschaft ohne die Anwendung des von Gott gegebenen Gesetzes nicht mehr islamisch genannt werden dürfe.

Das paßte ausgezeichnet in den politischen Kontext der sechziger Jahre des zwanzigsten Jahrhunderts. Nach dem Abzug der Kolonialmächte, die den Mittleren Osten beherrschten, wurde der politische Verfall, wie er sich in der islamischen Welt zwischen 1920 und 1990 vollzogen hatte, immer stärker sichtbar. Die Effizienz und Macht der Regierungen hatte von Jahrzehnt zu Jahrzehnt immer mehr abgenommen. Die Regime in den Hauptstädten der arabischen Welt waren, gerade in den Augen ihrer Untertanen, immer weiter der Korruption und Machtlosigkeit verfallen. Außerdem waren sie in wachsende Abhängigkeit von ausländischer (militärischer und anderer) Hilfe geraten. Gleichzeitig gelang es ihnen immer weniger, die öffentliche islamische Ordnung zu gewährleisten, und es wurden verstärkt nicht umsetzbare Gesetze und Regeln aus dem Ärmel geschüttelt in dem vergeblichen Versuch, das Chaos wieder in den Griff zu bekommen.

Das administrative und juristische Chaos, das die Herrscher des Mittleren Ostens im Lauf des zwanzigsten Jahrhunderts haben entstehen lassen, hat nicht wenig dazu beigetragen, daß der Ruf nach Beendigung des Zustands der Dschahiliyya, nach der Einführung des Islam und der Wiedereinführung der Scharia erneut attraktiv wurde. In den Augen frommer Muslime der zweiten Hälfte des zwanzigsten Jahrhunderts ging es der Gesellschaft schlecht. Sie mußten fast auf die

Idee kommen, daß die Dschahiliyya zurückgekehrt war. Qutb rief dazu auf, mit allen Mitteln, auch mit Gewalt, diese Dschahiliyya durch die Wiedereinführung der Scharia zu bekämpfen. Sein Aufruf blieb nicht ungehört und entfachte im Ägypten der 1960er Jahre einen Bürgerkrieg zwischen dem Nasser-Regime einerseits und der Muslimbruderschaft andererseits und einem jeden, der mehr oder weniger mit der einen oder anderen Seite sympathisierte. Auch in aktuellen Formen von islamischem Radikalismus ist die Natur der Dschahiliyya noch stets einer der wichtigsten Streitpunkte.

Die Kaaba

Ein Gebäude aus dem antiken Arabien hat den Übergang von der Dschahiliyya zum Islam trotz alledem mit Glanz überstanden: die Kaaba in Mekka. Der Islam lehrt, daß dieser kubusartige Bau schon beim Aufkommen der neuen Religion in Mekka stand und davor fast genauso wichtig war wie in den Jahren danach. Der Koran berichtet, daß Abraham zusammen mit seinem Sohn Ismael die Kaaba errichtet habe. Dabei handelt es sich um denselben Abraham, der in der Bibel in Genesis 12 eingeführt wird und dort den Auftrag bekommt, in das Land zu gehen, das Gott ihm zeigen werde. Sure 2,124 enthält eine kurze Anspielung auf die Geschichte vom Opfer Abrahams, wie sie in Genesis 22 erzählt wird, und fährt dann mit der Mitteilung fort, daß Gott «das Haus» zu einer Stätte der Einkehr und einem Ort der Sicherheit gemacht habe. Dies wird in der islamischen Tradition allgemein als ein Bericht über die Kaaba in Mekka gelesen. Am Schluß des Verses bekommen Abraham und Ismael den Auftrag, dieses Haus für diejenigen zu reinigen, die «die Umgangsprozession machen und sich dem Kult hingeben und die sich verneigen und niederwerfen», möglicherweise eine Anspielung darauf, daß Mohammed nach der Eroberung Mekkas durch die Muslime im Jahr 630 die Überreste des heidnischen Kults aus der Kaaba räumen ließ. Sure 2,126 teilt mit, daß Gott beschlossen habe, die Ungläubigen könnten sich «ein wenig» an dem Heiligtum erfreuen. Es ist unmöglich, hier keine Anspielung auf die Dschahiliyya herauszuhören. Sure 2,127 meldet schließlich explizit, daß Abraham die Grundmauern der Kaaba aufbaut, und das Gebet, das er und Ismael dabei sprechen, wird in den Versen 127–129 zitiert.

Wie konnte Arabien im Anschluß daran doch wieder dem Heidentum verfallen? Ibn Ishâq und Ibn Hischâm kennen die Antwort darauf.[6] Irgendwann wurde Mekka zu klein für alle Nachkommen Ismaels, des Sohnes von Abraham und Hagar. Jeder, der die Stadt verließ, nahm einen Stein aus der Kaaba mit – das wird erwähnt, um die Bedeutung dieses Heiligtums zu unterstreichen. Überall, wo sie sich ansiedelten, stellten sie einen dieser Steine auf und umrundeten ihn, wie sie früher die Kaaba umschritten hatten. Das führte dazu, daß sie begannen, diesen Stein zu verehren. Spätere Geschlechter wußten natürlich nicht mehr, woher dieser Brauch stammte. Sie gaben die Religion Abrahams und Ismaels auf und beteten nun Steine und steinerne Götzenbilder an, obwohl sie auch an einigen von Abraham eingeführten Bräuchen festhielten. So riefen sie beispielsweise Gott mit der *Labbaika*-Formel an, die man übersetzen könnte mit: «Zu deinen Diensten, o Herr! Du, der du ohne andere Götter existierst, die deine Einheit teilen!» – eine Formel, die monotheistisch ist, aber hier offensichtlich auch im heidnischen Kontext bei den arabischen Nachkommen Ismaels und Abrahams auf der Arabischen Halbinsel üblich geworden war.

Die Darlegung von Ibn Ishâq läuft auf Koranvers 12,106 hinaus, der offenkundig die Pointe der Geschichte war: «Und die meisten von ihnen glauben nicht an Gott, ohne (ihm gleichzeitig andere Götter) beizugesellen.» Dies ist ein schwer zu interpretierendes Fragment, das beinahe von der Annahme auszugehen scheint, daß die Gruppe von Menschen, die der Koran des Polytheismus beschuldigt, weil sie «Gott genossen» und ihnen auch «andere Götter» angedichtet wurden, eigentlich Monotheisten sein könnten, die in einer ganz eigenen Weise etwa über eine Form der christlichen Dreifaltigkeit sprechen. Aber zum Glück müssen wir nicht in diese Richtung Überlegungen anstellen, denn das würde zu allerhand Spekulationen führen.[7] Die islamische Tradition, aus dem Munde von Ibn Ishâq und Ibn

Hischâm, bietet eine viel bessere Lösung. Der Vers handelt von den Nachfahren Abrahams, die allmählich den wahren Glauben an die Einheit Gottes verloren haben.

Diese Auffassung wird dadurch untermauert, daß Ibn Ishâq seine Geschichte mit einem kurzen Fragment über Noah fortführt. Eigentlich ist das Fragment hier nur als eine zusätzliche Illustration dafür zu lesen, wie auch die wahre Religion allmählich in Verfall geriet. Es traf nicht nur die vorislamischen Araber, auch Noahs Volk mußte diese bittere, beschämende Erfahrung machen, suggeriert Ibn Ishâq. Der Koranvers, auf den die Geschichte hinausläuft, ist 71,23, in dem die Notabeln aus Noahs Volk vor der Sintflut zu den Armen, unter denen sich offenkundig Anhänger Noahs befanden, sagten: «Gebt doch nicht eure Götter auf! Gebt weder Wadd auf noch Suwâʿ, noch Yaghûth, Yaʿûq oder Nasr!» Aus der allseits bekannten Tatsache, daß die Sintflut stattgefunden hat, läßt sich ableiten, daß Noahs Volk tatsächlich diese fünf im Koran namentlich genannten Götter nicht aufgeben wollte. Sie fand statt, weil man für diese Götzen den ursprünglichen Monotheismus aufgegeben hatte.

Gleichzeitig klärt sich hiermit noch etwas anderes. Geschichten, die von Ibn Ishâq und Ibn Hischâm als Berichte über den normalen Lauf der Dinge zur Zeit der Dschahiliyya angesehen wurden, sind eigentlich dazu gedacht, schwer verständliche Koranpassagen zu erläutern. Natürlich gibt es auch Erzählungen, die sich nicht auf einen Koranvers beziehen. Könnten diese möglicherweise doch historisches Material enthalten? Das läßt sich manchmal nur schwer sagen. So gibt es die Geschichte von Isâf und Nâʾila, einem Mann und einer Frau, die in der Kaaba Geschlechtsverkehr hatten und deshalb von Gott in Stein verwandelt wurden. Vor deren Figuren, die sich in der Nähe der Quelle Zamzam befanden, brachten die vorislamischen Besucher der Kaaba Opfer dar.[8]

Diese Geschichte gibt zu denken. Offenkundig war zu Zeiten der Dschahiliyya doch nicht alles erlaubt. Aber es ist bestimmt nicht Zweck der Erzählung, mitzuteilen, daß es sogar damals Taten gab, die verboten waren und von Gott sofort bestraft wurden. Wahrscheinlich soll abermals betont werden, wie liederlich sich die Menschen während der Dschahiliyya benommen haben. Geschlechtsverkehr in einem Gebäude, das für den Islam so heilig ist wie die Kaaba! Unvorstellbar! Deshalb wurden die Namen der beiden auch geistreich gewählt: Nâʾila heißt vollständig Nâʾila bint Dîk, die Tochter eines Hahns, und Isâfs vollständiger Name ist Ibn Baghy, das bedeutet «Sohn der Begierde».[9] Weder frühere noch heutige Historiker werden geneigt sein, eine solche Geschichte als wertvolle historische Quelle in Betracht zu ziehen. Selbst nach Abzug der überirdischen Elemente bleibt nichts übrig, wovon ein moderner Gelehrter zu vermuten wagte, daß es ihm die so heißbegehrte Information über die Zeit der Dschahiliyya verschaffen könnte.

Die altarabische Dichtung als Quelle

Natürlich sind auch Berichte über die Dschahiliyya erhalten geblieben, beispielsweise in altarabischen Gedichtsammlungen und in vergleichbaren Werken, wie dem viele tausend Seiten zählenden *Kitâb al-Aghânî*, dem Buch der Lieder, einer zwanzigbändigen Kompilation aus der Hand Abû al-Faradsch al-Isfahânîs, der 967 starb. Das Buch ist wohl zu spät erschienen, als daß es für die Probleme zu Rate gezogen werden könnte, die sich auftun, sobald wir von der Dschahiliyya sprechen; aber möglicherweise ist es ihm gelungen, Fragmente aus alten Traditionen zu bewahren. Ein Teil der lyrischen Texte dieses Buchs macht auf jeden Fall den Eindruck, als stamme er direkt aus der Zeit der Dschahiliyya. Für die Geschichte der altarabischen Dichtung kann man sich kaum ein wichtigeres Werk vorstellen. Wir gewinnen aus ihm, wie auch aus den eher religiösen islamischen Texten, eine Vorstellung vom vorislamischen Arabien, die sich stark von der Zeichnung dieser Periode und dieses Gebietes durch nichtislamische Quellen unterscheidet, vor allem hinsichtlich der Bevölkerungsdichte. Es läßt sich schwer vorstellen, welche religiösen Motive beim Aufbauschen der Bevölkerungsdichte eine Rolle gespielt haben könnten, es sei denn, die Autoren gingen stillschweigend und unbewußt davon aus, daß die Welt um sie herum drei bis vier Jahrhunderte früher in etwa genauso ausgesehen haben muß wie zu ihrer Zeit. Das war sicher nicht der Fall, brachte der Islam doch nach und nach immer mehr Geschäftigkeit nach Mekka und Medina. Nichtmuslimische literarische Quellen und die spärlichen archäologischen Anhaltspunkte lassen, im Gegensatz zur islamischen Überlieferung, vor unseren Augen nicht das Bild einer ziemlich bevölkerten Region mit lebhaften Handelskontakten vom Hidschâz und von Mekka bis in die fernsten Regionen Arabiens entstehen.[10] Sie deuten eher auf eine ungewöhnlich arme Bevölkerung hin, die sich in einer dürren, versengten, äußerst dünn besiedelten Wüste notdürftig am Leben erhalten konnte.[11] Wenn die islamische Überlieferung in einem Punkt so sehr danebenliegt, selbst wenn dieser in religiöser Hinsicht nicht besonders wichtig ist, drängt sich der Verdacht auf, daß sie in anderen Punkten ebenfalls falsch gewesen sein könnte.

Die Dschahiliyya als stereotyper Prolog

Es sieht im Grunde danach aus, als habe die Dschahiliyya mit all ihren Schrecken niemals wirklich existiert – eigentlich ein Glück, vom humanitären Standpunkt aus betrachtet. Die Dschahiliyya ist in erster Linie eine theologische Konstruktion, die dazu dient, Geschichten über Mohammed und den aufkommenden Islam um so glänzender erscheinen zu lassen. Dementsprechend soll es Archäologen geben, die die Geschichten über die Königreiche von Israel, wie sie im Alten Testament berichtet werden, historisch für unmöglich halten (archäologisch gibt es dafür im Boden von Palästina jedenfalls keinen Beweis). Diese Geschichten sollten lediglich dem Zweck dienen, den späteren Erzählungen über die Rückkehr aus der Verbannung und über den Bau des Tempels mehr Farbe zu geben.[12] Auch die Geburts- und Kindheitsgeschichten von Jesus von Nazareth, die Lukas und Matthäus ihren Evangelien voranstellen, haben mit einem ernsten historischen Problem zu kämpfen.[13] Lukas zufolge wurde Jesus geboren, nachdem Quirinius Statthalter in Syrien geworden war, das heißt also nach dem Jahr 5/6 unserer Zeitrechnung.[14] Gleichzeitig erzählt

Matthäus, daß Jesus vor dem Tod des Herodes geboren wurde, der im Jahr 6/5 vor unserer Zeitrechnung starb.[15] Auch diese Geburtsgeschichten wollen offenbar in erster Linie dem Guten und Segensreichen, das kommen wird, ein bißchen Hintergrund geben und stören sich dabei nicht an ein paar Fakten oder historischen Daten.

Ein echter Optimist folgert nun vielleicht daraus, daß die drei großen monotheistischen Religionen offenkundig allesamt ihre Autobiographie mit einer möglicherweise zum Teil ahistorischen, fingierten Erzählung beginnen, die als eine Art Vorspiel oder Prolog für die eigentliche Geschichte dienen soll. Das Christentum beginnt seine Autobiographie sogar mit zwei solchen Geschichten, nämlich mit der Volkszählung unter Kaiser Augustus und dem Kindermord von Bethlehem, obwohl sich die Details der beiden Berichte chronologisch ausschließen. Dennoch ist der Gegensatz zwischen dem möglicherweise fingierten Prolog und der darauf folgenden «wahren» Geschichte natürlich nie so absolut, wie es auf den ersten Blick erscheint. Auch in der «wahren» Geschichte zögern Autoren und Erzähler meist nicht, hier und da Dinge an den entsprechenden Stellen hervorzuheben, um so die Bedeutung der berichteten heilshistorischen Tatsachen besser hervortreten zu lassen. Pessimistische Schwarzseher sind jedoch zumeist der Ansicht, daß allzu viele «Erklärungen» zu *pia fraus* führen, zu frommem Betrug, zu einer Notlüge. So ein frommer Betrug ist etwas, das areligiöse Menschen nicht einfach hinnehmen können, der aber gläubigen Menschen gar nicht weiter auffällt.

Mohammed und die Kaaba in vorislamischer Zeit

Worüber sich muslimische Gläubige nur schwer hinwegsetzen könnten, wäre eine eventuelle Beteiligung Mohammeds an heidnischen Kulthandlungen rund um die Kaaba. Der Islam lehrt ja, daß der Prophet völlig ohne Sünde gewesen sei und aus diesem Grund nicht an dem sündigen polytheistischen Gottesdienst, wie er in Mekka in vorislamischer Zeit zelebriert wurde, teilgenommen haben kann. Andererseits schiene es auch unglaubwürdig, wenn Mohammed den religiösen Aktivitäten, an denen seine Mitbürger beteiligt waren, gänzlich ferngeblieben wäre. Ibn Ishâq erzählt eine Geschichte, der es ziemlich virtuos gelingt, beiden Vorstellungen zu entsprechen.[16] Hier zeigt sich Mohammed als ein Mann, der im gesellschaftlichen Leben Mekkas zwar eine Rolle spielte, sich aber andererseits nicht der Teilnahme an heidnischen Kulthandlungen schuldig machte.

Die Erzählung beginnt damit, daß die Quraisch beschlossen haben, die Kaaba wiederaufzubauen. Sie brauchte ein Dach, denn die Tempelschätze waren gestohlen worden. Schließlich wurden diese bei einem Mann entdeckt, dem man als Vergeltung die Hand abhackte. Dies greift dem vor, was der Islam später als übliche Strafe für Diebstähle vorschreiben wird. Wo aber sollte das Holz für das Dach herkommen? Bei Dschidda war ein griechisches Schiff gestrandet, dessen Wrackholz als Baumaterial dienen konnte. Es stand zudem ein koptischer Zimmermann zur Verfügung, der die Arbeiten ausführen sollte. Ein Kopte und ein Grieche, die zusammenarbeiten, um Gottes Pläne mit der Kaaba zu verwirklichen – symbolischer geht es beinahe nicht. Allerdings gab es ein Problem: Auf der Mauer der Kaaba pflegte sich regelmäßig eine Schlange zu sonnen. Gott schickte einen Vogel, der diese mit seinen Krallen ergriff und mit ihr davonflog. Nun war es doch wohl klar, daß die Wiederaufbaupläne Gottes Segen hatten. Bei den Arbeiten an der Mauer entdeckten die Einwohner Mekkas eine syrische Inschrift, und sie fanden einen Juden, der diese lesen konnte. Der Text war ermutigend und versicherte, Gott selbst habe bereits in der Schöpfungswoche die Kaaba erschaffen und werde dafür sorgen, daß sie auf ewig erhalten bleibe. Bereits zuvor, berichtet Ibn Ishâq, war ein Stein in der Kaaba gefunden worden, auf dem unter anderem zu lesen stand: «Kann man denn Trauben lesen von den Dornen oder Feigen von den Disteln?» Das ist Matthäus 7,16, ein Satz von Jesus. Es ist nicht irgendein Satz: Hier handelt es sich um eine Warnung vor falschen Propheten. Wie der Gläubige von einer Distel keine Feigen oder von Dornen keine Trauben pflücken kann, so kann er von einem falschen Propheten kein Heil erwarten. Ob Christen in der Zeit Ibn Ishâqs wohl diesen Text verwendet haben, wenn sie über Mohammed sprachen? Oder sollten etwa Muslime, die die Trauben ihrer militärischen Siege ernteten, diesen Text ihren christlichen Untertanen vorgehalten haben?

Der Wiederaufbau der Kaaba ging in allseitiger Harmonie der mekkanischen Clans vor sich, bis die Mauer so hoch war, daß der schwarze Stein an seinen Platz gebracht werden mußte. Jeder Clan beanspruchte für sich die Ehre, den Stein aufstellen zu dürfen. Jemand schlug vor, den ersten, der das Gelände der Kaaba betreten würde, entscheiden zu lassen, wie und durch wessen Hand der schwarze Stein auf seinen Platz kommen sollte. Der erste, der hereinkam, war Mohammed. Die Erbauer bekundeten ihre Freude darüber, hatte er doch einen guten Ruf, man nannte ihn ja sogar *al-Amîn*, den Zuverlässigen. Mohammed bat um einen Mantel, wickelte den schwarzen Stein in diesen ein und bat alle, ihn festzuhalten, während der schwarze Stein auf seinen Platz gehoben wurde. Einmal an der Stelle, wurde er von Mohammed, der ihn im Mantel festhielt, auf seinen Platz geschoben. Danach konnte die Mauer fertiggestellt werden.

Die Geschichte enthält kein einziges Element, das für spätere Generationen von Muslimen unannehmbar wäre. Wenn sie trotzdem inakzeptable Elemente enthalten hätte, wäre sie wahrscheinlich auch nicht weiter überliefert worden, und wir wüßten nichts von ihr. Der Geschichte zufolge war Mohammed in Mekka bereits ein angesehener Mann, bevor er zum Propheten berufen wurde. Bau und Wiederaufbau der Kaaba entsprechen beide dem Willen Gottes. In vorislamischer Zeit beteiligte sich Mohammed nicht an den heidnischen Kulthandlungen, spielte aber trotzdem beim Wiederaufbau der Kaaba eine wichtige, gottgewollte Rolle. Daß sich die Geschichte so genau an das hält, was nach der offiziellen Lehre des Islam nicht oder gerade noch akzeptabel ist, wird den Gläubigen natürlich nicht überraschen. Moderne skeptische Historiker jedoch werden schnell zu der Befürchtung neigen, daß eine solche Geschichte nicht das wiedergibt, was in vorislamischer Zeit in Mekka geschah, sondern das, von dem die späteren Muslime glaubten, daß es im antiken Mekka geschehen sein könnte. Die Geschichte spiegelt nämlich sehr präzise die Vorstellungen wider, denen die Muslime erst später anhängen sollten.

Die Dschahiliyya provoziert Fragen

Nachdem Mekka eine islamische Stadt geworden war und sich dank der alljährlichen Wallfahrt zu einem wichtigen Zentrum entwickelt hatte, durfte man es sicher eine bedeutende Handelsstadt nennen. Aber traf das auch schon während der Dschahiliyya zu? Bis vor kurzem waren Muslime und Historiker einhellig der Meinung, daß die Stadt Mekka bereits in vorislamischer Zeit eine «Handelsrepublik» gewesen sei. Es gibt sogar progressive Autoren, die vom «Halsabschneider-Kapitalismus»[17] der heidnischen Einwohner Mekkas sprechen, auf den der Islam die humane Antwort gewesen sei. Diesem Einvernehmen über die Existenz einer Handelsrepublik Mekka am Vorabend des Islam wurde durch die Studie der dänisch-englischen Forscherin Patricia Crone, *Meccan Trade and the Rise of Islam*, aus dem Jahr 1987 ein Ende gemacht. Sie legt dar, daß es, simpel gesagt, in Mekka kaum einen Handel gegeben hat und dieser nichtexistente Handel daher die Entstehung des Islam auch nicht beeinflußt haben kann.

Genau wie bei den Geschichten über die Berufung Mohammeds stehen wir bei der näheren Betrachtung dessen, was die Dschahiliyya gewesen ist oder gewesen sein könnte, am Ende mit leeren Händen da. Theologisch ist dagegen alles klar: Die Dschahiliyya ist der Unislam schlechthin. Aber für Historiker und Archäologen gibt es noch ziemlich viel zu graben, zu entziffern und zu interpretieren.

Der Prophet lehrt im Kreis seiner ersten Schüler. Engel begleiten ihn. Osmanische Miniatur, 16. Jahrhundert. Turkish and Islamic Art Museum Istanbul.

4. *Die ersten Muslime in Mekka*

Jede neue religiöse Bewegung braucht Rekruten, um nicht gleich wieder in der Vergessenheit zu versinken. Dieser Zustrom von Konvertiten ist eine Fundgrube für Soziologen. Im Lauf der Zeit haben, nach heftigen Diskussionen, einige soziologische Erkenntnisse über Bekehrungen allgemeine Akzeptanz gefunden. Erstens sind Frauen aus der oberen Mittelschicht im allgemeinen unter neuen Gläubigen überrepräsentiert. Sie haben wie wenig andere die Zeit, das Interesse und die Bildung, die man braucht, um sich gründlicher mit einer neuen Bewegung auseinanderzusetzen.

Zweitens treten Konvertiten nicht aus einem «inneren Drang» religiöser oder metaphysischer Natur ihrer neuen Religion bei. Sie bekehren sich, um die Achtung ihrer Umgebung oder die ihrer Werber zu gewinnen. Deshalb sind Berichte über ganze Familien, die alle auf einmal konvertieren, oft durchaus glaubwürdig: Alle Familienmitglieder wünschen sich ja, daß ihre Beziehungen zum Familienoberhaupt gut bleiben. Erst nach dem Übertritt lernt der angeworbene Rekrut die neuen Lehren der Religion und des kulturellen und theologischen Erbes der Bewegung, der er sich angeschlossen hat, gründlich kennen. Natürlich ist die Möglichkeit groß, daß er rückblickend behauptet, er habe schon immer nach diesem Erbe verlangt und sei wirklich aus diesem Grund konvertiert. Aber das bildet er sich ein, er hat das erst später allmählich so gesehen. Zur Zeit des Beitritts konnte er ja die ganze heilbringende Metaphysik noch nicht kennen.

Drittens bleibt, wer einmal konvertiert ist, nur ein Anhänger der Religion, wenn er enge Bande mit Menschen knüpfen kann, die es wichtig finden, daß er dabeibleibt, und böse werden, wenn er austritt. Forschungen wie die von Rodney Stark haben das hieb- und stichfest gezeigt.[1] Einem Bei- oder Austritt liegen kaum «religiöse» Motive in der normalen Alltagsbedeutung des Wortes zugrunde. Es geht dabei vor allem um die Kraft und die Qualität der sozialen Bindungen mit demjenigen, dessen Religion man beigetreten ist oder verlassen möchte. Religion ist fast so etwas wie Weinen oder Lachen. Wenn gute Freunde lachen oder weinen, weinen oder lachen wir erst einmal mit. Was die genaue Ursache dafür ist, hören wir erst später.

Das bedeutet, daß man nicht nach dem Geheimnis für die Anziehungskraft der Dogmen einer Religion auf neue Konvertiten zu suchen braucht. Um auch weiterhin mit Erfolg rekrutieren zu können, ist es natürlich günstig, wenn eine Religion tatsächlich über eine solche Anziehungskraft verfügt. Aber notwendig ist sie nicht, reicht doch beim ersten Kontakt eigentlich schon, den Interessenten nicht gleich abzuschrecken. Gelegentlich, aber sicherlich nicht immer, werden Konvertiten natürlich abgeschreckt, wenn sie wunderliche Behauptungen hören, die sich so gut wie allem widersetzen. Die Position einer neuen religiösen Bewegung kann durch Widerspenstigkeit und Unglaubwürdigkeit womöglich sogar noch verstärkt werden. Etwas zu verkünden, was sowieso schon jeder gedacht hat, zieht sicherlich keine Konvertiten an. Das Gegenteil manchmal wohl. Und nicht jeder muß sich sofort bekehren: Sogar ein niedriger Prozentsatz von sehr vielen Menschen bedeutet doch gleichzeitig wieder viele Menschen.

Wir müssen auch nicht sofort versuchen, eine allgemeine Theorie aufzustellen, die erklärt, warum die Lehren der alten Religion mit der Zeit an Faszination für ihren Anhang verloren haben. Einem potentiellen Konvertiten geht es zuallererst um die persönliche Anziehungskraft des Rekrutierenden und um dessen soziales Milieu, nicht um Gottesbeweise oder überzeugende Darstellungen darüber, wie die Heilsgeschichte verlaufen ist. Eine Unmenge klassischer Werke über das Leben Mohammeds erklärt zuerst, wie die Religion der Einwohner Mekkas «in Verfall» geraten war, um anschließend triumphierend festzustellen, daß das tatsächlich stimmen muß, da die Mekkaner sich in großer Zahl zum Islam bekehrt haben. Es ist sehr fraglich, ob die Religion in Mekka in Verfall geraten war (was immer das bedeuten mag), denn nach der Überlieferung gab es Mekkaner, die sich fürchterlich darüber aufregten, als einige ihrer Mitbürger zum

Islam übertraten. Ob sich europäische Christen stark darüber aufregen, wenn einer von ihnen zum Islam übertritt, ist sehr fraglich. Dennoch ist es für den Fortbestand von Religionen notwendig, daß Menschen wütend und unglücklich werden, wenn einer ihrer Glaubensbrüder ihre Kirche verläßt. Oder ist das europäische Christentum stärker in Verfall geraten als das Heidentum damals in Mekka? Das ist gut möglich.

Die ersten Bekehrten

Wie auch immer, Mohammeds Ehefrau Chadîdscha war «die erste, die an Gott und seinen Gesandten glaubte».[2] Chadîdscha, erzählen Ibn Ishâq und Ibn Hischâm, unterstützte Mohammed, wo immer es nötig war. Aus den Erzählungen über ihre Aktivitäten als Geschäftsfrau und Arbeitgeberin Mohammeds geht jedoch hervor, daß Chadîdscha in der Überlieferung als eine Frau aus der oberen Mittelschicht dargestellt wird. Darüber, wie Ehen im antiken Mekka funktionierten, ist wenig bekannt, aber es wird nicht viele Kulturen geben, in denen die Ehe nicht als wichtige enge soziale Bindung gilt. Chadîdscha paßt genau in das Idealbild, das die Religionssoziologie von einem Neubekehrten zeichnet.

Aber wozu bekehrt sich Chadîdscha eigentlich? Nicht nur heutige areligiöse Menschen stellen sich diese Frage, auch Mohammeds Biographen Ibn Ishâq und Ibn Hischâm sind der Meinung, daß gleich nach der Geschichte ihrer Bekehrung etwas zum Inhalt des Islam, wie er damals aussah, gesagt werden muß. Das ist aus einem bestimmten, genau benennbaren Grund schwierig. Von vielen islamischen Vorschriften bezüglich der Rituale, des Verhaltens oder des Glaubens überliefert die Tradition ja durchaus, mit welchem Koranvers und bei welcher Gelegenheit diese Vorschrift offenbart und eingeführt wurde. Die Geschichten sind häufig allgemein bekannt, und das Problem, das sich nunmehr, nach der Bekehrung von Chadîdscha, ergibt, ist die Frage, wie viele islamische Gebote es bereits gab, als sie Muslimin wurde. Zum Zeitpunkt ihrer Bekehrung gab es ja noch kaum Koranverse, und gerade der Koran enthält den größten

Teil der islamischen Vorschriften in bezug auf Verhalten, Glauben und Rituale. Keine Koranverse, keine Vorschriften.

Ibn Ishâq erzählt nun, daß es an diesem Punkt der Geschichte um das Gebet und die dabei vorgeschriebenen Waschungen geht. Es war der Erzengel Gabriel höchstpersönlich, der Mohammed in das Gebet und die rituellen Waschungen einführte, und der Prophet gab diese Weisung dann wieder an Chadîdscha weiter. Was Gabriel nun Mohammed genau gelehrt hat (nach Ibn Ishâq),[3] ist das bekannte System der fünf Gebete innerhalb von vierundzwanzig Stunden, wie es das islamische Ritual vorschreibt. Es verwirrt allerdings, daß der Koran dieses System eigentlich noch nicht zu kennen scheint. In Sure 17,78 und Sure 30,17 wird von einem Gebet am Morgen und einem Gebet am Abend gesprochen, und in Sure 2,238 scheint ein drittes Gebet dazwischen hinzugekommen zu sein. Verwirrend oder nicht, dem Koran entliehen oder nicht, das System der täglichen fünf Gebete mag zwar im Koran unerwähnt geblieben sein, aber es hat auf jeden Fall eine hohe und maßgebliche Quelle bekommen: Der Erzengel Gabriel höchstselbst lehrt es in einem wichtigen Augenblick Mohammed, der es wiederum Chadîdscha beibringt. Bekanntlich war Gabriel auch mit der Weitergabe des Korans beauftragt. Eine erhabenere und zuverlässigere Quelle ist kaum vorstellbar. Der Islam, zu dem sich Chadîdscha bekehrte, bestand nach Ibn Ishâqs Bericht aus Gebeten und Waschungen sowie dem Glauben an Gott und seinen Gesandten.

Nunmehr tritt der erste männliche Konvertit auf die Bildfläche: ʿAlî, der Sohn von Abû Tâlib. Abû Tâlib war ein Bruder von Mohammeds Vater ʿAbdallâh. Natürlich berichten die Erzähler, daß beide Vettern, Mohammed und ʿAlî, von Abû Tâlib erzogen wurden und daher eigentlich auch Pflegebrüder waren. Ibn Ishâq zufolge war ʿAlî zehn Jahre alt, als er Muslim wurde. Wenn das stimmt, zählte ʿAlî zur Zeit der Hidschra ungefähr zwanzig Jahre, zur Zeit von Mohammeds Tod etwa dreißig und etwa sechzig, als er 661, inzwischen Kalif, ermordet wurde. Wie fast immer gibt es auch andere Chronologien.

Der erste Mann, der sich nach ʿAlî zu dem, was damals den Islam ausmachte, bekehrte, war ein gewisser Zaid ibn Hâritha. Zaid war damals ein häufiger Name, und eine Verwechslung mit anderen Männern dieses Namens ist daher naheliegend. Doch dieser Zaid kann sich einer außergewöhnlichen Auszeichnung rühmen: Er ist der einzige von Mohammeds Gefährten, dessen Name im Koran genannt wird, in Sure 33,37. Dabei handelt es sich übrigens um eine heikle Angelegenheit, die sich vier Jahre nach der Hidschra, im Jahre 626, in Medina zugetragen hat. Zaid war mit einer gewissen Zainab bint Dschahsch verheiratet, einer Tochter von Umayma, die eine Schwester ʿAbdallâhs war, des Vaters von Mohammed. Der Prophet war also ihr Cousin; beide hatten ʿAbd al-Muttalib zum Großvater. Mohammed, so will es die Geschichte, sah sie und war von ihr so beeindruckt, daß er Zaid den Auftrag gab, sie zu verstoßen, damit er selbst sie heiraten könne. Außenstehenden erscheint ein solcher prophetischer Eingriff ins Eheleben anderer ziemlich bedenklich.

Deshalb haben Nichtmuslime auch häufig darüber geschrieben, meist mit stark verurteilender Tendenz. Dies wiederum führte natürlich zu einer Apologetik seitens der Muslime, die den Propheten verteidigen wollten. Daß der Koran dann die Affäre selbst bereinigt, in Sure 33,37–38, hat bei allen Beteiligten und bei späteren Generationen von Muslimen sicherlich zu großer Zufriedenheit geführt. Es ging darum, so zeigt sich aus dem Korantext, klarzumachen, daß es für die Exfrau eines angenommenen Sohnes keine Hindernisse geben darf, den Adoptivvater ihres (Ex-)Mannes zu heiraten (Sure 33,38). Der Korantext ist eindeutig zur Beruhigung derer gedacht, die Mohammeds Verhalten irritierte. Aber, versichert die Überlieferung, es geht nicht um seine Triebe, Mohammed hat ausschließlich und allein eine dürre Rechtsregel bezüglich der Frage, wer wen heiraten dürfe, vorleben wollen. Wie so oft ist der Clou der Geschichte eine Rechtsregel. Ehehindernisse aufgrund von Bluts- oder Milchverwandtschaft sind nun einmal ein wichtiges Thema im islamischen Recht, und die ganze Geschichte wird in diesen Kontext gestellt.

Als sich Zaid zum Islam bekehrte, lagen solche Fragen noch in weiter Ferne. Er war einst als Sklave an Chadîdschas Familie verkauft worden, möglicherweise von seinem eigenen Stamm oder seinem Clan. Die Überlieferung berichtet, Chadîdscha habe ihn Mohammed geschenkt. Ibn Ishâq erzählt, daß Zaid von diesem daraufhin zum freien Mann gemacht und als Sohn angenommen wurde.[4] Bei seinem Übertritt zum Islam war er also bereits kein Sklave mehr, sondern ein Freigelassener. Im Arabischen nennt man eine solche Person *maulâ*. Das Niederländische und das Deutsche hat zu wenig Berührung mit der Sklaverei gehabt, um dafür ein gutes, einfaches Wort zu besitzen außer eben «Freigelassener», ein Ausdruck, der meist für eine Person verwendet wird, die in Gefangenschaft gewesen ist. Freilich dürfte klar sein, daß auch die Bindung zwischen einem Sklaven und seinem Eigentümer, der ihn zum freien Mann gemacht hat, eng sein muß. Zaid entspricht zudem völlig dem Bild eines Konvertiten, wie ihn heutige Soziologen skizzieren. Die ersten Konvertiten sind nun einmal immer Menschen, die enge und für ihr Leben bedeutsame Bindungen zu ihrem Anwerber pflegen.

Ein gewisser Abû Bakr war der vierte Konvertit. Nach Mohammeds Tod wurde dieser der erste Kalif, von 632 bis 634. Außerdem war er der Vater Aischas, des Mädchens, das schon als Kind mit Mohammed verheiratet wurde und, so die Überlieferung, die einzige Jungfrau war, mit der Mohammed je in den Stand der Ehe trat.[5] Der islamischen Überlieferung ist durchaus anzumerken, daß die Ehe mit Zainab, Zaids Exfrau, in den Augen von Mohammeds Zeitgenossen mit hoher Wahrscheinlichkeit ein strittiges Thema gewesen sein muß. Die Ehe mit der sieben- oder vielleicht neunjährigen Aischa ist dagegen aus heutiger Sicht ein extrem kontroverser Diskussionspunkt, während sich in der Überlieferung keinerlei Hinweis darauf findet, daß Mohammeds Zeitgenossen das womöglich ebenfalls so gesehen haben.

Auch über Abû Bakr sagt die Überlieferung etwas, das für die Religionssoziologie von großem Interesse ist. Chadîdscha, ʿAlî und Zaid stammten alle aus Mohammeds engstem Verwandtenkreis. Abû Bakr nicht. Für jeden, der an der Spitze einer neuen religiösen Bewegung steht, liegt das Problem darin, daß zwar er selbst ein effizienter Werber sein kann, zumindest was seine unmittelbare Umgebung angeht, seine Jünger jedoch weniger gut rekrutieren als er. In einem solchen Fall bleibt die Zahl der Mitglieder vieler religiöser Bewegungen auf die beschränkt, die der Gründer und Führer selbst rekrutiert hat. Denn dieser muß nicht nur weiterwerben, er muß seinen Gefolgsleuten auch das Gefühl vermitteln, daß seine Aufmerksamkeit für sie nicht erlahmt und die alten Bindungen noch immer funktionieren. Daß in diesem Prozeß etwas schiefgeht, ist häufig. Oft hat der Führer einfach nicht genug Zeit für jeden. Ibn Ishâq spricht von Abû Bakr als einem außerordentlich effizienten Werber.[6] Zu einem so frühen Zeitpunkt einer religiösen Bewegung einen tüchtigen Rekrutierer unter seinen Anhängern zu haben ist natürlich nichts weniger als ein Gottesgeschenk. Und Abû Bakr war «ein Mann, der angenehm im Umgang, beliebt und einfach war. Niemand war so gut über die positiven wie die negativen Geschichten der Mitglieder des Quraisch-Clans im Bilde (mit anderen Worten: Er nahm Anteil an den Menschen seiner Umgebung). Er war ein Kaufmann, er war allen bekannt, und aus vielen Gründen kam jeder immer gern auf ihn zu.»[7] Dieser Abû Bakr begann nun die Leute, die zu ihm kamen, «sofern er ihnen vertraute», für den Islam anzuwerben. Das Problem, daß der Religionsgründer nach seinen anfänglichen Erfolgen später seine ganze Zeit mit der Anwerbung neuer Anhänger vergeuden mußte, wurde durch die Popularität und soziale Begabung Abû Bakrs gelöst. So erzählen es uns zumindest Ibn Ishâq und Ibn Hischâm.

Weitere frühe Konvertiten

Die Erfolge sind eindrucksvoll. Die ersten fünf Konvertiten, die der Überlieferung zufolge von Abû Bakr angeworben wurden, sind: ʿUthmân ibn ʿAffân, später von 644 bis 656 Kalif; az-Zubair ibn al-ʿAwwâm und Talha ibn ʿUbaidallâh, die beide 656 in der Kamel-Schlacht von Basra von ʿAlî im Kampf um das Kalifat geschlagen wurden; Saʿd ibn Abî Waqqâs, der 641 in der Schlacht von al-Qâdisiyya den entscheidenden Sieg über die Perser erringen konnte; und schließlich auch ʿAbd ar-Rahmân ibn ʿAuf, der 652 mit fünfundsiebzig Jahren starb, nachdem er bei allen wichtigen Schlachten, Expeditionen und politischen Verwicklungen eine Rolle gespielt hatte. Es ist fast selbstverständlich, daß frühen Konvertiten eine prominente Position in der Bewegung zufiel; andererseits ist es auch begreiflich, daß die muslimische Tradition diejenigen, die eine wichtige Rolle spielten, schon bald den frühen Konvertiten zuschlug. Und es ist natürlich auch reiner Zufall, daß ausgerechnet diese fünf, neben ʿAlî ibn Abî Tâlib, zu der von Kalif ʿUmar ibn al-Chattâb etwa zwanzig Jahre später eingesetzten Kommission gehörten, die seine Nachfolge regeln sollte. Diese Kommission, die ʿUmar auf seinem Sterbebett eingesetzt hatte, wählte mit ʿUthmân ibn ʿAffân eines ihrer eigenen Mitglieder zum Kalifen.[8]

Nach diesen neun Männern und einer Frau nennt Ibn Ishâq eine größere Gruppe von ungefähr vierzig Personen, die sich, manchmal zusammen mit ihren Ehefrauen, zum Islam bekehrten. Hier finden wir zwar bekannte Namen, aber keiner von ihnen ist so berühmt geworden wie die zehn ersten Konvertiten. Zu dieser größeren Gruppe gehörte beispielsweise Fâtima bint al-Chattâb, die Schwester des späteren Kalifen ʿUmar, der von 634 bis 644 regierte. Fâtima trat zusammen mit ihrem Gatten Said ibn Zaid, der ebenfalls ein Vetter ʿUmars war, zum Islam über. Auch der spätere Korangelehrte ʿAbdallâh ibn Masʿûd gehörte zu dieser Gruppe, genau wie Dschaʿfar, ein Sohn Abû Tâlibs und deshalb ein Bruder ʿAlîs. Das alles sind Namen, denen wir in der Geschichte des frühen Islam noch häufig begegnen werden. Zwischen diesen ersten fünfzig bis sechzig Konvertiten bestanden die verschiedensten Verwandtschaftsbeziehungen, und genau dies erwarten die Religionssoziologen aufgrund ihrer Theorien auch. Im vorliegenden Fall ließe sich übrigens wohl ein Einwand dagegen vorbringen. Mekka war kein großer Ort, eine andere Auswahl an möglichen Konvertiten als die Einwohner selbst gab es am Anfang nicht, und daß in einer kleinen Stadt in der Antike alle Bürger miteinander verwandt waren, ist nicht besonders verwunderlich. In dieser Gruppe gab es einen Konvertiten, der möglicherweise griechischer Herkunft war: ein gewisser Suhaib ibn Sinân. Sollte Suhaib als Zuwanderer anfangs kein ausreichend tragfähiges soziales Netzwerk in Mekka besessen haben, dann war dieses Problem sicherlich gelöst, nachdem er sich der neuen religiösen Bewegung angeschlossen hatte.

Familiäre Bande

Auch Ibn Ishâq sieht, daß es sich vor allem um Verwandte handelt, und verweist auf den Koran, Sure 26,214, in der Gott zu Mohammed sagt: «Und warne deine nächsten Sippenangehörigen [*ʿaschîrataka l-aqrabîn*] (vor der Strafe Gottes).» Natürlich wird es Skeptiker geben, die alle Geschichten über die ersten Bekehrten, die sämtlich irgendwie ferne oder nahe Verwandte von Mohammed sind, als einen Effekt dieses Verses sehen wollen. Tatsächlich unterstreichen manche Kommentare zu Sure 26,214 nachdrücklich, daß hier von den Nachfahren Hâschims die Rede ist, Mohammeds Urgroßvater väterlicherseits, und von ʿAbd al-Muttalib, seinem Großvater.

ʿAlî

Ibn Ishâq erzählt gleichzeitig eine Geschichte, in der «deine nächsten Sippenangehörigen» aus Sure 26,214 sehr wörtlich aufgefaßt wird. Mohammed rief seine Onkel und deren Anhang zu sich, und es kamen insgesamt etwa vierzig Männer, darunter auch ʿAlî ibn Abî Tâlib. Mohammed forderte seine Verwandten auf, Gott zu dienen, und endete mit den Worten «Wer von euch ist bereit, dabei mit mir zusammenzuarbeiten und mein Nachfolger unter euch zu werden?» Eine peinliche Stille entstand. Dann stand ʿAlî auf und sagte, er sei durchaus dazu bereit, «obwohl er von allen der Dickste mit den dünnsten Beinen war». Aber Mohammed legte ihm die Hand auf den Nakken und sagte: «Dies ist mein Bruder und mein Nachfolger unter euch. Hört auf ihn, und gehorcht ihm.» Da standen die Männer lachend auf und sagten zu Abû Tâlib, ʿAlîs Vater: «Hörst du das, er will, daß du deinem eigenen Sohn gehorchst!» Die Geschichte, die als eine mehr oder weniger unschuldige Erläuterung zu Sure 26,214 begann, hat sich nun in eine Geschichte verwandelt, die dazu dienen soll, ʿAlîs Autorität zu legitimieren. Nach Mohammeds Tod wurde ʿAlî bei der Kalifenwahl zunächst dreimal übergangen. Erst 656 wurde er als

Kalif anerkannt. Bis auf den heutigen Tag gibt es Anhänger, die Schiiten, die darüber erbost sind, daß ʿAlî beim Kalifat übergangen wurde. Bekanntlich sind die Schiiten in der Regel der Meinung, daß er direkt nach Mohammeds Tod dessen Nachfolger hätte werden müssen. ʿAlîs Anhänger werden eine solche Geschichte mit Vergnügen lesen, Skeptiker dagegen werden vermuten, daß sie allein aus diesem Grund überliefert bzw. erfunden wurde. Hintersinnigerweise sagt sich die Geschichte mit der Bemerkung, ʿAlî sei ein Dicker mit dünnen Beinchen gewesen, auch ein wenig von ihm los. Aber vielleicht reicht die Subtilität dieser Bemerkung doch nicht aus, um den Argwohn der Leser zu beseitigen, die nicht zu ʿAlîs Partei gehören.

Eine «moderne» Bekehrung

Eigentlich gibt es nur eine einzige Geschichte, die der modernen romantischen Vorstellung von einer Bekehrung entspricht. Diese wird nicht von Ibn Ishâq, sondern von Ibn Saʿd (784–845) überliefert. Ibn Saʿd schrieb etwa ein halbes bis ein dreiviertel Jahrhundert später als Ibn Ishâq, aber die Geschichten, die er erzählt, könnten theoretisch natürlich aus einer älteren Quelle als der von Ibn Ishâq stammen. In dieser von Ibn Saʿd überlieferten Erzählung hat ein gewisser Châlid ibn Saʿîd einen Traum, in dem er sich am Rande einer Feuersbrunst stehen sieht. Sein Vater versucht ihn in die Flammen zu stoßen, aber ein Mann, der, so zumindest Abû Bakr, Mohammed gewesen sein muß, packt ihn bei der Taille und kann verhindern, daß er tatsächlich ins Feuer fällt. Ibn Ishâq erwähnt Châlid ibn Saʿîd nicht unter den frühen Konvertiten, sondern datiert seine Bekehrung in eine viel spätere Periode. Außerdem enthält die Überlieferung Hinweise, daß Châlid zu Abû Bakr sogar ein gespanntes Verhältnis hatte.[9] Sollte dies tatsächlich der Fall gewesen sein, dann erscheint es kaum denkbar, daß er sich ausgerechnet durch Abû Bakrs Zutun zum Islam bekehrt haben soll.

Spannungen

Nach dem Übertritt von bestimmt gut einhundert Seelen kam es, so die Überlieferung, zu Spannungen innerhalb des Quraisch-Clans. Es wird auch berichtet, daß Mohammed den göttlichen Auftrag drei Jahre lang geheimgehalten habe, was sich möglicherweise auf die Jahre 610 bis 613 beziehen könnte. So, wie die Geschichte bei Ibn Ishâq erzählt wird, hat man den Eindruck, als sei Mohammed erst ans Licht der Öffentlichkeit getreten, nachdem er etwa hundert Anhänger hatte.[10] Die Geschichten, die über die dadurch hervorgerufenen Spannungen in Umlauf waren, gehen davon aus, daß ohne Wiedervergeltung kein sicheres menschliches Leben möglich sei, und es wird gefragt, ob Muslime noch damit rechnen könnten, daß ihr Clan für sie eintritt, falls ihnen ein Leid angetan würde. Hier finden auch die Ansichten derjenigen Mekkaner über Mohammed Beachtung, die nicht zum Islam übertreten wollten.

Ibn Ishâq erzählt, daß die mekkanische Gemeinschaft es am Vorabend «des Jahrmarkts», der Araber von nah und fern nach Mekka zog, für wünschenswert hielt, gegenüber den Besuchern dieses Jahrmarkts eine gemeinsame Strategie in bezug auf Mohammed zu vertreten.[11] Al-Walîd ibn al-Mughîra, ein tonangebender Mekkaner, fragte der Geschichte zufolge seine Mitbürger, wie sie Mohammed ihren Besuchern beschreiben würden. «Wir werden sagen», antworteten diese, «daß er ein *kâhin* ist.» *Kâhin* ist ein mit dem hebräischen *kohen*, «Priester», verwandtes Wort, das im Arabischen aber eher die Bedeutung von Schamane hat und einen exaltierten, irrationalen, exzentrischen Seher beschreibt, der bisweilen gereimte Orakelsprüche von sich gibt. Vielleicht würden wir heute eine solche Person einen Rapper nennen, wegen der holprigen Reime und der kurzen Sätze, für die ein *kâhin* bekannt war.

Die Antwort, daß Mohammed ein *kâhin* sei, sei nicht richtig, sagte al-Walîd, denn was ein *kâhin* sage, sei unverständliches, orakelhaftes, konfuses Zeug, und jeder könne hören, daß sich Mohammed dessen nicht schuldig mache. Die Reaktion, Mohammed sei zwar vielleicht kein *kâhin*, aber wohl ein Besessener *(madschnûn)*, wurde von al-Walîd ebenso zurückgewiesen. Ein Besessener, legte er dar, mache unkoordinierte, spastische Bewegungen, flüstere und murmle, und das tue Mohammed nicht. Vielleicht ein Dichter? Wieder korrigierte al-Walîd seine Mitbürger: Wir kennen doch die Dichtung in allen möglichen Formen und Metren. Was Mohammed zu uns sagt, entspricht nicht diesen Formen und Versmaßen. Oder ein Zauberer? Nein, sagte al-Walîd, denn ein Zauberer spuckt auf Knoten, eine unverkennbare Anspielung auf den Koran, Sure 113,4, in der Gott um einen Schutz gegen Zauberer und Zauberinnen gebeten wird, die «(Zauber)knoten bespucken». Daraufhin hielt al-Walîd, so die Geschichte, eine kurze Lobrede auf Mohammed, und sie kamen doch noch zu einer Einigung: Die Einwohner Mekkas werden Mohammed ihren Gästen als gefährlichen Zauberer beschreiben, der in Familien Zwietracht sät.

Diese Geschichte kennt zahllose Varianten. Sie schließt eng an Sure 52,29–30 an: «Dann predige, denn du (Mohammed) bist dank der Wohltat deines Herrn (des Korans) kein *kâhin* und kein Besessener, oder (wie die heidnischen Mekkaner sagen) ein Dichter.» [Übers. Jansen] Wie so oft, gibt es auch hier wieder ein nahezu unlösbares Problem. Sind diese Geschichten dazu gedacht, Sure 52,29–30 in einen Kontext zu stellen, oder sollen die Geschichten und der Text von Sure 52 Ereignisse widerspiegeln, die real stattgefunden haben? Daß in der Geschichte auch Sure 113,4 angeführt wird, ist einigermaßen verwirrend, da dort weniger von Zauberern als von Zauberinnen die Rede ist. Von al-Walîd handeln, so will es wenigstens die Überlieferung, Sure 74,11 und eine Reihe von Versen, die darauf folgen. Würde hier al-Walîds Name von den Kommentatoren nicht genannt werden, dann könnten wir genausogut meinen, daß sich die Passage über Reiche im allgemeinen ausspricht: «Laßt mich doch mit denen umgehen, die ich erschaffen, denen ich großen Besitz und Söhne geschenkt habe.» [Übers. Jansen] Kurios genug sind diese Verse (Sure 74,11–25) im typischen Stil der altarabischen *kuhhân* (Plural von *kâhin*) verfaßt und so gut wie unübersetzbar.

Wie friedliebend waren die Mekkaner?

Fast jeder geht davon aus, daß Mohammeds Auftreten in Mekka friedlich vonstatten ging. Erst in Medina, als er Macht hatte, war der Einsatz beziehungsweise die Androhung von Gewalt ab und zu nötig, um diese Macht zu erhalten. Dennoch existiert über seine Zeit in Mekka eine Geschichte, die ein anderes Bild zeichnet:[12] Eines Tages trafen sich die Honoratioren der Stadt bei der Kaaba und unterhielten sich über den Propheten. Sein Auftreten störe, meinten sie. Er mache ihre Lebensweise lächerlich, beleidige ihre Vorfahren, verspotte ihre Religion, spalte die Gemeinschaft Mekkas und verfluche ihre Götter. Während sie so sprachen, kam der Prophet auf sie zu, küßte den schwarzen Stein und schritt um die Kaaba. In der Zwischenzeit sagten sie zueinander – das konnte man an ihren Gesichtern ablesen – allerlei häßliche Dinge über ihn. Nachdem Mohammed die Kaaba zum dritten Mal umrundet hatte, redeten sie noch immer schlecht über ihn. Da blieb er stehen und sagte zu ihnen: «Hört mir einmal gut zu, o Männer der Quraisch! Bei dem, der mein Leben in seiner Hand hält, ich bringe euch Gemetzel!»[13] Daraufhin wurde es totenstill, niemand rührte sich. Einer der Männer der Quraisch reagierte in versöhnlichem Ton, sagte zu Mohammed, er sei doch kein Mensch, der Gewalt anwenden würde, und drängte ihn wegzugehen. Am nächsten Tag wurde dieser Vorfall immer noch lebhaft besprochen, als der Prophet erneut erschien. Sie fragten ihn, ob er das am vorherigen Tag tatsächlich so gesagt habe. Dann packte ihn einer von ihnen am Mantel. Abû Bakr ging dazwischen, und damit war die Sache erledigt. Ein Verwandter Abû Bakrs berichtet über diesen Vorfall noch, daß Abû Bakr an diesem Tag sogar am Bart herumgezerrt worden sei.

Soweit die Geschichte. Sie wird, in einer etwas kürzeren Form, auch von einem der Mörder des ägyptischen Präsidenten Anwar al-Sadat nacherzählt, einem gewissen Mohammed ʿAbd as-Salâm Faradsch, der 1982 als Mitschuldiger an der Ermordung Sadats gehängt wurde. Für ihn war es ein Schock, diese Geschichte zu lesen. Dadurch, sagte er, habe er erst begriffen, daß es für einen echten Muslim keine Kompromisse mit den Ungläubigen (die Mörder betrachteten Sadat als Ungläubigen) geben könne und der Prophet dies bereits ganz zu Beginn seiner Zeit in Mekka klargemacht habe – nicht erst in Medina.[14] Heutzutage verweisen Muslime, die eine friedliche Form des Islam anstreben, regelmäßig auf die Zeit in Mekka, in der, wie sie meinen, der Islam noch eine völlig gewaltfreie Religion gewesen sei. ʿAbd as-Salâm Faradsch und seine militanten Geistesverwandten finden es natürlich wichtig, dieses Argument widerlegen zu können, meinen sie doch, der Dschihad sei die «vernachlässigte Pflicht» schlechthin, und der Prophet habe sich schon in Mekka klar dazu geäußert: Bereits damals habe er gesagt, er sei gekommen, um das Schwert zu bringen. Es ist einleuchtend, daß diese Frage wichtig genug war, um in dem Dokument behandelt zu werden, das ʿAbd as-Salâm Faradsch zur Rechtfertigung der Dogmen und Bestrebungen seiner Gruppe, der *al-Farîda al-Ghâʾiba*, «Die vernachlässigte Pflicht», verfaßte.[15]

Erlaubnis zum Kampf

Ibn Ishâq erwähnt an anderer Stelle einen weiteren Bericht: Danach hatte der Prophet erst kurz vor der Hidschra die Erlaubnis zur Anwendung von Gewalt erhalten.[16] Der Erzähler verweist dabei auf den Koran, Sure 22,39 und die folgenden Verse: «Denjenigen, die bekämpft werden, ist die Erlaubnis (zum Kämpfen) erteilt worden.» Weiter verweist Ibn Ishâq in diesem Zusammenhang auch auf die Verse 2,191, 2,193 und 2,217, in denen ganz allgemein dargelegt wird, daß die Heiden, wo immer sie sich befinden, mit Gewalt bekämpft werden müßten, weil Heidentum nun einmal schlimmer sei als Mord (arabisch: *qatl*). Häufig wurden solche Passagen mit Deuteronomium 7,2 verglichen, wo argumentiert wird, daß Krieg und Totschlag nicht gut seien, aber die Pflicht zur Bekämpfung des Heidentums das Töten von Menschen dennoch notwendig machen könne.

Konnten die Anhänger Mohammeds im alten Mekka nach solchen Zusammenstößen zwischen muslimischen und heidnischen Bewohnern überhaupt noch sicher auf die Straße gehen? Würden sie in Gefahr wohl noch den Schutz ihrer Sippe genießen? Es wird erzählt, ein tonangebender mekkanischer Nichtmuslim habe den Propheten einmal geschmäht, seine Religion lächerlich gemacht und den Ruf Mohammeds beschädigt.[17] Nun wollte es der Zufall, daß ein gewisser Hamza, ein Onkel des Propheten väterlicherseits, auf der Jagd gewesen war. Nach der Rückkehr vom Jagen pflegte er immer die Kaaba zu umrunden. Das tat er auch diesmal. Hamza war der weitaus stärkste Mann der Quraisch. Zufällig hörte er, wie der Prophet «beleidigt, verflucht und mißhandelt» wurde und sich mit keinem Wort dagegen wehrte. Ibn Ishâqs Publikum, oder Ibn Ishâq selbst, mußte beim Hören einer solchen Geschichte möglicherweise an 1. Petrus 2,23 denken, wo über Jesus gesagt wird: «der nicht widerschmähte, als er geschmäht wurde, nicht drohte, als er litt.» Wie dem auch sei, Hamza reagierte anders als Mohammed. Er kam von der Jagd zurück, trug noch Pfeil und Bogen bei sich und machte seinen üblichen Rundgang um die Kaaba. Dabei traf er den Mekkaner, der Mohammed kurz davor beleidigt und geschlagen hatte. Hamza ging auf ihn zu, beugte sich über ihn, ergriff seinen Bogen und schlug ihn damit, während er ausrief: «Ihn beleidigen, obwohl ich sein Jünger bin? Schlag doch mich, wenn du kannst!» Nun, da die Einwohner Mekkas begriffen, daß sich auch Hamza zum Islam bekehrt hatte und er die Muslime beschützen würde, belästigten sie diese weniger oft und weniger schlimm, so berichten die Geschichten.

Die Bekehrung ʿUmars

Der legendäre ʿUmar ibn al-Chattâb war einer der bedeutendsten frühen Muslime. Auch in den Erzählungen über ihn wird betont, daß die Bekehrung dieses prominenten Mekkaners zum Islam erheblich zur Sicherheit der Muslime in Mekka beigetragen habe. In der traditionellen Darstellung der islamischen Geschichte sind die zehn Jahre von ʿUmars Kalifat, von 634 bis 644, von großer Bedeutung, da in diesen Jahren viele der wichtigen Eroberungen in Syrien, im Irak und in Ägypten stattfanden. Auch ʿUmar geht 622 mit nach Medina.

Seine Bekehrung, so die Geschichte, habe innerhalb Mekkas vielfältigen Einfluß ausgeübt.[18] In der Folge wurde die Position der Muslime so stark, daß sie vor der Kaaba beten durften. Ibn Ishâq erzählt zwei Geschichten über diese Bekehrung. In der einen kommt ʿUmar, offenkundig mit bösen Absichten, zu seiner Schwester Fâtima, die bereits Muslimin war. Die Gesellschaft, in die er eindringt, liest gerade die Sure Tâ Hâ (Sure 20 in den heutigen Koraneditionen) aus einem Manuskript. Fâtima schiebt das Manuskript unter ihren Oberschenkel. Daraufhin schlägt ʿUmar seine Schwester und will wissen, was sie gerade gelesen hätten. Natürlich zögert diese, ihm das kostbare Dokument auszuhändigen. Doch ʿUmar schwört, es unbeschädigt zurückzubringen. Er liest den Text und bekehrt sich.

Die Geschichte enthält möglicherweise ein anachronistisches Detail: Fâtima zögert, ʿUmar das Blatt aus dem Koran zu geben, da ihrer Aussage nach nur jemand, der sich im Zustand der rituellen Reinheit befindet, den Koran in die Hand nehmen dürfe. Dies ist eine Anspielung auf Sure 56,78–79, in der steht: «in einer wohlverwahrten Schrift, die nur von Gereinigten berührt wird». Aus dem Kontext dieses Verses könnte vielleicht abgeleitet werden, daß es sich hier um die Engel handelt. Sie sind es, die rein sind und den Koran weitergeben. Ohne den direkten Kontext gibt es allerdings nichts, was gegen eine andere Auslegung spräche: Nur Muslime, die sich im Zustand der rituellen Reinheit befinden, dürfen einen Korantext in die Hand nehmen. Das ist inzwischen die allgemeine Deutung des Verses, wobei sich argumentieren ließe, daß diese Auffassung zu einem so frühen Zeitpunkt der islamischen Geschichte noch nicht existiert haben kann. Skeptiker könnten in diesem Fall vermuten, daß die Bemerkung später in die Geschichte eingefügt worden ist oder vielleicht sogar die ganze Geschichte erfunden wurde.

Ibn Ishâq erzählt noch eine andere Geschichte über die Bekehrung ʿUmars. Eines Abends suchte ʿUmar seine üblichen Trinkgefährten, konnte sie nicht finden und suchte den örtlichen Weinhändler, den er ebenfalls nicht finden konnte. Da beschloß er, zur Kaaba zu gehen, wo er zufällig Mohammed stehen sah. Dieser betete und rezitierte Texte aus dem Koran. ʿUmar wollte unbemerkt bleiben und lauschen, aber als er die Koranverse hörte, «wurde sein Herz erweicht, sprangen ihm die Tränen in die Augen und ergriff der Islam von ihm Besitz».

Beide Geschichten legen nahe, daß sich ʿUmar schon kurz vor seiner Bekehrung intensiv mit dem Islam beschäftigt hat, sonst hätte er seine Schwester nicht gebeten, ihn ein Stück aus dem Koran lesen zu lassen, wie es die erste Geschichte erzählt, oder er hätte sich nicht heimlich in die Nähe des Propheten geschlichen, um ein Koranfragment zu hören, wie die zweite berichtet. Wie immer bedeutet die Existenz von zwei Geschichten, daß nur eine der beiden wahr sein kann, wobei nicht auszuschließen ist, daß womöglich beide erst später erfunden wurden. Angesichts der wichtigen politischen Rolle ʿUmars wäre es tatsächlich undenkbar, wenn keine Geschichten über seine Bekehrung überliefert sein sollten.

Christliche Konvertiten

Muslimen bereitet es natürlich Genugtuung, daß sich auch Christen zum Islam bekehrt haben. Darüber berichtet Ibn Isḥâq ebenfalls.[19] Eine Gruppe von ungefähr zwanzig Christen aus Äthiopien kam zu Besuch nach Mekka, fand Mohammed in der Moschee[20] und unterhielt sich ausführlich mit ihm. Als all ihre Fragen beantwortet waren, trug ihnen der Prophet ein Stück aus dem Koran vor. Sie brachen in Tränen aus (eine Anspielung auf Sure 5,83) und bekehrten sich zum Islam. Daraufhin wurden sie von heidnischen Mekkanern beschimpft, denn «man hatte euch dorthin geschickt, um Informationen über diesen Mann zu sammeln. Doch sobald ihr bei ihm gesessen seid, habt ihr eure eigene Religion aufgegeben.» Die neubekehrten Muslime antworteten mit einer Anspielung auf den Schluß von Sure 109: «Ihr habt eure Religion, und ich die meine.» Skeptische Wissenschaftler sind wenig geneigt, eine Geschichte mit vielen Bibel- oder Koranzitaten als historisch verbürgt anzusehen, aber möglicherweise gibt diese Erzählung durchaus wieder, wie Neubekehrte und Christen in dem Zeitraum von gut einem Jahrhundert, der zwischen Mohammed und seinem Biographen Ibn Ishâq liegt, miteinander diskutiert haben. Ibn Ishâq hat ebenso seine Zweifel an dieser Geschichte und fügt hinzu, es könnten vielleicht auch Christen aus Nadschrân gewesen sein, und nicht aus Äthiopien (Nadschrân war eine christliche Stadt auf der Arabischen Halbinsel).

Die Reise nach Tâʾif

Ibn Ishâq erzählt überdies von Mohammeds Versuchen, außerhalb Mekkas Unterstützung und Anerkennung zu finden. So soll er einmal in die benachbarte Stadt Tâʾif gereist sein in der Hoffnung, dort Konvertiten zu gewinnen.[21] Die Männer, mit denen er ins Gespräch kam, zeigten sich nicht beeindruckt und gaben Äußerungen von sich wie: «Hätte Gott nicht einen besseren Mann als dich senden können?» und: «Wenn du lügst, muß ich nicht mit dir reden, und wenn du tatsächlich der Gesandte Gottes bist, bin ich nicht wichtig genug, um mit dir zu sprechen.» Allgemeine Heiterkeit, aber für Mohammed natürlich eine Enttäuschung. Er bat die Männer, nicht über den Vorfall zu sprechen, da er Rückwirkungen auf Mekka fürchtete, falls dort bekannt werden sollte, daß er versucht hatte, in Tâʾif neue Anhänger zu finden. Daraufhin wurde er von Sklaven und den ortsansässigen Halbwüchsigen gejagt und flüchtete in einen Garten. Ganz allein und verlassen betete er dort zu Gott. Müssen wir hier nicht an Gethsemane denken, an den Garten auf dem Ölberg in Jerusalem, wo Jesus von seinen Jüngern verlassen wurde, als ihn die Römer umzingelten, die ihn verhaften wollten? Die Situation schließt es eigentlich aus, daß Zeugen dieses Gebet im Weingarten bei Tâʾif gehört haben können:

O mein Gott,
du bist der Herr der Unterdrückten [*mustadʿafîn*].
Du bist mein Herr.
Wem lieferst du mich aus?
Einem Fernen, der mich verachtet?
Einem Feind, in dessen Macht du mich gibst?
Wenn du nicht zornig bist,

kümmert mich dies alles nicht.
Deine Gnade für mich ist doch größer?
Meine Zuflucht suche ich beim Licht deines Angesichts,
das die Finsternis erleuchtet
und woraus diese und die kommende Welt zusammengefügt sind.
Laß deinen Zorn nicht auf mich niederkommen,
ergieße deine Wut nicht über mich.
Dein Grimm dauert, solange es dir wohlgefällt.
Es gibt keine Macht oder Kraft außer in dir.

Die Besitzer des Gartens sehen, was dort geschieht, und bekommen Mitleid mit dem Propheten. Sie befehlen einem Sklaven, Mohammed Trauben auf einem Teller zu reichen. Der Sklave beobachtet, daß Mohammed, bevor er die Trauben ißt, «Im Namen Gottes [*bi-smi-llâh*]» sagt, und erkennt das als eine nichtheidnische religiöse Formel. Es entspinnt sich ein Gespräch, bei dem Mohammed ihn fragt, wo er herkomme und an welche Religion er glaube. Der Sklave namens ʿAddâs erzählt, daß er ein Christ aus Ninive sei. Nun kommt das Gespräch auf Jona, den Propheten, der, so steht es in Bibel und Koran, den Bewohnern der Stadt Ninive (unweit von Bagdad) Gottes Urteil prophezeit hatte, worauf sich die Stadt bekehrte und verschont blieb. ʿAddâs ist überrascht, daß Mohammed so viel über Jona und Ninive weiß, und fragt nach dem Grund dafür. Da stellt sich Mohammed im Gegenzug als Prophet vor, worauf ʿAddâs ihm das Haupt, die Hände und die Füße küßt, was die Besitzer des Gartens erzürnt und verwundert. ʿAddâs verteidigt sich mit dem Argument, Mohammed habe ihm Dinge gesagt, die nur ein Prophet wissen könne. Die Besitzer rufen nun ihrem Sklaven zu: «Laß dich von diesem Mann nicht von deiner Religion (dem Christentum) abbringen, denn das Christentum ist besser als das, was er zu verkünden hat.» Damit bricht die Geschichte abrupt ab. Offenkundig liegt hier der Clou der Erzählung.

Vermutlich wollen nicht viele Leser heute noch glauben, daß sich all das genau so zur Zeit des Propheten abgespielt hat. Völlig glaubwürdig ist dagegen wohl, daß Christen des Mittleren Ostens im Jahrhundert nach den Eroberungen durch den Islam so miteinander gesprochen haben könnten. Der Koran erzählt ja Geschichten, die den Christen aus der Bibel oft bekannt vorkamen; auch der Koran zieht Lehren aus den Erzählungen, und viele Christen müssen das genau wie ʿAddâs überzeugend gefunden haben. Es kann nicht anders sein, denn die Tatsache, daß viele christliche Bewohner des Mittleren Ostens sich im Lauf der Jahrhunderte zum Islam bekehrt haben, läßt sich nicht leugnen. Das wird sicher nicht in jedem Fall ohne Diskussionen vor sich gegangen sein. Hier finden wir eine Spur von dem, was in diesen Gesprächen diskutiert wurde.

Wie auch immer, der Besuch Mohammeds in Tâ'if wurde kein Erfolg. Aber keine Sorge. Auf der Rückreise sprach der Prophet ein Nachtgebet. Und Ibn Ishâq erzählt nun, daß sieben Dämonen (im Arabischen: *dschinn*) aus dem Städtchen Nisibis zufällig Zeugen waren. Nisibis, an der heutigen türkisch-syrischen Grenze, unweit des Irak, war ein christliches Bollwerk. Die sieben Dämonen müssen also schon eine ganze Menge religiöser christlicher Texte gehört haben, doch als sie Mohammed den Koran rezitieren hörten, bekehrten sie sich zum Islam und informierten ihr Volk darüber, was sie von Mohammed und aus dem Koran vernommen haben. Der Koran bezieht sich zweimal auf diese Geschichte, oder die Geschichte geht umgekehrt – wie immer – auf zwei Koranpassagen zurück:

> Und (damals) als wir eine Schar Dschinn sich dir zuwenden ließen, so daß sie dem (Vortrag des) Koran(s) zuhören konnten. Als sie sich nun dazu eingestellt hatten (w. bei ihm anwesend waren), sagten sie: «Haltet Ruhe (damit man verstehen kann, was vorgetragen wird)!» Und als er (d. h. der Vortrag des Korans) beendet war, kehrten sie zu ihren Leuten zurück, um (sie vor dem drohenden Gericht) zu warnen.» (Sure 46,29)

> Sag: Mir ist (als Offenbarung) eingegeben worden, daß eine Schar Dschinn (mir beim Vortrag des Korans) zuhörten und daraufhin (zu ihren Artgenossen) sagten: «Wir haben einen erstaunlichen Koran gehört.» (Sure 72,1)

Skeptische westliche Wissenschaftler greifen gern auf die Geschichte von den Dämonen, die sich zum Islam bekehren, zurück, um zu demonstrieren, daß Mohammed wegen seines ausbleibenden Erfolgs in

Mekka wirklich verzweifelt gewesen sein muß und alles mögliche versucht hat, um doch das Gefühl zu haben, daß ihm Bekehrungen gelangen. Diese Verzweiflung soll dann eine Erklärung für weitere Ereignisse sein: die spätere Auswanderung nach Medina, die nun nicht mehr lange auf sich warten ließ; den Versuch, über die satanischen Verse einen Kompromiß mit den heidnischen Mekkanern zu finden, indem er ihre Götter doch noch vom Koran anerkennen ließ; und für den wohl nur sehr schwer nachprüfbaren Erfolg mit den sieben Dämonen von Nisibis. Es kann sein, daß die Skeptiker recht haben und die Geschichte von den bekehrten Dämonen tatsächlich aus der Verzweiflung herrührt, aber es gibt noch eine andere Möglichkeit.

Viele Menschen im Mittleren Osten fürchten sich bis auf den heutigen Tag vor den Dschinn. Es gibt Gründe für die Annahme, daß dies auch früher der Fall gewesen ist. Das Neue Testament enthält unzählige Geschichten, in denen explizit gesagt wird, daß Jesus Herr über die Dämonen war. Die Dämonen lassen sich gehorsam von ihm austreiben. Das Markus-Evangelium beginnt sogar mit einer Szene, in der Jesus in die Wüste geht, den Spielplatz der Dämonen par excellence, um seine Kräfte mit dem Oberdämon zu messen. Jesus gewinnt. Diese Geschichten müssen im Mittleren Osten weit verbreitet gewesen sein. Es wäre merkwürdig, wenn es nicht ebenso Erzählungen über das Verhältnis zwischen Dämonen und Mohammed gäbe. Und es gibt sie auch. Sie scheinen eher demonstrieren zu wollen, daß sich sowohl Mohammed als auch Jesus, was die von allen gefürchteten Dämonen anging, Rat wußten, als daß Mohammed an seiner Mission verzweifelt wäre, für die er sich zu diesem Zeitpunkt doch bestimmt schon gut zehn Jahre einsetzte. Außerdem sind Muslime, verglichen mit Christen, nach dieser Geschichte in ihrem Kampf gegen die Dämonen im Vorteil: Das Rezitieren des Korans, wozu jeder gute Muslim in der Lage ist, erweist sich als das probate Mittel, um Dschinn unschädlich zu machen. Und schließlich hat Mohammed zum Zeitpunkt der Geschichte mindestens hundert Anhänger, was für knapp zehn Jahre Einsatz eigentlich ein ganz gutes Ergebnis ist. Verzweiflung ist also nicht der naheliegendste Ausgangspunkt für die

Geschichte von den Dschinn, die sich bekehren. Es geht darin um etwas anderes, und zwar darum, daß Mohammed, genau wie Jesus, Macht über Dämonen hatte.

Beduinen lernen den Islam kennen

Neben Verwandten, Mitbürgern, Christen, Bewohnern der Nachbarorte wie Tâ'if sowie Dämonen lassen sich noch zwei weitere Kategorien potentieller islamischer Konvertiten finden, die bisher noch nicht erwähnt wurden: die Beduinen und die Einwohner Medinas. «Beduine» ist von dem arabischen Wort *badw* oder *badu* abgeleitet, das «Wüste» bedeutet. Daraus leitet sich wiederum das Wort *badawî* her, was soviel wie «Wüstenmensch» heißt. In vorindustrieller Zeit waren Beduinen Selbstversorger. Sie lebten in der Wüste, aber weil diese nur sehr wenige Möglichkeiten zum Überleben bietet und der Pflanzenwuchs zu kärglich ist, konnten sie nicht an einem Platz bleiben. Deshalb zogen sie mit ihrem Vieh in raschem Tempo durch ihre nahezu kahle Umgebung. Solange die Tiere nur da und dort einen Grashalm fanden und es genug Wasserquellen gab, war es zwar eine harte, aber mögliche Art des Daseins, die einen eindeutigen Vorteil hatte: Es mußte keinerlei Form von Autorität anerkannt werden. Der Clan war sich selbst Gesetz und Regelwerk. Eigentlich gab es nur ein Bedürfnis, das er nicht selbst befriedigen konnte, nämlich gelegentlich ein wenig Tauschhandel mit anderen treiben zu können. Der fand auf Jahrmärkten statt, die dann und wann in der Nähe von Siedlungen abgehalten wurden. Ibn Ishâq nennt solche Jahrmärkte *mawâsim*, ein Wort, das später «Jahreszeiten» bedeuten wird.

Ibn Ishâq erzählt nun, daß Mohammed diese Gelegenheiten nutzte, um mit den Beduinen in Kontakt zu kommen und sie aufzufordern, sich zu Gott zu bekehren.[22] Er beschreibt, wie Mohammed an den Marktständen vorbeiging – gefolgt von seinem Onkel Abû Lahab, der davor warnte, was seiner Ansicht nach Mohammeds wahre Absicht war: «Dieser Mann will nichts weiter, als daß ihr die Amulette (der Göttinnen) al-Lât und al-ʿUzzâ von euren Mänteln nehmt und sie gegen die Neuigkeiten und den Unsinn eintauscht, den er zu bieten hat. Glaubt ihm bitte nicht, und hört nicht auf ihn.» Von diesem Abû Lahab handelt Sure 111; darin wird erzählt, daß er und seine Frau im Höllenfeuer braten. Das arabische Wort *lahab* bedeutet «Flamme». Der wahre Name des Mannes lautete ʿAbd al-ʿUzzâ. Es sieht danach aus, als habe er den Namen Abû Lahab erst in der islamischen Überlieferung bekommen.

Der Anführer einer Beduinengruppe soll Mohammed bei einer solchen Gelegenheit gefragt haben, was denn geschehen würde, wenn sie ihn unterstützen und einen Sieg über ihre Feinde erringen würden. Wer wäre dann der Herr? Darauf sagte Mohammed, daß Gott bestimme, wer die Macht ausüben solle, worauf die Beduinen sagten, daß sie so etwas nicht bräuchten. Nach einer anderen Geschichte soll ein betagter Stammesführer, der nicht mehr zum Jahrmarkt reisen konnte, die Angewohnheit gehabt haben, sich alles, was auf dem Jahrmarkt vorgefallen war, erzählen zu lassen. Als der alte Mann hörte, wie Mohammed zurückgewiesen wurde, rief er verzweifelt aus, daß noch nie ein Sproß Ismaels[23] behauptet habe, der Prophet zu sein, und diese Aussage wahr gewesen sein müsse. Es ist eine merkwürdige Geschichte, die vielleicht eher erklären möchte, warum sich zu diesem Zeitpunkt noch keine Beduinen zum Islam bekehrt hatten.

Bekehrte aus Medina

Die Überlieferung meldet unverblümt, daß gegen Ende der Zeit, in der sich Mohammed als Prophet in Mekka aufhielt, auch in der Oasenstadt Medina, wo er sich, wie wir wissen, später niederließ, Interesse am Islam erwachte. Dieses Interesse schreibt Ibn Ishâq dem Umstand zu, daß in Medina auch Juden lebten, während die anderen Bewohner der Oase Heiden waren, die Götzenbilder anbeteten.[24] Ibn Ishâqs Geschichte entwickelt sich anders, als wir erwarten würden. Er schreibt, daß es in Medina regelmäßig Konflikte zwischen Juden und Heiden gab, und bei solchen Gelegenheiten sagten die Juden dann beispielsweise: «Wartet nur, es wird ein Prophet kommen, seine

Zeit wirft bereits ihre Schatten voraus (ist nahe), wir werden ihm folgen und werden euch mit ihm zusammen töten, wie auch (die Stämme) ʿÂd und Iram getötet wurden.» Der Stamm ʿÂd kommt ungefähr fünfundzwanzigmal im Koran vor, zum Beispiel in Sure 89,6. «Ausrotten, wie ʿÂd ausgerottet wurde» ist bis auf den heutigen Tag eine feststehende arabische Redewendung. Aber war sie bereits in diesen Zeiten bekannt? Erwähnt die Geschichte den Untergang des Stammes ʿÂd, weil der Erzähler und seine Zuhörer diesen Untergang sowieso schon aus dem Koran kannten? Dann wäre die Geschichte also nach dem Koran entstanden und eine Erfindung der frühen Erzähler und Korandeuter. Oder führen die Juden in Medina wirklich das Schicksal des Stammes ʿÂd an, weil das Publikum diese Geschichte nun einmal gut kannte, auch bevor sie durch ihr Vorkommen im Koran weit verbreitet worden war? Bringt der Koran also diese Geschichte, weil das Publikum sie gut kannte, oder ist es umgekehrt?

Ibn Ishâq berichtet, daß die Heiden in Medina die Sache ernst nahmen und sich sagten: «Er ist der Prophet, vor dem uns die Juden gewarnt haben! Wir sollten ihm besser zuvorkommen!» Selbstverständlich läßt Ibn Ishâq auf diese Geschichte eine Liste von sechs Männern aus Medina folgen, die sich zu diesem Zeitpunkt bereits zum Islam bekehrt hatten.

Es ist eine Ironie des Schicksals, daß es ausgerechnet die Juden der Stadt sind, die vertrieben und geschlagen werden, als sich der Prophet erst einmal in Medina niedergelassen hat. Der Erzähler der Geschichte hat das sicher gewußt. Ob er sie dementsprechend angepaßt hat? Falls die Juden aus Medina tatsächlich schon lange vor dem Kommen des Propheten vorhatten, die Nichtjuden aus Medina zu vertreiben und zu töten, wie aus dieser Erzählung klar hervorgeht, wäre es moralisch natürlich viel weniger verwerflich, wenn die Muslime die Juden dann später tatsächlich aus Medina vertreiben und töten würden. Könnte womöglich auch bei Menschen wie Ibn Ishâq eine gewisse Zurückhaltung zu spüren sein, wenn es darum geht, das spätere Vorgehen Mohammeds gegen die Juden von Medina moralisch zu beurteilen? Vor allem die Tatsache, daß Mohammed die Männer des jüdischen Clans der Quraiza 627 als Nachspiel eines abgewehrten Angriffs der Mekkaner auf Medina hinrichten ließ, nachdem sie sich hatten entwaffnen lassen und sich ergeben hatten, ist für Nichtmuslime moralisch nur schwer tolerierbar. Heutigen Nichtmuslimen wird es schwerfallen, darüber zu sprechen, ohne Begriffe wie «ethnische Säuberungen» oder «Kriegsverbrecher» in den Mund zu nehmen. Zeigt diese Geschichte über die erste Berührung Mohammeds mit Einwohnern von Medina etwa, zumindest so, wie es Ibn Ishâq erzählt, daß auch im ersten islamischen Jahrhundert Muslime bereits Bedenken gegen ein solches Vorgehen gehegt haben? Vom historischen Standpunkt aus ist eigentlich am allermerkwürdigsten, daß sich in der jüdischen Tradition keinerlei Erinnerungen an dieses Gemetzel erhalten haben. Hätte nicht die muslimische Überlieferung von dem Mord an den Banû Quraiza berichtet, dann hätten wir nie etwas davon erfahren.

Es gibt eine weitere auffällige Geschichte über den ersten Kontakt zwischen einem Einwohner Medinas und Mohammed. Als der Prophet ihn ansprach und vom Koran erzählte, sagte der Mann: «Ich habe hier vielleicht auch so etwas.» «Was denn?» fragte Mohammed. Es scheint sich um die (Schrift-)Rolle von Luqmân zu handeln. Luqmân kommt auch im Koran (Sure 31) vor und hat in der späteren arabischen Literatur den Ruf, ein Fabeldichter gewesen zu sein. Mohammed antwortete dem Mann, daß die Rolle von Luqmân zwar schön sei *(kalâm hasan)*, aber was er selbst habe, sei besser *(afdal)*. Wenn man jemanden überreden möchte, ist es natürlich diplomatisch, mit einem Kompliment zu beginnen und erst anschließend das Bessere anzupreisen. Wie auch immer, der Mann lernte den Koran kennen, wurde zum Islam bekehrt und gab das Kompliment zurück, er nannte den Koran «schöne Worte», *qaul hasan*. Dann kehrte er nach Medina zurück – wo er ermordet wurde.

Ein heutiger westlicher Gelehrter würde die Anwesenheit von jüdischen Gemeinden in Medina vielleicht eher aufgreifen, um darauf hinzuweisen, daß die Heiden in dieser Stadt durch die Anwesenheit von Juden schon ein wenig mit dem Monotheismus vertraut waren, was sie für den Islam empfänglicher machte als die Ungläubigen in Mekka, die zwar sicherlich auch gelegentlich einen Monotheisten gesehen oder gesprochen haben werden, aber vermutlich nicht täglich mit jüdischen oder christlichen Gemeinden in Berührung kamen. Ibn Ishâq packt es jedenfalls anders an. Zwar verwendet er das Thema, daß die Juden einen Propheten (bzw. einen Messias) erwarten, aber er scheint seine Geschichte beinahe mit einer Art Rechtfertigung des Mordes an dem jüdischen Stamm der Quraiza fortzusetzen.

Alle Geschichten über Bekehrungen zum Islam in der Zeit von Mohammeds Tätigkeit in Mekka weisen auf spätere Ereignisse und Begebenheiten in der Geschichte des Islam beziehungsweise setzen Passagen aus dem Koran als bekannt voraus. Bei Historikern weckt eine solche Vorgehensweise in der Regel großen Argwohn. Religionssoziologen dagegen werden dort nur wenig finden, was ihnen mißfällt. Doch obwohl das Faktenmaterial über die Bekehrungen in Mekka seltsam spärlich ist, könnte sich das Berichtete durchaus so ereignet haben.

Mohammed leitet das Gebet der Muslime an der Kaaba.
Der «Ungläubige» Abû Dschahl attackiert ihn.
Osmanische Miniatur, 16. Jahrhundert. Topkapı Sarayı Museum Istanbul.

5. *Die Auswanderung nach Äthiopien*

Auch Berichte über den Widerstand gegen den aufkommenden Islam in Mekka sind nur spärlich überliefert. Eigentlich muß das nicht verwundern. Falls es tatsächlich Widerstand gegeben hat, so hätte der Enkelsohn eines entschiedenen Mohammed-Gegners nach dem Triumph des Islam wohl keinerlei Interesse daran, die Erinnerung an die Fehde zwischen seinem Großvater und Mohammed lebendig zu halten. Urenkel von Mohammeds Kampfgefährten dagegen hatten das größte Interesse, die Erinnerung an die glorreichen Tage ihrer Vorfahren zu pflegen. Geschichten über eine Unterstützung Mohammeds hatten also größere Chancen, überliefert zu werden, als negative Berichte darüber, wie die heidnischen Mekkaner den Islam bekämpften. Es sind vor allem drei Männer, Abû Dschahl, Abû Lahab und Abû Sufyân, von denen überliefert wird, daß sie Widerstand gegen den aufkommenden Islam geleistet haben. Wie auch immer, dieser Widerstand, mit dem es Mohammed zu tun bekam, muß nach der Überlieferung so stark gewesen sein, daß dies für eine Reihe seiner Anhänger Grund genug war, um 615 nach Äthiopien zu fliehen. Diese Auswanderung wird wie der Auszug nach Medina 622 als Hidschra bezeichnet. Möglicherweise sind zweimal Migranten nach Äthiopien aufgebrochen, oder nicht alle Auswanderer sind zur selben Zeit abgereist. Es handelte sich jedenfalls wohl um einige kleine Grüppchen. Die Geschichten lassen uns darüber im Unklaren.

Ibn Ishâq beginnt seine Reihe von Berichten über die Feindseligkeit der Mekkaner gegen den aufkommenden Islam mit einer kurzen allgemeinen Einleitung:

> Die heidnischen Mekkaner der Quraisch waren feindselig gegen jeden, der sich zum Islam bekehrt hatte und dem Gesandten Gottes (Gottes Heil und Frieden sei über ihm) folgte. Jedem Clan, in dem es Muslime gab,

> machten sie das Leben schwer, zumindest, wenn diese schwach waren. Sie nahmen sie gefangen und quälten sie mit Schlägen, ließen sie Hunger und Durst erleiden, setzten sie im Freien der sengenden Mittagshitze aus, um sie von ihrer Religion abzubringen. Einige wurden durch diesen heftigen Druck tatsächlich ihrer Religion abtrünnig, andere wurden von Gott davor bewahrt.[1]

Anschließend bringt Ibn Ishâq einige Beispiele. So wurde der Sklave Bilâl in der größten Mittagshitze auf den Rücken geworfen, man legte ihm einen schweren Stein auf die Brust und sagte, er könne sich nun entscheiden, ob er sterben oder dem Islam abschwören und den Göttinnen al-Lât und al-ʿUzzâ aus Mekka dienen wolle. Während dieser Folterung sagte Bilâl nur diese Worte: «Einer, Einer!» Das ist ein Hinweis auf Sure 112,1: «Sag: Er ist Gott, ein Einziger», was seinerseits vielleicht wieder ein Verweis auf Deuteronomium 6,4 ist: «Höre Israel, der Herr ist unser Gott, der Herr allein.» Zuerst kam Waraqa ibn Naufal vorbei, derselbe, der Mohammed und Chadîdscha zu Beginn der Offenbarungen beruhigt hatte. Waraqa versuchte, für Bilâl einzutreten, und sagte, er werde aus dessen Grab einen Wallfahrtsort machen, falls er zu Tode gefoltert würde. Dann kam Abû Bakr vorbei. Auch er fragte, wie lange das noch so gehen solle. «Du warst es doch, der ihn auf den schlechten Weg gebracht hat, nun rette ihn auch», antworteten ihm Bilâls Folterknechte. Und das tat er auch: Abû Bakr kaufte Bilâl und schenkte ihm die Freiheit. Diese Szene mit dem gefolterten Bilâl ist der islamischen Welt auch aus frommen Verfilmungen allgemein bekannt.

Eine andere Geschichte handelt von ʿUmar, damals noch ein Heide, der eine seiner Sklavinnen schlug, damit sie den Islam verleugnete. Irgendwann hörte er auf, sie zu schlagen, und sagte: «Ich schlage nur nicht weiter, weil es mich müde macht.» Darauf antwortete das Mädchen: «Möge Gott dich genauso behandeln.» Ein areligiöser Mensch von heute erkennt vielleicht nicht die Ironie des Satzes, aber Gott wird niemals müde (Sure 2,255; Psalmen 121,4); also hätte er ʿUmar, wenn dieser sich nicht bekehrt hätte, bis in alle Ewigkeit schlagen können. Abû Bakr begreift sofort den Scharfsinn und die

Frömmigkeit der Antwort, kauft das Mädchen und schenkt ihm die Freiheit. Diese Erzählung klingt eher wie eine Anekdote über Schlagfertigkeit (alle Sparten der arabischen Literatur und Volksliteratur sind reich an solchen Anekdoten) als wie ein historischer Bericht über den Druck, dem die ersten Muslime ausgesetzt waren.

Islamisches Märtyrertum

Bei Geschichten über Personen, die wegen ihres Glaubens gefoltert wurden, hat der Erzähler zumindest zwei Möglichkeiten. Er kann den Gläubigen mit Gottes Hilfe die schrecklichsten Folterungen ertragen und ihn anschließend auch noch seinen Feinden entkommen lassen, wie hier von Bilâl berichtet wird. Damit ist dann der Beweis erbracht, wie gut Gott für die Gläubigen sorgt. Aber nicht jeder gequälte und gefolterte Konvertit überlebt. Manchmal stirbt er vor Schmerzen als Märtyrer, und manchmal tut er auch, was die Folterknechte von ihm verlangen: Er verleugnet seinen Glauben. Damit ist dann der Beweis erbracht, wie unglaublich tückisch die Heiden sind, und der Leser oder Hörer der Geschichte kann sich freuen, daß er kein Heide, sondern ein Muslim ist. Behandelten denn die Heiden der Quraisch die Muslime wirklich so grausam, daß ein Abfall vom Islam vergeben werden konnte? Ja, sagt die Autorität ʿAbdallâh ibn al-ʿAbbâs, die Heiden schlugen sie, enthielten ihnen Wasser und Nahrung vor, so daß die Gequälten am Ende kaum noch aufrecht sitzen konnten wegen der Gewalt, die man ihnen angetan hatte, und schließlich taten sie alles, was man von ihnen verlangte.[2] Auf die Frage: «Sind al-Lât und al-ʿUzzâ eure Götter, und nicht Allâh?» antworteten sie: «Ja.» Wenn ein kleiner Käfer über den Weg gelaufen wäre, hätten sie die Frage: «Ist dieser Käfer euer Gott, und nicht Allâh?» ebenfalls bejaht. Wie Ibn Ishâq hier die Lage beschreibt, klingt es, als müßten doch ziemlich viele Geschichten von Menschen im Umlauf gewesen sein, die in Mekka unter dem Druck von Folterungen vom Islam abgefallen waren und möglicherweise später wieder Muslime wurden. Es lag natürlich im Interesse dieser Personen, und vielleicht noch mehr in dem ihrer Nachkommen, die ihnen zugefügten Foltern als möglichst brutal darzustellen. Daß auf die Autorität ʿAbdallâh ibn al-ʿAbbâs' zurückgegriffen wird, um zu rechtfertigen, daß einige Märtyrer vor ihren Folterknechten kapitulierten und deshalb die Krone des Märtyrertums an ihnen vorüberging, könnte darauf hinweisen, daß solche Fälle tatsächlich vorgekommen sind, und vielleicht öfter, als es vom frommen Standpunkt aus gesehen wünschenswert ist. Aber es gibt noch eine andere Möglichkeit. Diese Rechtfertigung könnte ʿAbdallâh ibn al-ʿAbbâs in den Mund gelegt worden sein, um ganz subtil seine Familie, die Abbasiden, in Verruf zu bringen, die sich um 750 des Kalifats bemächtigte. Ein prominentes Mitglied der Abbasiden-Familie rechtfertigt den Abfall vom Islam! Schande über all seine Nachkommen, die notabene gerade Anspruch auf das Kalifat erheben! Wie so oft läßt sich nicht gut erkennen, was hier genau vor sich ging. Andererseits, ʿAbdallâh ibn al-ʿAbbâs wurde drei Jahre vor der Hidschra von 622 geboren, seine Mutter war damals bereits konvertiert, also waren in seiner Jugend diese Folterungen etwas, das noch nicht allzu lange zurücklag. Wieder wissen wir nicht, wie es sich eigentlich zugetragen hat, und am ärgerlichsten ist es, daß die Motive der Heiden für diese Folterungen nur sehr klischeehaft oder gar nicht beschrieben werden. Eine Vermutung lautet, daß die frischgebackenen Muslime wieder ihren alten Glauben annehmen und erneut al-ʿUzzâ und al-Lât dienen mußten. Meist werden den Anhängern einer neuen religiösen Bewegung Steine in den Weg gelegt, so argumentiert zumindest die moderne Religionssoziologie, weil die Mitgliedschaft in einer neuen Bewegung als verbrecherisch oder krankhaft eingeschätzt wird. Der Koran selbst überliefert, daß Mohammed von seinen Feinden als *madschnûn*, «besessen», bezeichnet wurde, und das ist als «geisteskrank», eventuell als «krank» zu verstehen. Ansonsten wird er in den Geschichten mitunter ein «Zauberer» genannt, der Familien spaltete. Das könnte eventuell als «verbrecherisch» aufgefaßt werden, vor allem, weil in diesen Zeiten die Sicherheit der Menschen im öffentlichen Raum von ihrer Familie und ihrem Clan abhängig war.

Über Mohammeds Jünger sind Qualifizierungen wie «krank» und «verbrecherisch» eigentlich nicht überliefert. Wohl berichtet Ibn Ishâq mehrere Male, daß sich die Heiden in Mekka erst gegen Mohammed stellten, nachdem sich dieser gegen ihre Götter ausgesprochen hatte. Das werden seine Anhänger vermutlich ebenfalls getan haben, und eine solche «Gottlosigkeit» wird schnell als verbrecherisch bezeichnet. Leider gibt uns Ibn Ishâq dazu keine eingehenderen Informationen. Ibn Hischâm, der spätere Bearbeiter des Textes von Ibn Ishâq, meldet, er habe aus wohlinformierten Quellen vernommen, daß das Schlimmste, was der Gesandte Gottes von seinem Stamm Quraisch zu erleiden hatte *(aschadd mâ laqiya rasûl Allâh min Quraisch)*, darin bestand, eines Tages von jedem, der ihm begegnete, beleidigt und Lügner genannt zu werden.[3] Daraufhin ging er in sein Haus und schlug seinen Mantel um sich, weil er so Schlimmes erlitten hatte. Da offenbarte sich ihm Gott: «Der du dich (mit dem Obergewand) zugedeckt hast (oder: Der du dir das Gewand übergezogen hast)! Stell dich auf und warne (deine Landsleute vor der Strafe Gottes)!», der Anfang von Sure 74. Wir kennen Geschichten von Propheten, denen es sicher schlimmer ergangen ist. Die Erzählung, die keinerlei Namen nennt, gibt erneut einen Hinweis, daß der Widerstand gegen Mohammed gemäßigt gewesen sein könnte. Aber weil sie so schön in eine Koranpassage mündet, deren Bedeutung alles andere als klar ist, werden heutige skeptische Wissenschaftler sie wohl nur mit großem Argwohn betrachten wollen.

Ibn Ishâq erzählt eine Geschichte über Folterungen, die ganz merkwürdig aus dem Rahmen fällt. Ein gewisser ʿAmmâr ibn Yâsir wurde zusammen mit seinen Eltern gefoltert, und zwar wieder auf die Art und Weise, bei der das Opfer ungeschützt in die pralle Sonne gelegt wird. Der Prophet kam vorbei und sagte: «Bleibt stark, Familie von Yâsir! Ihr werdet euch im Paradies wiedersehen.» Und die Geschichte fährt fort: «Dann töteten sie seine Mutter, da sie sich weigerte, vom Islam abzufallen.» Es ist interessant, daß über Vater und Sohn nichts weiter berichtet wird. Aus anderen Quellen erfährt man, daß ʿAmmâr überlebt haben muß.[4] Er emigrierte nach Äthiopien, kehrte anschließend nach Medina zurück, kämpfte in der Schlacht bei Badr, wurde 641 Gouverneur der Stadt Kufa im Irak, unterstützte ʿAlî in dessen Kampf um das Kalifat und fiel in der Schlacht bei Siffin

657. Sollte Ibn Ishâq bestimmte Details der Geschichte, die mit dem Überleben Yâsirs damals in Mekka in Zusammenhang stehen, vielleicht nicht passend gefunden haben für eine Person, der später eine derart beeindruckende Karriere bevorstand? Offenkundig hatte ʿAmmâr damals die Folterung überlebt. Es kann nicht anders sein, als daß er dies durch das Verleugnen seines islamischen Glaubens erreicht hatte, doch in Anbetracht seiner weiteren Laufbahn muß er wohl ziemlich schnell wieder zum Islam konvertiert sein. Es ist verwunderlich, wie wenige Informationen uns dazu überliefert werden. Verschweigt die Erzählung hier ʿAmmârs (vorübergehenden) Abfall vom Islam, oder stellt ihn die Überlieferung zu Unrecht an die Seite seiner Mutter, als diese wegen ihres Glaubens getötet wurde?

Eine weitere Geschichte berichtet von einer kleinen Gruppe von Männern, die den heidnischen Bruder eines neubekehrten Muslims mehr oder weniger um Erlaubnis bittet, sich den Frischbekehrten vornehmen zu dürfen.[5] Der Bruder gibt seine Erlaubnis, verlangt allerdings, das Leben des Mannes nicht zu gefährden. Die Gruppe verzichtet daraufhin, und Ibn Ishâq bemerkt zufrieden, dies sei die Art, wie Gott den neuen Muslim vor seinen Feinden beschützt habe. Die Geschichte bestätigt die große Bedeutung des gegenseitigen Schutzes, zu dem ein jedes Clan-Mitglied verpflichtet war. Gleichzeitig erweckt sie den Eindruck, daß viele heidnische Mekkaner nicht sofort begeistert zu den Waffen gegriffen haben, um die neue religiöse Bewegung, die der Islam ja damals war, zu bekämpfen. Aber das kann vielleicht dem Wirken der inzwischen zum Islam übergetretenen (Ur-)Enkel der Heiden von Mekka zu verdanken sein.

Abû Dschahl

Abû Dschahl, einer der drei wichtigsten frühen Widersacher des aufkommenden Islam, hieß eigentlich Abû l-Hakam. Sein Beiname Abû Dschahl ist von derselben Wurzel wie Dschahiliyya abgeleitet. Es ist schwer, eine adäquate Übersetzung für einen solchen Namen zu finden, in dem noch die Assoziation zu Dschahiliyya erhalten geblieben ist, aber vielleicht kommt der Begriff «Erzheide» der Bedeutung nahe. Diesen Beinamen kann er erst in der späteren muslimischen Überlieferung bekommen haben. Er war etwa genauso alt wie Mohammed. Ibn Ishâq tradiert eine Handvoll Erzählungen, die davon berichten, wie er den ersten Muslimen das Leben schwermachte. Auch in Korankommentaren werden solche Geschichten zu Passagen überliefert, in denen von den Feinden Gottes oder Mohammeds die Rede ist, beispielsweise in Sure 96,6–7, in der steht, daß «der Mensch übermütig ist, weil er sich bedürfnislos[6] wähnt» [Übers. Jansen]. Dabei wird dann beispielsweise von dem noch immer beliebten *Dschalâlain*-Korankommentar aus der Zeit um 1500 erwähnt, daß dieser Vers in bezug auf Abû Dschahl offenbart wurde. Das könnte sein, aber der Vers an sich gibt wenig Anlaß, hier tatsächlich an Abû Dschahl zu denken. Abû Dschahl fiel zwei Jahre nach der Hidschra in der Schlacht bei Badr, bei der ersten ernsthaften bewaffneten Auseinandersetzung der Muslime (denen inzwischen Medina als Basis diente) mit den Mekkanern.

Ibn Ishâq meldet in allgemeinen Worten über Abû Dschahl, dieser habe die Einwohner Mekkas gegen die Muslime aufgehetzt.[7] Jedesmal, wenn er herausfand, daß ein einflußreicher, vornehmer Mekkaner zum Islam übergetreten war, drohte er, dessen Ruf zu ruinieren. Handelte es sich um einen Kaufmann, dann drohte er ihm mit einem Boykott. Ging es um einen Schwachen, dann schlug er ihn und hetzte andere gegen ihn auf. Es ist wirklich sehr schade, daß uns Ibn Ishâq nicht ein bißchen ausführlicher erzählt, welche Einwände Abû Dschahl gegen den Islam, die Muslime und Mohammed vorbrachte.

Abû Lahab

Abû Lahab ist der zweite berühmte Islamfeind aus der Mekka-Periode. Er wird in Sure 111,1 erwähnt, und sein Beiname «Abû Lahab» wird wohl von Sure 111,3 abgeleitet sein: «Er wird (dereinst) in einem lodernden Feuer schmoren» (das arabische *lahab* bedeutet «Flamme»). Zu diesem Beinamen gibt es noch eine Anekdote: Sein Vater habe ihm den Namen gegeben, weil er so schön war. In diesem Fall macht der Koran tatsächlich Gebrauch von einem bereits existierenden Beinamen, um Abû Lahab ins Höllenfeuer zu verbannen. Sein eigentlicher Name lautete ʿAbd al-ʿUzzâ. Er war ein Sohn von ʿAbd al-Muttalib, dem Großvater Mohammeds, dementsprechend ein Halbbruder von Mohammeds Vater. Seine Frau, Umm Dschamîl, war eine Tochter von Harb ibn Umayya und damit eine Schwester des zweiten Islamgegners, Abû Sufyân, der kurz nach der Hidschra der Anführer der heidnischen Mekkaner werden sollte. Auch Umm Dschamîl wird im Koran erwähnt, in Sure 111,4–5, allerdings nicht namentlich. Der Koran teilt in diesen beiden Versen mit, daß sie das Brennholz herbeischleppen wird, wenn ihr Mann im Höllenfeuer schmort. Daher trägt sie statt einer zu ihrem Stand als vornehme mekkanische Frau passenden Halskette ein grobfasriges Seil, das man zum Holztransport benutzt. Natürlich mußte eine vornehme Frau nicht selbst Wasser und Holz holen, dafür hatte sie ihr Personal – aber im Jenseits war sie dann auf sich gestellt.

Von Abû Lahab werden zwei Taten überliefert, die in den Augen seiner Umgebung bedenklich und umstritten waren. Als sich sein Clan mit den anderen Clans in Mekka zerstritt, im sogenannten Boykott (siehe weiter unten), ließ er seine Gruppe im Stich und lief zu der seiner Frau über. Nachdem Abû Tâlib, der Anführer seines Clans, gestorben war und Abû Lahab schon einige Zeit an der Spitze stand, weigerte er sich, Mohammed weiterhin Schutz zu gewähren. In einer Gesellschaft wie der des antiken Mekka war ein Mensch ohne den Schutz seiner Verwandtschaftsgruppe so gut wie vogelfrei. Im Gegenzug dazu konnte auch der Clan nicht mehr mit der Unterstützung eines solchen Mannes rechnen, wenn es um die Verteidigung seiner Interessen ging. Solche Manöver konnten einen Clan nur schwächen. Ein Anführer, der seine eigene Gruppe schwächt, begeht doch einen großen Fehler.

Abû Sufyân

Abû Sufyân begann eigentlich erst eine größere Rolle zu spielen, nachdem die Muslime 622 nach Medina gezogen waren und er der wichtigste Anführer in Mekka wurde. Er stammte aus der Familie, die später das Kalifat an sich riß, aus der Umayyadendynastie, die von ungefähr 661 bis ungefähr 750 von Damaskus in Syrien aus über das arabisch-islamische Reich herrschte. Kalif Muʿâwiya, der von 661 bis 680 regierte, war sein Sohn. Abû Sufyân sollte sich 630, als Mohammed von Medina aus nach Mekka marschierte, diesem ergeben und zum Islam konvertieren. Es fällt nicht schwer, jeden negativen Bericht über ihn als Anti-Umayyaden-Propaganda der Abbasiden abzutun und jede positive Darstellung beziehungsweise das Weglassen von negativen Meldungen als Pro-Umayyaden-Propaganda. In den Geschichten über Mekka wird er mehrfach erwähnt, aber er spielte offenkundig nur noch eine bescheidene Rolle.

Der Boykott gegen Mohammeds Clan

Es wird auch überliefert, daß die Einwohner Mekkas eine Zeitlang einen «Boykott» gegen Mohammeds Clan durchführten.[8] Dabei könnte es sich um einen vagen Sammelbegriff für alle antimuslimischen Maßnahmen handeln, die je in Mekka ergriffen wurden, aber es gibt eine Geschichte über ein Dokument, in dem die Regeln dieses Boykotts festgelegt wurden. Genaugenommen handelte es sich nicht um eine Maßnahme gegen die Muslime, sondern gegen die beiden Clans Hâschim und al-Muttalib, in denen es bereits früh zahlreiche Muslime gab. Mit diesen durften weder Ehen geschlossen noch Geschäfte getätigt werden. Die zwölf anderen Clans, die das betraf, waren: Taim, Zuhra, ʿAdi, al-Hârith ibn Fihr, ʿAmir, Asad, Naufal, ʿAbd Schams, Machzûm, Sahm, Dschumah und ʿAbd Dâr.[9] Die Dynastie des Umayyadenkalifats (661–750) ging aus dem Clan ʿAbd Schams, die des Abbasidenkalifats (750–1258) aus dem der Hâschim hervor.

Der Beschluß für einen Boykott wurde in einem Schriftstück (arabisch: *sahîfa*) niedergelegt, dass mitten in der Kaaba aufgehängt wurde. Es versteht sich fast von selbst, daß der Verfasser des Dokuments, Mansûr ibn ʿIkrima, an jedem Finger gelähmt wurde. Der Boykott, erzählt Ibn Ishâq, «dauerte zwei oder drei Jahre».[10] ʿAbd al-ʿUzzâ, besser bekannt als der Abû Lahab aus Sure 111, ließ deswegen seinen Clan Hâschim im Stich und schloß sich den Heiden von Mekka an. Abû Tâlib, ʿAlîs Vater und Mohammeds Pflegevater, der nach der Überlieferung kein Muslim war und es auch nie wurde, trat als Führer der beiden Clans auf, die von dem Boykott betroffen waren. Als die Einwohner Mekkas dessen Aufhebung beschlossen, war von dem Material, auf das die Anordnung geschrieben und das in der Kaaba aufgehängt worden war, nichts übrig außer den ersten Worten: «In deinem Namen, o Gott», da die Würmer den Rest gefressen hatten. Es verwundert nicht, daß wir die meisten Informationen, die sich auf diese Angelegenheit beziehen, über die Männer erhalten, die die Initiative zur Beendigung des Boykotts ergriffen hatten.[11] Die Beteiligung daran war ja ein Werk, das Gott wohlgefällig gewesen sein muß. Übrigens impliziert die Geschichte, daß in Mekka Männer offenkundig meist ein wenig lesen und schreiben konnten. Es ist merkwürdig, daß allein Mohammed eine Ausnahme von der Regel gewesen sein soll, aber der Islam lehrt nun einmal, daß der Prophet der Kunst des Lesens und Schreibens nicht mächtig gewesen sei. Der Überlieferung zufolge diktierte er seinen Sekretären die Offenbarungen, die er durch den Mund des Engels Gabriel empfangen hatte und die später als Ganzes den Koran bilden sollten.

Die Hidschra nach Äthiopien

Die Überlieferung stellt einen Zusammenhang her zwischen der Hidschra nach Äthiopien und den Verfolgungen, denen die Muslime in Mekka ausgesetzt waren. Es werden jedoch keine genauen Angaben darüber gemacht, wann dieser Auszug stattgefunden hat. Der berühmte amerikanisch-libanesische Arabist Philip Hitti präsentiert diese Hidschra nach Äthiopien ohne die geringsten Bedenken gänzlich als historische Tatsache.[12] Hitti schreibt, daß sie 615 stattgefunden haben müsse, was mit der späteren traditionellen Chronologie[13] in Einklang steht, aber der schottische Gelehrte W. Montgomery Watt zieht eine Datierung dieses Ereignisses auf einen etwas späteren Zeitpunkt in Betracht.[14] Watt äußert ferner Zweifel, ob die Verfolgungen wirklich Anlaß und Ursache für die Auswanderung nach Äthiopien waren. Ihm fällt zweierlei auf: Unter den Auswanderern nach Äthiopien gab es ziemlich viele Menschen, von denen berichtet wird, daß sie bereits vor Mohammeds Predigten einem Monotheismus anhingen. Das könnte auch bedeuten, daß es sich um Personen handelte, die mit Mohammeds plötzlicher Machtposition womöglich mehr als andere Probleme gehabt haben könnten. Sie waren ja bereits vor seinem Auftreten Monotheisten und daher nur zum Teil von seinen Informationen über Gott und die Letzten Fragen abhängig, so könnte möglicherweise die Argumentation lauten. Es könnte so sein, aber vermutlich war in der Zeit und in der Region, von der wir hier sprechen, der Glaube an einen einzigen Gott allgemein verbreitet, vielleicht zu allgemein, um hier als Kriterium dienen zu können. Der französische Historiker Maxime Rodinson ist dagegen gerade der Ansicht, bei diesen Auswanderern habe es sich um Menschen gehandelt, von denen Mohammed fürchtete, ihr Glaube könne noch zu ungefestigt sein, um Verfolgungen standhalten zu können.[15]

Einige der Muslime, die nach Äthiopien emigriert waren,[16] kehrten erst etwa sieben Jahre nach der Hidschra von 622 nach Medina zurück (es gab auch Auswanderer, die schon zuvor wieder zurückgekommen waren). Warum, fragt sich Watt, sind manche so lange in Äthiopien geblieben? Er hält einen Streit in der frühen muslimischen Gemeinde für möglich: Vor allem Männer, die sich schon vor dem Aufkommen des Islam stark zum Monotheismus hingezogen fühlten, hatten Probleme mit der absoluten Autorität, die Mohammed nun als Gesandter Gottes besaß. Warum sonst sollten sie nicht gleich nach 622, gleich nach der Hidschra nach Medina, zurückgekommen sein? Nach 622, nachdem sich Mohammed und die Muslime in Medina etabliert hatten, waren Muslime doch sicher? Vielleicht hat Watt recht, aber wahrscheinlich haben wir es hier mit einem modernen Mißverständnis zu tun. Ohne Zeitung, Fernsehen oder Telefon wird es für die muslimischen Emigranten nicht leicht gewesen sein, herauszufinden, was gerade in Mekka oder Medina vor sich ging. Arabien und Äthiopien sind durch ein großes, tiefes Meer getrennt. Reisen war in der Antike an sich schon nicht einfach, aber diese Reise von etwa tausend Kilometern Luftlinie muß, selbst wenn die Region dünn besiedelt war (und es deshalb wenige potentielle Räuber gab), ein gefährliches, unsicheres Unternehmen gewesen sein.

Merkwürdigerweise bringt Ibn Ishâq keinerlei Informationen darüber, wie die Muslime auf ihrem Weg nach Äthiopien das Rote Meer überquert haben. Sollte etwa kein einziger Reisender von korrupten Seeleuten ausgeraubt worden sein? Das wäre fast zu schön, um wahr zu sein. Es wäre ein richtiges Wunder, das garantiert in die Annalen hätte aufgenommen werden müssen. Auch über die Reiseroute wird uns nichts mitgeteilt. Zogen die Muslime durch die Nubische Wüste im heutigen Norden des Sudan? Wenn sie von Dschidda aus übersetzten, lag eine Seereise von ungefähr zweihundert Kilometern vor ihnen. Auf der afrikanischen Seite müssen sie so gut wie sicher sofort auf die Nubier gestoßen sein. Darüber hören wir nichts. Oder geht es nicht um Äthiopier, sondern eigentlich um Nubier? Die Nubier waren tatsächlich Christen und werden auch schon im Neuen Testament (Apostelgeschichte 8,27) mit den Äthiopiern verwechselt. Oder ging die Ausreise nach Äthiopien zunächst an die Südspitze Arabiens, nach Jemen, und setzten die Auswanderer dort über? Dann mußten sie auf der afrikanischen Seite durch das Gebiet der verschiedensten Stämme und Völker, um in das christliche Äthiopien zu gelangen; und diese Region ist bis auf den heutigen Tag nicht gerade für ihre Menschenfreundlichkeit bekannt.

In der Zeit, in der sich die muslimischen Auswanderer in Äthiopien aufhielten, hatte Mohammed allerlei Offenbarungen mit Instruktionen bekommen, von denen die Muslime, die so lange weggewesen waren, natürlich nichts wissen konnten. Das berühmteste Beispiel ist vermutlich die Änderung der Gebetsrichtung, der sogenannten *qibla*. Die Ausrichtung war sechzehn oder siebzehn Monate nach der Hidschra nach Medina verändert worden, von Jerusalem auf Mekka. Die Tradition überliefert nicht, daß die Remigranten über diese oder andere Neuerungen verwundert gewesen wären. Das Weinverbot (Suren 4,43 und 5,90) stammt vermutlich ebenfalls aus Medina, zumindest wird Entsprechendes von diesen Suren überliefert. Die Tradition erwähnt auch nicht, daß sich die Rückkehrer über das Alkoholverbot gewundert hätten, das bei den christlichen Äthiopiern – oder eventuell Nubiern – nicht gegolten haben kann. Oder gab es etwa doch einen regelmäßigen Kontakt zwischen Arabien und Äthiopien? Wenn ja, wie ging er vonstatten? Bedauerlicherweise hat die Überlieferung kein Interesse an dieser Frage.

Auch ohne die Auswanderung dorthin nimmt Äthiopien schon bald einen besonderen Platz in der islamischen Geschichte ein. Von Medina aus erobern die Muslime in alle Richtungen die benachbarten Landstriche – aber nicht Äthiopien. Vielleicht aus einer dankbaren Erinnerung an das Asyl heraus, das den ersten Muslimen noch vor der Hidschra nach Medina dort gewährt wurde? Das ist denkbar, aber auch die Probleme, vor die sich ein Heer bei der Überfahrt über das Rote Meer gestellt sah, könnten eine Rolle gespielt haben. Der Koran enthält jedenfalls keine Textstellen, die direkt und eindeutig auf diese Auswanderung verweisen, wohl aber Stellen, die auf Szenen hindeuten, die sich in Äthiopien abgespielt haben sollen. Ein heutiger Forscher käme von sich aus übrigens nie auf die Idee, diese Korantexte auf Ereignisse zu beziehen, die sich während der Zeit der muslimischen Migranten in Äthiopien abgespielt haben. Es ist immer der Kommentar, der ihm dieses Wissen vermittelt. Skeptiker werden also nicht völlig ausschließen wollen, daß die Geschichten über die Hidschra nach Äthiopien aus solchen Koranpassagen entstanden sind, vor allem aus den Suren 3,199 und 5,83.

Der Anfang des arabischen Grundtextes von Sure 3,199 kann als Singular oder als Plural gelesen werden. Lesen wir ihn, anders als die meisten Koranübersetzungen, als Singular, dann steht geschrieben:

Auch unter den Leuten der Schrift (den Juden und den Christen) gibt es jemanden (den Negus von Äthiopien), der an Gott glaubt und an das, was euch (den Muslimen) hinabgesandt worden ist (der Koran), und in dem, was zu ihnen hinabgesandt worden ist (die Bibel), in Demut vor Gott. Sie (die muslimischen Migranten in Äthiopien!) verkaufen nicht die Zeichen Gottes für etwas von geringem Wert. Für diejenigen (die Muslime, der Negus) liegt ihr Lohn bei ihrem Herrn. Gott ist schnell im Abrechnen (er stellte nach einem Aufstand schnell die Macht des Negus wieder her). [Übers. Jansen]

Daß sich «die Zeichen Gottes» auf die muslimischen Migranten bezieht, weicht von der üblichen Lesart ab, daß «die Zeichen Gottes» ein Hinweis auf die Koranverse sei. Wie auch immer, Ibn Ishâqs Geschichte über die «erste Hidschra» ist eine fast vollständige, nahezu zehn Seiten lange Novelle, die in dieser Deutung genau zu der Koranpassage paßt.[17] Die Erzählung enthält eine Anzahl von Szenen, die, falls sie nicht historisch sind, doch erneut zumindest einen kleinen Eindruck vermitteln, wie Muslime und Christen in der Zeit zwischen dem Tod Mohammeds und der Entstehung von Ibn Ishâqs Buch miteinander über den Monotheismus diskutiert haben müssen.

Muslime und Christen

Als die heidnischen Bewohner Mekkas merkten, daß es den Muslimen in Äthiopien gutgeht, so berichtet Ibn Ishâq, schickten sie zwei Gesandte hinterher, um den Negus der Äthiopier dazu zu bewegen, die Anwesenheit der Migranten nicht länger zu dulden. Die Gesandten kamen mit dem Hofstaat des christlichen Herrschers von Äthiopien ins Gespräch und sagten:

Eine Gruppe törichter junger Leute hat mit der Religion ihres eigenen Volks gebrochen, ohne sich zu eurer Religion zu bekehren. Sie bringen eine neu erfundene Religion, die wir nicht kennen, und ihr genausowenig. Die Edlen ihres Volkes haben uns zu eurem Herrscher gesandt, um ihn zu bitten, sie zurückzuschicken.

Wichtig ist hier die Feststellung, daß der Islam zwar mit dem Heidentum gebrochen hatte, aber deshalb noch lange kein Christentum war. Daraufhin ließ der Fürst die Muslime zu sich rufen und stellte ihnen Fragen zu ihrer Religion. Es waren dieselben Fragen, die sich die Christen in den von den Muslimen eroberten Gebieten auch gestellt haben werden:

> Was ist das für eine Religion, für die ihr mit eurem eigenen Volk gebrochen habt, ohne daß ihr zu meiner Religion oder einer anderen (bekannten Form von Monotheismus) übergetreten seid?

Der Anführer der Muslime in Äthiopien, ein gewisser Dschaʿfar, ein Sohn Abû Tâlibs, hielt dann eine lange Rede, in der er erklärte, daß die Araber Heiden gewesen seien, die weder Gott noch seine Gebote kannten, aber daß Gott ihnen einen Abgesandten geschickt habe, der sie dazu aufgerufen habe, nur Gott und nichts anderem zu dienen, und der ihnen Lebensregeln gegeben habe. Wegen der Verfolgung, der die Anhänger dieses Gottesgesandten in Mekka ausgesetzt gewesen seien, seien sie nun nach Äthiopien geflohen. Der Herrscher fragte, wie denn die Botschaft des Gesandten laute, worauf Dschaʿfar Sure 19 rezitierte, jene Sure, die mit der Geschichte von Zacharias beginnt und «Maria» genannt wird, weil Jesus und seine Mutter Maria darin eine wichtige Rolle spielen. Beim Hören dieser Texte brachen Herrscher wie Hofstaat in Tränen aus (siehe Sure 5,83), und der Fürst sagte: «Dieses (Licht) kommt aus derselben Lampe wie (das Licht), das Jesus bringt!»

Um derartige Bemerkungen geht es dem Erzähler. Natürlich beschloß der Negus jetzt, die Muslime nicht auszuliefern und ihnen auf Dauer Asyl in seinem Reich zu gewähren. Die Gesandten waren darüber nicht glücklich und versuchten die Aufmerksamkeit des Fürsten darauf zu lenken, daß das, was die Muslime über Jesus gesagt haben, besonders untersucht werden müsse, weil sie «behaupten, daß Jesus, der Sohn von Maria, (nur) ein Mensch ist (und nicht der Sohn Gottes)». Der Fürst rief die Muslime wieder zu sich und fragte sie, was ihre Lehre denn über Jesus aussage. Dschaʿfar antwortete mit Zitaten aus den Suren 19,27–33 und 4,171:

> Christus Jesus, der Sohn der Maria, ist nur der Gesandte Gottes und sein Wort, das er der Maria entboten hat, und Geist von ihm.

Der Herrscher ist damit völlig einverstanden, aber sein Hofstaat hat, so die Geschichte, offenbar besser zugehört, denn er opponiert gegen diese Auffassung, weil er anscheinend durchaus begriffen hat, daß eine traditionelle Kernaussage des Christentums, nämlich daß Jesus der Sohn Gottes ist, nicht erwähnt wird. Gegen den Herrscher bricht ein Aufstand aus, und im Lauf dieses Konflikts bringt der Negus, so erzählt es die Geschichte, sein Glaubensbekenntnis zu Papier:

> Es gibt keinen Gott außer Gott, und Mohammed ist sein Diener und sein Gesandter. Jesus, der Sohn Marias, ist sein Diener und sein Gesandter und sein Geist, den er auf sie geworfen hat.

Eine solche Formel machte es den Christen ziemlich leicht, zum Islam überzutreten. Wie auch immer, die niedergeschriebene Formulierung «steckte der Fürst in seinen Mantel, bei seiner rechten Schulter» und trat so gewappnet den Aufständischen gegenüber. Die Rebellen hielten ihrem Herrscher vor, er sei von ihrer Religion abgefallen, weil er nun lehre, daß Jesus ein Mensch und nicht der Sohn Gottes gewesen sei. Daraufhin legte der Fürst die Hand auf seinen Mantel auf der Höhe seiner Brust und sagte: «Jesus ist nichts anderes als dieses hier» – womit er natürlich sein Glaubensbekenntnis meinte. Die Aufständischen gaben sich damit zufrieden und zogen ab. Die Macht des Herrschers war wiederhergestellt.

Daß die Geschichte genau die Formulierungen enthält, die ein christlicher Zeitgenosse Ibn Ishâqs benötigte, der sich mit dem Gedanken trug, Muslim zu werden, sagt natürlich an sich nichts aus über die Historizität der Auswanderung nach Äthiopien. Es könnte sich beinahe wirklich so zugetragen haben, und erst beim Nacherzählen wurde dann der Nachdruck auf die Elemente gelegt, die christliche Zeitgenossen Ibn Ishâqs brauchten. Das Ende der Geschichte scheint sogar heimliche Bekehrungen zum Islam, die der Konvertit vor seiner christlichen Umgebung verborgen hält, zu billigen.[18] Dennoch sind viele skeptische Wissenschaftler der Meinung, daß die Erzählung über die äthiopische Hidschra vor allem dazu dient, eine Kulisse für das Aussprechen der Glaubensbekenntnisse, die darin vorkommen, zu schaffen. Möglicherweise ist sie sogar ganz aus dem Bedürfnis nach einer solchen Einbettung entstanden.

Die Frage, wer Jesus ist und wer Mohammed und welche Rolle die beiden in der Heilsgeschichte spielen, ist noch heute der wichtigste dogmatische Streitpunkt zwischen Muslimen und Christen. Ihre Beantwortung ist von großer Bedeutung für Liturgie und Lehre, dafür, wie sich ein frommer Mann oder eine fromme Frau verhalten muß, und natürlich auch für die Frage, wer die religiöse Autorität besitzt, die Kirche oder die Imame. Selbst wenn die Geschichte über die Hidschra nach Äthiopien von A bis Z erfunden wäre, enthielte sie genau die Punkte, über die sich moderne Christen und moderne Muslime Rechenschaft ablegen müssen.

Gabriel, der Engel der Offenbarung, verbindet das Jenseits mit dem Diesseits. Miniatur aus Syrien oder Ägypten, 15. Jahrhundert. British Museum London.

6. *Der Koran in mekkanischer Zeit*

Wenn, wie es der Islam lehrt, Mohammed der Koran offenbart wurde und der Text des Korans, wie er uns heute zur Verfügung steht, identisch ist mit dem Text, den Mohammed zu Lebzeiten seinen Jüngern hinterlassen hat, dann ist der Koran das einzige authentische Dokument, das aus der Zeit übriggeblieben ist, in der Mohammed lebte. Dann hat der Koran nicht nur als das Offenbarungsbuch für den Islam eine Bedeutung, sondern auch als die einzige historische zeitgenössische Quelle zu Leben und Lehre Mohammeds und der ersten Muslime. Problematisch bleibt natürlich, daß er nicht als historische Quelle zum Leben Mohammeds, sondern als Offenbarungsbuch gedacht ist.

Es besteht die Gefahr, daß das Leben Mohammeds aus Koranversen rekonstruiert wird und diese Verse dann mit dem Wissen gedeutet werden, das wir über das Leben Mohammeds zu besitzen glauben. Das heißt aber nicht, daß der Koran keine wichtige Quelle wäre, wenn nicht für die Details von Mohammeds Biographie, dann aber doch für den Inhalt seiner Predigten. Der Islam lehrt, daß der Koran wörtlich das Wort Gottes und nicht das Wort Mohammeds sei. Das macht es natürlich undenkbar, daß der Prophet Lehrsätze verkündete, die im Widerspruch zu den Dogmen des Korans, die er zuerst in Mekka und später in Medina von Gott empfangen hatte, standen oder von ihnen abwichen.

Suren aus Mekka und aus Medina

Muslimische und nichtmuslimische Wissenschaftler haben beim Studium des Korans immer zwischen Versen unterschieden, die Mohammed in Mekka, und Versen, die ihm in Medina offenbart wurden. Um herauszufinden, was Mohammed am Anfang seiner Zeit in

Mekka predigte, ist es nötig, den Inhalt der Koranverse, die als mekkanisch bekannt sind, einer eingehenderen Untersuchung zu unterziehen. Zum Glück besteht unter Freunden wie Feinden ein weitgehender Konsens über die Frage, welche Teile des Korans nun aus Mekka stammen und welche aus Medina. Aber das Erkennen des Unterschieds zwischen diesen beiden Textsorten basiert nicht allein auf der Überlieferung. Mit einer gewissen Erfahrung kann man einem Koranvers gut ansehen, auf welche Periode er zurückgeht. Die Verse aus Mekka sind kürzer, poetischer im westlichen Sinn des Wortes und enthalten eigentlich noch keine Vorschriften mehr oder weniger juristischer Art. Ein typisches Fragment dieser Zeit, über das Jüngste Gericht, ist beispielsweise:

> Wenn (dereinst) die Erde Stück um Stück (zerstoßen und) zu Staub gemacht wird und dein Herr kommt (um Gericht zu halten), und (mit ihm) die Engel, eine Reihe hinter der andern, und (wenn) an jenem Tage die Hölle[1] herbeigebracht wird, dann (w. an jenem Tag) (endlich) läßt sich der Mensch mahnen. (Sure 89,21–23)

Oder:

> Wonach fragen sie (d. h. die ungläubigen Zeitgenossen Mohammeds) sich untereinander? [...] (Nach der gewaltigen Kunde, über die sie uneins sind). (Sure 78,1–3)

«Kunde» ist hier den Kommentaren zufolge ein Wort für die Berichte, die der Koran über die Wiederauferstehung enthält. Ein typisches Fragment aus Medina ist dagegen das folgende:

> Diejenigen, die glauben und ausgewandert sind und mit ihrem Vermögen und in eigener Person um Gottes willen Kriege geführt (w. sich abgemüht) haben, und diejenigen, die (ihnen) Aufnahme gewährt und Beistand geleistet haben, die sind untereinander Freunde. (Sure 8,72, erste Hälfte)

In diesem Fragment erklärt der Koran, daß die Muslime, die aus Mekka gekommen sind, und diejenigen, die ihnen in Medina geholfen haben, jetzt eigentlich einen Clan bilden sollten. Oder:

> Du darfst ja nicht meinen, daß diejenigen, die sich über das freuen, was sie begangen haben (?), und die für das gelobt zu werden wünschen, was sie nicht getan haben, – du darfst ja nicht meinen, daß sie der Strafe entgehen. Eine schmerzhafte Strafe haben sie zu erwarten. Und Gott hat die Herrschaft über Himmel und Erde. Er hat zu allem die Macht. (Sure 3,188–189)

Ist dieser Vers eine Warnung an die Leute aus Medina, die einerseits heimlich ihre Mitbürger vom Islam abzuhalten suchen und andererseits so tun, als hielten sie am Islam fest und seien die besten Freunde der Muslime? Das ist jedenfalls eine traditionelle Interpretation. Aber der Unterschied im Ton zwischen diesen zwei Versarten ist sogar in der Übersetzung unverkennbar. Es ist sehr wahrscheinlich, daß der stilistische Unterschied auf die unterschiedlichen Positionen zurückzuführen ist, die Mohammed in Mekka, wo er ausschließlich Prophet und Prediger war, und in Medina, wo er überdies auch Oberhaupt der Stadtgemeinschaft war, innehatte. Auch die kritischen Forscher, die versuchen, eine andere Erklärung zu konstruieren, sind sich darüber einig, daß der Unterschied zwischen diesen beiden Versarten unübersehbar ist. Nur, solche Wissenschaftler wagen die Hypothese, daß die traditionelle Auffassung über die unterschiedlichen Positionen, die Mohammed in Mekka bzw. in Medina innehatte, gerade durch den stilistischen Unterschied zwischen diesen zwei Arten von Koranversen ausgelöst wurde.

Die als mekkanisch identifizierten Koranverse können deshalb wahrscheinlich als Quelle für die Beantwortung der Frage dienen, was der Inhalt von Mohammeds frühesten Predigten war, und vermutlich liefern sie auch da und dort indirekt Informationen über das Leben des Propheten. Beim Studieren der Mekka zugeordneten Verse stoßen wir allerdings gleich auf ein merkwürdiges Problem. Hier werden bereits eine Reihe von Eigennamen erwähnt, die auch in der Bibel vorkommen, etwa Adam, der erste erschaffene Mensch, Sure 20,115–123 und öfter. An der arabischen Form des Namens Adam läßt sich nicht erkennen, ob sie aus dem Hebräischen oder dem Griechischen entlehnt ist oder aus einer weiteren Sprache, etwa dem Äthiopischen oder Syrischen, zwei semitischen Sprachen, die in vielerlei Hinsicht dem ebenfalls semitischen Arabisch sehr gleichen und auch geographisch in der Nähe des Arabischen angesiedelt sind. Vor allem für das Syrische sollte man sich in diesem Zusammenhang interessieren.

Der Einfluß des Syrischen

Das Syrische ist die Sprache des Großraums Syrien. Moderne Menschen verbinden in der Regel Sprache und Land miteinander, aber das ist längst nicht immer richtig, sicher nicht im Fall des Syrischen. Das Syrische ist nicht die Sprache der heutigen Republik Syrien oder der Bewohner des Grundgebietes dieser Republik. Die Amtssprache des modernen Syrien ist Arabisch, aber im privaten Bereich spricht die Bevölkerung noch eine Handvoll anderer Sprachen wie Kurdisch, Armenisch, Neuaramäisch, Türkisch oder sogar Tscherkessisch. Darüber hinaus gibt es noch immer Dörfer und Städtchen, in denen fast ausschließlich eine moderne Form des Syrischen, beispielsweise Hasaki und Qamischli, gesprochen wird, und sogar in der Hauptstadt Damaskus ist es nicht ungewöhnlich, dieses Neusyrisch auch auf der Straße zu hören. Auch in der Türkei, im Irak, in Iran und sogar im Kaukasus findet man Orte, in denen Neusyrisch gesprochen wird. Dennoch ist das Syrische heute keine sehr bekannte Sprache, ist es doch nicht mehr die Sprache eines Landes mit einer Regierung und einer Hauptstadt, zwei Voraussetzungen, denen nach modernen Vorstellungen eine Sprache zu entsprechen hat.

Zur Zeit der arabischen Eroberungen im siebten Jahrhundert war das Syrische seit Jahrhunderten die Umgangs- und Kultursprache etwa des Gebiets, das wir heute den Mittleren Osten nennen. Dieser Raum fiel zum großen Teil mit dem Osten des Byzantinischen Reichs zusammen, dessen Verkehrssprache das Griechische war. Aus diesem Grund sind im Syrischen viele griechische Lehnwörter enthalten. Natürlich kannte das Syrische auch schon in der Antike eine Reihe verschiedener Formen, aber es war vor allem die Sprache der Christen in diesem Gebiet. Eine der ältesten Bibelübersetzungen ist die

Peschitta, eine Übersetzung in klassischem Syrisch, das noch heute von den Maroniten, den Syrisch-Orthodoxen, den Syrisch-Katholiken, den Chaldäisch-Katholiken und noch einigen anderen Gruppen in der Region (Libanon, Syrien und Irak) als Sprache der Liturgie verwendet wird. Einige Kirchenväter haben in Syrisch geschrieben (beispielsweise Ephraim Syrus, um 350). Von einem Autor wie Bar-Hebraeus (gestorben 1286 in Aserbeidschan) liegen Schriften sowohl in Arabisch als auch in Syrisch vor. Für die Geschichte des Christentums im Mittleren Osten spielt das Syrische, das im Englischen als *syriac* bezeichnet wird, eine wichtige Rolle.

Syrische Eigennamen

Warum ist das Syrische zum Verständnis der Art von Arabisch so wichtig, in der der Koran verfaßt wurde? Der Pharao kommt im Koran vierundsiebzigmal vor, davon gut zur Hälfte in den Teilen, die in Mekka spielen. König Salomo, der Sohn und Nachfolger König Davids, erscheint siebzehnmal im Koran, vierzehnmal in einem Vers aus Mekka, dreimal in einem Vers aus Medina. Im Arabischen wird der Pharao *firʿaun* genannt und Salomo *sulaimân*. Vokale können beim Übergang von einer Sprache in eine andere meist leichter verändert werden als Konsonanten, und semitische Sprachen notieren darüber hinaus die Vokale längst nicht immer, aber mit den Konsonanten der arabischen Formen für Pharao und Salomo stimmt ganz sicher etwas nicht. Der Buchstabe «n» am Ende der beiden Wörter bringt ein Problem mit sich. Das Hebräische für Pharao oder Salomo hat dieses «n» nicht, während das Syrische es durchaus hat. Eigentlich läßt dies nur eine einzige Schlußfolgerung zu: Die Namen, die der Koran in Mekka für diese beiden biblischen Gestalten verwendet, sind aus dem Syrischen entlehnt, das zur Zeit Mohammeds die Sprache der Christen im Mittleren Osten schlechthin war. Wie steht es mit den anderen Namen biblischer Gestalten im Koran?

Isaak, Ismael und Israel beginnen im biblischen Hebräisch alle drei mit einem «J», im Arabischen dagegen mit einem «I». Auch im Griechischen und Syrischen ist das so. Jakob wird sowohl im Arabischen wie im Syrischen als *yʿqwb* geschrieben, und das eingefügte «w» ist im Hebräischen eigentlich nicht die gängige Schreibweise, im Syrischen dagegen wohl. Der Name von Zacharias, dem Vater von Johannes dem Täufer, wird im Arabischen und im Syrischen mit einem «a» am Ende geschrieben, im Hebräischen dagegen mit einem «hé» und im Äthiopischen mit einem «s», das wiederum vom Griechischen übernommen ist. Mirjam/Maria hat im Hebräischen ein «i» in der ersten Silbe, im Syrischen und Arabischen ein «a»: Marjam.

Der Prophet Elia wird im Arabischen Ilyâs genannt, das «s» kommt wieder aus dem Syrischen, möglicherweise aus dem Griechischen. Das gleiche gilt für Jona, der im Arabischen und im Syrischen Yûnus genannt wird, im Syrischen und im Arabischen genau wie bei Jakob auch wieder mit einem «w», diesmal in der ersten Silbe. Johannes der Täufer wird im Koran Yahyâ genannt, was in der arabischen Schrift des siebten und achten Jahrhunderts unter Umständen auch als Yuhanna zu lesen ist – die syrische Form ist Yohanna.[2]

Andere Spuren der syrischen Sprache

Die arabischen Formen der biblischen Eigennamen, die der Koran bereits in der Mekka-Periode verwendet, lassen sich also alle vom christlichen Syrisch ableiten. Auch die große Mehrzahl der religiösen Begriffe könnte direkt aus dem Syrischen entlehnt sein, außer Gahannam, einer Bezeichnung für das Höllenfeuer, die im Koran häufig vorkommt. Gahannam hat im Syrischen und im Griechischen kein «m» am Ende, wohl aber im Hebräischen und im jüdischen Aramäisch («Gê Hinnom»).[3] Im Koran gibt es eine große Zahl von Wörtern, die in einer Weise geschrieben wurden, die einen syrischen Einfluß vermuten läßt, etwa die Begriffe für «Leben» und «Gebet». Diese «syrische» Schreibweise hat sich im späteren Arabisch übrigens nicht durchgesetzt. Auch der Satzbau des Korans ist manchmal syrisch, am unverkennbarsten in Sure 60,11, in der *schay'un min azwâdschikum* im Sinne von «eine deiner Ehefrauen» zu verstehen ist. Das

Arabische *schay'*, das immer mit «etwas» übersetzt wird, paßt hier nicht, aber das Syrische *middaym*, das normalerweise mit *schay'* ins Arabische übertragen wird, trifft es dagegen ganz gut.[4]

All diese Beispiele wurden bereits 1927 von Alphonse Mingana (1881–1937) zusammengestellt, einem Fachmann auf dem Gebiet der semitischen Sprachen, vor allem des Arabischen und des Syrischen, der im Irak und in England arbeitete. Kürzlich ist noch das Werk *Die Syro-Aramäische Lesart des Koran* von Christoph Luxenberg hinzugekommen, erschienen in Berlin 2000, das mit Hilfe des Syro-Aramäischen ein neues Licht auf Sure 96 und auf zahlreiche andere vermeintlich dunkle Passagen im Koran wirft, beispielsweise den Anfang von Sure 108 (aus der Mekka-Periode), in der das Wort *kauthar* verwendet wird. Dieser Begriff konnte sich im Arabischen in der Zeit nach der Offenbarung des Korans nicht durchsetzen und kommt auch im Koran nur ein einziges Mal vor. Es sieht danach aus, als hätten die klassischen muslimischen Kommentatoren keine Ahnung, was dieses Wort bedeutet. Ist es ein Fluß im Paradies? Ist es eine Sonderform von *kathîr*, «viel», und bedeutet «Überfluß»?[5] Falls es allerdings syrisch sein sollte, würde es «Ausdauer», etwa im Gebet, bedeuten. Der Koran ruft oftmals zur Ausdauer im Gebet auf, und ein gesonderter Aufruf zur Ausdauer wäre also keinerlei Problem – außer wenn der Korantext in diesem Fall anstelle eines arabischen ein syrisches Wort verwendete. Das würde dann der islamischen Auffassung widersprechen, daß der Koran insgesamt in klarem Arabisch verfaßt ist, *'arabî mubîn*.

Dennoch ist nur eine Schlußfolgerung möglich: Die Namen von biblischen Gestalten, die im Koran, auch in der Zeit von Mekka, genannt werden, und eine Vielzahl religiöser Begriffe sind im Koran-Arabisch aus dem Syrischen übernommen. Läßt sich das mit der islamischen Tradition über die Entstehung des Korans in Einklang bringen?

Drei Hypothesen

Der Islam lehrt, daß Gott Mohammed den Koran in arabisch offenbart hat. Wenn nun der Koran unverkennbar allerlei syrische Elemente enthält, gibt es dafür drei Erklärungsmöglichkeiten. (1) Der Kontakt zwischen Arabern und christlichen Syrern ist nicht erst durch die arabischen Eroberungen in den Jahren, die auf Mohammeds Tod 632 folgten, entstanden, sondern sehr viel früher, und zwar so viel früher, daß die aus dem Syrischen übernommenen Namen und Wörter längst im Arabischen eingebürgert waren, als der Koran entstanden ist. Der Kontakt kann beispielsweise schon früh, im vierten, fünften und sechsten Jahrhundert, zustande gekommen sein, entweder, weil Araber von der Arabischen Halbinsel nach Syrien zogen und dort auf diese Weise in einigen Gegenden eine gemischte syrisch-arabische Gesellschaft entstand, oder, weil Syrer als Mönche und Missionare auf die Arabische Halbinsel kamen.

Das Problem wäre auch gelöst, wenn (2) der Koran erst in einer Periode entstanden wäre, die in die Zeit nach der Eroberung des syrischen Gebietes durch die Araber, also nach ca. 640, fällt. Denn nach den Eroberungen könnten die Araber durchaus allerlei syrische Kulturgüter übernommen haben, und dann wäre es auch nicht anders zu erwarten gewesen, als daß der Koran arabisierte Syriasmen enthielte. Ein Pferdefuß dieser Lösung besteht darin, daß der Koran dann nicht mehr, wie es der Islam lehrt, durch die Vermittlung Mohammeds offenbart sein kann oder daß das für Mohammed allgemein angenommene Todesjahr 632 nicht mehr stimmt. Viele Muslime werden diese Möglichkeit als undenkbar und womöglich sogar als Gotteslästerung zurückweisen.

Eine dritte Möglichkeit könnte sein, daß (3) Mohammed vielleicht von syrischen Mönchen, die auf der Durchreise in Mekka waren, oder von anderen Personen Auszüge aus religiösen Texten kennengelernt und diese Texte in seine Gebete und Gottesdienste aufgenommen hat. Seine Anhänger, die keinen Geringeren als den Propheten Mohammed diese Texte im Gebet verwenden hörten, glaubten dann allmählich, das Gehörte sei Teil der Offenbarung an Mohammed, und so wurden Teile syro-aramäischer Texte oder wörtlich ins Arabische übersetzte syrische Texte in den Koran aufgenommen. Auch gegen diese Lesart werden Muslime aus dogmatischen Gründen Einwände erheben.

Eigentlich steht auch die erste Möglichkeit im Widerspruch zur offiziellen islamischen Sichtweise, weil diese Lösung mit ein wenig Mühe unterstellt, daß die Hidschra von 622 keine Emigration von Mekka nach Medina gewesen ist, sondern eine sich über eine längere Periode hinziehende Auswanderung von Arabern aus der Gegend um Mekka und Medina und von anderswo in das fruchtbare, gelobte Land im Norden, das zu diesem Zeitpunkt der Geschichte überwiegend in byzantinischer Hand war, ein Land, in dem Milch und Honig floß, in dem man besser leben konnte als in den ausgetrockneten arabischen Wüsten. Eigentlich ist es das in etwa, was Patricia Crone und Michael Cook in ihrem Buch *Hagarism: The Making of the Islamic World* 1977 ausgeführt haben. Der Neologismus «Hagarism» im Titel des Buches ist vom arabischen Wort für «Auswanderung», *hidschra*, abgeleitet. Nach Crone und Cook handelt es sich dabei nicht um eine Auswanderung von Mekka nach Medina, sondern um eine Auswanderung von der Arabischen Halbinsel nach Palästina und Syrien.

Eigentlich paßt ein stark syrischer Einfluß auf den Text des Korans in kein Geschichtsbild. Sicherlich nicht in das islamische Bild, aber auch nicht ins Bild der meisten westlichen Historiker und Islamwissenschaftler, die sich mit dem Leben Mohammeds und dem aufkommenden Islam beschäftigt haben. Irgendwo verbirgt sich also ein Fehler, aber es ist schwer zu sagen, wo. So bleibt nur zu hoffen, daß die Forscher, die dieses Problem lösen wollen, nicht allzuviel Phantasie haben, daß vielmehr weiteres Material entdeckt wird, das zur Lösung des Rätsels beitragen kann, und vor allem, daß sich die Muslime damit abfinden, daß Wissenschaftler in der Zukunft möglicherweise Lösungen (man achte auf den Plural) ins Spiel bringen, die vielleicht nicht auf jede Empfindlichkeit der islamischen Orthodoxie Rücksicht nehmen.

Solange die gebotenen Lösungen nicht mehr als hypothetisch sind, hat jeder natürlich das vollste Recht, weiterhin zu glauben, was er sowieso schon geglaubt hat. Und selbst eine Lösung, die jede Autorität der Wissenschaft hinter sich hat, muß nicht unbedingt den Seelenfrieden eines Gläubigen stören. Es gibt wissenschaftliche *und* religiöse Wahrheiten, und beide stimmen manchmal nicht überein. Oft sind Gläubige durchaus in der Lage, mit einem gewissen Maß an Doppeldeutigkeit umzugehen. Religion beschreibt ja häufig nicht, wie die Dinge sind oder waren, sondern wie die Dinge sein sollten.

Koranverse zu Mohammeds Stellung in Mekka

Sure 6 stammt der Überlieferung zufolge zum großen Teil aus Mekka, enthält aber nach derselben Tradition auch einige Verse aus Medina. Die Verse 8–11 sind mekkanisch und lauten:

> Und sie (die Ungläubigen) sagten: Hätte denn nicht ein Engel zu ihm (Mohammed) hinabgesandt werden können? Aber wenn wir (Gott) einen Engel hinabgesandt hätten, dann wäre die Anordnung bereits ausgeführt worden (dann gäbe es keine Gelegenheit mehr zur Bekehrung), und dann würden sie (die Ungläubigen) nicht verschont werden. Wenn wir ihn (den göttlichen Gesandten) zu einem Engel gemacht hätten, hätten wir ihn (diesen Gesandten) zu einem Mann gemacht (der wie ein gewöhnlicher Mensch ausgesehen hätte) und hätten wir ihnen (den Ungläubigen) dieselbe Unsicherheit gelassen wie die, in der sie sich jetzt befinden. Und man hat sich schon vor deiner Zeit (Mohammeds Zeit) über die Gesandten lustig gemacht, doch diejenigen, die gespottet haben, wurden besiegt von dem, über das sie sich lustig gemacht hatten (das Jüngste Gericht). Sag: Reist auf der Erde umher (und betrachtet die vielen Ruinen in der Wüste) und schaut, wie das Ende (wie schlecht es mit denen ausgegangen ist) derjenigen war, die uns der Lüge bezichtigt haben (Ungläubige, die den ihnen gesandten Gottgesandten zurückgewiesen haben). [Übers. Jansen]

Es ist eine Passage, die eigentlich an Deutlichkeit nichts zu wünschen übrigläßt: Die Ungläubigen haben Mohammed verspottet und sich laut gefragt, warum Gott, wenn er etwas mitzuteilen hätte, denn keinen Engel geschickt habe. Der Koran hält dem entgegen, daß ein solcher Engel doch auch das Aussehen eines Menschen gehabt und es deshalb nichts geändert hätte. Außerdem sagt diese Passage noch, daß Engel erst am Ende der Zeiten erscheinen werden, wenn sowieso alles aus und vorbei ist, weil dann das Jüngste Gericht beginnt. Wie schon öfter weist der Koran auch hier auf die offenbar zur Zeit Mohammeds gut sichtbaren Ruinen menschlicher Siedlungen hin, die aus anscheinend unerklärlichen Gründen verlassen und zerstört aussahen. Dabei mußte es sich so gut wie sicher um Städte von Ungläubigen handeln, die Gott zerstört hatte, weil deren Einwohner sich nicht bekehren wollten.

Gottes Urteil

Diese Art von volkstümlicher Archäologie kann großen Einfluß auf religiöse Vorstellungen haben. Die populären Ideen über die Geschichte und Archäologie Amerikas («Sind die Indianer die zehn verlorenen Stämme Israels?»), wie sie in der ersten Hälfte des neunzehnten Jahrhunderts kursierten, hatten großen Einfluß auf Joseph Smith und die frühen Mormonen.[6] Das ist nicht verwunderlich. Wenn eine Religion eine Heilsgeschichte anbietet, ist es natürlich nicht zuviel verlangt, von dieser Religion auch eine Erklärung für allerlei unbegreifliche Phänomene zu fordern, die ein areligiöser Mensch schlicht von der wissenschaftlichen Archäologie als noch nicht genügend interpretiert einschätzt. Zweifelsohne werden seltsame Naturphänomene und wunderliche Dinge in der Landschaft und sicher auch rätselhafte archäologische Funde potentielle Gläubige beschäftigen. Es wäre sehr merkwürdig, wenn ein Prediger daraus keinen Nutzen ziehen würde.

Es hat den Anschein, als wolle uns Sure 6,8–11 einen Blick auf die Situation in Mekka werfen lassen. Mohammed wird verspottet, so erzählen dieser und andere Verse.[7] Der Koran weist darauf hin, daß Gott schon früher Städte aus Zorn über die Sünden ihrer Einwohner und weil diese den Gottgesandten abgelehnt, verspottet und ausgelacht hatten, zerstört hat. Verschiedene Spuren in der arabischen Wüstenlandschaft, die offenkundig für jedermann gut sichtbar waren, wurden damals als Ruinen von Städten gedeutet, die Gott in seinem Zorn zerschmettert haben soll. Sollte Mekka sich nicht bekehren, dann würde dieses Schicksal auch die Geburtsstadt des Propheten treffen. Deshalb war die Ankündigung eines Gottesurteils fester Bestandteil der frühesten Predigten in Mekka, wie sie uns in den entsprechenden Koranversen geboten werden. Aber es fällt auf, daß es dabei offenkundig nicht in erster Linie um ein weltweites Jüngstes Gericht ging; denn die Beispiele, auf die der Korantext hinweist, betreffen stets ein göttliches Urteil, das an speziellen Gemeinschaften vollzogen wurde, etwa das Urteil über Sodom und Gomorrha[8] oder das Urteil über Ninive, das von Jona (im Koran Yûnus genannt)[9] vorhergesagt worden war.

Der Koran enthält klare Anspielungen auf die Geschichte von Sodom und Gomorrha, aber die beiden Ortsnamen bleiben ungenannt. Dagegen ist die Rede von «den auf den Kopf gestellten Städten», und in Sure 69,9 werden diese in einem Atemzug mit Pharao genannt, in einer Passage, die auch wieder auf ein lokal bezogenes Urteil folgt, das über eine bestimmte Gruppe gefällt wird und eine Strafe ankündigt, die nicht den ganzen Planeten trifft, sondern erneut nur einige bestimmte sündige Gruppen. Dasselbe gilt für die Geschichte von Jona/Yûnus; auch dort geht es nicht um ein kosmisch universales Jüngstes Gericht. Der Koran erzählt die Geschichte zweimal im mekkanischen Teil, beide Male handelt es sich keinesfalls um das Jüngste Gericht, sondern um eine lokal begrenzte Strafaktion, nach der das Leben wieder seinen gewohnten Lauf nahm. Als Beispiele für die zurückgewiesenen Propheten und die Bestrafung derer, die diese zurückgewiesen haben, werden Noah (Sure 10,71), anonyme andere Gesandte (Sure 10,74), Mose und Aaron (Sure 10,75) sowie Jona (Sure 10,98) angeführt. Auch in Sure 37 geht es immer um das Urteil und die Bestrafung einer bestimmten Gruppe, die einen Gottesgesandten abgelehnt hat, und nicht um das Jüngste Gericht am Ende aller Zeiten. Erneut sind Noah (Sure 37,75), Abraham (Sure 37,83), Mose und Aaron (Sure 37,114), Elia und die Baal-Priester (Sure 37,123), Lot und Sodom und Gomorrha (Sure 37,133) und schließlich Jona (Sure 37,139) die Protagonisten.

Es ist verlockend, daraus nun zu schließen, daß es sich in der frühesten Verkündigung des Korans zunächst um ein lokal begrenztes Urteil über Mekka handelt, nach dem die Weltgeschichte überall sonst einfach weitergeht, und daß wenig später in der Mekka-Periode die Idee von einem weltumfassenden Jüngsten Gericht eingeführt wird, das gleichzeitig für das Ende der Geschichte, ja für das Ende aller Zeiten steht. Der Korantext gibt allen Anlaß zu dieser Schlußfolgerung, aber die Verse sind nun einmal keine E-Mail-Berichte, die mit einem Datum versehen sind und es möglich machen, eine exakte Chronologie für den Offenbarungsprozeß festzulegen. Trotzdem klingt es einleuchtend: zuerst ein Urteil, das nur den Einwohnern Mekkas angedroht wird, danach ein Jüngstes Gericht, das der ganzen Menschheit prophezeit wird. Nur, Ideen darüber, was gut hätte sein können, stellen bestenfalls *vielleicht* einen Hinweis dar, aber sie sind auf jeden Fall *sicher* kein Beweis. Daneben ist es genausogut möglich, daß Mohammed schon von Anfang an vor beiden Arten des Urteils gewarnt hat. Doch eines ist sicher: Die Warnungen vor dem göttlichen Urteil spielen in den mekkanischen Versen des Korans eine zentrale Rolle.

Das Jüngste Gericht

Sure 56,1–10 enthält eine Beschreibung des Jüngsten Gerichts, die in allerlei Hinsicht an eine Beschreibung aus dem Neuen Testament, bei Matthäus 25,31–46, erinnert. Genau wie dort wird die Menschheit vor den göttlichen Richterthron gestellt, die Gläubigen rechts, die Ungläubigen links. Sowohl der Koran als auch die Bibel suggerieren als Kontext dieses Urteils das Ende der Zeiten. Sure 56,1–10 nennt darüber hinaus neben den Gläubigen und den Ungläubigen noch eine dritte Kategorie: «die (ihnen) zuvorgekommen sind» (Sure 56,10), meist aufgefaßt als die Propheten, die als erste die Offenbarungen vernahmen und im Vollbringen von guten Werken ein Vorbild waren. Aber es könnte sich genausogut um die Märtyrer handeln, die ja als erste ins Paradies eingehen. Nach dem Jüngsten Gericht kommen die Gläubigen ins Paradies (Sure 56,11–40) und die Ungläubigen ins Höllenfeuer (Sure 56,41–57).

Sure 75,1–15 beschreibt den Tag der Auferstehung und läßt keinen Zweifel daran, daß der Mensch dann nach seinen Taten gefragt werden wird (Sure 56,13). Der Anfang und das Ende der Sure weisen darauf hin, daß ein Gott, der die Welt und den Menschen erschaffen hat, sicherlich auch den Menschen von den Toten wird auferstehen lassen können. «Und sie sagten (immer wieder): ‹Sollen wir etwa, wenn wir (erst einmal) gestorben und (zu) Erde und Knochen (geworden) sind, (zu neuem Leben) auferweckt werden?» (Sure 56,47) Die Suren aus Mekka enthalten weiter zahlreiche Beschreibungen des Jüngsten Gerichts und des Schicksals, das Gläubige und Ungläubige nach diesem Gericht erwartet. Das Thema vieler Passagen ist, daß ein Gott, der die sichtbare Welt mit all ihren Naturphänomenen, die einen Menschen vor Staunen verstummen lassen, erschaffen hat, wohl auch imstande sein wird, das heute noch unsichtbare Jüngste Gericht und die Auferstehung zu bewerkstelligen. Mehrfach wird erwähnt, daß die Gesichter der Gläubigen am Tag des Gerichts und der Auferstehung strahlen werden (Suren 75,22 und 80,38). Dies wird auch bereits im Alten Testament mitgeteilt, beispielsweise bei Daniel 12,3.

Sure 56 sagt, ein Mensch müsse, um beim Jüngsten Gericht auf der Seite der Guten zu stehen, Almosen geben, beten und glauben (Sure 56,31–32). Woran er freilich glauben muß, wird in dieser Passage nicht in allen Details erklärt, aber es geht auf jeden Fall um das Jüngste Gericht. Der Glaube an das Kommen des Jüngsten Gerichts hat selbstverständlich Auswirkungen auf den Glauben an Gott, seinen Gesandten und den Koran. Auch Sure 74,43–47 zählt auf, woran sich die Gläubigen halten müssen. Sie müssen die Gebete verrichten, an das Kommen des Tages des Jüngsten Gerichts glauben und die «Armen» speisen. Sure 89,17–21 ruft erneut dazu auf, «dem Armen (etwas) zu essen zu geben», und dazu, Gottes Geschöpfe milde zu behandeln. Auch wird den Gläubigen streng verboten, mit zweierlei Maß zu messen, buchstäblich wie im übertragenen Sinne (Sure 81,1–3). Sure 90,13–16 ergänzt die Waisen und die Bedürftigen noch um die Sklaven: Das Freilassen eines Sklaven ist ein gutes Werk. Sure

93,9–10 wiederholt abermals den Auftrag, Waisen und Bedürftigen zu helfen, und Sure 107,1–5 zählt noch einmal auf, worum es geht: das Jüngste Gericht, die Waisen, das Speisen der Bedürftigen und das Gebet.

In der ersten Hälfte des zwanzigsten Jahrhunderts haben westliche Wissenschaftler dieses Programm ohne langes Zaudern zu einer Art von Protosozialismus erhoben. Heute werden die meisten Forscher nicht mehr so weit gehen wollen, weil die Sorge um das Los der Armen, der Waisen und Witwen doch eher ein allgemeines Thema ist, das eigentlich bei allen Formen des Monotheismus und einer Vielzahl von Ideologien eine Rolle spielt. Dennoch hören wir in der arabischen islamischen Literatur mitunter noch einen Widerhall der Auffassung, daß es Mohammed in erster Linie um die «soziale Gerechtigkeit» gegangen sei. Der Begriff «soziale Gerechtigkeit» (arabisch: *ʿadâla idschtimâʿiyya*) anstelle von «Sozialismus» ist übrigens eine Wortschöpfung des Autors und Ideologen Sayyid Qutb (1906–1966), dem es auch gelungen ist, dem Begriff Dschahiliyya neues Leben einzuhauchen.

Zur Beruhigung des Propheten

Viele mekkanische Passagen des Korans wollen Mohammed beruhigen. So sagt Sure 93,4–5, daß es ihm (und seinen Jüngern?) künftig besser gehen werde als in der Vergangenheit. Sure 76,23 versichert Mohammed nochmals, daß die Offenbarung wirklich von Gott selbst stamme. Eine berühmte und oft studierte Textstelle, die als Beruhigung für den Propheten gemeint sein muß, ist Sure 75,16–19, in der Gott, oder Gabriel, zu ihm sagt:

> Bewege deine Zunge nicht damit (d. h. mit dem Koran bzw. dem Vortrag eines Korantextes), so daß du dich damit übereilst! Es ist unsere (und nicht deine) Aufgabe, ihn zusammenzubringen und zu rezitieren. Und (erst) wenn wir ihn (dir vor)rezitiert haben, dann folge seiner Rezitierung! Hierauf ist es unsere Aufgabe, ihn (in seiner Bedeutung im einzelnen) darzulegen.

Auch in Daniel 8,15 wird ein Zusammenhang zwischen der Erklärung dessen, was der Prophet hört und sieht, und einer Erläuterung, die Gabriel geben wird, hergestellt. Selbst wenn es Gründe geben sollte, die Passage aus Daniel zur Erläuterung von Sure 75,16–19 zu verwenden, kommen wir damit noch nicht viel weiter, denn beide Textstellen sind dunkel. Die Koranpassage möchte Mohammed beruhigen und ihm versichern, daß Gott ihm beim weiteren Vervollständigen des Korans helfen werde.

Eindeutig ist dagegen Sure 109,2–6, in der Gott Mohammed aufträgt, den ungläubigen Bewohnern Mekkas zu sagen:

> Ich verehre nicht, was ihr verehrt (w. Ich diene nicht dem, dem ihr dient; dem entsprechend in den folgenden Versen), und ihr verehrt nicht, was ich verehre. Und ich verehre nicht, was ihr (bisher immer) verehrt habt, und ihr verehrt nicht, was ich verehre. Ihr habt eure Religion, und ich die meine.

In diesen Versen zeigt sich ein klares Bewußtsein dafür, daß die Religion der Einwohner Mekkas und die Religion Mohammeds unvereinbar sind. Es ist verführerisch, die vorhandenen Geschichten über den Kontakt zwischen Mohammed und seinen Mitbürgern zur Datierung oder Erklärung dieser Passage zu nutzen, aber die Chance auf einen Zirkelschluß wird dann doch sehr groß. Möglicherweise sind die Geschichten ja zur Erläuterung der Passage entstanden. Wenn wir nichts über die islamische Tradition wüßten, würden diese Verse nichts weiter bedeuten, als daß das Heidentum und der Islam nicht dasselbe sind.

Die islamischen Exegeten dieser Zeilen haben allerdings ein Problem. Am Ende haben die Einwohner Mekkas durchaus den Gott Mohammeds angebetet, was im Widerspruch zum Inhalt von Vers 3 und 5 zu stehen scheint: «Ihr verehrt nicht, was ich verehre.» Dieses Problem lösen muslimische Kommentatoren gelegentlich durch die Bemerkung, die Einwohner Mekkas hätten Mohammed eine Regelung vorgeschlagen: Im einen Jahr sollte jeder die Götter der Mekkaner verehren, im anderen Jahr den Gott Mohammeds. Wer diese Lösung einmal kennengelernt hat, kann ihr einen gewissen Charme nicht absprechen, aber sie erscheint trotzdem weder historisch noch psychologisch sehr überzeugend. Dennoch glauben manche Historiker, daß der Bericht über diesen Vorschlag (der möglicherweise lediglich erfunden wurde, um die von Vers 3 und 5 provozierten Fragen zu entschärfen) anzeigt, daß die Einwohner Mekkas durchaus versucht haben, mit Mohammed zu einer Einigung zu kommen. Das mag historisch richtig sein, aber aus dem Wortlaut von Sure 109,2–6 läßt es sich eigentlich nicht ableiten.

Bei Vers 6, «Ihr habt eure Religion, und ich die meine», merken muslimische Kommentatoren meist an, daß es sich hier um den Zeitraum handle, der dem Auftrag zum Bekämpfen der Heiden vorausgeht. Das ist wichtig, denn dieser Vers wird bis auf den heutigen Tag ziemlich oft als Beweis dafür zitiert, daß der Islam grundsätzlich friedlich neben anderen Religionen existieren kann. Auch das mag durchaus richtig sein, aber es gibt maßgebliche klassische Korankommentatoren wie al-Suyûtî (circa 1500), die dem auf keinen Fall zustimmen wollen. Diese Exegeten glauben, selbst wenn es wahr wäre, daß der Islam tatsächlich friedlich neben anderen Religionen existieren kann, sei Sure 109,6 kein beweiskräftiges Argument für diese Auffassung; und zwar, weil der Vers nach al-Suyûtî und anderen «abrogiert» (arabisch: *mansûch*) wurde. «Abrogiert» bedeutet, daß dieser Vers durch einen später offenbarten Vers «ersetzt» wurde, in diesem Fall durch medinensische Verse, die den Kampf gegen die Heiden befehlen. So ein jüngerer Vers hat natürlich größere Autorität.

Das Credo

Sure 112,1–4 enthält ein kurzes Glaubensbekenntnis, in dem ein Echo von Deuteronomium 6,4 anklingt. Der Text von Deuteronomium lautet:

> Höre, Israel, der Herr ist unser Gott, der Herr ist Einer (hebräisch *Ehad*). [Übers. Jansen]

Sure 112,1–4 lautet:

> Er, Gott, ist Einer (arabisch: *Ahad*). Gott, der Beständige, der nicht gezeugt hat noch gezeugt wurde. Nicht einer ist ihm gleich. [Übers. Jansen]

Das letzte «einer» in diesen Verszeilen bedeutet nicht dasselbe wie das «Einer» am Anfang. Das «einer» im letzten Vers heißt so etwas wie «wer oder was auch immer», was im heutigen Arabisch noch immer eine gängige Bedeutung ist. Die Übersetzung «der Beständige» (arabisch: *samad*) ist nicht völlig sicher; das Wort kommt nur an dieser einen Stelle vor. Ausgehend von syrischen und aramäischen Wörterbüchern liegt zwar eine Bedeutung wie «felsenfest» nahe, was gut in den Kontext passen würde, aber identische Wörter haben in Schwestersprachen nun einmal häufig einen völlig anderen Sinn. Die Verszeilen «der nicht gezeugt hat noch gezeugt wurde» sind eine direkte Polemik gegen das Christentum, das ja lehrt, daß Jesus von Nazareth der Sohn Gottes sei. Und «Nicht einer ist ihm gleich» könnte gut die traditionellen christlichen Auffassungen über die Dreieinigkeit von Vater, Sohn und Heiligem Geist angreifen. Die Vorstellung, daß die drei Personen der Dreieinigkeit «wesensgleich» seien und Jesus «wesensgleich» mit Gott sei, verstößt gegen die Lehrsätze des Islam.

Wie Sure 109,2–6, die Verse «Und ich verehre nicht, was ihr (bisher immer) verehrt habt» und so weiter, die Grenze zum Heidentum markiert, so zieht Sure 112,1–4 die Grenze zum Christentum. Das ist selbstverständlich auch die Auffassung der muslimischen Korankommentatoren, aber dieses Mal müssen wir nicht ihrem Wort vertrauen. Diesmal ist es nicht die Überlieferung, sondern der Korantext selbst, der eigentlich keinen Raum für Mißverständnisse läßt; jede eventuelle andere Deutung von Sure 112,1–4 wäre an den Haaren herbeigezogen. Anders ist es bei Sure 1,6–7, der Überlieferung nach ebenfalls mekkanisch:

> Führe uns den geraden Weg, den Weg derer, denen du Gnade erwiesen hast, nicht (den Weg) derer, die d(ein)em Zorn verfallen sind und irregehen!

«Gnade», im Arabischen *niʿma*, wird im Koran regelmäßig für die Gnade verwendet, daß Mohammed das Prophetentum geschenkt wurde, für die Gnade der Offenbarung des Korans oder für die Gnade der islamischen Offenbarung. In diesem Zusammenhang ist beispielsweise Sure 52,29 eine Stelle, in der klar dargelegt wird, daß die «Gnade Gottes» Mohammed nicht zu einem Wahrsager oder Besessenen gemacht hat, wie die Einwohner Mekkas meinten. Mit «denen du Gnade erwiesen hast» müssen also wohl die Muslime gemeint sein. Es wird nicht ausdrücklich im Korantext erwähnt, aber der Schluß ist naheliegend, daß diejenigen, «die d(ein)em Zorn verfallen sind», die Juden sind, und diejenigen, «die irregehen», die Christen. Das steht denn auch in so gut wie allen muslimischen Korankommentaren. Weil der Islam nun einmal vorschreibt, daß diese Sure 1 in jedem der Gebete gesprochen werden muß, führt das bei Anhängern einer islamisch-christlich-jüdischen Ökumene nicht gerade zu Begeisterungsstürmen. Aber es ist natürlich nicht anders zu erwarten, als daß sich eine neue religiöse Bewegung nach ihren ersten Anfängen gezwungen sieht, sich gegenüber konkurrierenden Glaubensrichtungen klar und eindeutig abzugrenzen. Daß Sure 1 hier tatsächlich von Juden und Christen handelt, steht allerdings nicht wörtlich im Koran, diese Interpretation stammt von den Kommentatoren und geht auf deren Rechnung. Von der historischen Situation in Mekka und Medina aus argumentiert, ist es dagegen nahezu undenkbar, daß die so zahlreichen Heiden hier in Sure 1 nicht ebenfalls erwähnt sein sollten. Deshalb gibt es für den, der das gerne möchte, jeden Grund, die Textstellen von denjenigen, über die Gott erzürnt ist, als einen Hinweis auf die heidnischen Polytheisten zu lesen, und von denjenigen, die irregehen, als einen Hinweis auf die nichtmuslimischen Monotheisten, nämlich die Juden und die Christen, zumindest, wenn wir die Situation in Mekka oder notfalls in Medina, wie sie traditionell vom Islam überliefert wird, als historischen Kontext für die Offenbarung von Sure 1 annehmen wollen.

Josef als Vorbild

In der mekkanischen Periode des Korans wird die biblische Gestalt Josefs, des Sohns Jakobs, siebenundzwanzigmal erwähnt. Dabei handelt es sich um den Josef, der in einen Brunnen geworfen und als Sklave nach Ägypten verkauft wird, wo er dann, so erzählt es die Bibel wie auch der Koran, schließlich Unterkönig wird. Die siebenundzwanzig Verse, in denen Josef erwähnt wird, illustrieren gut die Vorstellungen über Gottgesandte und deshalb auch über Mohammed, wie sie für die mekkanischen Koranverse bezeichnend sind.

Sure 40 stammt aus Mekka und erwähnt Josef einmal, in Vers 34. Hier handelt es sich um eine Kurzfassung der Geschichte über die Verhandlungen zwischen Mose und dem Pharao über ein mögliches Weggehen der Israeliten aus Ägypten (Sure 40,23–37).[10] Josef wird hier lediglich genannt, ohne daß weiter etwas über ihn berichtet würde. Eigentlich will der Koran nur kurz darauf hinweisen, daß die Ägypter zur Zeit Moses trotz Josefs Auftreten, das einige Generationen früher stattgefunden hat, doch wieder vom Monotheismus abgekommen waren. Obwohl diese Mitteilung Bibelleser ein wenig befremden mag, weil in der Bibel nichts davon steht, daß Josef versucht haben soll, die heidnischen Ägypter zu bekehren, steht das durchaus völlig im Einklang mit einer islamischen Auffassung, die schon mit der Frühzeit in Mekka verknüpft ist: Gott sendet den Völkern Propheten, die die wahre Religion verkünden sollen. Deshalb hat Gott den Ägyptern Josef gesandt. Doch einige Generationen später weiß man das nicht mehr, und ein neuer Prophet muß auftreten. Als Mose vor dem Pharao steht, stellt sich heraus, daß Josef vergessen ist.[11] Genauso steht Mohammed nun vor den Einwohnern Mekkas: Vielleicht haben sie die früheren Propheten nicht völlig vergessen, aber von der Lehre dieser Propheten sind sie völlig abgekommen.

Auch Sure 6,84 stammt aus Mekka. Hier wird Josef, ebenfalls kurz, in einer Reihe von Propheten von Abraham (Sure 6,83) bis Jesus (Sure 6,85) genannt. Die Intention ist die gleiche wie in Sure 40,34: Im Lauf der Zeit muß immer wieder ein neuer Gottesgesandter kommen, und jetzt, im Mekka der Jahre 610 bis 622, ist es eben Mohammed, dem diese Rolle zufällt. Alle anderen fünfundzwanzig Male wird Josef in Sure 12 genannt, die deshalb auch den Namen «Josef» hat. Die Geschichte, die hier erzählt wird, stimmt im Prinzip mit der überein, die wir aus der Bibel, Genesis 37 bis 48, kennen. Aber es gibt ausdrückliche Unterschiede, die uns möglicherweise etwas darüber sagen, wie Mohammed sich selbst in der Mekka-Periode sah.

Josefs Geschichte beginnt im Koran in etwa wie die in der Bibel. Josef hat einen Traum, in dem er elf Sterne, die Sonne und den Mond sich vor ihm verneigen sieht. Sind das seine elf Brüder, sein Vater und seine Mutter? Wie dem auch sei, seine Brüder beginnen ihn zu hassen, locken ihn aus dem Elternhaus an den Ort, an dem sie ihre Herden weiden, und beschließen, ihn zu töten. Während die Brüder überlegen, was sie mit Josef tun sollen (nicht alle Brüder wollen ihn töten), werfen sie ihn in einen Brunnen. Eine Karawane auf dem Weg nach Ägypten zieht vorbei, und die Brüder beschließen, Josef zu verkaufen. In Ägypten kommt er in den Haushalt eines hohen Beamten, der in den Korankommentaren Qitfîr und in der Bibel Potiphar genannt wird. Hier führen die Pünktchen der arabischen Schrift wieder in die Irre, denn mit einer etwas anderen Anordnung der Pünktchen würde dort, wo wir jetzt Qitfîr lesen, Potiphar zu lesen sein.

Die Frau Potiphars wirft ein Auge auf Josef, und er landet im Gefängnis. Genau wie in der Bibel teilt er die Zelle mit einem Mundschenk und einem Bäcker, die beide dem Hof des Pharaos verbunden waren. Die beiden haben einen Traum, den Josef deuten kann, und er teilt ihnen seine Deutung mit (Sure 12,37):

> (Traumdeutung) gehört ja zu dem, was mich mein Herr gelehrt hat. Ich habe die Belehrung eines Volkes aufgegeben, das nicht an Gott glaubt und das nicht an das spätere Leben glaubt. [Übers. Jansen]

Das ist eine befremdliche Aussage. Josef stammt doch aus der Sippe von Jakob und Abraham? Glaubten die etwa nicht an Gott? Abraham war doch, so Bibel und Koran, der Vater der Gläubigen? Oder ist es nicht Josef, sondern Mohammed, der die «Belehrung» (arabisch hier:

milla) eines Volkes aufgegeben hat, das nicht an Gott und das Jenseits glaubte, nämlich die Einwohner Mekkas?

Als einer seiner Zellengenossen wieder in Ehren eingesetzt wird und erneut am Hof des Pharao arbeitet, führt das dazu, daß auch Josef dorthin kommt. Nach einem Traum des Pharao über sieben fette und sieben magere Kühe und sieben grüne und sieben trockene Ähren wird Josef abermals als Traumdeuter herbeigerufen. Er erklärt, daß es sich um sieben fette Jahre handle, in denen Maßnahmen für die darauffolgenden mageren Jahre ergriffen werden müßten. Daraufhin werden ihm «die Vorräte (Vorratshäuser) des Landes» (Sure 12,55) unterstellt.

Der Koran fährt nun mit der Szene fort, in der Josefs Brüder zu Josef, der inzwischen Unterkönig von Ägypten ist, kommen und wegen einer in Kanaan herrschenden Hungersnot um Korn bitten. Die Art, in der die Geschichte erzählt wird, und vor allem die schnellen Szenenwechsel gehen eigentlich davon aus, daß die Zuhörer die biblische Erzählung in großen Zügen gekannt haben müssen. Wenn die mekkanischen Koranverse Mohammed tatsächlich in Mekka offenbart wurden, vermitteln uns diese Verse als einzige Information über seine damaligen Zuhörer, daß die heidnischen Einwohner der Stadt in den Jahren 610 bis 622 den Inhalt einer Anzahl biblischer Geschichten einigermaßen gekannt haben müssen. Das unterscheidet sich von dem Bild, das Ibn Ishâq in seiner Mohammed-Biographie von den Bewohnern Mekkas zeichnet.

Sowohl in der Bibel als auch im Koran geht es nun mit den Versuchen Josefs weiter, seinen Vater nach Ägypten zu holen. Zuerst hält er seinen Bruder Benjamin in Ägypten zurück, dann läßt er diesen zwar mit den Brüdern abreisen, ihn aber anschließend wieder festnehmen, weil in seinem Gepäck ein Trinkbecher aus dem Palast gefunden wird. Am Ende kommt Jakob nach Ägypten, und auch die Eltern werfen sich vor Josef nieder (Sure 12,100), womit sich der Traum vom Anfang der Sure erfüllt hat.

Maria

Nicht nur die Josef-Sure, auch die Sure von Maria suggeriert eine gewisse Kenntnis der Zuhörer in Mekka vom Monotheismus, vom Christentum und von den biblischen Geschichten. Die in der Sure vorkommenden biblischen Gestalten geben auch manchmal Sätze von sich, die, soweit wir etwas darüber wissen, für das Leben Mohammeds von Bedeutung waren.

Die Sure beginnt damit, daß Zacharias, der Vater von Johannes dem Täufer, ein Gebet verrichtet (Sure 19,4–6; Lukas 1,5–25; 57–80). Zacharias, der wie Mohammed keinen Sohn hat, bittet Gott, ihm einen Sohn zu schenken. Gott, oder auch der Engel, läßt ihn wissen, daß sein Gebet erhört werde. In Worten, die stark an Lukas 1,61 erinnern, vernimmt Zacharias den Namen seines Sohnes (Sure 19,7), einen Namen, den noch keiner aus seiner Sippe getragen hat. Daraufhin erbittet Zacharias ein Zeichen, und es wird ihm gewährt: Drei Nächte lang wird er nicht sprechen können (Sure 19,10). Nachdem er die Sprache verloren hat, macht er sich mit Hilfe von Gebärden verständlich. Dafür verwendet der Koran das arabische Verb *awhâ*, das überall sonst im Koran mit «offenbaren» übersetzt wird, aber nun eher etwas bedeuten muß wie «etwas ohne Worte oder Sprache klarmachen».

Diese Passage und die Verwendung von *awhâ* spielen natürlich in der modernen und postmodernen Diskussion über die Frage eine Rolle, inwieweit die Offenbarung des Korans ein Prozeß war, der mit Worten und in einer Sprache vor sich ging, oder das Übersetzen der göttlichen Offenbarung etwas ist, was zu den Aufgaben des Propheten zählte. Es gibt übrigens eine weitere Passage, in der das Wort *awhâ* vorkommt, ohne daß dort offenkundig von menschlicher Sprache die Rede ist. In Sure 16,68 wird der Begriff ebenfalls verwendet: Gott hat diesem Vers zufolge den Bienen «eingegeben», wohin sie ihre Körbe bauen sollen. Wer behaupten wollte, daß «offenbaren» im Koran nicht immer «dem Propheten einen arabischen Text diktieren» bedeuten kann, könnte sich auf diese beiden Stellen, Sure 16,68 und

19,11, berufen. Trotzdem bleibt es natürlich erst einmal unklar, welche Konsequenzen das für das Verständnis all der anderen Dutzende von Koranstellen hat, in denen dieses Wort von den Übersetzern unbekümmert mit «offenbaren» wiedergegeben worden ist.

In Sure 19,12–15 spricht Zacharias nach der Geburt seines Sohns ein Dankgebet, genau wie bei Lukas 1,68–79. Es gibt Gelehrte, die zwischen diesen beiden Gebeten Übereinstimmungen sehen, aber wohl eine Brille tragen, die besonders scharf sein muß.[12] Anschließend beginnt in Sure 19,16 die Geschichte von Maria, der Mutter Jesu. Als der Engel Maria die Geburt eines Sohnes verkündet, fragt Maria (Sure 19,20) mit fast denselben Worten wie im Neuen Testament (Lukas 1,34), wie das denn möglich sei, denn «kein Mensch hat mich berührt».

Der Koran erzählt nun eine Geburtsgeschichte, in der Marias Mann Josef keine Rolle spielt. Maria zieht sich in die Einsamkeit zurück, um ihr Kind zu gebären (Sure 19,22). Als sie in den Wehen verzweifelt, ruft ihr Jesus nach dem heute so lautenden Korantext zu: «Sei nicht traurig! Dein Herr hat unter dir (d. h. zu deinen Füßen?) ein Rinnsal (voll Wasser) gemacht.» (Sure 19,24) Es gibt keinen gelehrten Kommentator oder Übersetzer, der dies bislang sinnvoll interpretieren konnte. Daß Jesus schon in der Wiege sprach, ist eine bekannte Legende, aber was das Rinnsal hier bedeuten soll, ist rätselhaft. Christoph Luxenberg schlägt vor, das Wort, das mit «Rinnsal» übersetzt wird *(sarîy)*, wie das syrische Wort für «legitim» (arabisch: *scharʿî*) zu lesen und den Vers als eine Anspielung auf die Ungesetzlichkeit von Marias Schwangerschaft zu deuten. Allerdings müssen wir dann wieder davon ausgehen, daß der Koran auch hier einige arabisierte syrische Wörter enthält. Aber wenn Luxenberg recht hat, würde hier stehen, daß Maria nicht traurig sein müsse, denn das Kind, das sie zur Welt gebracht hat, sei von Anfang an von Gott für legitim erklärt worden.

In der Fortsetzung (Sure 19,26) nennt Maria Gott *al-Rahmân*, den «Barmherzigen». Westliche Wissenschaftler gehen davon aus, daß dieser Name Gottes im Koran vor allem gegen Ende der Mekka-Periode verwendet wird. Es gibt keine Gründe, für diese Stelle etwas anderes anzunehmen. Nun geht Maria mit dem Kind zu ihrer Sippe zurück (Sure 19,27). Diese findet es unerhört, daß sie als ledige Mutter ankommt, und macht ihr deutlich, daß sie ihrer Familie so etwas nicht antun könne. Ist sie nicht eine Schwester Aarons (Sure 19,28)? Obwohl Mirjam[13] in Exodus 15,20 wie hier im Koran die «Schwester Aarons» genannt wird, stimmt damit doch etwas nicht ganz. Die Bibel überliefert, daß Mose eine Schwester und einen Bruder hatte: Mirjam und Aaron. Aber Maryam (wie der Name Marias, der Mutter Jesu, im Koran lautet) hat viele Generationen später gelebt als Maryam, Aarons Schwester. Frühere Generationen nichtmuslimischer Koranforscher riefen bei dieser Passage triumphierend aus, daß «Mohammed die Mirjam aus dem Alten Testament und die Maria aus dem Neuen Testament verwechselt hat». Heutige Wissenschaftler vermuten darin durchaus eine Bedeutung, ein Irrtum sei nicht besonders wahrscheinlich, auch wenn sie nicht genau wissen, welche Bewandtnis es damit eigentlich hat. Kurz darauf wird in derselben Sure 19,53 erzählt, daß Mose durch die Barmherzigkeit Gottes seinen Bruder Aaron als Propheten neben sich gestellt bekommt. Aber wie all diese Anspielungen ineinandergreifen, ist nicht mehr völlig nachvollziehbar. Außerdem wird in Sure 3,33–51 (aus der medinensischen Zeit) ebenfalls über Maria und Zacharias gesprochen, und über Jesus, obwohl auch dort der Text ganz klar davon ausgeht, daß Maria dieselben Eltern wie Mose hat und daher eine «Schwester Aarons» ist.

Konfrontiert mit den Vorwürfen ihrer Verwandten, zeigt Maria auf das Jesuskind (Sure 19,29). Jesus, der, wie aus den Legenden bekannt ist, schon als ganz kleines Kind sprechen konnte, sagt darauf:

> Ich bin der Knecht des Herrn (arabisch: *ʿAbd Allâh*). Er hat mir die Schrift gegeben,[14] und er hat mich zu einem Propheten gemacht. [Übers. Jansen]

Christen kommt das vielleicht bekannt vor, aber der Text hat einen Widerhaken. Zum Kern des Christentums gehört seit eh und je, daß Jesus nicht ein willkürlicher Knecht oder Diener Gottes oder gar ein Prophet ist, sondern der Sohn Gottes und daher Teil Gottes, dem Vater wesensgleich, *consubstantialem Patri*, wie es das lateinische Glaubensbekenntnis ausdrückt. Damit ist der Islam nicht einverstanden, für ihn ist Jesus ein einfacher Mensch und Gottgesandter, *ʿabduhû wa-rasûluhû*, wie es das islamische Glaubensbekenntnis aus der Geschichte der Auswanderung nach Äthiopien formuliert. In der Fortsetzung dieser Auffassungen sagt der Koran:

> Es steht Gott nicht an, sich irgendein Kind zuzulegen. (Sure 19,35)

Gleich darauf sagt Jesus selbst:

> Gott ist mein und euer Herr. Dienet ihm! (Sure 19,36)

Für muslimische Ohren ist das eine unmißverständliche Leugnung der Göttlichkeit (in welcher Bedeutung auch immer) Jesu, aber für bibelfeste christliche Zuhörer sind das doch auch wieder bekannte Töne. In Johannes 20,17 läßt der Evangelist Johannes Jesus nach der Auferstehung über seine Himmelfahrt sagen: «Ich fahre auf zu meinem Vater und zu eurem Vater, zu meinem Gott und zu eurem Gott.» Wenn Jesus nun von Gott als von «meinem Gott» spricht, ist es, so manch ein Polemiker, wohl klar, daß er nicht selbst Teil der göttlichen Dreifaltigkeit ist, wie sie traditionell von den Kirchen gepredigt wird. Offenkundig sind die Diskussionen, die auch im Mittleren Osten und in den syrischsprachigen Kirchen über dieses Thema geführt wurden, bei den mekkanischen Hörern des Korans nicht unbemerkt geblieben. Oder spiegelt dieser Korantext etwa spätere Diskussionen zwischen Christen und Muslimen wider? Das läßt sich nur schwer entscheiden. In der Fortsetzung derselben Sure sagt der Erzvater Abraham noch zu seinem Vater: «Warum verehrst du etwas, was weder hört noch sieht, noch dir (irgend) etwas hilft?» (Sure 19,42) Das sind wieder Worte, die Mohammed ebensogut zu den heidnischen Einwohnern Mekkas gesagt haben könnte. Der Schluß der Sure weist noch einmal darauf hin, daß es «etwas Schreckliches» ist, zu glauben, daß Gott sich ein Kind «zugelegt» habe (Sure 19,88). Jedes Wesen im Himmel wie auf Erden sei nur ein «Diener» (Sure 19,93). Auch ein solcher Satz scheint sich doch wieder an christliche Hörer zu richten oder wenigstens an Hörer, die mit dem Christentum vertraut waren.

Es würde sich vermutlich lohnen, alle Suren, die als aus Mekka stammend gelten, nach eventuellen, implizit darin verborgenen Informationen zum mekkanischen Publikum zu durchforsten, mit dem Mohammed zu tun hatte, beziehungsweise nach Informationen zur Person Mohammeds selbst. Dennoch werden nur wenige Forscher diese Arbeit auf sich nehmen wollen, gibt es doch keine völlige Sicherheit, was die Unterscheidung in mekkanisch oder medinensisch angeht. «Kartenhaus» ist ein Wort, das sich dem Leser einer solchen Studie womöglich bald aufdrängt. Natürlich stecken in diesen Versen aus Mekka Informationen über die Zuhörer, an die sie sich in erster Linie richteten, und auch über Mohammed, aber ob diese Zuhörer tatsächlich die Einwohner des Mekka der Jahre 610 bis 622 gewesen sind, ist nach Meinung zahlreicher Forscher nicht ausreichend gesichert. Den meisten Muslimen erschiene ein solches Unternehmen sowieso wenig wichtig. Für sie zählt natürlich nur das, was ihnen der Koran in der heutigen Zeit zu sagen hat, gleichgültig, an wen die Koranverse zuerst gerichtet waren.

Mohammed kehrt von seiner Himmelsreise zurück.
Sein Reittier Burâq erholt sich auf einer Wiese.
Osmanische Miniatur, 15. Jahrhundert. Topkapı Sarayı Museum Istanbul.

7. *Vier rätselhafte Geschichten*

Eine Reihe von Erzählungen, die Mohammeds Aufenthalt in Mekka zum Gegenstand haben, verlangen eine genauere Betrachtung. Es handelt sich um vier Geschichten, die außer bei Ibn Ishâq und in den traditionellen Sammlungen auch in den meisten Kommentaren zu den mekkanischen Suren erwähnt werden und (jedenfalls in der islamischen Welt) große Bekanntheit genießen. Wer die mekkanischen Koranfragmente, die mit diesen Erzählungen zusammenhängen, zu lesen bekäme, würde daran vielleicht nichts Außergewöhnliches bemerken, außer daß sie ziemlich mühselig zu übersetzen sind. Nimmt man die Überlieferung hinzu, dann erscheint einem alles ganz klar. Kritische westliche Gelehrte halten das bekanntermaßen meist für kein gutes Zeichen. Ihrer Ansicht nach könnte es ein Hinweis darauf sein, daß die Geschichten zu diesen Koranfragmenten vor allem dem Wunsch nach einer Erklärung dienen.

Für viele Muslime, die von Kindesbeinen an mit der festen Kombination der Koranverse mit den dazugehörenden Geschichten aufgewachsen sind, ist es nahezu undenkbar, daß jemand ausgerechnet bei diesen allgemein akzeptierten Wahrheiten Zweifel anmelden möchte. Für ihr Empfinden bezieht die westliche «Wissenschaft» hier Stellung gegen den Islam an sich. Dem ist aber nicht so. Unter Hinzuziehung der in der islamischen Überlieferung enthaltenen Anweisungen und mit Interpretationstechniken, die bei alten Dokumenten gleich welcher Art absolut üblich sind, versuchen heutige Wissenschaftler in solchen Fällen, wie Archäologen des Textes eine tieferliegende Schicht zu finden, die älter ist als die uns bekannte endgültige islamische Tradition.

Es ist natürlich immer die Frage, ob ein solches Unternehmen gelingt, und es ist auch legitim, zu fragen, ob sich ein gläubiger Mensch durch solche Versuche irritieren lassen soll. Er erkennt ja in der inzwischen herauskristallisierten islamischen Tradition das Wort Gottes, und das ist ihm meist genug. Der fieberhaften Neugier der Wissenschaftler reicht diese letzte, kanonisierte Fassung der Überlieferung dagegen keineswegs. Sie wollen um jeden Preis weiter zurück. Für sie ist die Überlieferung in ihrer endgültigen Gestalt nicht mehr als ein Sprungbrett, um tiefer in die Vergangenheit vordringen zu können. Und wenn sie dann dort angelangt sind, hoffen die Optimisten herauszufinden, was in der allerersten Zeit «wirklich» stattgefunden hat. Viele Ergebnisse einer solchen Entdeckungsarbeit bleiben ungesichert, aber wenn sich genügend Gelehrte an dieser Rate- und Korrekturarbeit beteiligen, wird nach einigen Generationen doch etwas herauskommen, was bis zu einem gewissen Grad wissenschaftlich zuverlässig ist.

Handel in Mekka

Die vier Verse der Sure 106 bieten eine erste Illustration dessen, um was es hier geht. Freund wie Feind halten es für sicher, daß Mekka eine Handelsrepublik war und daß Mohammed ein Händler war, bevor er von Gott berufen wurde.[1] Für Sure 106 wird in der Regel angenommen, daß sie vom Handel in Mekka berichtet. Aber stimmt das? In der Übersetzung von Johannes Kramers lautet der Text:

(1) Für die Kameradschaft der Quraisch
(2) Für ihre Kameradschaft
während der Reise im Winter und im Sommer.
(3) Laßt sie dann doch
dem Herrn dieses Hauses dienen,
(4) Der sie durch Speisung
vor dem Hunger bewahrt
und sie vor Gefahren sichert.

Das Wort, das hier mit «Kameradschaft» übersetzt wurde, lautet im Arabischen *îlâf* und kommt nur hier vor. Wenn die Bedeutung nicht aus dem Kontext von Sure 106 abgeleitet werden kann, haben wir ein Problem. Die Übersetzung mit «Kameradschaft « basiert auf der Verwandtschaft mit einem arabischen Wort wie *ilf*, das «Freund» bedeuten kann.[2] Kramers' Koranübersetzung stammt aus der Zeit des Zweiten Weltkriegs. Das erklärt nicht nur die Entscheidung für «Kameradschaft», sondern auch die Übersetzung von *salâm* mit «Heil» statt mit «Friede», beispielsweise in Sure 97,5. Die übliche Auffassung versteht *îlâf* als irgendeine Form von Handelsverbund, der eventuell zu gemeinsamen Karawanenzügen, im Winter wie im Sommer, geführt hat. Die Einwohner Mekkas (oder andere?), sagt Sure 106,3 anschließend, müssen dem Herrn (der Kaaba in Mekka?) dienen, denn er hat (durch den Handelsverbund?) für ihren Lebensunterhalt und ihre Sicherheit (in der Enklave um die Kaaba?) gesorgt. Wenn Mekka tatsächlich eine Handelsrepublik war, von der aus regelmäßig Handelsexpeditionen organisiert wurden, könnte das gut zu diesen dunklen Zeilen passen. Aber weder Mekka noch die Kaaba, weder Handel noch Handelsreisen werden im Koran genannt, wohl natürlich in den Kommentaren.

Wer den kurzen mysteriösen Text von Sure 106 zusammen mit der traditionellen Erklärung kennengelernt hat, realisiert meist nicht sofort, wie viele verschiedene Interpretationsmöglichkeiten allein schon die maßgeblichen Korankommentare für die Winter- und Sommerreise von Vers 2 bieten. Es könnte sich beispielsweise um die große und die kleine Wallfahrt nach Mekka handeln oder um die Wanderung des Quraisch-Clans nach Tâ'if im Sommer und seine Rückkehr nach Mekka im Winter. Oder es waren, wie die meisten Exegeten meinen, Handelsreisen. Nach Syrien im Winter an der Küste entlang bis nach Eilat, und im Sommer zurück über das höhergelegene Landesinnere. Oder nach Syrien und in das Byzantinische Reich im Sommer und in den Jemen im Winter. Oder nach Syrien im Sommer und nach Äthiopien im Winter. In *Meccan Trade and the Rise of Islam* nennt Patricia Crone zwölf mögliche Lesarten für Vers 2, die allesamt aus guten und gelehrten Werken stammen.[3]

In Vers 3, in dem mitgeteilt wird, daß der Herr dieses Hauses angebetet werden muß, kommt Patricia Crone auf fünf maßgebliche Interpretationen für «der Herr dieses Hauses» und sieben für das Anbeten und die Gründe dafür. Die Quraisch mußten beispielsweise

Gott anbeten, weil er sie diese Reisen unternehmen ließ oder weil er sie dies trotz des äthiopischen Angriffs auf Mekka, der in Sure 105 genannt wird, tun ließ, oder sie mußten zu Gott beten, statt diese Reisen zu machen, oder sie mußten Gott mit Gebeten danken, daß er diesen Reisen ein Ende gemacht hatte, und so weiter. Danach zählt sie acht Möglichkeiten für den letzten Vers auf, darunter beispielsweise die Furcht, daß das Kalifat dem Quraisch-Clan nicht werde erhalten bleiben können. Das ergibt eine Gesamtsumme von 12 mal 5 mal 7 mal 8 gleich 3360 möglichen verschiedenen Bedeutungen, eine Zahl, die dann natürlich noch mit allen von zuverlässigen und maßgeblichen literarischen Quellen angeführten Bedeutungen von *îlâf* multipliziert werden muß.

Patricia Crone folgert daraus – und ihr wurde noch nicht überzeugend widersprochen –, daß alle Berichte über den Handel in Mekka auf die Exegeten zurückgehen, die sich mit Sure 106 beschäftigt haben. Alle frühen Darstellungen dieses Handels resultieren aus Versuchen, Sure 106 verständlich zu machen. Aber die Berichte darüber, womit die Einwohner Mekkas nun Handel trieben, wer ihre Kunden waren und wo diese wohnten, fehlen oder sind widersprüchlich. Noch schlimmer ist, daß auch diejenigen Berichte, die anscheinend etwas zu diesen Themen zu sagen haben, immer den Eindruck erwecken, sie seien vom Text der Sure 106 abgeleitet. Dadurch können wir den Mekka-Handel am wahrscheinlichsten als eine Legende betrachten, die durch die Interpretation von Sure 106 in die Welt gesetzt wurde. Das bedeutet, daß wir plötzlich nur noch ganz wenig über Mekka wissen und dazu noch Zweifel angebracht sind, ob Mohammed am Vorabend seiner Berufung überhaupt ein Händler gewesen ist. Es ist in diesem Zusammenhang vielleicht gut, darauf hinzuweisen, daß das islamische Glaubensbekenntnis nicht lautet: «Und ich bezeuge, daß Mohammed ein Händler war», sondern: «Und ich bezeuge, daß Mohammed der Gesandte Gottes ist.»

Die satanischen Verse

Ein zweites Beispiel einer bekannten Erzählung, bei der es nach heutiger Erkenntnis nicht klar ist, was dort wirklich vor sich geht oder ob dort überhaupt etwas vor sich geht, ist die zu den sogenannten satanischen Versen gehörende Geschichte. Irgendwann in den Jahren Mohammeds in Mekka haben diese satanischen Verse vielleicht zwischen Sure 53,20 und Sure 53,21 gestanden:

(19) Habt ihr denn al-Lât und al-ʿUzzâ gesehen
(20) und Manât, die dritte, die andere?
(★★) *Sie sind die höchsterhabenen Schwäne,*
(★★) *auf deren Fürsprache sicher gehofft wird.*
(21) Gehören euch (den Mekkanern) etwa die männlichen (Kinder) und ihm (Gott) die weiblichen?
(22) Das ist eine unbillige Verteilung! [Übers. Jansen]

Die satanischen Verse verdanken ihre Berühmtheit dem Roman *Die satanischen Verse* von Salman Rushdie aus dem Jahr 1988. Wegen dieses Romans erließ der iranische Führer Khomeini am 14. Februar 1989 eine Fatwa, in der er alle Muslime aufrief, Salman Rushdie hinzurichten, «auf daß niemand weiter den Islam zu beleiden wagt». Das iranische Regime hat das Todesurteil über Salman Rushdie in den Jahren danach noch mehrere Male bestätigt, und der Autor mußte viele Jahre lang streng bewacht im Untergrund leben. Die Angelegenheit ist noch immer anhängig, aber es sieht nicht danach aus, als würde das iranische Regime noch aktiv Versuche unternehmen oder unternehmen lassen, Rushdie zu ermorden. Ob übereifrige Freiwillige allerdings nicht doch noch diesbezügliche Pläne hegen oder diese Freiwilligen insgeheim vielleicht doch noch von der Unterstützung einer Regierung profitieren, läßt sich natürlich nicht sagen.

In dem Koranfragment, zu dem die satanischen Verse möglicherweise gehört haben (Sure 53,19–25), werden die Heiden Mekkas gefragt, ob sie es nicht sonderbar fänden, daß Gott nur Töchter haben möchte, obwohl Mekkaner sich erst dann zufriedengeben, wenn sie endlich Söhne haben. Mit dieser Frage sollten die Einwohner Mekkas dazu gebracht werden, ihre traditionelle polytheistische Gottesvorstellung in Frage zu stellen. Der Koran möchte ja, daß der Polytheismus durch den Monotheismus ersetzt wird.

Die Geschichte will es, daß einige Zeit nach der Verbreitung der satanischen Verse der Engel Gabriel Mohammed erscheint und ihm kundtut, daß er Verse als zum Koran gehörend vorgetragen habe, obwohl diese nicht von Gott stammten, sondern vom Satan.[4] Mohammed ist darüber betrübt und voller Angst, aber dann folgt die Widerrufung und Abschaffung dieser «satanischen» Verse. Daraufhin wird Sure 22,52–53 offenbart, in der gesagt wird, daß die Erfahrungen Mohammeds nicht anders seien als die aller vorangegangenen Propheten:

> Und wir haben vor dir keinen Gesandten oder Propheten (zu irgendeinem Volk) geschickt, ohne daß ihm, wenn er etwas wünschte, der Satan (von sich aus etwas) in seinen Wunsch unterschoben (oder: eingegeben, w. gelegt) hätte. Aber Gott tilgt dann (jedesmal), was der Satan (dem Gesandten oder Propheten) unterschiebt. Hierauf legt Gott seine Verse (w. Zeichen) (eindeutig) fest. Er weiß Bescheid und ist weise. (Er läßt dies alles geschehen) um das, was der Satan (dem betreffenden Gesandten oder Propheten) unterschiebt (w. (in den betreffenden Gesandten ...) legt), zu einer Versuchung für diejenigen zu machen, die eine innere Krankheit (w. in ihrem Herzen eine Krankheit) und ein verhärtetes Herz haben – die Frevler machen heftig Opposition (?)

Heutige Muslime haben oft große Mühe mit der Geschichte von den satanischen Versen und neigen manchmal sogar zu Zweifeln, ob diese Geschichte tatsächlich in den klassischen Kommentaren, wie dem von at-Tabarî, vorkommt. Natürlich ist sie dort zu finden. Heutige Forscher haben damit nicht so große Probleme. Die Geschichte steht in alten maßgeblichen und literarischen islamischen Quellen. Das bedeutet, daß die allerersten Muslime, unter denen diese Erzählung kursierte, sie nicht als zu nachteilig für Mohammed sahen. Es kann keine Rede davon sein, daß Wissenschaftler heutzutage der Geschichte so große Aufmerksamkeit widmen, weil sie die Offenbarung des Korans in ein schlechtes Licht stellt. So funktioniert Wissenschaft nicht.

Moderne Koraninterpreten werden es verlockend finden, den gesamten Inhalt der satanischen Verse als eine Erklärung-in-Geschichtenform der Sure 22,52–53 zu sehen. Wenn sich jeder Prophet, wie dort steht, gelegentlich eine Offenbarung gewünscht hätte, die anschließend durch Gottes Zutun wieder korrigiert werden mußte, wo blieb dann die Geschichte, daß dies auch Mohammed widerfahren wäre? Wenn es eine solche Geschichte nicht gab, dann wäre es die fromme Pflicht der alten Erzähler gewesen, dafür zu sorgen, daß eine solche Geschichte eben erfunden würde.

Trotzdem waren es hauptsächlich westliche Gelehrte, die nach einem historischen Kontext für diese Geschichte suchten und dabei natürlich auf eine Situation stießen, in der Mohammed zunächst schwach dastand und nicht viel anderes tun konnte, als mit den heidnischen Bewohnern Mekkas einen Kompromiß wegen ihrer Göttinnen auszuhandeln und danach mit oder ohne Gabriels oder Gottes Hilfe zur Besinnung kam. Aber die erzählerische Deutung von Sure 22,52, die in der Religionsgeschichte etwas ziemlich normales ist, kann aus logischen Gründen keine historische Quelle sein, aus der allerlei Schlußfolgerungen über Mohammeds prophetische Laufbahn gezogen werden dürften.

Der niederländische Arabist Wim Raven schreibt zu Recht, daß moderne Muslime diese Geschichte von den satanischen Versen, in der ihr Prophet so tief fällt, aus Achtung vor dem Propheten nicht billigen können.[5] Aber, führt er aus, das heiße nicht verstehen, wie Erzählen funktioniert, und sei auch ein Mangel an Glaubensphantasie. Mohammed ist ja dem Koran zufolge ein gewöhnlicher Mensch und kann daher auch fallen. Was ist denn schöner, als fast zu fallen, worauf die göttliche Gnade eingreift, so daß am Ende alles doch noch gut ausgeht? «Die alten Muslime waren fähige Theologen und hatten absolut keine Angst vor Geschichten», lautet Ravens Schlußfolgerung.

An der Passage Sure 53,19–30, zu der die satanischen Verse gehört haben sollen, ist aber etwas sonderbar. Sie beginnt mit der Nennung der drei Göttinnen al-Lât, al-ʿUzzâ und Manât, teilt aber weiter über diese nur mit, daß sie die höchsterhabenen Schwäne seien und von ihnen Fürsprache erhofft werde. Weiter sieht es eigentlich eher danach aus, als handle die ganze Passage von Engeln und nicht von heidnischen Göttinnen, vergleiche vor allem Vers 26: «Und wie manche Engel gibt es im Himmel» und Vers 27: «Diejenigen, die nicht an das Jenseits glauben, bezeichnen die Engel als weibliche Wesen.»[6] Nicht, daß es keinen Zusammenhang zwischen Schwänen und Engeln gäbe: Beide besitzen eine imponierende Flügelpartie.

Wenn es aber nicht um die Engel, sondern um diese drei Göttinnen geht, fällt auf, daß es ausgerechnet drei sind, genau wie die Schicksalsgöttinnen der klassischen Antike, die Moiren, die auch als Dreiheit auftraten. Der Name al-Lât, «Göttin», ist natürlich sehr allgemein. Der zweite Name, Manât, hat durchaus einen Bezug zu Fatum und Schicksal, man denke etwa an das «Mene tekel» aus Daniel 5,25 (der Text auf der Wand bei dem Festmahl). Die Göttin Meni wird auch in Jesaja 65,11 genannt. Die Göttin Manât muß im Mittleren Osten populär gewesen sein, es gibt sogar eine in Ungarn gefundene lateinische Inschrift, in der ein Soldat aus Syrien die Göttin(nen) «Manavat» anruft. «Manavat» sieht aus wie eine Pluralform, was vielleicht wieder auf die drei Schicksalsgöttinnen verweist. Al-ʿUzzâ, «die Mächtigste», kommt von derselben Wurzel wie *ʿazîz* und könnte ein Name für Venus sein, den Himmelskörper wie die Göttin. Es ist außerordentlich merkwürdig, daß uns der Korantext, die Kommentare und die Tradition so wenig über diese drei Göttinnen erzählen, obwohl die Dreiheit, und vor allem Manât, wie nichtmuslimische Quellen belegen, durchaus eine bedeutende Rolle gespielt haben muß. Das ist ganz besonders eigenartig, weil wir wegen dieser drei heidnischen Göttinnen in den Kommentaren wie in der Überlieferung so viel über die satanischen Verse zu hören bekommen. Das wäre doch für die gelehrten Überlieferer eine ausgesuchte Möglichkeit gewesen, einmal ihr Wissen über die Dschahiliyya loszuwerden? Wie, wo, wann und von wem wurden diese drei Göttinnen zur Zeit der Dschahiliyya angebetet? Aber offenbar hatten die frommen Erzähler nicht allzuviel Konkretes über die Dschahiliyya mitzuteilen. Oder es gibt doch etwas, was uns entgangen ist.

Die Himmelsreise

Die dritte Geschichte handelt von Mohammeds Himmelsreise. Sie wird mit dem Anfang von Sure 17 verknüpft, ebenfalls einer Sure aus Mekka. Die Geschichte ist wieder allseits bekannt. Mohammed macht eine Reise durch die Himmel, von Jerusalem aus, wo man noch heute seinen Fußabdruck in der südwestlichen Ecke des Felsens sehen kann, auf dem Tempelplatz, über dem der Felsendom[7] erbaut wurde. Auch Gabriels Fingerabdrücke sind noch an der östlichen Seite zu sehen, denn beim Hochklettern Mohammeds mußte der Felsen ja festgehalten werden.

Montgomery Watt erwähnt die Himmelsreise in seiner maßgeblichen, aber inzwischen veralteten Mohammed-Biographie nicht.[8] Das stimmt mit der Anlage seiner beiden Bücher über das Leben des Propheten überein: so wenig wie möglich Aufmerksamkeit für überirdische Erscheinungen, mit Ausnahme der Offenbarung des Korans. Das ist ein bewundernswerter, in gewissem Sinne rationaler Standpunkt, doch im Lichte der vielen großen und kleinen Wunder, die die älteste Mohammed-Biographie von Ibn Ishâq enthält, ist es fraglich, wie ehrlich es einem modernen Publikum gegenüber ist, ein so stark gesäubertes Bild von dem zu bieten, was die islamische Tradition über das Leben Mohammeds zu berichten hat. Die Argumentation vieler heutiger Islampropagandisten, der Islam verlange im Gegensatz zum Christentum keinen Wunderglauben, wird allein schon von der Geschichte über die Himmelsreise entkräftet, die im Islam, wie er heutzutage gelebt wird, noch immer eine große Rolle spielt. Auf der Website des niederländischen islamischen Radio- und Fernsehsenders NMO stand im Frühjahr 2005 beispielsweise zu lesen:

> Der 27. des islamischen Monats Radschab ist die Nacht der Reise des Propheten Mohammed (Friede sei mit ihm) von Mekka nach Jerusalem und seiner darauffolgenden Reise zum Himmel. Dieses wunderbaren Ereignisses wird abends in der Moschee in der «gesegneten Nacht» gedacht.

Der Engel Dschibrail nahm Mohammed (F. s. m. i.) in Mekka beim Arm, als dieser vor der Moschee lag und schlief.
Vor dem Portal der Moschee stand ein weißes Reittier. Das Tier, es hieß Burâq, hatte Flügel an den Hufen, mit denen es sich fortbewegte. Burâq flog zusammen mit Mohammed (F. s. m. i.) und Dschibrail nach Jerusalem. Auf dem Tempelberg hielt Dschibrail an. Auf dem Platz über dem Hügel saßen Mose, Jesaja, Jesus und noch viele andere Propheten (Friede sei mit ihnen allen). Nachdem er mit ihnen gebetet hatte, kletterte Mohammed (F. s. m. i.) mit Hilfe einer Leiter, einer *meradsch*, zu den sieben Himmeln empor. Im siebten, dem höchsten Himmel, sah er Allâh. Danach kehrte er nach Mekka zurück. Diese Überlieferung hat dafür gesorgt, daß Jerusalem, nach Mekka, die heiligste Stadt für Muslime ist. An der Stelle, an der Mohammed (F. s. m. i.) der Überlieferung zufolge in den siebten Himmel ging, wurde später die Aqsa-Moschee erbaut.

Ibn Ishâq erzählt die Geschichte ähnlich, mehrere Male nacheinander.[9] Eine Version der Geschichte berichtet, daß Mohammed, nachdem er im Tempel von Jerusalem angekommen war, dort Abraham, Mose und Jesus vorfand. Eine andere Fassung erzählt, Gabriel habe Mohammed nur mit Mühe wecken können, damit er sich auf die Reise machte, und sie beschreibt ausführlich das Reittier: weiß und geflügelt, halb Maultier, halb Esel. Mohammed war der Vorbeter für Abraham, Mose und Jesus. Er bekam zwei Trinkbecher (in anderen Versionen sind es drei) angeboten, einen mit Milch und einen mit Wein, und natürlich nahm er die Milch. Ibn Ishâq erwähnt eine Tradition, die behauptet, Mohammeds Körper sei während dieser Reise in Mekka geblieben, sein Geist *(rûh)* aber sei in dieser Nacht von Gott nach Jerusalem gebracht worden. Es wird auch berichtet, daß es sich, genau wie bei der Koranoffenbarung, um eine wahrhaftige Erscheinung, *ru'yâ sâdiqa*, handelte. Solche Bemerkungen zeigen, daß es schon früh Muslime gegeben hat, die diese Geschichte nicht allzu wörtlich nehmen wollten. Eine der Ausführungen behauptet auch, daß Mohammeds Augen während dieser Reise schliefen, sein Herz jedoch wach blieb.

Aber die Geschichte geht weiter. Von Jerusalem aus stieg Mohammed mit Hilfe einer Leiter in die Himmel. Im ersten Himmel bekam er Adam zu Gesicht, und von dort aus durfte er auch einen Blick ins Höllenfeuer werfen. Hier sah er eine Menge Greuel, unter anderem die Martern, die erleiden muß, wer das Eigentum von Waisen durchgebracht hat, und die Familie des Pharao (vgl. Sure 40,46: «Weist die Leute Pharaos in die schwerste Strafe ein!»). Danach sah er Männer, denen gutes und verdorbenes Fleisch aufgetischt wurde, die aber von dem verdorbenen Fleisch aßen. Das waren Männer, die ihren gesetzlich angetrauten Gattinnen untreu geworden und Frauen nachgelaufen sind, mit denen ihnen kein Umgang erlaubt war. Mohammed sah auch Frauen, die an ihren Brüsten aufgehängt waren. Das waren Frauen, die ihren Männern außereheliche Kinder geboren haben.

Im zweiten Himmel begegnete Mohammed Jesus und Johannes dem Täufer, im dritten Josef, dem Sohn Jakobs, im vierten Idrîs,[10] über den der Koran sagt: «Und wir haben ihn an einen hohen Ort erhoben» (Sure 19,57), im fünften Aaron und im sechsten Mose. Im siebten Himmel traf er Abraham. Eine andere Version ließ Mohammed im siebten Himmel Gott begegnen, der ihm fünfzig tägliche Gebete vorschrieb. Auf dem Rückweg begegnete Mohammed Mose, der ihn fragte, wie viele Gebete ihm auferlegt worden seien. Auf Mohammeds Antwort, fünfzig, sagte Mose, fünfzig seien zuviel. Auf Anraten Moses geht Mohammed zurück. Nun bekam er vierzig Gebete vorgeschrieben. Wieder riet ihm Mose zurückzugehen. Das ging immer so weiter, bis nur noch fünf Gebete pro Tag übrig waren, was auch tatsächlich die vom Islam vorgeschriebene Anzahl Gebete geworden ist.

Es sind schöne Geschichten, die den Zuhörer mit allerlei wichtigen Fragen in punkto Glauben und Verhalten konfrontieren, beispielsweise auch hinsichtlich der Rangordnung der Propheten. Aber Montgomery Watt hatte völlig recht. In einer modernen Mohammed-Biographie haben solche Geschichten nichts verloren, ob sie nun von den ersten Versen der Sure 17 abgeleitet sind oder nicht. Ist es möglich, eine ältere Bedeutungsschicht dieser Verse zu finden als eine Anspielung auf die Geschichten von Mohammeds nächtlicher Reise nach Jerusalem und der dazugehörenden Himmelsreise? Dieses Mal wird es uns verblüffend leicht gemacht. Sowohl heutige westliche Philologen als auch die vielen muslimischen Gelehrten, die der Meinung sind, der Koran müsse mit Hilfe des Korans interpretiert werden,[11] werden bemerken, daß das Verb *asrâ*, das in Sure 17,1 verwendet wird, anderswo im Koran weitere fünf Male vorkommt. Das sollte eigentlich zur Identifizierung der Bedeutung genügen. Sure 17,1 lautet:

> Gepriesen sei der, der mit seinem Diener (d. h. Mohammed) bei Nacht [*asrâ*] von der heiligen Kultstätte (in Mekka) nach der fernen Kultstätte (in Jerusalem), deren Umgebung wir gesegnet haben, reiste, um ihn etwas von unseren Zeichen sehen zu lassen (w. damit wir ihn etwas von unseren Zeichen sehen lassen)!

Was bedeutet das Verb *asrâ* an den anderen fünf Stellen? In Sure 11,81 wird das Wort für den hastigen Aufbruch Lots und der Seinen aus Sodom und Gomorrha verwendet, der mitten in der Nacht stattfand.

> Zieh nun mit deiner Familie zu nächtlicher Stunde los, und keiner von euch soll sich umwenden mit Ausnahme deiner Frau!

Auch in Sure 15,65 wird dieses Verb genau so verwendet. In Sure 20,77 wird *asrâ* für den eiligen Aufbruch von Mose und den Seinen aus Ägypten gebraucht, der ebenfalls mitten in der Nacht stattfand.

> Laß meine Diener in der Nacht aufbrechen. Und bahne ihnen dann einen trockenen Durchgang durch das Meer. [Übers. Jansen]

Auch die Verse der Suren 26,52, 20,77 und 44,23 verwenden eine Form von *asrâ:*

> Mach dich dann mit meinen Dienern des Nachts auf den Weg. [Übers. Jansen]

Hier geht es wieder um die berühmte Geschichte vom Auszug aus Ägypten, der in der Bibel in Exodus 6–13 erzählt wird. Fünfmal gibt es keinerlei Grund, an der Bedeutung, die das Wort im Koran bekommen muß, zu zweifeln: *asrâ* bedeutet fünfmal «mitten in der Nacht aufbrechen», und zwar aus dem Territorium der Heiden. Sollte es bei diesem sechsten Mal, wo der Kontext nicht so eindeutig ist, anders sein? Es könnte sein, aber es gibt nichts, was dafür spräche. Wenn wir *asrâ* in Sure 17,1 dieselbe Bedeutung geben wie an anderen Stellen im Koran, drängt sich der Gedanke auf, daß es sich hier um die Hidschra von Mekka nach Medina handelt. Denn Mohammed zog mitten in der Nacht mit den Seinen los, und zwar aus dem Territorium, wo die Ungläubigen das Sagen hatten. Die beiden Kultstätten aus Vers 1 könnten dann die Kaaba in Mekka sein und eine Gebetsstätte, die in Medina bereits eingerichtet war.

Der Ausdruck «deren Umgebung wir gesegnet haben» kommt im Koran mehrmals vor, und eigentlich sind damit immer Jerusalem und Palästina gemeint. Dort liegt natürlich auch der Ursprung der Geschichten über Jerusalem, die sich mit diesem Fragment verknüpft haben. Aber könnte es nicht sinnvoll sein, jetzt, gerade in diesem Augenblick, Medina denselben Ehrentitel zu geben wie Jerusalem? Immerhin wird Medina ja die erste Stadt, in der der Islam regiert und nicht die Heiden das Sagen haben. Medina ist doch fast die neue Stadt Gottes, das neue Jerusalem? Und welches Zeichen wäre besser geeignet, als daß Muslime von nun an in Medina, ungestört von den Heiden, in Übereinstimmung mit dem Willen Gottes leben können?

2001 hat die ägyptische Azhar-Universität das Buch von Ibrahim Abû Khalîl verboten, weil es angeblich Zweifel an Mohammeds nächtlicher Reise nach Jerusalem und an seiner Himmelsreise säte.[12] Es braucht wenig oder gar keinen Mut, vorherzusagen, daß Ibrahim Abû Khalîl etwas Ähnliches dargelegt hat wie das, was weiter oben über die Bedeutungsvarianten des arabischen Verbs *asrâ* ausgeführt wurde und die möglichen Konsequenzen, die das für den Sinn des Anfangs von Sure 17 hat. Obwohl dieses Buch von der maßgeblichen Azhar-Universität verboten wurde, schrieb der Kolumnist Ahmad Muhammad ʿArafa im August 2003 doch wieder etwas Vergleichbares in einem der Regierungsblätter, der meinungsbildenden Zeitung *Al-Qâhira*. Hauptbestandteil des Artikels war abermals die Analyse der Verwendung des Verbs *asrâ* im Koran.[13] Das belegt, daß die offiziellen religiösen Führer an den traditionellen Ansichten über

Mohammeds Himmelsreise festhalten wollen, aber sich hier und da bei den ihrer Autorität anvertrauten Gläubigen allmählich modernere Vorstellungen entwickeln.

Die Nacht der Bestimmung

Bei Sure 97 handelt es sich um etwas völlig anderes als bei Sure 17. Hier ist es nicht die Virtuosität der alten muslimischen Korankommentatoren, durch die wir fast nicht anders können, als die Sure in dem Licht zu sehen, das sie hineingebracht haben. Hier ist es die linguistische Virtuosität Christoph Luxenbergs, die der Sure einen völlig unerwarteten Kontext gibt, wobei sich trotzdem die Frage stellt, ob dieser wohl richtig ist.

Die Tradition der islamischen Kommentatoren verbindet diese Sure mit der Nacht der Offenbarung des Korans, der *lailat al-qadr*, der Nacht des Schicksals, der Entscheidung, der Bestimmung oder des Maßes. Die Bedeutung von *qadr* ist unklar, und von der Entzifferung dieses Wortes hängt die weitere Interpretation der Sure ab. Luxenberg glaubt, daß *qadr* aufgrund mancher syrischer Parallelen auch «Stern», «Geburtsstern» oder «Fatum», «Karma» bedeuten könne. Das ist möglich, aber nicht sicher.

Die Korankommentatoren teilen uns nicht mit, um welche Nacht es sich handelt. Wohl wissen wir, daß es eine der ungeraden Nächte im letzten Drittel des Monats Ramadân sein muß. Viele nehmen an, daß es sich um die siebenundzwanzigste Nacht handelt. Bei den normalen Ramadân-Feiern wird dem Aufmerksamkeit geschenkt.

Wie dem auch sei, Sure 97 ist eine mekkanische Sure, in der immer, in allen Übersetzungen und Interpretationen, von Nacht, Engeln, Herabsteigen und Frieden die Rede ist. Ein Text mit nur diesen vier Themen wäre natürlich schon prädestiniert, das Weihnachtsfest zum Gegenstand zu haben. Wenn dann noch ein Stern und Hymnen hinzukommen, scheint die Entscheidung bereits gefallen zu sein. Könnte die Sure tatsächlich vom Weihnachtsfest handeln? In der Übersetzung des Groninger Arabisten Fred Leemhuis, die unter

Rücksichtnahme auf islamische Empfindlichkeiten erstellt wurde, lautet der Text folgendermaßen:

(1) Wir haben ihn in der Nacht der Entscheidung hinabgesandt.
(2) Und wie willst du wissen, was die Nacht der Entscheidung ist?
(3) Die Nacht der Entscheidung ist besser als tausend Monate.
(4) Die Engel und der Geist steigen in ihr hinab mit der Erlaubnis deines Herrn für jede Anordnung.
(5) Voller Frieden ist sie bis zum Aufgehen der Morgenröte.

Nach der islamischen Tradition handelt es sich hier nicht um die Nacht von Jesu Geburt, sondern um die Nacht, in der der Koran hinabgesandt wurde. Gleichzeitig lehrt der Islam allerdings, daß der Koran nicht auf einmal, sondern Stück für Stück über einen Zeitraum von etwa zwanzig Jahren offenbart wurde, in dem Mohammed zuerst in Mekka und anschließend in Medina lebte. Hier verbirgt sich also ein Widerspruch. Dieser Widerspruch wäre aufgehoben, wenn es in der Sure um Weihnachten ginge und nicht um den Koran.

Der deutsche Koranwissenschaftler Christoph Luxenberg nimmt bekanntermaßen keine Rücksicht auf islamische Empfindlichkeiten und publiziert daher unter einem Pseudonym. Er hat eine Reihe schwer verständlicher Begriffe aus dieser Sure als Syrisch identifiziert, eine Schwestersprache des Arabischen. So gelingt es ihm, die ganze Sure 97 noch mehr mit dem Weihnachtsfest in Verbindung zu bringen, als es in der Leemhuis-Übersetzung bereits der Fall ist. Seine Übersetzung lautet:

(Die Schicksalsbestimmung des Geburtssterns)
(1) Wir haben ihn (den Jesusknaben) in der Nacht der Schicksalsbestimmung (des Geburtssterns) herabkommen lassen.
(2) Was weißt du, was die Nacht der Schicksalsbestimmung ist?
(3) Die Nacht (die Nokturn) der Schicksalsbestimmung ist gnadenreicher als tausend Vigilien.[14]
(4) Die Engel, vom Geiste (begleitet; Anm.: vom heiligen Geiste?), bringen darin mit Erlaubnis ihres Herrn allerlei Hymnen herab.[15]
(5) Friede ist sie bis zum Anbruch der Morgendämmerung.

Vor allem Vers 3 und 4 sind in der Luxenberg-Auslegung überzeugender als nach traditioneller islamischer Auffassung, wie sie Leemhuis wiedergibt. Fast alle Motive der Weihnachtsgeschichte und der Weihnachtsfeier sind nun vorhanden. Stern, Nacht, Nachtwache, Engel, Lieder wie «Ehre sei Gott», Herabsteigen vom Himmel – wer darin die Weihnachtsgeschichte nicht erkennen will, muß noch einmal Lukas 2,8–20 nachschlagen. Die theologische Bedeutungslosigkeit von Jesus im System des Islam könnte dann dazu geführt haben, daß die Muslime Sure 97 im Lauf der Zeit nicht mehr auf die Geburt Jesu bezogen haben, sondern auf die Offenbarung des Korans.

Neben religiösen und theologischen Faktoren, die dem Erkennen der Weihnachtsgeschichte in dieser Sure entgegenwirken, gibt es noch etwas anderes. Traditionelle religiöse Feste, die sich über Jahrhunderte durchgesetzt haben, sind meist an Jahreszeiten und am Sonnenlauf orientiert. Vor Weihnachten werden etwa in Europa die Tage viel kürzer, und der Winter beginnt; im milden Winterklima des Mittleren Ostens sind dagegen die Unterschiede in der Länge der Tage kaum halb so groß. Die Assoziation mit Wiederanfang und Wiedergeburt, die Rückkehr des Lichts, die Möglichkeit zu einem Neubeginn, und all das dann symbolisiert in der Geburt eines göttlichen Kindes, kann in Europa wirklich kein Mensch übersehen. Im milden Klima des Mittleren Ostens drängt sich die Symbolik um das Weihnachtsfest viel weniger auf. Aber selbst wenn eine gesunde Konkurrenz zwischen Islam und Christentum sicherlich mitgespielt haben wird, hatten die Muslime im Mittleren Osten im achten und neunten Jahrhundert auch sonst jeden Grund, in dieser Sure nicht länger das Weihnachtsfest zu erkennen. Klima wie Theologie hatten beide ihren Anteil daran. Sobald das Weihnachtsfest als Anlaß für Sure 97 allmählich vergessen wurde, war die islamische Offenbarung, der Koran, zur Stelle, um die Bedeutung dieser Sure auszufüllen. Daß es wirklich so vor sich gegangen ist, können wir natürlich nicht mit Sicherheit sagen.

Gehören solche Geschichten, über den Handel, über die satanischen Verse, über die Nacht- und die Himmelsreise und über Weihnachten, überhaupt in eine Lebensbeschreibung von Mohammed?

Nach modernem Empfinden eigentlich nicht, aber es gibt so gut wie keinen islamischen Bericht über das Leben Mohammeds, gleich welcher Länge, der nicht irgendeinen Hinweis auf den Mekka-Handel, die satanischen Verse und die Nacht- und die Himmelsreise enthält. Diese Geschichten werden so oft von und für Muslime erzählt, daß ein Mensch unserer Zeit, ob Muslim oder nicht, sie einfach kennen muß. Das ist heute Teil der Allgemeinbildung.

Sanftmut und Geduld im Umgang mit Tieren werden dem Propheten nachgesagt. Hier widmet er sich der Klage einer Hirschkuh. Osmanische Miniatur, 16. Jahrhundert. Turkish and Islamic Art Museum Istanbul.

8. Nach Medina

Das antike Arabien war dünn besiedelt, heiß und arm. Es gab keine Zentralmacht, und an den meisten Orten nicht einmal eine kommunale Obrigkeit. Die Bevölkerung zog durch die Wüste oder wohnte in kleinen Gemeinschaften, die wir später, in Ermangelung eines besseren Begriffs, als «Stadt» bezeichnet haben. Wo Menschen beisammen sind, entstehen Konflikte. Ohne Obrigkeit, Instanz oder eine Person, die diese Konflikte lösen kann, indem sie einer der beiden Parteien recht gibt oder einen Kompromiß vorschlägt, entstehen Fehden, die sich kaum noch beenden lassen.

Die islamische Tradition erzählt uns, daß die Oasenstadt Yathrib, etwa dreihundertfünfzig Kilometer nördlich von Mekka gelegen und heute besser bekannt als Medina, in besonders viele Fehden verstrickt war und eine Gruppe von Bewohnern dieser Oase glaubte, diese Streitigkeiten beenden zu können, indem sie Mohammed nach Medina holte. Womöglich enthält Sure 10,47 (mekkanisch) eine Anspielung auf diese Situation:

> Und jede Gemeinschaft hat einen Gesandten. Wenn nun (beim Gericht zu den Leuten einer Gemeinschaft) ihr Gesandter kommt (und Zeugnis über sie ablegt), wird zwischen ihnen in Gerechtigkeit entschieden. Und ihnen wird (dabei) nicht Unrecht getan.

Mohammed sollte in Medina die Funktion eines *hakam*, eines «Schiedsrichters», übernehmen. Das Wort «Schiedsrichter» kommt im Koran dreimal vor, immer in Versen aus Medina. Zweimal handelt es sich dabei um «Schiedsrichter», die in einem Ehekonflikt vermitteln sollen (Sure 4,35), einmal um Gott selbst als Schiedsrichter: «Soll ich mir denn einen anderen Schiedsrichter wünschen als Gott?» (Sure 6,114) Es läßt sich nur schwer feststellen, wer hier das «Ich» ist. Fast muß es Mohammed selbst sein.

Aber dann haben die anderen Parteien, die an der Vermittlung beteiligt sind, ein ernstes Problem, denn nur Mohammed empfing Offenbarungen von Gott, und nur er war über Gottes Willen unterrichtet. Wer Gott nicht ungehorsam sein wollte, hatte daher auch Mohammed zu gehorchen. Es ist klar, daß ein Prophet, der als Schiedsrichter in einer antiken arabischen Oase auftritt, innerhalb kürzester Zeit die höchste Machtposition in der Gemeinschaft erlangt. Seine eventuellen Gegner können, wollen oder dürfen ja nicht an Gott appellieren, er dagegen wohl. Noch schlimmer: Wer eine Meinungsdifferenz mit dem Propheten und Schiedsrichter hat, dem kann Ungehorsam gegenüber Gott angelastet werden, mit allen entsprechenden Folgen.

Heutige und frühere areligiöse Menschen sehen ein solches Arrangement mit Unbehagen. Ihrer Ansicht nach gibt es ja keinerlei Grund, die Behauptung des Propheten, daß sein Wunsch dem Willen Gottes entspreche, hinzunehmen. Sie werden das Machtwort des Propheten, der sich auf Anweisungen Gottes beruft, für nichts anderes als taktische Schläue halten, fast für einen Dreh, der dazu dient, alle Macht auf ihn zu vereinen. Durch dieses Machtwort werden sie sich als Bürger zweiter Klasse abgeschoben fühlen.

Gläubige Menschen dagegen haben kein Problem mit einem solchen Arrangement. Im Gegenteil, sie werden sich darüber freuen, daß die Welt um sie herum nun endlich im Einklang mit Gottes Willen gestaltet wird und, um einmal einen christlichen Begriff zu verwenden, das neue Jerusalem[1] aus dem Himmel herniedersinkt. Die Situation weist deutliche Übereinstimmungen mit den Erwartungen auf, die man heute bezüglich der Auswirkungen der Einführung der Scharia hegt, der islamischen Gesetzgebung. Befürworter der Einführung des islamischen Gesetzes berufen sich auf Gott, ihre Gegner haben eigentlich nichts, auf das sie sich stützen könnten, außer der Rechtsgeschichte, der politischen Geschichte und dem gesunden Menschenverstand – was bekanntlich ein Zeichen von Schwäche ist.

Zwei Koranverse aus der medinensischen Zeit sprechen explizit über die Ernennung Mohammeds zum Schiedsrichter. Beim ersten handelt es sich um Sure 4,65, in der eindeutig gesagt wird, daß der, der die Anordnungen des Propheten ablehne, ein Ungläubiger sei:

> Sie sind so lange nicht (wirklich) gläubig, bis sie dich zum Schiedsrichter machen.

Vergleichbar ist Sure 5,43, in der gewisse in Medina ansässige Juden dafür getadelt werden, daß sie Mohammed nicht als Schiedsrichter akzeptiert haben:

> Aber wie können sie dich zum Schiedsrichter machen, wo sie doch die Thora[2] haben, in der die Entscheidung Gottes vorliegt, und sich hierauf, nachdem diese Voraussetzung (zur richtigen Einsicht für sie) gegeben ist, (in Ungehorsam davon) abwenden? Sie kann man nicht als (wirklich) Gläubige bezeichnen (w. Die sind nicht die (wirklich) Gläubigen).

Zweimal sagt der Koran also, in den Suren 4,65 und 5,43, daß die Einwohner Medinas, die Mohammeds politische Autorität ablehnen, Ungläubige seien – und aus dem Inhalt des Korans wissen wir, wie schlecht es den Ungläubigen ergehen wird. Auch über das Handeln der medinensischen Juden, die versuchen, bei anderen als Mohammed ihr Recht zu bekommen, sagt Sure 4,60 etwas Bedrohliches:

> Hast du (Mohammed) nicht nach jenen gesehen, die behaupten, an das zu glauben, was zu dir hinabgesandt worden ist (der Islam, der Koran), und an das, was vor deiner Zeit hinabgesandt worden ist (das Judentum), daß sie doch noch versuchen, beim Tâghût recht zu bekommen? Der Satan will sie weit abirren lassen. [Übers. Jansen]

«Tâghût» ist eine Bezeichnung, die noch heute von radikalen Muslimen verwendet wird. Die Mitglieder der Hofstad-Gruppe bezeichneten so die niederländische Polizei und Justiz, und die Anhänger Khomeinis verwendeten den Terminus für den Schah und dessen Verbündete. Der Begriff wird auch beispielsweise im Jemen für das Gewohnheitsrecht verwendet, im Gegensatz zum islamischen Recht. Man hat beinahe den Eindruck, als würde diese Passage (Sure 4,60) jeden, der Mohammeds höchste Autorität in politischen und juristischen Fragen nicht anerkennt, als Diener, Mithelfer oder Opfer Satans abstempeln.

Es ist naheliegend, daß jemand, der in einer staatenlosen Gesellschaft der Antike versuchte, einen Staat zu etablieren, zu allen Mitteln, auch religiösen, griff, um sein Ziel zu verwirklichen. Dagegen ist weniger naheliegend, daß es in modernen Gesellschaften, in denen bereits Staaten existieren (und vor allem Staaten mit einer frei gewählten Regierung), trotzdem Strömungen gibt, die sich noch immer von der antiken Terminologie und Ideologie inspirieren lassen. Zur Festigung der Staatsmacht hatte die antike Ideologie keine andere Wahl, als jede weitere Form politischer Autorität, wie schwach sie auch war, notfalls unter Einsatz von Gewalt auszubooten. Das war nicht destruktiv, sondern konstruktiv und notwendig für das Zustandekommen eines gesellschaftlichen Novums: des Staates. Doch die Anwendung derselben Methoden, die in antiken Zeiten zur Ermöglichung einer Staatsbildung nötig waren, auf Gesellschaften, in denen bereits ein Staat vorhanden ist, führt ausschließlich zu Chaos und Destruktion.

Obwohl es sehr plausibel erscheint, daß wir die Koranverse über Mohammeds Rolle als Schiedsrichter in Medina richtig interpretiert haben und sie tatsächlich von Mohammed handeln, wirklich sicher wissen wir es nicht. Vielleicht interpretieren wir den Koran gerade wieder mit Hilfe der Überlieferung, obwohl dieselbe Tradition aus dem Bedürfnis nach einer Erklärung entstanden ist, die vom Schwierigkeitsgrad des Korantextes verursacht wurde.

Was sagt die Tradition über Mohammeds Weg nach Medina? Es begann damit, berichtet Ibn Ishâq, daß Mohammed auf einem der Jahrmärkte Leute aus Medina kennengelernt hatte,[3] und zwar Mitglieder der Chazradsch, eines der beiden arabischen heidnischen Clans in Medina. Der zweite Clan hieß Aus. Darüber hinaus gab es drei jüdische Clans in Medina: die Quraiza, Nadîr und Qainuqâʿ. Das arabische Wort *madîna* bedeutet ursprünglich so etwas wie «Gebiet, in dem ein einziges Rechtssystem *(dîn)* gilt», genau wie das aramäische *medinta*. Von daher hat das Wort im Arabischen die Bedeutung «Stadt» übernommen und im Hebräischen «Staat». Bevor die

Stadt «Medina» hieß (meist aufgefaßt als eine Abkürzung von *madînat an-nabî*, «die Stadt des Propheten»), war ihr Name Yathrib.[4] Die Bedeutung von *yathrib* ist nicht bekannt, aber möglicherweise gibt es eine Verbindung zu einem Wort mit der Bedeutung «fett», was angesichts der Fruchtbarkeit dieser Region verständlich wäre.

Die von Ibn Ishâq erzählte Geschichte greift mehrfach Dingen vor, die sich erst später ereignen sollten. So wurden die Männer aus Medina von Anfang an «Helfer»[5] genannt, weil sie zu der Gruppe gehörten, die später, nachdem Mohammed und die Muslime in Medina eingetroffen waren, diesen Unterstützung anbieten sollten. Mohammed lud die Männer der Chazradsch zu einem ruhigen Gespräch ein, erklärte ihnen den Islam und trug aus dem Koran vor. Das hatte Erfolg, da Gott, sagt Ibn Ishâq, sie bereits durch den Kontakt mit jüdischen Mitbewohnern in Medina auf den Islam vorbereitet hatte.

Die Juden von Medina

Über die Juden in Medina wurde viel nachgedacht, aber wir verfügen über wenig gesicherte Informationen. Einmal wurde sogar die Vermutung geäußert, daß es sich nicht um Juden, sondern um Samaritaner gehandelt habe, eine Bevölkerungsgruppe, von der es heute nur noch einige hundert Angehörige im Umkreis der Stadt Nablus auf der Westbank gibt. Der Überlieferung zufolge stammen die Samaritaner von jenen Israeliten ab, die bei der Verschleppung durch die Assyrer 722 v. Chr. (2. Könige 17) nicht ins Zweistromland mitgenommen worden waren. In der Zeit des Neuen Testaments (der «barmherzige Samariter») und während der Regierungszeit von Kalif ʿUmar[6] waren die Samaritaner noch immer eine wichtige Gruppe. Sie erkennen zwar die fünf Bücher Mose an, aber nicht die restliche Bibel. Weil es manchmal so scheint, als sei der Koran, wie die Samaritaner, zwar mit den fünf Büchern Mose vertraut, aber kaum mit dem übrigen Alten Testament, wurde gelegentlich der Gedanke geäußert, daß es sich bei den «Juden von Medina» in Wirklichkeit um Samaritaner gehandelt habe.

In der jüdischen Tradition ist dagegen keinerlei Erinnerung an diese Gruppen in Medina erhalten geblieben. Das gibt natürlich zu denken. Man hat schon vermutet, daß es sich nicht um Juden, sondern um – ethnisch gesehen – Araber gehandelt habe, die sich irgendwann zum Judentum bekehrt hatten. Auch die Hypothese, es seien Juden, die in die arabische Wüste geflohen waren, nachdem die Griechen in den ersten Jahrzehnten des siebten Jahrhunderts Teile des syrischen Gebietes von den Persern zurückerobert hatten, wurde aufgestellt.[7] Die Existenz und Vertretbarkeit so vieler Theorien bedeutet, daß man genaugenommen nicht weiß, um welche Gruppen es sich gehandelt hat. Der Koran und die islamische Überlieferung sprechen natürlich ohne jedes Zögern von «den Juden», im Arabischen *al-yahûd*, und von «den Israeliten», im Arabischen *banî Isrâ'îl.*

In Medina, oder eigentlich Yathrib, pflegten Heiden und Juden, so die Überlieferung, Raubzüge ins Gebiet der jeweils anderen zu unternehmen. Ibn Ishâq berichtet, daß immer, wenn «etwas zwischen ihnen war», die Juden zu den Heiden gesagt hätten, bald werde ein Prophet gesandt, dem sie folgen und mit dessen Hilfe sie die Heiden töten würden.[8] Die Männer der Chazradsch, die nun (620?) in Mekka Mohammed begegnet waren, sagten zueinander: «Männer! Seht euch vor! Bei Gott, das ist der Prophet, mit dem uns die Juden drohen! Wir wollen ihnen zuvorkommen!» Und sie beschlossen, sich zum Islam zu bekehren. Dann wandten sie sich, so Ibn Ishâq, an Mohammed und sagten zu ihm: «Wir haben unser Volk *(qaum)* verlassen,[9] denn es gibt kein Volk, das gegenseitig so vom Haß gespalten ist wie sie. Vielleicht wird Gott sie mit deiner Hilfe einen. Wir werden zu ihnen gehen und sie aufrufen, das zu tun, was du uns gesagt hast. Falls Gott sie eint, wird keiner mächtiger sein als du.»[10] Daraufhin kehrten sie nach Medina zurück, und «es gab dort kein Haus, in dem nicht über den Gesandten Gottes gesprochen wurde». Es ist auffallend, wie die Männer bereits in der dritten Person über ihr eigenes Volk reden («vielleicht wird Gott sie einen» statt «uns einen»), wodurch sie noch einmal unterstreichen, daß sie inzwischen wirklich eine neue Loyalität gefunden haben: nicht mehr gegenüber dem Chazradsch-Clan, sondern gegenüber dem Islam.

Im Jahr darauf (621?) kamen zwölf *ansâr*, Helfer, aus Medina nach ʿAqaba, einem Ort zwischen Mekka und Minâ, wo während der Haddsch-Zeremonien das «Steinigen des Satans» stattfindet: zehn Männer aus dem Chazradsch-Clan und zwei aus dem Aus-Clan. Die Zahl zwölf läßt Gläubige wie Religionshistoriker in diesem Zusammenhang aufhorchen: die zwölf Stämme Israels, die zwölf Jünger Jesu und nun die zwölf Abgesandten aus Medina. Es könnte natürlich auch einfach wahr sein. Sie trafen eine Vereinbarung mit Mohammed, in der sie sich zum Glauben an einen Gott verpflichteten und darauf, nicht zu stehlen, Ehebruch zu begehen, neugeborene Kinder zu töten, ihre Nächsten zu verleumden oder Mohammed im Guten ungehorsam zu sein. Die Verpflichtung zum bewaffneten Kampf war damals noch nicht Teil der Vereinbarung. Sure 60,12 ist so gut wie identisch mit dem genauen Wortlaut des Versprechens:

> Gott nichts (als Teilhaber an seiner Göttlichkeit) beizugesellen, nicht zu stehlen, keine Unzucht zu begehen, ihre Kinder nicht zu töten, keine von ihnen aus der Luft gegriffenen Verleumdungen vorzubringen (?) und sich dir in nichts zu widersetzen, was recht und billig ist.

Als die Männer ihrerseits fragen, was sie bekommen, wenn sie sich an diese Vereinbarung halten, gibt ihnen Mohammed eine kurze Antwort: das Paradies.[11]

Die gegenseitigen Versprechen der Männer aus Medina und Mohammeds werden im Arabischen *baiʿa* genannt. Ursprünglich bedeutet dieses Wort einfach «Vereinbarung», aber im Lauf der Zeit wurde es vor allem als Bezeichnung für den Treueid üblich, den Untertanen ihrem neuen Herrscher leisten. Wenn es um einen neuen Kalifen geht, ist die Übersetzung «Huldigung» meist angebracht. Bis auf den heutigen Tag wird der Begriff *baiʿa* von muslimischen Extremisten zur Bezeichnung ihres Gefolgschaftsvertrags mit dem Leiter (*amîr*, «Befehlshaber») ihrer Zelle oder Arbeitsgruppe verwendet. Das gewöhnliche moderne arabische Wort für «Kauf» (der ja ebenfalls eine Vereinbarung ist) lautet übrigens ebenfalls *baiʿa*.

Das Problem mit dieser *baiʿa* zwischen Mohammed und den zwölf Männern aus Medina und mit Sure 60,12 besteht darin, daß dieser

Kontext als medinensisch gilt, während die Vereinbarung nach Ibn Ishâqs Bericht gut ein Jahr vor dem Ende der mekkanischen Periode geschlossen wurde. Natürlich hat dies einige Zweifel an der Historizität der Geschichte aufkommen lassen. Die Geschichte, oder ein Teil davon, könnte ja auch nichts anderes als eine Bearbeitung von Sure 60,12 sein. Nach Ibn Ishâq schickte Mohammed nach der *baiʿa* einen gewissen Musʿab ibn ʿUmair mit den neugewonnenen Muslimen aus Medina zurück, um sie in der neuen Religion und im Koran zu unterweisen. Dieser Musʿab war genau wie Mohammed ein Enkel Hâschims. Die Auseinandersetzungen zwischen den Aus und den Chazradsch, erzählt Ibn Ishâq, waren so heftig, daß keiner der Clans der Ernennung eines Vorbeters für Medina aus der jeweils anderen Gruppe zustimmen wollte. Also stellte sich Musʿab zur Verfügung.

Ein Jahr darauf folgte eine zweite *baiʿa* bei ʿAqaba. Die Details der Geschichte könnten gut frommen Wünschen angepaßt worden sein, aber daß gründlich über eine Auswanderung verhandelt werden mußte, wie sie von Mohammed und den Seinen geplant war, ist nicht anders zu erwarten. Die *ansâr,* die «Helfer», kamen mit Heiden aus Medina zur Haddsch nach Mekka. Während der Wallfahrtszeremonien trafen sie sich heimlich mitten in der Nacht mit Mohammed, abermals bei ʿAqaba. Diesmal handelte es sich nicht um eine Delegation von zwölf, sondern von dreiundsiebzig Männern und zwei Frauen. Bei diesem zweiten Treffen spielte al-ʿAbbâs, der Bruder von Mohammeds Vater, der Geschichte zufolge eine wichtige Rolle. Al-ʿAbbâs war zwar kein Muslim, aber das Oberhaupt des Clans, aus dem Mohammed ursprünglich stammte. Es gibt zwei Erklärungen für seine Anwesenheit in diesem wichtigen Augenblick. Als Anführer von Mohammeds Clan hatte er darauf zu achten, daß den Männern aus Medina alle Verpflichtungen in bezug auf Mohammed ordentlich übertragen wurden. Die zweite Erklärung lautet, Propagandisten der Abbasiden-Bewegung (die schließlich von 750 bis 1258 das Kalifat innehatte) seien dafür verantwortlich, daß die Historiker und die Geschichtenerzähler allmählich glaubten, al-ʿAbbâs, der Urahn der Abbasiden, habe bei dieser Begebenheit eine entscheidende und sympathische Rolle gespielt. Die Geschichte berichtet auch ganz nachdrücklich, daß das Treffen unter strengster Geheimhaltung stattfand. Es können also nur wenige von al-ʿAbbâs' schöner Rolle gewußt haben. Wer die Geschichte irgendwann zwischen 710 und 750 oder früher zu hören bekam, wird sich nicht gewundert haben, daß er sie noch nicht kannte. Es hatte sich ja um ein Geheimtreffen gehandelt. Andererseits wäre es für die Propagandisten eine Kleinigkeit gewesen, ihren Helden al-ʿAbbâs eben auch als jemanden darzustellen, der sich (notfalls klammheimlich) zum Islam bekehrt hatte. Oder unterschätzen wir die Subtilität der Propagandisten, die der Abbasiden-Bewegung in ihrem langen Kampf um die Macht zur Verfügung standen?

Mohammed erklärte gegenüber seinem Onkel al-ʿAbbâs und den Vertretern aus Medina feierlich, daß ihn die Medinenser beschützen würden, wie sie auch ihre Frauen und Kinder beschützen würden. Damit waren al-ʿAbbâs und sein Clan aller Verpflichtungen gegenüber Mohammed enthoben. Dieser zweite Treueid *(baiʿa)* bei ʿAqaba ging einen entscheidenden Schritt weiter als der erste. Er implizierte, daß die Männer von Medina Mohammed auch mit Waffengewalt unterstützen müßten. Der Geschichte zufolge fragte einer der Anwesenden, ob Mohammed sie wieder verlassen werde, sobald sie die Juden in Medina besiegt hätten. Mohammed verneinte dies und gebrauchte dabei, um klarzumachen, daß sie jetzt einen einzigen Stammesverband bildeten, gängige Formulierungen wie: «Ich führe Krieg gegen jeden, gegen den ihr Krieg führt, und ich lebe in Frieden mit jedem, mit dem ihr in Frieden lebt.» Daraufhin traten zwölf Männer vor, neun der Chazradsch und drei der Aus, die mit einem Handschlag das neue Bündnis besiegelten. Unter ihnen waren auch, so berichtet die Geschichte, zwei Frauen. Mohammed pflegte, so Ibn Ishâq, Frauen nicht die Hand zu geben.[12] Zu ihnen sagte er nur: «Gehet hin. Ich habe eine Vereinbarung mit euch.» Es gibt unterschiedliche Meinungen über die Frage, welcher Vertreter bei dieser Gelegenheit zuerst Mohammeds Hand geschüttelt hat: ein gewisser Asʿad ibn Zurâra, Abû al-Haitham oder al-Barâ ibn Maʿrûr.[13] Natürlich ist es eine große Ehre, von demjenigen abzustammen, der als erster bei dieser Gelegenheit Mohammed die Hand gegeben hat.

Die Mächte der Finsternis mischten bei diesem Wendepunkt der Heilsgeschichte nach Kräften mit. Nachdem jeder der neuen Bundesgenossen Mohammed die Hand geschüttelt hatte, «schrie der Satan von der Spitze ʿAqabas mit der durchdringendsten Stimme, die man je gehört hatte», einem jeden, der sein Lager in Minâ aufgeschlagen hatte, zu: «Was wollt ihr mit diesem Ehrlosen[14] und seinen Überläufern? Sie haben gemeinsam beschlossen, gegen euch Krieg zu führen!» Mohammed versicherte den Anwesenden, daß dies der Dämon von ʿAqaba sei, und schwor, ihn zu besiegen. Daraufhin befahl er, zu den Zelten zurückzukehren, aber einer der Anwesenden sagte zu ihm: «Bei Gott, der dich mit der Wahrheit zu uns gesandt hat, wenn du es willst, werfen wir uns morgen früh mit unseren Schwertern auf die Leute hier in Minâ.» Aber Mohammed sagte: «Dafür haben wir keinen Befehl bekommen, kehrt in eure Lager zurück.» Und das geschah auch. Dieses Detail der Geschichte will wahrscheinlich betonen, daß Mohammed nicht grundlos aus eigener Initiative Kriege führte, sondern ausschließlich, wenn er glaubte, von Gott den Befehl dazu erhalten zu haben. Dieser Zeitpunkt war noch nicht gekommen.

Dennoch war der Gedanke an Beute nicht unwillkommen, erzählt Ibn Ishâq.[15] Als einer der *ansâr* bei Tagesanbruch ein Paar neue Sandalen zugeworfen bekam, das eigentlich einem der anwesenden Mekkaner gehörte, faßte er das als gutes Vorzeichen auf und sagte: «Wenn sich dieses Vorzeichen erfüllt, werde ich mir, was er besitzt, als Kriegsbeute aneignen.»

Alles in allem waren die Einwohner Mekkas doch argwöhnisch geworden und fragten bei den Pilgern aus Medina nach, was in der Nacht vorgefallen sei. Hatten etwa die Medinenser eine Vereinbarung mit Mohammed getroffen, Krieg gegen die Mekkaner zu führen? Die Heiden unter den Männern aus Medina wußten von nichts und beteuerten daher auch den Fragenden, daß sie nichts zu befürchten hätten. Nachdem alle aus Minâ abgezogen waren, sickerte die Vereinbarung zwischen Mohammed und den *ansâr* doch durch. Die Mekkaner verfolgten die nach Medina zurückreisenden Pilger, nahmen zwei von ihnen gefangen und brachten sie nach Mekka zurück. Die Versuche der Mekkaner, zuverlässige Informationen darüber, was eigentlich vorgefallen war, zu bekommen, führten zu nichts. Einer der beiden Gefangenen entkam, der andere mußte viel erleiden, hatte allerdings gute Kontakte zu zwei Mekkanern, denen er bei ihren Aufenthalten in Medina immer Schutz geboten hatte. Die beiden wurden gesucht und gefunden, bürgten für ihn, und der Gefangene wurde daraufhin freigelassen.

Der bevorstehende Kampf zwischen Mohammed und Mekka

Offenkundig reichten den Heiden Mekkas einige Hinweise, um zu vermuten, daß ein Krieg bevorstand. Darüber hören wir im weiteren Verlauf nur wenig, vielleicht weil ein Nachkomme eines heidnischen Mekkaners nicht stolz darauf gewesen sein wird, daß einer seiner Vorfahren die Situation schonungslos analysiert und begriffen hatte, daß er zum Krieg gegen Mohammed und dessen neue Bundesgenossen aufrufen mußte.

Wann wohl werden auch die Konvertiten aus Medina begriffen haben, daß ihre Vereinbarung mit Mohammed zu bewaffneten Konflikten führen mußte? Es gibt wenig Grund zu der Annahme, daß die Medinenser naiver waren als die Mekkaner, und außerdem läßt die Geschichte die *ansâr* bereits beim ersten Treffen sagen, sie würden nun gemeinsam mit dem Propheten ihre Feinde töten. Aber wenn sich schon nicht recht herausfinden läßt, was dort genau vorgefallen ist, wird es erst recht nicht möglich sein, zu erschließen, was wohl die Teilnehmer dieser Verhandlungen gedacht haben. Aber daß sich niemand gefragt haben soll, wovon die Muslime nach ihrem Weggehen aus Mekka dann in Medina ihren Lebensunterhalt bestreiten wollten und was das wiederum für Konsequenzen haben könnte, ist nicht einleuchtend.

An diesem Punkt der Geschichte möchte Ibn Ishâq deshalb auch klarmachen, daß Mohammed nicht aus eigenem Antrieb Krieg führte oder Gewalt anwandte, sondern daß ihm dafür von Gott ein expliziter Auftrag erteilt wurde.[16] Dazu zitiert er Sure 22,39–41, in der diese Genehmigung erteilt wird:

> Denjenigen, die (gegen die Ungläubigen) kämpfen (so nach einer abweichenden Lesart; im Text: die bekämpft werden), ist die Erlaubnis (zum Kämpfen) erteilt worden, weil ihnen (vorher) Unrecht geschehen ist. – Gott hat die Macht, ihnen zu helfen. – (Ihnen) die unberechtigterweise aus ihren Wohnungen vertrieben worden sind, nur weil sie sagen: Unser Herr ist Gott. – Und wenn Gott nicht die einen Menschen durch die anderen zurückgehalten hätte (indem er ihnen aus ihren eigenen Reihen Widersacher entstehen ließ), wären (überall) (Einsiedler)klausen, Kirchen, Synagogen (?) (w. (Stätten der liturgischen) Gebete) und (andere?) Kultstätten, in denen (allen) der Name Gottes ohne Unterlaß (w. viel) erwähnt wird, zerstört worden. Aber bestimmt wird Gott denen, die ihm helfen, (ebenfalls) helfen. Er ist stark und mächtig. – (Ihnen) die, wenn wir ihnen auf der Erde Macht geben, das Gebet verrichten, die Almosensteuer geben, gebieten, was recht ist, und verbieten, was verwerflich ist. Und Gott entscheidet in letzter Instanz (w. das Ende der Angelegenheiten steht Gott zu).

Ibn Ishâq ist sich unschlüssig, ob seine Leser dieses Koranzitat wohl klar genug finden, schließlich steht hier nicht explizit das Wort «kämpfen».[17] Daher paraphrasiert er die Passage auch:

> Ich (Gott) habe ihnen nur erlaubt zu kämpfen, weil sie ungerecht behandelt wurden, obwohl ihr einziges Vergehen gegen ihre Mitmenschen darin bestand, daß sie Gott dienen. Wenn sie die Oberhand haben, werden sie (das heißt, der Prophet, Gottes Heil und Friede sei mit ihm und mit denen, die mit ihm sind, möge Gott an ihnen allen Wohlgefallen haben) das Gebet einführen, die Almosensteuer erheben, das Rechte befehlen und das Unrechte verbieten. [Übers. Jansen]

Dem fügt er noch ein Koranzitat (Sure 2,193) hinzu:

> Und kämpft gegen sie, bis niemand (mehr) versucht, (Gläubige zum Abfall vom Islam) zu verführen, und bis nur noch Gott verehrt wird. [Übers. Jansen]

Dieses Fragment paraphrasiert Ibn Ishâq anschließend wie folgt:

> Bekämpft sie, bis kein einziger Gläubiger noch verführt werden kann, seinem Glauben abtrünnig zu werden, und bis jeder Gläubige Gott dient, ohne neben ihm noch einem anderen zu dienen. [Übers. Jansen]

Nach dem zweiten Treffen in ʿAqaba befahl Mohammed seinen Jüngern aus Mekka, allmählich nach Medina aufzubrechen. Wer sich an dieser Auswanderung beteiligte, wurde als *muhâdschir*, «Emigrant», bezeichnet. Es war nicht vorgesehen, daß alle gleichzeitig aufbrechen sollten, und Mohammed blieb in Mekka zurück. Natürlich bringt Ibn Ishâq nun allerlei Namenslisten: Die Namen derer, die im Auftrag Mohammeds tatsächlich nach Medina gezogen sind, dürfen ja nicht vergessen werden. Auch die Leute, die sie in Medina aufnahmen, werden mit Vor- und Nachnamen in den Listen genannt.

Gefahren einer Übersiedlung

Ibn Ishâq erzählt eine weitere spannende Geschichte aus den Übergangstagen zwischen Mekka und Medina.[18] ʿUmar, der spätere Kalif, hatte mit zwei Freunden beschlossen, gemeinsam die gefährliche Reise nach Medina zu wagen. Sie verabredeten sich, am nächsten Morgen zu dritt von einer bestimmten Stelle in der Nähe Mekkas aufzubrechen und, falls einer von ihnen nicht auftauchen würde, davon auszugehen, daß dieser, aus welchen Gründen auch immer, nicht kommen könne. Die anderen beiden sollten in diesem Fall ohne ihn aufbrechen. Einer der drei, ein gewisser Hischâm, kam nicht und hatte offensichtlich «der Verführung, dem Islam abtrünnig zu werden», nachgegeben. Den beiden anderen, ʿUmar und einem gewissen ʿAyyâsch, gelang es, Medina sicher zu erreichen. Die Söhne Hischâms gingen bei ʿAyyâsch vorbei (alles spielt zu der Zeit, als sich Mohammed noch in Mekka aufhielt) und erzählten ihm, daß seine Mutter einen Schwur abgelegt habe, ihre Haare nicht zu kämmen und keinen Schutz vor der Sonne zu suchen, bis sie ihren Sohn wiedergesehen habe. ʿAyyâschs muslimische Freunde warnten ihn und sagten, man wolle ihn damit nur bewegen, wieder vom Islam abzufallen: «Wenn deine Mutter Läuse bekommt, wird sie bestimmt wieder einen Kamm benutzen.»

Aus Mitleid mit seiner Mutter beschloß ʿAyyâsch, doch nach Mekka zurückzukehren, aber auch, wie er sagte, um dort noch ein wenig Geld zu holen. Daraufhin bot ihm ʿUmar die Hälfte seines Vermögens, wenn er in Medina bleiben und nicht nach Mekka zurückkehren würde (ʿUmar war reich). ʿAyyâsch lehnte ab. Da lieh ihm ʿUmar sein Kamel und warnte ihn eindringlich vor Verrat. Auf der Reise nach Mekka, mit den beiden Söhnen Hischâms, fragte einer der Mitreisenden ʿAyyâsch, ob er auf sein gutes Kamel, eigentlich ʿUmars Kamel, hinten mit aufsitzen dürfe. Alle stiegen ab, ʿAyyâsch wurde überwältigt und als Gefangener nach Mekka gebracht. Dort wurde er gezwungen, sich wieder vom Islam loszusagen.

Inzwischen war Mohammed in Medina angekommen und empfing dort folgende Offenbarung (Sure 39,53–55):

> Ihr meine Diener, die ihr gegen euch selber (oder: zu eurem (eigenen) Nachteil) nicht maßgehalten habt! Gebt nicht die Hoffnung auf die Barmherzigkeit Gottes auf! Gott vergibt (euch) alle (eure) Schuld. Er ist es, der barmherzig ist und bereit zu vergeben. Und wendet euch (bußfertig) eurem Herrn zu und ergebt euch ihm (oder: und seid ihm ergeben),[19] bevor die Strafe über euch kommt, worauf euch nicht (mehr) geholfen wird![20] Und folgt doch dem Besten, was von eurem Herrn (als Offenbarung) zu euch hinabgesandt worden ist,[21] bevor die Strafe plötzlich über euch kommt, während ihr nichts (Böses) ahnt!

ʿUmar schrieb diese Worte auf ein Blatt[22] und schickte es an Hischâm in Mekka. Der begriff nichts, bis er zu sich sagte: «O Gott, laß es mich begreifen!» In diesem Moment ließ Gott ihn erkennen, daß die Verse von ihm handelten und von der Lage, in die er sich selbst gebracht hatte. Daraufhin stieg er auf sein Kamel, kehrte nach Medina zurück und schloß sich dort wieder Mohammed an. Selbst stark verkürzt bleibt es eine schöne Geschichte, aber Historiker werden wohl wieder den üblichen Einwand vorbringen: Die Erzählung könnte eine Ausarbeitung von Sure 39,53–56 sein, um diese Verse mit einem plausiblen Kontext zu versehen, und nicht eine vom Koran unabhängige Überlieferung, in die nun einmal, weil es die Geschichte so verlangt, auch einige Koranverse aufgenommen wurden.

Letzte Tage in Mekka

Zurück zu den letzten Tagen in Mekka. Mit der Zeit waren alle mekkanischen Muslime in Medina angekommen und dort einquartiert. Ibn Ishâq nennt ein faszinierendes Detail: Die Junggesellen wurden bei einem gewissen Saʿd ibn Chaithama untergebracht, «und zwar, weil dieser ebenfalls Junggeselle war».[23] Nur ʿAlî, Abû Tâlibs Sohn, sowie Abû Bakr (zwei der ersten vier Konvertiten) hielten sich noch in Mekka auf, und natürlich Mohammed. Taktisch war es die richtige Entscheidung. Wäre Mohammed als erster nach Medina gegangen, hätte er dort bei seiner Ankunft ohne seinen Anhang keine besonders starke Position gehabt. Womöglich hätten seine Anhänger ohne ihren in Mekka zurückgelassenen Führer auch auf die lebensgefährliche Reise von Mekka nach Medina verzichtet. Wenn alle Muslime zur selben Zeit und in aller Öffentlichkeit Mekka verlassen hätten, wäre es ihren Gegnern aufgefallen, und diese hätten möglicherweise Gegenmaßnahmen ergriffen. Weil Mohammed aber erst in Medina eintraf, nachdem sein Anhang, erleichtert über sein Kommen, bereits vollzählig versammelt war, besaß er in Medina auch sofort eine starke Hausmacht.[24]

Die Geschichte Ibn Ishâqs enthält einige übernatürliche Elemente.[25] Als die heidnischen Mekkaner über ihre Lage berieten, gesellte sich der Teufel in Gestalt eines gutgekleideten älteren Mannes zu ihnen. Es gelang ihm, das Vertrauen der Gruppe zu gewinnen. In den Beratungen ging es wild hin und her. Jeder war davon überzeugt, daß Mekka nicht mehr sicher sei, nachdem Mohammed nur noch Anhänger außerhalb des mekkanischen Bereichs hatte. Man schlug vor, Mohammed (der sich ja noch in Mekka aufhielt) in Ketten zu legen. Der Satan wies darauf hin, daß, falls der Plan durchsickern sollte, Mohammeds Anhänger kämen, um ihn zu befreien. Dann wäre es definitiv um das Ansehen der Quraisch, des Stammes der

Stadt Mekka, geschehen. Darauf wurde der Vorschlag geäußert, Mohammed zu verjagen, egal wohin. Der Satan gab zu bedenken, daß dies ebenfalls kein guter Plan sei. Er könnte Mohammed eine Position verschaffen, in der er wieder Anhänger gewinnen könnte, mit denen er in der Lage wäre, Mekka anzugreifen und zu unterwerfen.

Darauf schlug Abû Dschahl vor, aus jedem Clan einen Vertreter zu benennen und diese dann gemeinsam Mohammed erdolchen zu lassen. In diesem Fall würde sich die Blutschuld gleichmäßig auf alle Clans verteilen. Mohammeds Clan wäre nie imstande, die Waffen gleichzeitig gegen alle Gruppen zu erheben, und würde sich in diesem Fall mit einer Entschädigungszahlung zufriedengeben müssen, an der sich wiederum alle Clans beteiligen sollten. Der satanische Gast rief aus, dies sei eine wunderbare Idee. Der Vorschlag wurde angenommen, und die Versammlung löste sich auf.

Daraufhin erschien Gabriel Mohammed und warnte ihn vor den Plänen seiner Feinde. Mohammed ließ ʿAlî in seinem Bett schlafen, außerdem noch in seinen Mantel gehüllt. Inzwischen hatte sich vor dem Haus, in dem sich Mohammed und ʿAlî aufhielten, ein Haufen Männer versammelt, die böse Absichten hegten. Abû Dschahl wandte sich an sie und sagte:

> Mohammed behauptet, wenn ihr ihm folgtet, würdet ihr die Könige über die Araber und Perser werden.[26] Nach eurem Tod würdet ihr für ein ewiges Leben in Gärten, wie denen am Jordan, auferweckt werden. Wenn ihr ihm nicht folgtet, würdet ihr umgebracht, und wenn ihr dann vom Tod auferweckt wäret, würdet ihr im Höllenfeuer brennen.

Die Feinde des Propheten in Mekka schafften es aber doch nicht, sich zu einer Aktion durchzuringen. Gott machte es Mohammed möglich, für seine zusammengerotteten Gegner unsichtbar zu werden, indem er ihnen ein wenig Erde auf den Kopf streute. Dazu rezitierte Mohammed Sure 36,1–8. Vor allem der letzte Vers dieser Passage ist wohl sehr angebracht:

> Beim weisen Vorlesen (des Korans). Du (Mohammed) gehörst wirklich zu den Ausgesandten (Gottgesandten) auf einem geraden Weg durch das

> Herabsenden (des Korans) durch den Gewaltigen, den Barmherzigen. Ausgesandt, damit du Leute warnst, deren Väter nicht gewarnt worden waren, so daß sie unachtsam sind. Das Urteil über die meisten von ihnen ist bereits vollzogen. Denn, sie glauben nicht. Wir haben ihnen Fesseln an den Hals gelegt, Fesseln, die bis zu ihrem Kinn reichen, so daß sie ganz steif sind. Wir haben vor ihnen einen Wall errichtet und hinter ihnen einen Wall. Wir haben sie (mit Erde?) zugedeckt, so daß sie nichts sehen können. [Übers. Jansen]

Sobald Mohammed unsichtbar war, konnte er gehen, wohin er wollte. Ein Passant berichtete den Belagerern des Propheten, er habe ihr Opfer schon längst aus dem Haus gehen sehen. Da erst bemerkten sie die Erde auf ihren Köpfen und nahmen sie weg. Dann drangen sie doch ins Haus ein, fanden den schlafenden ʿAlî, hielten ihn für Mohammed und blieben erneut stehen und warteten, bis es Morgen wurde. Als sie am Morgen ʿAlî anstelle von Mohammed sahen, begriffen sie endlich, daß dieser tatsächlich schon das Haus verlassen hatte.

Noch zwei weitere Koranpassagen beschreiben die Ereignisse dieses außergewöhnlichen Tages, so Ibn Ishâq. Zuerst Sure 8,30:

> Und (damals) als die Ungläubigen gegen dich Ränke schmiedeten, um dich festzunehmen (?) oder zu töten oder (aus Mekka) zu vertreiben! Sie schmieden Ränke. Aber (auch) Gott schmiedet Ränke. Er kann es am besten.

Weiter auch Sure 52,30–31:

> Oder sie sagen: «(Er ist) ein Dichter. Wir wollen abwarten (und sehen), was das Schicksal an unvorhergesehenem (Unheil) für ihn bereit hat. Sag: Wartet (nur) ab! Ich warte mit euch ab.

Aus der Art, wie Ibn Ishâq diese Geschichte erzählt, läßt sich ablesen, daß die letzten zwei Zeilen eine ironische Anspielung auf die Gruppe der aufgeregten Männer sind, die vergeblich vor dem Haus, in dem ʿAlî und nicht Mohammed schlief, standen und warteten. Erst nach diesem Ereignis, erzählt Ibn Ishâq, bekam Mohammed von Gott die Erlaubnis, von Mekka nach Medina zu gehen.[27] Mohammed suchte zuerst Abû Bakrs Haus auf. Bei ihrem Aufbruch verließen sie das Haus durch ein Fenster auf der Rückseite. Bevor sie tatsächlich die Übersiedlung wagten, versteckten sie sich noch drei Tage in der Nähe von Mekka in einer Höhle. Diese Geschichte, daß sich Mohammed und Abû Bakr in einer Höhle versteckt haben sollen, steht in Verbindung mit der Koranpassage (Sure 9,40), bei der sich wieder die üblichen Dilemmata auftun; denn entweder ist die Geschichte erfunden, um diesen Text stärker auszugestalten, oder Vers und Geschichte sind voneinander unabhängige Zeugnisse:

> Wenn ihr ihm (d. h. dem Propheten) keinen Beistand leistet, (kann er doch auf die Hilfe Gottes rechnen). Gott hat ihm ja schon (damals) Beistand geleistet, als die Ungläubigen ihn zu zweit (aus Mekka) vertrieben. (Damals) als die beiden in der Höhle waren, und als er (d. h. Mohammed) zu seinem Gefährten sagte: «Sei nicht traurig! Gott ist mit uns.»

Die heidnischen Mekkaner setzten im letzten Augenblick abermals eine Belohnung von hundert Kamelen für jeden aus, der Mohammed zurückbrächte, aber sie hatten keinen Erfolg. Schließlich erzählt Ibn Ishâq noch eine Reihe von Wundergeschichten über Versuche, Mohammed an seine Feinde zu verraten, die aber allesamt zu nichts führten. Mit Gottes Hilfe gelang es ihm, ungehindert aufzubrechen.

Am Montag, dem zwölften Tag des Monats Rabîʿ al-awwal, so Ibn Ishâq, trifft Mohammed endlich in Medina ein.[28] Bei der Oase Qubâʾ am Rande Medinas steigt er genau in dem Augenblick von seinem Kamel, als die Sonne am höchsten steht. Der erste, der ihn erblickt, ist ein medinensischer Jude, dessen Name ungenannt bleibt.

Montag, der zwölfte Tag des Monats Rabîʿ al-awwal, ist auch der Tag, den Ibn Ishâq als Geburts- und Todestag Mohammeds nennt. In unsere Zeitrechnung umgerechnet, fiel der Ankunftstag auf den 24. September 622,[29] aber es gibt trotzdem wieder ein chronologisches Problem. Nach den Umrechnungstabellen war dieser Tag nicht ein Montag, sondern ein Freitag.[30] Wichtig ist so etwas nicht, aber es unterstreicht noch einmal, daß die frühen Erzähler die Chronologie einem Schema angepaßt haben, das die Vollkommenheit und Harmonie von Mohammeds Lebenslauf betonen sollte.

ʿAlî blieb noch drei Tage und Nächte in Mekka, bis er sich dann ebenfalls zu Mohammed gesellte. Die Hidschra, die Übersiedlung der Muslime von Mekka nach Medina, war gelungen. Nun war es Zeit für einen Neuanfang. Zeit für die Gründung einer Enklave, in der man im Einklang mit den Gesetzen Gottes würde leben können. Zeit für die Vertreibung und Vernichtung von Heidentum und Unglauben in all ihren Formen. Eine goldene Zeit, in der Gläubige im Namen Gottes und unter Führung ihres Propheten den Kampf für das Gute und gegen das Böse[31] mit einer Kraft und einem Einsatz angehen sollten, die bis dahin in der Welt noch beispiellos gewesen waren.

Die Auswanderung des Propheten: Mohammed erreicht mit seinen Gefährten die Oasenstadt Yathrib, das spätere Medina. Im Vordergrund trägt Abû Bakr das grüne Banner des Islam. Indische Miniatur, 19. Jahrhundert.

9. *Die erste Zeit in der Stadt*

Die Emigranten

An einem Spätsommertag im Jahre 622, in dem Augenblick, als die Sonne ihren höchsten Stand erreichte – so will es die traditionelle Version der islamischen Geschichte –, kam Mohammed in Medina an.[1] Der erste, der ihn dort sah, erzählt Ibn Ishâq, war ein Jude.[2] Das muß den heutigen Leser nicht wundern, in Medina lebten nun einmal Juden. Der damalige Leser wird nichts anderes erwartet haben. Denn der eine Gott, der, wie die Monotheisten glauben, Himmel und Erde erschaffen hat, offenbarte sich zuerst den Juden und erst danach den anderen. So war es nun auch in Medina ein Jude, der Mohammed, den neuen Mose, als erster erblickte.

In edlem Wettstreit setzten natürlich die Clans Medinas alles daran, Mohammeds Gastgeber sein zu dürfen. Doch die Entscheidung darüber, wo Mohammed vorläufig einquartiert werden sollte, wurde nicht menschlichen Launen überlassen. Gott selbst sollte es bestimmen. Um dies zu ermöglichen, gab Mohammed seinem Kamel die Zügel frei, damit das Tier den richtigen Ort finden konnte; das Reittier des Propheten unterstand nämlich direkt dem Befehl Gottes.[3] Außerdem, so würde ein moderner Skeptiker vielleicht noch hinzufügen, war es aus Mohammeds Sicht auch taktisch klüger, sich unabhängig von den medinensischen Clans zu positionieren. Es wäre falsch, sich einem Clan auszuliefern, indem man seine Pläne von dessen Gebiet aus und unter dessen Kontrolle zu verwirklichen suchte.

Das Kamel lief ein bißchen hin und her, und nach einigen mißlungenen Ansätzen, zur Ruhe zu kommen, entschied sich das Tier für das Gebiet eines Clans und wenig später für das eines anderen. So bot die Geschichte verschiedenen Stämmen die Möglichkeit, sich damit zu brüsten, Mohammed in den unsicheren Tagen kurz nach der Übersiedlung nach Medina eine Weile Obdach gewährt zu haben. Wie auch immer, das erste Freitagsgebet in Medina fand auf dem

Territorium eines der Clans statt, nämlich auf dem des Salim ibn Auf.

Danach mußte die Stelle ausgesucht werden, an der Mohammeds Haus und die Moschee erbaut werden sollten. Auch diese Entscheidung wurde mit Hilfe des Kamels dem Schicksal, das heißt Gott, überlassen. An der auserwählten Stelle stand eine Dattelscheune, die zwei Waisen gehörte, was fast wie ein Echo von Sure 18,77 und 18,82 klingt. Dort geht es ebenfalls um zwei Waisenkinder, die ein verfallenes Gebäude besitzen, unter dem sich ein Schatz befindet. Zwei Waisenkinder werden nämlich kaum politischen Gewinn aus dem Verkauf von Grund und Boden an den Propheten für sein Haus und seine Moschee gezogen haben.

Jedenfalls begannen Mohammeds Jünger und die Sympathisanten aus Medina, die sogenannten *ansâr* («Helfer»), nun mit dem Bau. Beim Tragen und Schleppen sangen sie ein Lied, wie es im Mittleren Osten noch heute üblich ist. In diesem Fall lautete der Text:

Lâ Hayâta illâ Hayât al-âchira.
Yâ Rabb, irham ʿala-l-Ansâri wa-l-muhâdschira.

Kein Leben als das künftige Leben.
O Herr, erbarme dich deiner Helfer und der Emigranten.[4]

Für das Alter dieser Zeilen spricht, daß nicht von «Muslimen» die Rede ist, sondern von Emigranten (Auswanderern aus Mekka). Die ersten Bezeichnungen für arabische Muslime in griechischen und syrischen Schriften sind allesamt vom arabischen Wort *muhâdschir*, «Emigrant», abgeleitet. Allerdings verwenden auch syrische und griechische Quellen aus der Zeit der beginnenden islamischen Expansion die später vielleicht viel naheliegendere Bezeichnung «Muslim» noch nicht. Kann man dies womöglich als eine Bestätigung dafür sehen, daß sich die Anhänger des Islam tatsächlich als *muhâdschir*, Plural *muhâdschirûn*, bezeichneten, bevor sie anfingen, sich «Muslime» zu nennen?

Andererseits konnten nach der traditionellen Überlieferung der islamischen Geschichte im Medina Mohammeds drei verschiedene

Gruppen unterschieden werden: Erstens die (muslimischen) Emigranten aus Mekka, zweitens ihre Helfer vor Ort *(ansâr)* und drittens die Juden. Sowohl unter den *ansâr* als auch unter den Juden gab es sogenannte *munâfiqûn*, meist mit «Heuchler» oder «Halbherzige» übersetzt. Da im Aramäischen *n-f-q* «weggehen» bedeutet, könnte *munâfiqûn* vielleicht besser mit «Menschen, die weggegangen sind» (und deshalb nicht in allem Mohammed und dem Islam folgten) übersetzt werden, denn darauf lief es eigentlich hinaus. Die Begriffe *muhâdschirûn*, *ansâr* und *munâfiqûn* gehörten in späteren Zeiten, ja gehören bis auf den heutigen Tag zur Allgemeinbildung eines jeden Muslim.

Mohammed, so erzählt Ibn Ishâq, stimmte übrigens nicht in das Lied der Bauarbeiter ein. In der ursprünglichen Fassung klang es trotz des frommen Inhalts offenbar zu sehr wie heidnische Dichtung. Deshalb veränderte Mohammed die Wortfolge ein bißchen, unterminierte damit den Reim und den Rhythmus und konnte dann wohl mitsingen, so lautet zumindest die Geschichte. Es ist klar, was dem Erzähler hier Sorgen macht. Für Mohammeds Gegner in Mekka und Medina waren die dem Propheten offenbarten Koranverse in erster Linie Dichtung. Lyrik hat aber keine religiösen Konsequenzen, eine göttliche Offenbarung indes sehr wohl. Deshalb legt der Koran mehr als einmal mit großem Nachdruck dar, daß Mohammed kein Dichter war und die Offenbarungen keine unbedeutende Dichtung sind.[5] Jedes Geschichtchen oder Verschen, egal wie an den Haaren herbeigezogen und albern es auch sein mag, das möglicherweise als Beweis dafür herhalten könnte, daß Mohammed doch ein Dichter war, muß vorsichtshalber auf der Stelle unterdrückt oder angepaßt werden. Übertriebene Vorsicht hinsichtlich der Person Mohammeds ist mindestens genauso alt wie Ibn Ishâq.

In diesem Zeitraum, als ihm noch kein eigenes Haus zur Verfügung stand, wohnte Mohammed auch eine Weile bei einem gewissen Abû Ayyûb. Dieser hatte, so Ibn Ishâq, Bedenken, weil er im oberen Stockwerk wohnte, der Prophet aber ebenerdig. Er war doch nicht höher gestellt als der Prophet! Mohammed beruhigte ihn, und alles blieb, wie es war. Doch das war nicht die einzige Sorge des Gastgebers. «Eines Tages ließen wir einen Wasserkrug fallen. Meine Frau und ich griffen sofort zu ein paar Kleidern und begannen das Wasser aufzuwischen. Wir befürchteten, es könnte sonst in den Aufenthaltsraum des Propheten tropfen und er deshalb verärgert sein. Wir hatten keine Putzlappen zur Hand, die wir hätten benutzen können, um das Wasser aufzunehmen.»

Es geschah noch etwas Auffälliges, das zeigt, wie groß die Sorge des Gastgebers um seinen Gast war. Abû Ayyûb und seine Frau brachten Mohammed gewöhnlich das Abendessen, erzählt Ibn Ishâq. Was Mohammed nicht aß, ließ er zurückbringen. Daraufhin speisten seine Gastgeber von dem, was er übriggelassen hatte, und achteten dabei sorgfältig darauf, von derselben Stelle aus der Schale zu essen, die auch Mohammeds Hand berührt hatte. Sie hofften, daß von dort ein heilsamer Einfluß ausginge. Eines Tages hatten sie eine Schale mit Zwiebeln und Knoblauch zubereitet und merkten, daß Mohammed sie nicht angerührt hatte. «Erschrocken suchten wir ihn auf und erzählten ihm von unserer Gewohnheit.» Aber Mohammed beruhigte sie. Er habe den Knoblauch und die Zwiebeln schon gerochen, aber «er mußte vertraulich (und daher aus der Nähe) mit Leuten reden». Deshalb habe er das Essen unberührt gelassen.

Zum Glück hat dieser Vorfall Zwiebel und Knoblauch nicht aus der Küche des Mittleren Ostens verbannt, denn, so beschwor Mohammed seine Gastgeber, «ihr könnt es ruhig essen». «Das haben wir auch getan, ihm jedoch nie mehr Knoblauch und Zwiebeln vorgesetzt.» Vermutlich wurde diese Geschichte in Diskussionen über die Frage zitiert, ob es denn erlaubt sei, Knoblauch und Zwiebeln zu essen. Der Verzehr dieser herzhaften Speisen bringt nämlich notwendigerweise das Abgehen von Winden mit sich, was die rituelle Reinheit zunichte macht, die für das Sprechen des Gebets erforderlich ist. Das Ergebnis ist bekannt: Zwiebeln und Knoblauch dürfen verzehrt werden.

Es waren unruhige Tage kurz nach der Auswanderung aus Mekka. ʿAlî, der Pflegebruder, Vetter und später auch Schwiegersohn Mohammeds, darüber hinaus von 656 bis 661 Kalif, war wenige Tage später in Medina angekommen, weil er für den Propheten in Mekka noch einige Aufträge zu erledigen hatte. Genau wie dieser kam er in Qubâʾ an, einem Ort am Rand der Oase, die Medina damals noch war. Nach Ibn Isḥâq blieb ʿAlî nur ein oder zwei Nächte in Qubâʾ. Aus dieser kurzen Zeit ist eine auffallende, kurze Geschichte überliefert. In Qubâʾ lebte eine unverheiratete muslimische Frau, und ʿAlî merkte, daß immer um Mitternacht ein Mann bei ihr anklopfte. Dann trat sie aus dem Haus und bekam etwas von ihm überreicht. ʿAlî fand das außerordentlich verdächtig und fragte sie, was diese nächtlichen Transaktionen zu bedeuten hätten. Denn, so läßt ihn Ibn Isḥâq sagen, sie sei doch eine Muslimin ohne Ehemann.

Zum Glück erweist sich alles als halb so schlimm. Der Mann, der wußte, daß sie allein lebte (was ʿAlî natürlich ebenfalls schon befürchtet hatte), war dafür verantwortlich, die Götzenbilder seines Stammes zu zersägen. Er brachte ihr die Scheite, damit sie Brennholz hatte. Eine unschuldigere und frommere Erklärung ist doch wirklich kaum vorstellbar. Außerdem erinnert die Geschichte etwa an Sure 2,24, in der man liest, daß nicht nur die Heiden, sondern auch die Götzen und deren Abbilder als Heizmaterial für das Höllenfeuer dienen sollen.

Gleichzeitig mußten die Zuhörer dieser Geschichte garantiert an einen anderen, viel ernsteren Vorfall denken, bei dem sich ʿAlî in Sachen Sexualität argwöhnisch gezeigt hatte. Aischa, Mohammeds jüngste Ehefrau, war einmal eine Nacht weggeblieben, und zwar, wie sie sagte, weil sie den Aufbruch der Karawane, mit der sie reiste, knapp verfehlt hatte. Ein gutaussehender junger Mann brachte sie am nächsten Morgen ins Lager. ʿAlî beschuldigte sie daraufhin der Unzucht und machte damit implizit den Vorschlag, sie steinigen zu lassen. Nur die Offenbarung der Koranverse 24,11 und folgende rettete sie. Diese Verse formulieren die Bedingungen für eine Verurteilung wegen dieses Vergehens. Eine Steinigung wegen Unzucht ist, nach Sure 24,13, nur erlaubt, wenn vier zuverlässige Augenzeugen dieser unzüchtigen Handlung aufzutreiben sind.

Ibn Isḥâq erwähnt, daß ʿAlî die Geschichte seines Übereifers in Qubâʾ oft erzählte. War er jemand, der schnell Verstöße gegen die Sexualmoral witterte? Wollte er mit dieser Anekdote sein Verhalten zum Zeitpunkt des Vorfalls um das nächtliche Ausbleiben Aischas bagatellisieren? Auf jeden Fall werden die Zuhörer durchaus ihre Freude an der Geschichte gehabt haben, wie sie Ibn Ishâq erzählt. Vermutlich hatten sie dasselbe Vergnügen daran wie die heutigen Leser einer bestimmten Art von Illustrierten, in denen versteckte Hinweise auf das Privatleben von Berühmtheiten gegeben werden. Wie so oft auch in diesen Blättern stellen sich alle Sorgen hinsichtlich der Keuschheit der Frau in Qubâʾ als völlig unbegründet heraus. Ein Stein fällt ihm vom Herzen. Die Frau hatte sich sogar, anders als es der Anfang der Geschichte suggerierte, vorbildlich fromm betragen.

Wie aus der Knoblauch-und-Zwiebel-Geschichte hervorgeht, sprach Mohammed in dieser Zeit regelmäßig vertraulich mit Leuten, die bei ihm vorbeischauten oder die er aufsuchte. Es ist jammerschade, daß über den Inhalt dieser Gespräche nichts berichtet wird. Auch mit wem sich Mohammed beriet oder welche soziale Stellung seine Gesprächspartner hatten, erfahren wir leider nicht. Was wir wohl zu hören bekommen, sind kurze Geschichten mit einer erbaulichen Pointe. Der heutige westliche, aber auch der muslimische Leser würde gern mehr erfahren, als uns Ibn Ishâq überliefert, enthalten spätere Quellen doch schon weit mehr Informationen. Da allerdings werden kritische zeitgenössische Historiker vermutlich monieren, daß, was zur Zeit Ibn Ishâqs unbekannt war, schwerlich einige Generationen später wohl bekannt gewesen sein kann. Ihrer Meinung nach hat sich eher die Tradition weiterentwickelt und ist angewachsen.

Zwei Ansprachen Mohammeds

Hier bringt Ibn Ishâq nun den Wortlaut von zwei Ansprachen, die Mohammed in Medina gehalten haben soll. Der Text der ersten Medina-Predigt lautet:

> Männer! Tut gute Werke! Ihr wißt, bei Gott, daß einer von euch getroffen werden kann und dann seine Herde ohne Hirten zurücklassen wird.

> Dann wird euer Herr zu euch sagen – nichts und niemand wird ihn vor ihm schützen –: «Ist mein Gesandter nicht mit einer Botschaft zu euch gekommen, und habe ich euch nicht Reichtum geschenkt und euch Wohlwollen erwiesen? Was habt ihr selbst getan?» Dann werdet ihr nach links und nach rechts blicken und nichts sehen, dann werdet ihr vor euch schauen und nichts sehen als das Höllenfeuer. Wer sein Gesicht vor dem Feuer schützen kann, auch wenn es nur mit einem Stückchen Dattel ist, der sollte es tun, und wer kein solches Stückchen hat, dann eben mit einem freundlichen Wort, denn jede gute Tat wird euch doppelt vergolten, ja, zweimal siebenhundertmal. Friede sei mit euch, und Gottes Gnade, und sein Segen.

Der Text dieser Rede ist gespickt mit Anspielungen auf den Koran. Stellt das die Echtheit in Frage? Nach der traditionellen islamischen Lesart stammen Redetext und Korantext in etwa aus derselben Zeit, und dann ist daran nur wenig Merkwürdiges. Aber natürlich haben Skeptiker das Recht, aufgrund der Übereinstimmungen zu vermuten, daß der Text dieser Predigt später von jemandem verfaßt wurde, der den Koran bereits gut kannte.

Wer mit dem Neuen Testament vertraut ist, wird sich unwillkürlich beim Lesen dieser Predigt an Matthäus 25,31–46 erinnern, wo im Angesicht des Feuers des Jüngsten Gerichts ebenfalls eine Ansprache an die Gläubigen gehalten wird. Hier wird die Menschheit in zwei Gruppen geteilt, in eine linke und eine rechte, und jeder wird über seine guten Taten informiert. Der Predigt Mohammeds zufolge ist offenbar selbst in dieser Situation noch nicht alles verloren, gilt doch ein freundliches Wort als gute Tat, die dereinst belohnt wird. Das wird dann wohl auch im normalen Alltagsleben der Fall sein.

Auffallend ist die Warnung am Anfang der Predigt, daß die muslimische Herde womöglich ohne Hirten dastehen könnte. Ist das der Auftakt zu einer Sonderrolle Mohammeds in dem Sinne, daß jeder Angriff auf ihn, gleichgültig welcher Art, so streng wie möglich geahndet werden muß? Oder wird uns dadurch verraten, daß der Verfasser dieser Zeilen die Berichte über die Wirren gut kannte, die nach Mohammeds Tod um die Führung der muslimischen Gemeinde ausbrachen?

Die zweite Predigt ist noch interessanter, besteht der Text doch nahezu vollständig aus geschliffenen Formulierungen, die im Lauf der islamischen Geschichte bis heute als Beginn wichtiger Erklärungen unzählige Male wiederholt wurden. Jeder, der als Dolmetscher oder Übersetzer zu Prozessen oder Ermittlungsverfahren gegen islamische Fundamentalisten hinzugezogen wird, täte gut daran, sich diesen Text einzuprägen. Die Hinweise auf den Koran sind zahlreich, auch wenn es sich meist nicht um präzise Zitate handelt, sondern um Paraphrasen. Daher plazierte Ibn Ishâq diesen Text auch in die Zeit unmittelbar nach der Ankunft in Medina, fügt aber im Grunde hinzu, daß die Rede durchaus auch bei einer anderen Gelegenheit gehalten worden sein könnte:[6]

Ehre sei Gott, den ich lobe und dessen Hilfe ich anrufe.
Wir suchen unsere Zuflucht bei Gott,
weit entfernt von unseren Sünden und unseren bösen Taten
Wer von Gott rechtgeleitet wird, kann von niemandem in die Irre geschickt werden.
Wer von Gott in die Irre geschickt wird, kann von niemandem auf den rechten Weg gebracht werden.
Ich bezeuge, daß es keinen Gott gibt außer ihm allein.
Er hat keinen Gefährten neben sich.
Die schönste Sprache ist das Buch Gottes.
Wem Gott die Herrlichkeit seines Buches gezeigt hat,
wer von Gott vom Unglauben zum Islam geführt wurde,
wer dieses Buch über all das stellt, was Menschen sagen,
der fährt wohl.
Es ist die schönste, die eindringlichste Sprache.
Liebe, was Gott liebt.
Liebe Gott mit deinem ganzen Herzen.
Werde der Worte Gottes und deren Rezitation nicht müde.
Verschließt nicht eure Herzen.
Gott wählt aus allem, was er schuf.
Die Taten, die er wählt, sind gut.
Die Menschen, die er erwählt, sind auserwählt.
Die Sprache, die er wählt, ist heilsam.
Jede Tat, die ein Mensch auch nur begehen könnte,

ist *halâl* oder *harâm*, erlaubt oder verboten.
Diene Gott, ohne ihm Götter zur Seite zu stellen.
Fürchte Gott, wie er gefürchtet werden muß.
Halte dich um Gottes Willen an das, was du sagst mit deinem Mund.
Liebt euch im Geiste Gottes.
Fürwahr, Gott ist zornig, wenn sein Bund gebrochen wird.
Friede sei mit dir.
[Übers. Jansen]

Wieder ist der Text mit Anspielungen auf den Koran gespickt. Kein Kirchgänger wird außerdem die Anspielung etwa in der Mitte auf Bibeltexte, auf Deuteronomium 6,5 und Matthäus 22,37, übersehen haben: «Du sollst den Herrn, deinen Gott, lieben von ganzem Herzen, von ganzer Seele und von ganzem Gemüt.»

Eigentlich erzählt uns Ibn Ishâq in seinen Geschichten sehr wenig über Medina. Wiederholt zeigt sich indes, daß es sich um eine agrarische Siedlung handelte, in der vor allem Dattelpalmen von Bedeutung waren und in der auch Juden lebten.[7] Doch viele Fragen, die einen Menschen von heute interessieren, läßt er unbeachtet. Gab es heidnische Tempel? Wer hatte sie erbaut? Gab es Priester in den Tempeln? Priesterinnen? Wo hatten die zersägten Götzenbilder ursprünglich gestanden? Wie sahen sie aus? Wie lange konnte man damit den Ofen befeuern? Wie hießen die Götzen? Welche Bücher der Bibel oder Teile daraus, der Mischna oder des Talmud kannten die Juden von Medina? Kamen regelmäßig Fremde in den Ort, beispielsweise Griechen, Perser, Syrer, Samaritaner oder andere? Oder blieb es, gelegentlich, bei einem verirrten Sklaven? Gab es am Ort eine Synagoge, und wenn ja, wo stand sie, und wie sah sie aus? Ibn Ishâq findet das alles nicht weiter interessant. Für ihn ist Medina allein wegen eines Umstands von Bedeutung: als Aufenthaltsort des Propheten. Davon will er erzählen. Die Stadt bildet nur die Kulisse, in der sein Hauptakteur auftritt, weiter wird sie nicht beschrieben.

Die Konstitution von Medina[8]

Bevor Ibn Ishâq nun seine Erzählungen fortsetzt, zitiert er den vollständigen Text des Abkommens, das Mohammed mit den Einwohnern Medinas geschlossen hatte. Dieses Dokument ist im Lauf der Zeit unter dem Namen «Konstitution von Medina» bekannt geworden. Es enthält nichts, was Zweifel an seiner Echtheit aufkommen ließe. Im Gegenteil, sollte das Papier nicht echt sein, dann muß hier ein Meisterfälscher am Werk gewesen sein, der es sogar verstanden hat, Elemente anzubringen, die in den Augen späterer Forscher die Echtheitsvermutung noch unterstreichen.

Das Dokument enthält keinerlei, auch keine verhüllten Hinweise auf historische Ereignisse, die wir aus der traditionellen literarischen Überlieferung zu Mohammed zu kennen glauben und die dort in die Zeit nach der Hidschra, also nach 622, datiert werden. Das ist in dem Korpus der sogenannten *Hadithe*, den Sammlungen der Mohammed zugeschriebenen Aussagen, oder sogar bei den Aussprüchen, die Jesus von den Evangelisten in den Mund gelegt werden, durchaus anders. Die Hadith-Sammlungen enthalten regelmäßig Anspielungen auf Kriege, Konflikte und Probleme, die sich garantiert erst Jahre und Jahrzehnte nach Mohammeds Tod ereignet haben. In diesen Fällen könnte es sich natürlich immer um spätere Ergänzungen älteren Materials handeln, dagegen ist die Konstitution merkwürdig zeitlos. Das einzige datierte Ereignis ist die Hidschra des Propheten und seiner Jünger von Mekka nach Medina im Jahr 622.

Aufgrund der Ausführungen oben können wir schließen, daß die Konstitution älter ist als die uns heute bekannte Hadithe, wahrscheinlich älter als jedes andere islamische Dokument (außer dem Koran in seiner traditionellen Fassung). Trotzdem besteht immer noch die Möglichkeit, daß es sich bei der Konstitution nur um eine frühere Phase der literarischen Mohammed-Überlieferung handelt, wie sie sich allmählich herauskristallisierte und wie wir sie heute kennen.

Das Dokument suggeriert (wie die meisten Verträge und Vereinbarungen), daß es in ein Rechtssystem eingebettet war. Doch dieses

Rechtssystem war nicht die Scharia, wie die meisten Muslime späterer Zeiten glaubten. Wenn ein Fälscher der Meinung gewesen wäre, daß im Medina des Propheten die Scharia galt, hätte er dafür gesorgt, daß das Dokument mit dieser übereinstimmte – noch dazu, wenn es vom Propheten unterzeichnet werden mußte. Doch das Recht, von dem diese Konstitution ausgeht, gehört in eine völlig andere Welt. Es handelt sich eher um ein Gewohnheitsrecht, das die wechselseitigen Beziehungen der verschiedenen Clans und Stämme regelte, die in einer Siedlung zusammenlebten und ihre Sicherheit gegenüber Außenstehenden regeln wollten. Leider läßt sich die Bedeutung des Textes nicht in allen Punkten erschließen.

Noch ein indirekter Hinweis spricht für die Echtheit des Dokuments: Nach den Erkenntnissen späterer islamischer Theologen war Mohammed Analphabet. Die Existenz eines solchen Vertrages läßt vermuten, daß die daran Beteiligten – also auch der Prophet – die Kunst des Lesens und Schreibens durchaus solide beherrschten. Damit verstößt die Konstitution implizit gegen die späteren dominanten (aber theologisch motivierten) Auffassungen – was ein Anhaltspunkt zumindest für ihr hohes Alter ist.

Ziemlich am Anfang des Dokuments lesen wir, daß die Juden und die Muslime «eine einzige Gemeinde» seien, *umma wâhida*. So etwas erfindet ein Fälscher nicht, nach all den bekannten Konflikten Mohammeds mit den drei in Medina ansässigen jüdischen Clans, den Qainuqâʿ, den Nadîr und den Quraiza. Es steht auch im Widerspruch zu den Konkurrenzverhältnissen, die zwischen verschiedenen Religionen in der Regel herrschen (so sind sich die Verfasser des Neuen Testaments ständig bewußt, daß es eine Existenzfrage ist, sich so klar wie möglich gegen ihre jüdischen Konkurrenten abzugrenzen). Dennoch steht hier «eine einzige Gemeinde», *umma wâhida*, was nur die Schlußfolgerung zuläßt, daß es damals so war, und sei es in längst vergangenen, schwer zu datierenden Zeiten. Diese jüdisch-islamische Umma unterscheidet sich dem Text zufolge von «allen Menschen» – also den Ungläubigen? Tatsächlich kommen auch hier die aus der traditionellen Fassung der Geschichte bekannten Begriffe wie «Gläubige» und «Polytheist» regelmäßig vor.

Die Existenz von Christen scheint den Verfassern kaum bewußt gewesen zu sein, oder sie hielten diese für völlig unwichtig. Oder schlug die Konstitution die Christen stillschweigend den ungläubigen Feinden der jüdisch-islamischen Umma zu?

Das Dokument liest sich zunächst ziemlich simpel, doch es gibt ein Problem: Von vielen einfachen Wörtern, die dort vorkommen, ist die damalige Bedeutung nicht klar; zudem erscheint eine Anzahl unbekannter archaischer Begriffe. Eine gute Übersetzung des Textes kann es deshalb eigentlich nicht geben. Dennoch findet man in den meisten anderen Werken über Mohammed Deutungsversuche, und auch der Leidener Hochschullehrer A.J. Wensinck hat 1928 in seiner Dissertation eine niederländische Version vorgelegt.

Wensinck beherrschte außer Arabisch auch Syrisch und Aramäisch. Sollte die Lösung für die Entzifferung der Konstitution im Umfeld dieser Sprachen zu suchen sein, hätte er das mit Sicherheit erkannt, und es wäre an seiner Übersetzung abzulesen. Doch wie jeder andere war er offenbar davon überzeugt, daß die Vereinbarung tatsächlich in einem archaischen Arabisch verfaßt worden war.

Das Dokument enthält eine Reihe von Wiederholungen, etwa, daß bei Meinungsdifferenzen die Streitfrage «Gott und Mohammed» vorgelegt werden müsse. Nun enthalten auch heutige juristische Texte häufig Wiederholungen, deren Zweck für Nichtjuristen nicht unmittelbar nachvollziehbar ist, aber im Falle der Konstitution von Medina sind sie schon sehr auffallend. Handelt es sich dabei womöglich um verschiedene Dokumente, die erst später, vielleicht versehentlich, zusammengefügt wurden, beispielsweise von Ibn Ishâq? Dieser Standpunkt ließe sich durchaus vertreten.

Da die Vereinbarung in einer Zeit abgefaßt worden war, in der «Mohammed» als Eigenname betrachtet wurde, kann die Lesung des arabischen Wortes *muhammad* als «gepriesen» (wie das lateinische *benedictus* ursprünglich kein Eigenname) ausgeschlossen werden. Die Ergänzung «Gesandter Gottes» hinter dem Namen Mohammed kommt erst gegen Ende des Dokuments vor.

Dafür könnten die Kopisten verantwortlich sein, denen das «Mohammed, der Gesandte Gottes» genauso geläufig war wie die Formel

«Jesus Christus, der Sohn Gottes» den griechischen christlichen Kopisten. Wenn nur «Jesus» in ihrem Text stand, schrieben sie trotzdem in einem Atemzug – oder besser in einem Federstrich – automatisch «Jesus Christus, der Sohn Gottes» – sie hatten dafür sogar kodierte Kürzel. Andererseits könnte dieser Umstand auch die Theorie bestätigen, daß die Konstitution nicht ein Dokument, sondern eine Sammlung von Dokumenten ist. Erst nach einiger Zeit, und nicht gleich am Anfang, akzeptierten die Mitunterzeichner Mohammed als «den Gesandten Gottes». Davor war er nichts weiter als «der Prophet», wie es zu Beginn des Papiers in seiner heutigen Form heißt.

Die Stadt Medina wird konsequent noch mit ihrem vorislamischen Namen Yathrib bezeichnet. Nur an einer Stelle steht das arabische Wort *madîna*, das auch einfach «Stadt» bedeuten kann. Oder ist die Zeile, in der Yathrib vielleicht *madîna* genannt wird, eine spätere Einfügung, wie viele Forscher meinen? Nur die großen Gelehrten des neunzehnten Jahrhunderts waren sich in solchen Fragen sicher.

Später wird Mohammed in bittere Fehden mit den drei in Medina ansässigen jüdischen Clans geraten. Die traditionelle Version der Geschichte nennt uns deren Namen: Nadîr, Qainuqâʿ und Quraiza. Seltsamerweise werden sie in der Konstitution nicht erwähnt. Eine Erklärung wäre, daß die genannten jüdischen Clans den großen drei eigentlich untergeordnet waren.

Dennoch bleiben Fragen offen. Sollte das Dokument womöglich aus einer ganz anderen Siedlung als Yathrib/Medina stammen, und wurde es durch die Änderung der meisten, jedoch nicht aller Namen auf das Medina der Zeit direkt nach der Ankunft Mohammeds übertragen? Das wäre eine gute Frage, wenn nicht so unglaublich viele Formulierungen der Konstitution Anspielungen auf den Koran enthielten, das heißt, die Verbindung zwischen dem Wortlaut der beiden Texte wäre sehr eng. Oder könnte auch dies wiederum damit zu erklären sein, daß zuerst die Konstitution existierte und erst später der Koran?

Im neunzehnten Jahrhundert wagten es die großen mit solchen Fragen beschäftigten Philologen, ihrer Intuition zu vertrauen, und ihre Leser akzeptierten das auch. Derzeit ist das Vertrauen in solche

Thesen, wie gekonnt sie auch präsentiert und mit Argumenten gestützt werden, geschwunden. Das ist der Fortschritt, aber dieser Fortschritt hat seinen Preis. Der Preis, den wir dafür bezahlen, ist die postmoderne Unsicherheit. Wir müssen – allmählich wird es ein eintöniger Refrain – feststellen, daß wir sehr viele wichtige Dinge über die Anfänge des Islam schlicht und ergreifend nicht wissen.

Einige eindeutige Fragen ergeben sich doch aus der Lektüre dieser Konstitution: Das Freikaufen von Kriegsgefangenen wird von allen Parteien für wichtig erachtet. Aber bei welchem Konflikt waren diese Kriegsgefangenen erbeutet worden? Da alle Betroffenen dies damals natürlich genau wußten, mußte es nicht extra erwähnt werden. Die öffentliche Ordnung gibt ebenfalls Anlaß zur Sorge. Sie wird noch durch Blutgeld bestimmt, nicht durch eine anonyme Staatsgewalt. Für die Abwicklung eines Blutgeldverfahrens wurde eine Reihe von Regeln vereinbart. Auch wurde festgelegt, wer für bestimmte Kosten aufzukommen habe. Dabei scheint es sich um die Kosten für einen Krieg zu handeln. Welchen Krieg? In der Konstitution wird ein Angriff auf Yathrib erwähnt. In diesem Fall sollen sich alle Parteien gegenseitig unterstützen, die die Vereinbarung unterschrieben haben. In der traditionellen Überlieferung führte der erste Angriff auf Yathrib zur Schlacht bei Uhud. Doch davor war bereits so viel passiert, vor allem hinsichtlich der jüdisch-islamischen Beziehungen in Medina, über die sich die Vereinbarung offenbar ausschweigt, daß damit wahrscheinlich nicht diese Schlacht gemeint sein kann.

Die «Inhaber der Befehlsgewalt»

Die Konstitution enthält zahlreiche Anspielungen auf den Koran, und es bestehen deutliche Übereinstimmungen zwischen beiden Texten. Dagegen gibt es in einem Punkt einen merkwürdigen Unterschied. In der Vereinbarung von Medina wird Gehorsam gegenüber Gott und Mohammed verlangt. Der Koran indes spricht zwar vom Gehorsam gegenüber Gott und seinem Gesandten (also Mohammed), fordert aber zudem Gehorsam gegenüber den «Inhabern der Befehlsgewalt», den sogenannten *ulu al-amr minkum* (Sure 4,59). Sowohl Kramers als auch Leemhuis übersetzen diesen Ausdruck mit «Obrigkeit». Es ist nicht klar, auf welche Obrigkeit der Koran mit diesen Worten verweist.

Die ägyptische Autorin Nawâl al-Saʿdâwi (geboren 1932) berichtet, sie habe in der Schule gelernt, daß mit diesen Worten ihre Eltern gemeint seien. Schon möglich. Aber offenbar hatte sich in der Zeit zwischen der Festlegung der Konstitution und derjenigen dieser Koranverse etwas geändert. Es war eine Instanz hinzugekommen: die Inhaber der Befehlsgewalt.

Die Formel, die in der Vereinbarung verwendet wurde, «bei Meinungsverschiedenheiten Gehorsam gegenüber Gott und Mohammed», machte Mohammed faktisch zum absoluten Herrscher über Medina. Nicht jeder wird das sofort durchschaut haben, doch nach einigen Jahren muß diese Erkenntnis einem jeden Medinenser aufgegangen sein. Nun kommt es – zugegebenermaßen höchst selten – vor, daß absolute Herrscher ihre Macht ganz oder teilweise wieder abgeben. Macht abzugeben war, wo auch immer auf der Welt, niemals besonders populär. Auch aus den überlieferten Geschichten geht an keiner Stelle hervor, daß Mohammed seine Herrschaft hätte einschränken lassen, außer von Gott natürlich.

Wenn wir jedoch die Koransuren über die Inhaber der Befehlsgewalt trotzdem im Zusammenhang mit der Situation in Medina zur Zeit Mohammeds interpretieren wollen, bleibt uns keine große Wahl. In diesem Kontext könnte nur die Versammlung der Clan-Ältesten und Notabeln gemeint sein. Aber im Grunde weisen die gesammelten Geschichten nicht auf besonders große Machtbefugnisse dieser Gruppe zur Zeit Mohammeds hin.

Vielleicht ist es nützlich, sich einmal zu überlegen, welche Schlüsse sich ziehen lassen, falls die Skeptiker mit ihrer Meinung recht haben sollten, daß dieser Korantext ganz oder teilweise aus einer späteren Zeit stammt. Mehr noch, dann dürfte die Formulierung «Inhaber der Befehlsgewalt» vielleicht als ein Hinweis darauf verstanden werden, daß auch noch nach Mohammeds Tod am Koran gearbeitet wurde. In diesem Fall gäbe es eine Reihe von Möglichkeiten, aber nehmen wir als Hypothese die schlimmste an, nämlich, daß «Inhaber der Befehlsgewalt» ganz einfach in den Korantext eingefügt wurde. Dann stellt sich die Frage: Von wem?

Es ist bekannt, daß die Kalifen allmählich ihre religiöse Autorität an die islamischen Rechts- und Schriftgelehrten, die Ulama, verloren. Dieser Prozeß setzte bereits unter den Umayyadenkalifen (etwa 660 bis etwa 750) ein und war irgendwann zwischen 800 und 850, unter den Abbasidenkalifen, abgeschlossen. Wenn wir uns mit diesem Wissen im Hinterkopf noch einmal mit den «Inhabern der Befehlsgewalt» beschäftigen, ergeben sich zwei mögliche Deutungen: Erstens könnten die Kalifen damit gemeint sein, denen Gehorsam geschuldet wird.

Aus zwei Gründen ist das allerdings nicht wahrscheinlich. Kalifen oder ihre Agenten und Parteigänger, die den Koran um etwas ergänzen wollten, was die Macht des Kalifats stärken würde, hätten vermutlich nicht den Plural von «Inhaber» verwendet. Sie hätten vermutlich an «Gott und Mohammed gehorsam» bevorzugt die Formulierung «und dem Inhaber (Singular) der Befehlsgewalt unter euch» hinzugefügt. Es durfte ja nur einen einzigen Kalifen geben. Zum anderen leiteten die Kalifen ihre Befehlsgewalt vor allem von der Tatsache her, daß Heere bereitstanden, um dieser mit harter Hand Nachdruck zu verleihen. Aus ihrer Sichtweise hatten sie, rundheraus gesagt, sicher keine Koransure nötig; dafür war ihre Vormachtstellung zu selbstverständlich.

Deshalb richtet sich der Verdacht auch eher auf die Schriftgelehrten. Suchten diese nach Befehlsgewalt? Es ist anzunehmen. Zudem waren (und sind) die islamischen Schriftgelehrten eine Gemeinschaft, die von sich immer im Plural spricht und die im Prinzip unabhängig ist. Fortlaufend benötigten sie Argumente, um ihre öffentliche Autorität zu legitimieren. Dabei konnten Koran und Hadith durchaus hilfreich sein, weil ihnen keine anderen Argumente zur Verfügung standen.

Ein Anzeichen, das ebenfalls auf die Schriftgelehrten hinweist, ist die vage Formulierung. Diese Unbestimmtheit hat zwei Wirkungen: Jemand, der die Worte «und die Inhaber der Befehlsgewalt» lieber nicht im Korantext sähe, weil er Bedenken gegen die Machtposition der Schriftgelehrten hegt, kann exegetisch absolut nichts mit diesem Fragment aus Sure 4,59 anfangen. Sobald er an diesem Textfragment zu arbeiten beginnt, muß er wohl oder übel die Möglichkeit, daß die Autorität auf göttliches Geheiß den Schrift- und Rechtsgelehrten zukommt, ernsthaft in Erwägung ziehen. Für diese Person wäre es deshalb viel vernünftiger, die «Inhaber der Befehlsgewalt» einfach mit dem amtierenden Herrscher gleichzusetzen. Oder so zu tun, als ob er das dächte.

Zum anderen kann ein gläubiger Mensch, der diese dunkle Formulierung im Koran liest, beinahe nicht anders, als die Schrift- und Rechtsgelehrten zu fragen, was das zu bedeuten habe. Hat er diese Frage erst einmal gestellt, dann ist er angesichts der Situation auch außerordentlich empfänglich für die angebotene Deutung. Einen Schriftgelehrten nämlich um eine Interpretation zu bitten ist de facto schon eine Anerkennung seiner juristischen und religiösen Autorität.

Kurzum, so gut wie alles spricht dafür, doch weiter daran festzuhalten, daß die Situation in Medina Kontext des Korans ist und es weder Hinzu- noch Einfügungen oder noch Schlimmeres gegeben hat. Das beugt eigenartigen Spekulationen vor, die zudem auch von den islamischen Schriftgelehrten heftig moniert würden. Ihr Standpunkt ist ja, daß nach Mohammeds Tod 632 dem Koran nichts mehr hinzugefügt worden sein kann.

Dem heutigen Betrachter, der nicht der Autorität islamischer Rechts- und Schriftgelehrter untersteht, bieten sich zwei Sichtweisen: Entweder hat Mohammed in Medina freiwillig auf einen Teil seiner Macht verzichtet, oder die Formulierung die «Inhaber der Befehlsgewalt» wurde später in den Korantext eingefügt: vermutlich von den Parteigängern der Rechts- und Schriftgelehrten, die ihre religiöse Autorität als Alternative zur politischen Macht des Kalifen sahen.

Brüderpaare

Ibn Ishâq läßt direkt auf die Konstitution von Medina eine Geschichte folgen, von der er selbst sagt: «Möge Gott mir vergeben, falls ich Mohammed Worte zuschreibe, die er nicht ausgesprochen hat.» Darin heißt es: Der Prophet teilte offenbar in seinen ersten Jahren in Medina seine Jünger in Brüderpaare ein.[9] Nach einer Liste bilden das erste Paar Mohammed und sein Vetter ʿAlî ibn Abî Tâlib; das zweite Hamza (Mohammeds und ʿAlîs Onkel) und Zaid ibn Hâritha, der von Mohammed freigelassene ehemalige Sklave und einer der ersten zum Islam Konvertierten. Möglicherweise folgt nun der Clou der Erzählung: Hamza übergab Zaid sein Testament, für den Fall, daß er unerwartet sterben sollte – was auch tatsächlich, in der Schlacht bei Uhud, geschah. Soll dem Leser damit der Gedanke nahegelegt werden, daß Mohammed ebenfalls so gehandelt hatte und sein Testament bei ʿAlî hinterlegt war? In diesem Fall ließe sich die Geschichte mit etwas erklären, worauf heutige kritische Wissenschaftler versessen sind: Es könnte sich um eine geschickt verpackte proschiitische, zumindest proalidische Erzählung handeln.

Das dritte Paar sind Dschaʿfar ibn Abî Tâlib und Muʿâdh ibn Dschabal. Aber war dieser Dschaʿfar nicht nach Äthiopien gegangen? Das fiel auch Ibn Hischâm auf, der Ibn Ishâqs Werk bearbeitet hat.[10] Es gibt jedoch auch die Ansicht, daß die ganze Geschichte über die Auswanderung nach Äthiopien eine literarische Konstruktion mit der Zielrichtung war, eine Reihe von Koranstellen und theologischen Diskussionen mit einem realen Zusammenhang zu versehen. Sollte das so sein, wäre eigentlich wenig oder nichts ungewöhnlich.

Weiter enthält die Liste etwa dreißig Namen, allesamt von prominenten Muslimen aus der Frühzeit. Für deren Nachfahren war es von großer Bedeutung, ob ihr Vorfahre auf der Liste stand, pflegte Kalif ʿUmar (634–644) doch bei der Erstellung der Register *(dawâwîn)* von Leistungsberechtigten für eine Unterstützung aus der Staatskasse diese Liste mit zu berücksichtigen.[11] Ein Anrecht darauf hatten Mohammeds älteste Kampfgefährten und deren Nachkommen. Die Register waren also eine Art Adelskalender.

Am Ende schreibt Ibn Ishâq, daß diese Regelung – vollständig oder teilweise, das ist unklar – bis zu seiner Zeit in Syrien Rechtskraft hatte. Der Bericht über die Brüderpaare könnte also womöglich erklären, warum in Syrien zur Zeit Ibn Ishâqs, etwas mehr als ein Jahrhundert nach ʿUmar, der eine Geld aus der Staatskasse bekam und der andere nicht.

Gleichzeitig läßt sich auch nicht ausschließen, daß es sich um das Echo eines nahezu vergessenen Versuchs von Mohammed handelt, die soziale Bindung unter den ersten Muslimen zu stärken. Offenbar setzte sich dieses Experiment jedoch nicht durch oder wurde aufgrund anderer Mechanismen gegenseitiger Loyalität überflüssig.

Die Vermutung, daß die Geschichte etwas mit dem gesellschaftlichen Zusammengehörigkeitsgefühl (das unter Migranten nie selbstverständlich ist) zu tun haben könnte, wird durch die nächste Erzählung gestützt, die ebenfalls vom sozialen Zusammenhalt in Medina handelt.

Mohammed als Clan-Chef

Als Haus und Moschee Mohammeds noch im Bau waren (also in den allerersten Wochen in Medina), so berichtet Ibn Ishâq, starb ein gewisser Abû Umâma, das Oberhaupt eines der medinensischen Clans, der Banû al-Naddschâr. Die Mitglieder dieses Clans wandten sich an den Propheten mit der Bitte, einen neuen Anführer zu bestimmen. Aber Mohammed wollte, so schreibt Ibn Ishâq fromm, keinen aus dem Clan bevorzugen. Deshalb wies er die Anfrager darauf hin, daß seine Urgroßmutter Salmâ (die Mutter seines Großvaters ʿAbd al-Muttalib) aus Medina stammte und er also mit ein wenig gutem Willen ebenfalls als Mitglied ihres Clans gelten könne. Zudem erinnern wir uns, daß Mohammeds Mutter Âmina auf der Rückreise von einem Besuch bei Verwandten in Medina gestorben war.[12]

Die Lösung des Problems liegt auf der Hand: Mohammed ernannte sich selbst zum Oberhaupt des Clans, und die anderen Mitglieder empfanden das als eine überaus große Ehre, so Ibn Ishâq. Im nachhinein kann man es als ein seltenes Geschenk des Himmels sehen, daß sich genau zu diesem Zeitpunkt keiner im Clan in seinem Führungsanspruch übergangen fühlte. Zumindest wurden keine entsprechenden Berichte überliefert, obwohl es die normalste Sache der Welt gewesen wäre, daß es einen ausgebooteten Kandidaten gegeben hätte. Die Vorsehung war hier also schon sehr umsichtig.

Allerdings könnte dies, von außen her betrachtet, auch wieder ein Experiment Mohammeds gewesen sein, genau wie die Brüderpaare. Aber diese Methode, sich Einfluß zu verschaffen, muß schnell wieder ad acta gelegt worden sein. Abû Umâma starb ganz plötzlich an Diphterie, so die Geschichte. Es ist jedoch sehr gut vorstellbar, daß die anderen Clan-Führer in einem solchen Alter und Gesundheitszustand waren, daß es nicht ratsam gewesen wäre, auf das natürliche Lebensende der Clan-Ältesten zu warten, um so die Führung über Medina in die Hand zu bekommen. Daher hören wir auch nichts mehr davon.

Der Gebetsruf

Ibn Ishâq zufolge stabilisiert sich schon bald nach der Hidschra die Situation in Medina. Der Islam, wie wir ihn heute sehen, gewinnt immer stärker an Kontur. «Neben den Gebeten wurde nun auch das Entrichten einer Religionssteuer und das Fasten vorgeschrieben, es wurden feste Strafen[13] eingeführt, und es wurde vorgeschrieben, was verboten und was erlaubt war.» Leider hören wir nichts darüber, wie diese Vorschriften eingeführt oder bekanntgemacht wurden oder wann dies alles geschah (obwohl spätere Korankommentatoren solche Fragen durchaus oft beantworten können). Auch über den Ablauf der Einführung all dieser Pflichten oder über die Reaktionen der Gläubigen oder notfalls der Ungläubigen macht Ibn Ishâq – mit wenigen Ausnahmen – keinerlei Bemerkung. Wir sollen wohl glauben, daß diese Vorschriften schlicht plötzlich da waren. Er verweist jedoch auf etwas anderes, auf Sure 59,9, einen Vers, der von der liebevollen Gastfreundschaft der Einwohner Medinas handeln könnte:

> Diejenigen, die in dem Haus (Medina) und im Glauben (oder: in Sicherheit) heimisch geworden waren, bevor (die Migranten aus Mekka) kamen, nehmen die liebevoll auf, die zu ihnen ausgewandert sind.[14] [Übers. Jansen]

Trotz der liebevollen Zusammenarbeit gab es ein Problem. Ibn Ishâq erzählt, daß die Gläubigen in der Anfangszeit in Medina aus eigenem Antrieb den Propheten zu den Gebetszeiten aufsuchten. Mohammed, so berichtet die Geschichte, hätte es aber eigentlich lieber gesehen, wenn zum Gebet gerufen würde, «zum Beispiel mit einer Posaune,[15] wie es die Juden taten».

Die Idee mit der Posaune wurde schnell verworfen, ohne daß Ibn Ishâq dafür eine Erklärung gibt. Hätte der Posauneneinsatz womöglich doch zu leicht zu der Beschuldigung führen können, daß Mohammed seine Religion von den Juden übernommen habe? Die nächste Idee ist eine Ratsche, die auch verwirklicht wurde. Wie lange eine Ratsche verwendet wurde, wer das Instrument damals herstellte, was damit geschah, nachdem es durch etwas Passenderes ersetzt wurde, darüber schweigt sich Ibn Ishâq aus.

Zu viele Details in einer Geschichte machen heutige Forscher argwöhnisch, aber wenn kein einziges Detail stimmt, macht das genauso skeptisch. Das Problem läßt sich mit polizeilichen Ermittlungen vergleichen: Eine detaillierte Aussage eines Zeugen oder eines Verdächtigen kann überprüft werden. Dann stellt sich heraus, ob die Details mit dem, was durch andere Quellen ermittelt wurde, übereinstimmen oder nicht. Daraus kann ein skeptischer Ermittler den Wert der Aussage beurteilen. Viele unkontrollierbare oder widersprüchliche Einzelheiten mindern diesen Wert, aber eine Aussage ohne jedes Detail macht noch argwöhnischer.

Lediglich im Zusammenhang mit der Entstehung des Gebetsrufs bringt Ibn Ishâq Details, jedoch ausgerechnet solche, die heutigen areligiösen Menschen problematisch erscheinen. In einem Traum sah ein gewisser ʿAbdallâh ibn Zaid einen Mann, der mit zwei grünen Gewändern bekleidet war und eine Ratsche in der Hand hielt. Er bat ihn, ihm die Ratsche zu verkaufen, worauf der Mann wissen wollte, wofür er sie denn brauche. «Um die Menschen zum Gebet zu rufen», gab er zur Antwort. Darauf sagte der Mann, er wisse eine bessere Methode. Und dann folgt der Text dieses Rufs:

> *Allâhu Akbar* (Gott ist der Größte)!
> Ich bezeuge, daß es keinen Gott außer Gott gibt.
> Ich bezeuge, daß Mohammad der Gesandte Gottes ist.
> Auf zum Gebet!
> Auf zum Heil!
> *Allâhu Akbar!*
> Es gibt keinen Gott außer Gott.

So lautet der Text noch heute. In der Praxis werden einige Zeilen wiederholt. Die Bedeutung der Worte ist klar. Nur «Auf zum Heil!» ist problematisch. In der schiitischen Fassung folgt danach noch: «Auf zum besten Werk!» Das Wort *falâh*, das hier mit «Heil» übersetzt wurde, ist kein gewöhnliches Wort, das sich im Alltagsarabisch erhalten hätte. Es könnte sehr gut eine Arabisierung des syrischen Wortes für «Frömmigkeit» oder «Anbetung» sein, was in diesen Kontext passen würde. «Auf zum Heil!» ist genaugenommen ein Aufruf, das Beten sein zu lassen und sich direkt in das Heil, was auch immer das sein mag, zu stürzen. Da aber in der Tat die Anbetung Gottes für einen frommen Menschen mit an erster Stelle steht, unterstützt die schiitische Variante des Gebetsrufs die Deutung gleichermaßen, die sich auf das Syrische stützt. In jedem Fall ist die Übersetzung weniger wichtig, weil nahezu immer und überall auf der Welt auf arabisch zum Gebet gerufen wird.

Der Traum wurde Mohammed erzählt. Er stimmte dem Plan zu und beauftragte Bilâl mit dem Gebetsruf, da dessen Stimme weiter trug als die der meisten anderen. Bilâl kam seiner Aufgabe nach, und als ʿUmar (Kalif von 634 bis 644) in seinem Haus den Aufruf hörte, eilte er zu Mohammed und erzählte ihm, daß er genau dieselbe Vision gehabt habe. Darauf habe Mohammed, berichtet Ibn Ishâq, mit den Worten reagiert: «Dann danken wir Gott dafür.»

Für spätere Theologen steckte in dieser Geschichte ein ernstes Problem. Konnten denn neben dem Propheten auch andere Offenbarungen empfangen? Eine Frage, die für das tägliche religiöse und soziale Leben so wichtig ist, wurde auf der einen Seite einem ziemlich unbekannten Mann und auf der anderen Seite dem späteren Kalifen ʿUmar offenbart? Und nicht Mohammed? Selbstverständlich existiert eine Variante der Geschichte, die dieses Problem beseitigt.

Dem alternativen Bericht zufolge wollte ʿUmar Holz für eine Ratsche kaufen und hörte dann in einem Traum eine Stimme, die ihm auftrug, keine Ratsche zu bauen, sondern zum Gebet zu rufen. Daraufhin suchte er Mohammed auf, um ihm davon zu berichten, doch dieser hatte gerade selbst eine Offenbarung zu diesem Thema gehabt. Kaum war ʿUmar zu Hause angekommen, da hörte er Bilâl zum Gebet rufen. Nachdem er dem Propheten alles erzählt hatte, antwortete dieser: «Die Offenbarung ist dir zuvorgekommen!»[16]

In dieser Fassung ist zwar die einzigartige Position Mohammeds als Empfänger göttlicher Botschaften gerettet, doch ergibt sich daraus sogleich ein neues Problem. Warum wurde diese Offenbarung über den Gebetsruf nicht in den Koran aufgenommen? Den Schriftgelehrten ist es schließlich gelungen, darauf eine komplizierte Antwort zu konstruieren: Bei einer Offenbarung müsse zwischen dem Inhalt *(hukm)* und dem Koranvers selbst unterschieden werden. Manchmal wurde der Inhalt später ausgetauscht, obwohl der Vers noch existierte. Das gilt beispielsweise für das, was der Koran Gutes über den Wein zu sagen hat. Manchmal blieb der Inhalt erhalten (wie beim Gebetsruf), wohingegen der entsprechende Koranvers fehlte oder nicht mehr existierte. Diese Art von Fragen werden in den schwierigen Büchern über die sogenannten *usûl al-fiqh* behandelt, wörtlich übersetzt «die Grundlagen der Pflichtenlehre».

Viele Details über die Anfangszeit in Medina in der ältesten Mohammed-Biographie bleiben unbestimmt. Der heutige Historiker kann fast nicht umhin, zu sagen: «Sollte das alles sein, was wir in

Erfahrung bringen können, dann sieht es für die Wissenschaft finster aus. Wir wissen weder genau, was in Mekka vor sich ging, noch hat die traditionelle Überlieferung der islamischen Geschichte offenbar ein klares Bild davon, wie der Islam in Medina begonnen hat.»

Mohammed diskutiert mit seinen Gefährten.
Persische Miniatur, 15. Jahrhundert. Bodleian Library Oxford.

10. Debatten, Listen, Hindernisse

Ibn Ishâq zufolge kamen in Medina allerlei religiöse Debatten auf, sobald Mohammed und die Emigranten aus Mekka sowie die Helfer sich dort eingerichtet hatten.[1] An sich wäre es nicht ungewöhnlich, wenn beim Aufkommen einer neuen religiösen Bewegung viel und heftig diskutiert würde. Auch Judentum und Christentum haben sich, zumindest nach neueren Erkenntnissen, durch Diskussionen in ihrer heutigen Form herausgebildet.

Beim Christentum handelte es sich dabei vor allem um Streitgespräche über das Problem, wer Jesus von Nazareth genau war, was seine Art und sein Wesen waren und welche Rolle er in der Heilsgeschichte spielte. Auch die Frage, welchen Wert und welche Bedeutung der irdische, sterbliche menschliche Körper hatte, hat in den ersten Jahrhunderten des Christentums die Gemüter heftig bewegt. Die sogenannten Gnostiker meinten, daß der sterbliche Leib keinerlei Wert besitze, sondern etwas sei, von dem sich der Mensch im Grunde befreien müsse, um mit Gott in Kontakt treten zu können.

Die strenggläubigen Christen verwahrten sich jedoch heftig dagegen und verstanden es, den endgültigen Standpunkt der Kirche zu bestimmen. Der offiziellen Kirchenlehre zufolge ist der Leib, anders als es die Gnostiker lehrten, so wichtig, daß sich Gott am Ende aller Zeiten sogar die Mühe machen wird, eine Auferstehung des Fleisches, *resurrectio carnis*, stattfinden zu lassen. Es ist kaum denkbar, daß ohne diese Debatte der Gnostiker und Orthodoxen die Auferstehung des Fleisches zum offiziellen Dogma der Kirche geworden wäre.

Im Judentum existierte ebenfalls eine gnostische Richtung, aber dabei ging es um andere Dinge. Hier lag der Akzent der Diskussion seit dem Hellenismus auf der Frage, wie sich ein guter Jude gegenüber seinen Mitmenschen und seinem Gott zu verhalten habe. Der Talmud ist die Enzyklopädie der rabbinischen Auseinandersetzungen über die Frage, was als richtiges jüdisches Verhalten bezeichnet werden darf.

Wenn auch der Islam durch langwierige Debatten seine heutige Form angenommen hätte, wäre das also nichts Außergewöhnliches. Das Problem ist nur, um welche Debatten es sich gehandelt haben sollte und wann und wo sie stattfanden. Waren es wirklich Diskussionen zwischen Mohammed und den medinensischen Juden in den Jahren nach 622? So müssen wir zumindest Ibn Ishâq verstehen. Oder haben wir es in Wirklichkeit vielleicht mit Monotheismusdebatten zu tun, die an der aramäisch-arabischen Peripherie des Byzantinischen Reichs am Rand der Wüste geführt wurden, die vom heutigen Jordanien, Syrien, Irak und Saudi-Arabien umgeben ist? Die vor Ort angeheuerten arabischen Grenztruppen, die das Byzantinische Reich gegen Einfälle der Barbaren verteidigen und beschützen sollten, werden doch bestimmt von ihren griechischsprachigen Herren mit dem Christentum konfrontiert worden sein? Hätte diese Konfrontation nicht auch in der gemischten syrisch-arabischen Bevölkerung dieses Gebietes allerlei Diskussionen ausgelöst? Könnte aus diesen womöglich der Islam hervorgegangen sein? Schließlich ist bereits 377 von arabischen Söldnern die Rede, die Konstantinopel gegen die Goten verteidigten.[2] Danach waren dort jede Menge Debatten möglich.

Die traditionelle Fassung der islamischen Geschichte, die sich, was das Leben Mohammeds angeht, überwiegend auf Ibn Ishâq stützt, ist der Meinung, es habe sich in erster Linie um Diskussionen mit den Juden gehandelt. «Die jüdischen Rabbiner versuchten immer, den Gesandten Gottes mit allerlei Fragen in Verlegenheit zu bringen und Verwirrung zu stiften. Der Koran wurde nun in der Regel in bezug auf deren Fragen offenbart. Dennoch wurden (auch) einige Fragen über das, was verboten und was erlaubt sei, von den Muslimen gestellt», erzählt Ibn Ishâq.[3] Dem heutigen Leser wird auffallen, daß der Autor dabei vor allem an die religiöse Verhaltenslehre denkt, daran, was erlaubt und verboten ist, und nicht an Theologie, Dogmatik oder Ideologie. Anschließend zitiert er eine Liste mit etwa hundert Namen medinensischer Juden, die sich an diesen Diskussionen beteiligt haben sollen. Mit dieser Liste hat es etwas Sonderbares auf sich.

Eine Liste jüdischer Fragesteller

Diese Liste enthält kaum jüdische Namen, und die wenigen sind häufig in ihrer koranischen Form, beispielsweise als «ʿUzair» anstatt «Ezra», wiedergegeben. Daher kommen starke Zweifel bezüglich ihrer Authentizität auf. Sollte im damaligen Medina wirklich kein einziger Jude Abraham, Mose oder David geheißen haben, dagegen wohl Finhas, der in deutschen Bibelübersetzungen meist Phineas genannt wird, einer der beiden mißratenen Söhne Elis?[4] Es könnte natürlich der Grundsatz geherrscht haben, daß die medinensischen Juden «normale» arabische Namen hatten. Dennoch trägt das Fehlen verbreiteter jüdischer Namen zu einem gewissen Argwohn bei.

Einer der Namen auf der Liste ist übrigens garantiert jüdisch: Shamwil oder auch Samuel ist bei Arabern bis auf den heutigen Tag allgemein bekannt. Diese Bekanntheit leitet sich nicht allein vom Propheten Samuel her, der im Alten Testament und in den Kommentaren zu den Suren 2,246–247 genannt wird, in der Geschichte der Salbung Sauls durch Samuel zum König von Israel. Sie beruht vor allem auf einer Geschichte über die legendäre Loyalität und Gastfreundschaft des jüdisch-arabischen Dichters Samawʾal ibn Adiya (aus dem sechsten Jahrhundert). Auch die dortige Erwähnung des Namens Shamwil ist ein weiteres Argument für eine spätere Datierung der Liste. Wenn ein bei den Arabern so bekannter jüdischer Name wie Shamwil auf der Liste gefehlt hätte, wäre das andererseits wieder ein Anlaß zum Zweifeln gewesen.

Das Verzeichnis jüdischer Teilnehmer an den medinensischen Debatten kommt heutigen Lesern ziemlich vage vor. Das ist schade, folgen doch danach noch reichlich andere Listen, die sich viel schwerer überprüfen lassen. Wie groß die historische Zuverlässigkeit dieser Erzählungen ist, kann im Grunde nicht festgestellt werden. Auch daß Ibn Ishâq den Diskutanten zwar große Aufmerksamkeit widmet, aber deren Themen meist nur oberflächlich behandelt, ist schade. Zum Glück sind seine Listen keine Verzeichnisse im Sinne eines Telefonbuchs. Ab und zu wird schon einmal das eine oder andere über die aufgeführten Personen mitgeteilt. Häufig handelt es sich allerdings um nichts weiter als die Bemerkung, daß ein Koranvers anläßlich der Geschichte offenbart wurde, in dem der genannte Mann oder die Frau eine Rolle spielt. Gegenüber solchen Identifikationen und Geschichten sollte aber generell ein Mißtrauen herrschen, vor allem wenn der entsprechende Koranvers unklar ist. Dann dienen diese Geschichten, wie bereits häufig erwähnt, ausschließlich zur Erläuterung und sind aus diesem Grund erfunden worden.

Antijüdische Bemerkungen

Ibn Ishâqs Liste der jüdischen Teilnehmer an den Debatten mit Mohammed in Medina enthält Bemerkungen, für die der heutige westliche Leser wenig Verständnis aufbringen kann und will. Es geht häufig, wenn nicht immer, um antijüdische Sprüche. Der westliche Leser, der die schrecklichen Folgen des Antisemitismus kennt, wird sie als primitive Vorurteile ablehnen. «Die Juden sind eine Nation von Lügnern» und «falsch, verlogen und bösartig».[5] Um dies noch glaubwürdiger zu machen, werden solche Charakterisierungen übrigens einem Juden in den Mund gelegt. Zum Glück gibt es zwei Ausnahmen. Zwei medinensische Juden, ein gewisser ʿAbdallâh ibn Salâm und ein anderer, ebenfalls als Rabbiner bezeichneter Mann namens Muchairiq, werden aufs höchste gelobt.

ʿAbdallah ibn Salâm wird von Ibn Ishâq als «ein jüdischer Schriftgelehrter» bezeichnet.[6] Als er vom Kommen Mohammeds hörte, brach er in so begeisterten Jubel aus, daß einer seiner Verwandten sagte: «Wenn uns Mose höchstselbst erschienen wäre, hättest du nicht lauter schreien können!» «Das stimmt», antwortete ʿAbdallâh, «er ist Moses Bruder und wurde mit demselben Auftrag gesandt.» Daraufhin folgen noch einige Anspielungen auf Deuteronomium 34,10, «Und es stand hinfort kein Prophet in Israel auf wie Mose», und auf die biblische Erwartung eines kommenden Messias. Selbstverständlich wurde ʿAbdallâh ibn Salâm im folgenden Muslim und befahl seiner Familie, dasselbe zu tun.

An sich wäre das schon ein schönes Ende der Geschichte, aber ʿAbdallâh hielt seinen Übertritt zum Islam vor seinen früheren Glaubensgenossen geheim. Er suchte Mohammed auf und unterbreitete ihm einen Plan, der beweisen sollte, wie schlecht die Juden seien. Der Prophet solle die Juden fragen, was für ein Mann er, ʿAbdallâh, denn sei und welche Reputation er bei ihnen genieße. Sie würden, so prophezeite er, nur Gutes über ihn mitzuteilen haben. Danach werde er seine Bekehrung zum Islam bekanntgeben, woraufhin ihn die Juden als Narren darstellen würden, so seine Prophezeiung. Alles, was Ibn Ishâq von ʿAbdallâh ibn Salâm vorhersagen ließ, erwies sich schließlich als wahr. Und damit war der Beweis geliefert: Die Juden seien «falsch, verlogen und bösartig». Und daß das so ist, durften wir aus dem Munde eines Juden aufzeichnen, der glücklicherweise zum Islam übergetreten war.[7]

Auch die zweite oben genannte Ausnahme, ein gewisser Muchairiq, wird als Rabbiner, Schrift- und Rechtsgelehrter bezeichnet. Er besaß eine große Zahl von Dattelpalmen. Als Mohammed bei der Schlacht von Uhud Hilfe benötigte, nahm Muchairiq, obwohl die Schlacht auf einen wichtigen jüdischen Feiertag, den Samstag, fiel, seine Rüstung und eilte mit den Worten zum Schlachtfeld: «Wenn ich heute falle, geht all mein Besitz an Mohammed.» Tatsächlich fiel er in den Kämpfen dieses Tages. Ibn Ishâq erzählt dazu, daß Mohammed zu sagen pflegte, Muchairiq sei der beste aller Juden gewesen. Hören wir hier vielleicht doch einen leisen Spott? Überdies sollen alle Almosen, die der Prophet später in Medina verteilte, aus dem (sehr umfangreichen) Besitz Muchairiqs gestammt haben und daher in keiner Weise zu Lasten der Muslime gegangen sein. Eine eventuelle Kritik an Mohammeds Art der Almosenvergabe wird durch diese Bemerkung übrigens im Keim erstickt, handelte es sich dabei doch um nichts anderes als die Verteilung des Vermögens des Juden Muchairiq.[8]

Die vermeintliche Niedertracht der Juden wird mit einer weiteren Geschichte illustriert, die auf eine gewisse Sâfiyya zurückgeht, die Tochter des Oberhaupts des bedeutendsten jüdischen Clans von Medina, der Banû al-Nadîr (nach dem Fall von Chaibar wird Mohammed sie zur Frau nehmen). Als Kind hatte sie ihren Vater und ihren

Onkel nach einem Besuch bei Mohammed sagen hören: «Ob er es wohl ist? Erkennst du ihn, und bist du dir sicher?» Solche Worte erwecken den Eindruck, daß Mohammed Zeichen seines Prophetentums trug, die für Kenner und Eingeweihte sichtbar waren, sofern sie über ein besonderes Wissen verfügten. Das Oberhaupt der medinensischen Juden antwortete mit «Ja». Er gab zu, die Zeichen gesehen zu haben, fügt dann aber hinzu: «Mein Gott, solange ich lebe, werde ich sein Feind sein.»[9]

Das ist nicht nur treulos, es ist auch unlogisch, wenn es um einen vom Sprecher erkannten Gottgesandten geht. Aber die Zuhörer im achten Jahrhundert wußten vermutlich schon, daß das Oberhaupt seine Funktion nicht mehr besonders lange ausüben würde. Die Banû al-Nadîr sollten bald von den Muslimen aus Medina vertrieben werden, was in späteren Zeiten natürlich jeder wußte. Wenn jedoch der Anführer der Banû al-Nadîr vom ersten Augenblick des Kennenlernens an bereits Mohammeds Feind war, dann ist es auch wenig erstaunlich, daß der Prophet ihn und seine Stammesgenossen vertreiben ließ. Oft klingt eine gehörige Portion Apologetik aus den medinensischen Erzählungen heraus. Offenbar gab es doch Leute, denen es nicht besonders gut gefiel, was nach der traditionellen Lesart der Geschichte mit den Juden von Medina geschah.

Verwandte unter sich

Auf die Liste von Juden folgt eine Liste der halbherzigen «Heuchler», *munâfiqûn*, der heidnischen Araber, die aus allen Clans Medinas stammten und Mohammed im Grunde keine Unterstützung boten oder, noch schlimmer, ihn sogar insgeheim bekämpften. Ibn Ishâq formuliert etwas merkwürdig, es handle sich um eine Liste von Personen, «die sich den Juden angeschlossen haben». Als seien die nichtjüdischen Bewohner Medinas ohne jüdische Hilfe nicht in der Lage gewesen, Partei zu ergreifen.

Die Liste dieser Mitläufer beginnt mit einem gewissen Dschulâs, möglicherweise eine Form von Julius.[10] Jemand mit einem so römisch[11] klingenden Namen, der durch seine christlichen Freunde informiert wurde, hätte sich eventuell der religiösen Autorität Mohammeds entgegenstellen können. Wie auch immer, Dschulâs äußerte sich im Familienkreis negativ über den Propheten, worauf einer seiner Verwandten, Umair, ihn bei Mohammed verpetzte. Offenbar empfanden die Erzähler das auch als ein bißchen zu weit gehend, denn bevor Umair sich an Mohammed wandte, hielt er Dschulâs eine Rede, die Ibn Ishâq in extenso wiedergibt:

> Du bist mir lieber als jeder andere. Niemand war mir je so wohlgesinnt wie du. Es tut mir weh, wenn etwas geschehen sollte, das dir unangenehm wäre. Aber du hast Worte ausgesprochen, die dir Schande brächten, wenn ich sie wiederholen würde. Wenn ich dagegen schweige, bringe ich meine Religion in Gefahr. Das eine ist dem anderen vorzuziehen.

Daraufhin geht er zum Propheten und berichtet, was Dschulâs gesagt hat. Dieser seinerseits streitet alles ab und bekräftigt seine Leugnung mit einem Eid. Auf diese Geschichte, sagt Ibn Ishâq, muß Sure 9,74 bezogen werden:

> Sie schwören bei Gott, sie hätten das Wort des Unglaubens nicht gesagt. Dabei haben sie es doch (tatsächlich) gesagt.

Die Botschaft ist deutlich: Wer im eigenen Familienkreis Mohammeds Belehrungen laut anzweifelt, darf nicht auf Vertraulichkeit rechnen. Der Zweifel muß sofort den befugten Autoritäten gemeldet werden. Vielleicht ist eine Gesellschaft doch vorzuziehen, in der Eltern und Kinder sich nicht gegenseitig bespitzeln.

Das erste Todesurteil

Dschulâs hatte einen Bruder namens Hârith.[12] Dieser Name kam nach der traditionellen Überlieferung bei arabischen Grenzsoldaten im Dienst von Byzanz regelmäßig vor.[13] Hârith und Mohammed vertrugen sich nicht. Kurz vor der Schlacht bei Uhud (zwischen Mekka und den Muslimen, 625) lief er zu den Mekkanern über, nachdem er zwei muslimische Mitstreiter getötet hatte. Mohammed erteilte dem späteren Kalifen ʿUmar den Auftrag, ihn zu ermorden, doch Hârith konnte nach Mekka entkommen. Aus diesem Anlaß sagt Sure 3,86:[14]

> Wie sollte Gott Leute rechtleiten, die ungläubig geworden sind, nachdem sie gläubig waren.

Vor dem Hintergrund der Sitten dieser Zeit und dieses Gebiets ist das natürlich eine Lappalie. Außerdem war Hârith möglicherweise des Doppelmordes oder der Desertion in Kriegszeiten schuldig. Trotzdem sollte man sich kurz damit beschäftigen. Es ist das erste Mal, daß Ibn Ishâq über ein von Mohammed verhängtes Todesurteil berichtet. Weder wurde ein Gericht eingeschaltet noch eine Ermittlung durchgeführt. Hârith wurde als Feind des Islam ausgemacht, «jeder» wußte offenbar, daß das stimmte, und deshalb mußte er sterben.

In der Antike war so etwas ohne Zweifel völlig normal und ein alltäglich wiederkehrendes Phänomen. Aber nach heutigen Maßstäben verletzt ein solches Vorgehen jede gesellschaftliche Konvention und die guten Sitten. Extrem prinzipientreue Muslime werden das nicht weiter tragisch finden, sie haben sich in solchen Fragen vor allem für das Urteil Gottes zu interessieren. Leider kommt aber hinzu, daß sich das Urteil Gottes kaum überprüfen läßt. Hier liegt noch Stoff für zahlreiche Konflikte.

Von keinem weiteren erfolgreichen großen Religionsstifter ist überliefert, daß er mit derart lockerer Hand willkürlich Menschen in den Tod geschickt hätte. Deshalb können Muslime es wirklich nicht übelnehmen, wenn dagegen Einspruch erhoben wird. Wenn die Geschichte nicht «wahr» und nur eine Predigt in Form einer Erzählung ist, macht das die Sache nicht besser. Offenbar gab oder gibt es Muslime, die unter Berufung auf ein Beispiel, erfunden oder nicht, aus der Zeit des Propheten jemanden, der als Feind des Islam gelten könnte, ohne genauere Ermittlungen, allein aufgrund eines allgemeinen Eindrucks verurteilen wollen, und zwar gleich zum Tode.

Der schwarze Nabtal

Gelegentlich wird Ibn Ishâq – nach unseren modernen Maßstäben – geradezu rassistisch. Den Erzählungen zufolge waren die Araber in Medina in zwei große Föderationen aufgespalten, die Aus und die Chazradsch.[15] Innerhalb der Aus gab es wiederum einige Gruppen, unter anderem die der ʿAmr ibn ʿAuf. Zu dieser gehörte ein Schwarzer, Nabtal ibn al-Hârith. Ibn Ishâq berichtet, daß Mohammed über diesen Mann sagte: «Wer den Satan sehen will, muß sich einmal Nabtal ibn al-Hârith anschauen.» Nabtal war nach Ibn Ishâq ein korpulenter Mann mit langem, offenem Haar, roten (d. h. entzündeten?) Augenhöhlen und pockennarbigen Wangen.[16] Er soll häufiger Gespräche mit dem Propheten geführt haben und wurde beschuldigt, das Gehörte Mohammeds Gegnern zugetragen zu haben. Er sammelte also Informationen für die Feinde des Islam.

Nabtal habe auch, so Ibn Ishâq, gesagt: «Mohammed ist immer ganz Ohr; wenn ihm jemand etwas erzählt, dann glaubt er es.» Sollen diese Worte den Propheten als Angsthasen zeigen oder der Naivität bezichtigen? Vermutlich nicht. Es wird eher um etwas anderes gegangen sein. Mohammed glaubte alle Gerüchte, wenn es um Kritik an seinem Auftreten und am Islam ging, und ließ in diesem Zusammenhang jeden Verdächtigen ergreifen.

Auf jeden Fall hat dieser Vorfall Ibn Ishâq zufolge zur Offenbarung von Sure 9,61 geführt. Doch dort wird wieder etwas ganz anderes suggeriert: Danach soll, ganz im Gegenteil, der Prophet in Medina mit Spitzeln zusammengearbeitet haben, und nicht seine Feinde. Das ist merkwürdig, erzählt Ibn Ishâq diese Geschichte doch gerade anläßlich eines Mohammed-Gegners, der im Verdacht stand zu spionieren. Wie auch immer, in Sure 9,61 steht:

> Und unter ihnen gibt es welche, die dem Propheten Ungemach zufügen und sagen: «Er hört (auf alles) (?) (w. Er ist (ganz) Ohr)!»

Es handelt sich um ein Wortspiel mit «kränken» und «Ohr», *yu'dhûna* und *udhun*. Was kann das bedeuten? Im Koran wie in Ibn Ishâqs Geschichte bekommt das Wort «Ohr» einen prominenten Platz. Nach einer Variante der Geschichte warnte übrigens Gabriel höchstpersönlich Mohammed vor diesem teuflischen Neger.

Klagemann und Sammelmann

Die Namensliste wird von einer weiteren Bemerkung unterbrochen, die nur allzu leicht im Gedächtnis haften bleibt. Ein gewisser Muʿattib soll gesagt haben: «Mohammed verspricht uns die Schätze von Krösus und Cäsar, aber vorläufig können wir noch nicht einmal irgendwo sicher kacken.» Das führte zur Offenbarung von Sure 33,12:

> (Damals) als die Heuchler und diejenigen, die in ihrem Herzen eine Krankheit haben, (immer wieder?) sagten: «Gott und sein Gesandter haben uns nur trügerische Versprechungen gemacht».

Direkt danach stoßen wir auf die Geschichte über einen gewissen Mudschammiʿ, der schon zu dieser Zeit die meisten Koranverse in Medina gesammelt haben soll. Dabei müßte es sich dann wohl um die allerfrüheste Zusammenstellung gehandelt haben, über die wir in der Literatur wie in der Tradition eigentlich nichts mehr hören. Überdies gilt es zu bedenken, daß Muʿattib «jemand, der klagt» bedeutet und Mudschammiʿ «jemand, der sammelt».[17] Haben die Namen zu diesen Anekdoten geführt, oder haben sich die Anekdotenerzähler die Figuren, komplett mit Namen und zugehörigem Clan, ausgedacht?

Halbherzigkeit

Ein Clan wird erwähnt, der außer einem gewissen Dahhâk keinen weiteren halbherzigen «Heuchler», *munâfiq*, hatte. Aber um diesen Dahhâk stand es besonders schlimm. «Er wurde der Heuchelei und der Liebe zu den Juden verdächtigt.» Der Hofdichter Mohammeds, der berühmte Hassân ibn Thâbit, verfaßte eigens über ihn ein Gedicht:

> Bist du nun ein Freund der Juden in Arabien und ihrer Religion
> und nicht Mohammeds, du häßlicher Esel!
> Ihre Religion wird doch nie zu der unsrigen passen,
> solange es in der freien Wüste noch freie Menschen gibt.[18]

Der poetische Gehalt dieser Zeilen ist durch die deutsche Wiedergabe bestimmt nicht besser geworden – aber hier geht es eher um den Inhalt: Wie gut die Beziehungen zwischen Muslimen, Juden und anderen zu einer bestimmten Zeit an einem bestimmten Ort auch sein mögen, jeden Augenblick kann ein Aktivist mit diesen oder ähnlichen Gedichten auftauchen und damit Zwietracht säen oder noch Schlimmeres auslösen.

Danach erwähnt Ibn Ishâq noch eine Reihe «jüdischer Rabbiner», die zum Islam konvertierten. Im selben Atemzug bezeichnet er sie dennoch als halbherzige «Heuchler», *munâfiqûn*, die zu jener medinensischen Gruppe gehörten, die nicht für den Islam kämpfen wollte und möglicherweise nur auf eine Gelegenheit wartete, der islamischen Unterdrückung entfliehen zu können. Einer dieser Männer, Zaid ibn al-Lusait, soll, als Mohammed sein Kamel verloren hatte, gesagt haben: «Mohammed behauptet zwar, daß er Offenbarungen aus dem Himmel bekäme, aber wo sein Kamel ist, das weiß er nicht.»[19] Dieser Herausforderung kann Ibn Ishâq nicht widerstehen und erzählt nun ausführlich, daß Mohammed von Gott erfahren habe, wo das Tier zu finden sei. Es hatte sich mit seinem Strick in einem Baum verfangen. «Die Muslime zogen aus und fanden das Tier genau an dieser Stelle und genau so, wie es der Prophet gesagt hatte.» Die Namen der Muslime, die dieses Wunder miterleben durften, werden nicht erwähnt,[20] obwohl unter so vielen Listen eine weitere kleine Liste nicht schlecht gepaßt hätte.

Warum wurden die Heuchler eigentlich Heuchler genannt? «Sie pflegten sich in der Moschee zu treffen, den Geschichten[21] der Muslime zu lauschen und dann zu lachen und Witze über den Islam zu reißen. Als sie der Prophet eines Tages in gedämpftem Ton miteinander reden sah, ließ er sie mit Gewalt aus der Moschee vertreiben.»[22] Darauf folgt eine Reihe wilder Berichte über kleine Ungebührlichkeiten und Schlägereien, die nicht mit der Würde eines Gotteshauses in Einklang zu bringen sind und sogar in westlichen Kneipen die große Ausnahme bilden.[23] Es wird heftig an Bärten und Haaren gerissen, und Leute werden an den Füßen zur Tür hinausgezerrt.

Ibn Ishâq stellt hier die ersten medinensischen Muslime als richtiggehende Kneipenschläger dar, die beleidigend, einschüchternd und prügelnd die ehemalige «Dattelscheune»[24] zu räumen wußten. Es ist verführerisch, in diesem Zusammenhang an die neutestamentarische Säuberung des Tempels zu denken (Johannes 2,13–25), aber bis auf die ganz allgemein vergleichbare Situation gibt keine dieser Anekdoten dafür einen Anhaltspunkt. Für heutige Muslime ist es sicherlich nicht angenehm, solche Geschichten zu lesen, wurde ihnen doch immer eingetrichtert, daß die Zeitgenossen Mohammeds die vorbildlichsten Muslime aller Zeiten gewesen seien, deren Beispiel spätere Generationen nachfolgen sollten.

Ein Kommentar zu Sure 2

Deshalb geht Ibn Ishâq nunmehr zu ernsteren Dingen über. Der Koran kennt 114 Kapitel oder Suren, von denen Sure 2 die längste ist. Im folgenden wird nun gezeigt, welche Hinweise die ersten hundert Verse dieser Sure auf Mohammeds Feinde enthalten, auf Juden wie auf Araber der Aus- und Chazradsch-Föderationen. Was diese Verse auch bedeuten mögen, sollten sie echt sein und keine spätere Ergänzung, dann hieße das, daß zu Ibn Ishâqs Zeit Sure 2 bereits ungefähr in ihrer heutigen Form existierte. Möglicherweise ist der Autor dann doch eine vom Koran unabhängige Quelle. Auch wenn heutige kritische Geister den Koran für ein spätes Dokument aus dem neunten Jahrhundert halten, so scheint Sure 2 doch schon vor 750 ihre heutige Form gefunden zu haben.

Einige der Geschichten sind wieder außerordentlich lebendig und noch nicht mit starrer Frömmigkeit übergossen, die dem modernen Leser die Überlieferung als Ganzes so schwer verdaulich macht. So sagt ein gewisser Râfi beispielsweise zu Mohammed: «Wenn du ein

Gesandter Gottes bist, wie du behauptest, dann bitte Gott doch einmal, direkt zu uns zu sprechen, damit auch wir seine Stimme hören können.» Diese Aufforderung führt zur Offenbarung von Sure 2,118:[25]

> Diejenigen, die kein Wissen haben (d. h. die Heiden?), sagen: «Warum spricht Gott nicht (unmittelbar) zu uns, oder warum kommt uns nicht (wenigstens) ein Zeichen zu?» Die vor ihnen lebten, haben dasselbe gesagt. Ihre Herzen sind (was die Verstocktheit angeht) einander gleich. Wir haben die Verse (w. Zeichen) klargemacht für Leute, die (von der Wahrheit) überzeugt sind.

Auch die doch sehr eigenartige Überzeugung, die Juden versteckten ihre heiligen Bücher und verdeckten Passagen aus der Heiligen Schrift mit der Hand, damit die Muslime sie nicht sehen könnten (Beschuldigungen, die noch täglich in den Moscheen von den Kanzeln herab wiederholt werden), wird in diesem Kontext behandelt.[26] Dies deutet auf eine jüdische Schule in Medina hin, die Mohammed besuchte und wo er mit den Anwesenden über Abraham diskutierte.[27] Mohammed wurde nämlich von den Juden gefragt, woran er glaube, und er antwortete: «An die Religion Abrahams.» Leider gibt es bei Ibn Ishâq keine weiteren Informationen über diese Schule.

Die Geschichte über die jüdische Reaktion auf Mohammeds Bitte um finanzielle Unterstützung für seinen Krieg gegen die Mekkaner wird beim heutigen Leser sicher Anklang finden. Ibn Ishâq zufolge behaupten die Juden Medinas, daß es um Gott finanziell schlecht bestellt sein müsse, wenn er durch Mohammed Geld von ihnen leihen wolle. Es liehen doch nur Arme von den Reichen? Also seien sie doch offensichtlich besser gestellt als Gott; Gott ist arm, und die Juden von Medina sind reich. Aus diesem Anlaß sagt Sure 3,181:

> Gott hat den Ausspruch derer wohl gehört, die sagten: «Gott ist arm, und wir sind reich.»

Es macht nicht den Eindruck, als sei der Zyklus aus Erzählungen und Koranerläuterungen um Sure 2 etwas Zufälliges. Dafür ist das Ende zu sorgfältig konstruiert. In der Übersetzung von Guillaume ist dieser Text etwa fünfundzwanzig Seiten lang und schließt mit einer Reihe unlösbarer Fragen, die angeblich Mohammed gestellt wurden. Wenn Gott die Welt erschaffen hat, wer oder was hat dann Gott erschaffen? Gott erschuf die Schöpfung, wer erschuf Gott? Es sind Fragen, über die immer nachgedacht werden wird, und Ibn Ishâq lehnt es ab, daß sich Menschen damit beschäftigen.[28]

Die Berichte über die Auseinandersetzungen sollen zeigen, daß der Islam und Mohammed von den Juden Medinas ab und zu mit Häme bedacht wurden. Das ist natürlich aus der Perspektive späterer Zeiten unverzeihlich. Niemand läßt gern über sich spotten, sicherlich nicht Muslime. Und siehe da, von allen Spöttern aus Mohammeds Zeit in Medina ist nichts geblieben! Damit ist wohl klar, auf wessen Seite Gott steht.

Christen zu Besuch in Medina

Die Erzählungen über die Zusammenstöße mit heidnischen Arabern sollen zeigen, daß sich diese nicht unterkriegen lassen wollten, und es werden ihnen eine Menge klassischer antireligiöser Sprüche in den Mund gelegt. Dennoch ist es dem Islam gelungen, auch diese Menschen zu überzeugen! Seht nur, Gott steht auf der Seite des Islam, Gottes höchsteigener Religion. Nun verlangt es die Regie, daß auch über die Zusammenstöße mit arabischen Christen erzählt wird. Ibn Ishâq zufolge handelt es sich um Christen aus Nadschrân im Nordjemen. Von etwa 525 bis etwa 570 geriet dieses Gebiet unter byzantinischen, danach unter persischen Einfluß. Während ʿUmars Kalifat schließlich wurden die Christen aus Nadschrân nach Kufa im Irak vertrieben, und es wäre höchst merkwürdig, wenn Ibn Ishâqs Zuhörer das nicht gewußt hätten. Die Nadschrâner Christen weckten natürlich anhaltend und intensiv die Neugier christlicher europäischer Wissenschaftler.[29]

Weiter berichtet der Autor, eine Delegation dieser Gruppe sei zu Mohammed gekommen, wobei er den Prunk hervorhebt, den die Gesandten zur Schau stellten, und ihn der Einfachheit und Askese der Muslime gegenüberstellt.[30] Die Christen seien mit sechzig Reitern angetreten! Sie trügen Mäntel aus dem Jemen! «Die Gefährten des Propheten, die sie an diesem Tag sahen, haben erzählt, daß sie bei keiner späteren Delegation je etwas Vergleichbares gesehen hätten.»[31] Nun ja, wie Ibn Ishâq erzählt, subventionierten die «Könige von Byzanz» diese christlichen Araber mit stattlichen Beträgen.[32] Und ausgerechnet ein so hochstehendes Volk beehrte den Propheten mit einem Besuch! Die Schlußfolgerung ist klar: Der Islam ist Gottes höchsteigene Religion, und Mohammed ist Gottes höchsteigener Gesandter. Einige Mitglieder der christlichen Gesandtschaft kamen, so erzählt Ibn Ishâq, denn auch sofort, manche ein wenig später zu diesem Schluß.

Die Geschichte wirkt von Anfang bis Ende konstruiert, und es ist schwer nachvollziehbar, daß sie von Gelehrten früherer Generationen für eine Erinnerung an ein historisches Ereignis gehalten wurde. So findet sich darin keinerlei Hinweis auf einen Besuch dieser Nadschrâner Christen bei Mohammed, als dieser sich noch in Mekka aufhielt.[33] Inhaltlich basiert diese Erzählung vollständig auf dem Text des Korans. Die beiden einzigen christlichen Namen aus der Abordnung sind ʿAbd al-Masih (Diener des Messias, Christodoulos) und Johannes. So wie die dogmatischen Streitfragen der Juden in Sure 2 behandelt wurden, werden diejenigen der Christen, wie sich jetzt zeigt, in Sure 3 dargestellt.

Das hier wiedergegebene Gespräch Mohammeds mit den beiden Anführern spottete jeder missionarischen, gesellschaftlichen und diplomatischen Konvention. Als sich die beiden an den Propheten wandten, sagte dieser zu ihnen: «Unterwerft euch!» Sie antworteten, sie hätten sich bereits dem Willen Gottes unterworfen, noch bevor sie Mohammed begegnet seien, sie begriffen nämlich nicht, daß seine Worte, im Arabischen *aslimû*, auch mit «Werde Muslim!» übersetzt werden können. Mohammeds Antwort war: «Ihr lügt.» Welcher Gastgeber sagt so etwas zu einem Gast, der ihm einen diplomatischen Höflichkeitsbesuch abstattet? Es ist nur zu hoffen, daß sich die Beteiligten am heutigen islamisch-christlichen Dialog diese Erzählung nicht zum Vorbild nehmen, noch dazu, da Mohammed hier auch noch eine kurze Erläuterung gibt: «Ihr lügt. Ihr behauptet, daß Gott einen Sohn hat, ihr betet das Kreuz an, und ihr eßt Schweinefleisch. Das beweist, daß ihr euch nicht unterworfen habt.»

Der Schluß der Geschichte enthält eine unverhohlene Drohung an die Adresse der Christen. Bei Meinungsverschiedenheiten der Araber war es in der Antike üblich, heilige Eide zu schwören, selbst recht zu haben, und den Gegner zu verwünschen. Mohammed forderte in der Erzählung nun die Christen auf, sogleich eine Sitzung mit wechselseitigen Schwüren und Verfluchungen abzuhalten. Aber einer der christlichen Führer (der der Geschichte zufolge bereits zum Islam konvertiert war!) sagte, daß dies nicht möglich sei, denn Mohammed sei ein Prophet, und «ein Volk, das einen Propheten verflucht, wird seine Alten nicht leben und seine Kinder nicht aufwachsen sehen».[34] Mit anderen Worten: Sollte ein im Streit mit dem Islam liegendes Volk merken, daß einer von ihnen den Propheten Mohammed verflucht, wird dieses Volk den Kampf gegen den Islam verlieren. Daher muß jedes Volk, das mit den Muslimen oder dem Islam eine Auseinandersetzung hat, dafür sorgen, daß niemand Mohammed verflucht oder, moderner ausgedrückt, ihn beleidigt.

Für multikulturelle Gesellschaften ist eine solche Haltung ein Problem. Es ist nicht die einzige Geschichte in diesem Buch über das Dilemma von Islamkritikern. Versuchen sie, Mohammeds Behauptungen über Gott zu widersprechen, so haben sie Mohammed beleidigt. Schweigen sie, so bleibt der Islam auf Kosten ihrer eigenen oder anderer religiöser Traditionen ohne Widerspruch.

Die Fieberepidemie

Nach all den Debatten mit jüdischen, christlichen und heidnischen Arabern kann die Geschichte einer echten Konfrontation nicht mehr weit entfernt sein: der Schlacht bei Badr. Doch bevor es soweit ist, erinnert sich Ibn Ishâq noch an zwei Erzählungen zu einem Thema, das er offenbar als kleinere Hürde betrachtete, die von den medinensischen Muslimen noch überwunden werden mußte. Es geht um den Konflikt mit dem alten Regime von Medina vor Mohammeds Eintreffen und um eine Fieberepidemie, von der die Neuankömmlinge in der Oase heimgesucht wurden.

Für Historiker ist es ein besonderes Ereignis, wenn Fakten und Geschichten über das Ancien Régime des alten Medina auftauchen, selbst wenn es sich nur, wie in diesem Fall, um wenige Zeilen handelt. Als der Prophet nach Medina kam, erzählt Ibn Ishâq, war ein gewisser ʿAbdallâh ibn Ubayy dort das Oberhaupt, und niemand stellte seine Autorität in Frage.[35] Es gab auch einen Führer der Föderation der Aus, der als «der Mönch» bezeichnet wurde, weil er vor der Bekehrung zum Islam ein Asket gewesen war und einen härenen Mantel getragen hatte. Eigentlich hörte er auf den Namen Abû ʿÂmir. «Diese beiden Männer waren durch ihre hohe Stellung verdammt, ihr Status brachte ihnen viel Schlechtes.» Das ist offenbar schon die Moral von der Geschichte: Status, vor allem aber ein Status, der nicht dem Islam zu verdanken ist, kann einem Menschen schaden.

Doch da gibt es noch etwas, was uns diese Minigeschichte mitteilen möchte. Mohammed war als Herrscher über Medina offenbar der Nachfolger eines Mannes, der fast ein König war – die Krone war schon fertig –, und zugleich auch eines Mannes, der eigentlich ein Mönch war, vielleicht noch nicht mit allen nötigen Weihen versehen, aber die Mönchskutte lag schon für ihn bereit. Mohammed war in Medina also tatsächlich religiöser und politischer Führer, Prophet und Staatsmann, würde der schottische Islamwissenschaftler W. M. Watt gesagt haben.[36] Leider geht Ibn Ishâq auf Themen wie zum Beispiel die Organisation der Regierung in Medina oder die Art der eventuellen christlichen Präsenz vor Ort nicht ein, wohl aber auf die absolute Oberherrschaft des Propheten in Medina.

Der Deutlichkeit halber erzählt Ibn Ishâq es noch einmal: Der Gesandte Gottes beraubte Ibn Ubayy seines Königtums, obwohl seine Untertanen bereits ein Krönungsdiadem für ihn bereitgelegt hatten.[37] Ibn Ubayy trat ohne großen Enthusiasmus zum Islam über, weil es seine Untertanen ebenfalls taten. Doch Abû ʿÂmir, sein Mitherrscher, «weigert sich hartnäckig, zu glauben». Er soll zunächst nach Mekka, dann nach Tâʾif und schließlich nach Syrien geflohen sein, wo er schließlich starb, nur um den muslimischen Truppen nicht in die

Hände zu fallen. Ibn Ishâq weiß weiter zu berichten, daß ein «Caesar» (ein Titel, den die antiken Araber jedem (ost-)römischen Militärbefehlshaber zuerkannten, ungeachtet seines Ranges) noch als Schlichter in dem Streit um die Verteilung seines Erbes tätig werden mußte. Mit anderen Worten: Er blieb bei seiner Ablehnung der Scharia und des Islam, selbst über seinen Tod hinaus. Er war aus voller Überzeugung Byzanz und dem Christentum ergeben.

Sollte sich etwa noch eine dritte Lehre unter der Oberfläche dieser Geschichte verbergen? Sollte es, wie in der vorherigen Erzählung über das Verbot, einen Propheten zu verfluchen, im Grunde auch um die Reaktion der nichtmuslimischen Führer auf den Islam gehen? Sollte etwa gezeigt werden, daß die Politiker und Führungskräfte des nichtmuslimischen Gebietes sich zwar anpaßten, sobald der Islam mächtiger wurde und expandierte, aber ohne große Begeisterung, wie es bei Ibn Ubayy der Fall war, während die religiösen und intellektuellen Führer aus der vorislamischen Zeit, wie Abû ʿÂmir, einen viel längeren und hartnäckigeren Widerstand leisteten?[38] Wir dürfen nicht vergessen, daß diese Minigeschichte aus der Zeit um 750 stammt, als die Muslime schon ein gutes Jahrhundert lang Erfahrung mit den Reaktionen islamisierter Völker hatten. Es wäre seltsam, wenn diese Erfahrung den Strom von Mohammed-Geschichten nicht ebenfalls geprägt hätte.

Bevor es zur großen Konfrontation mit den Ungläubigen kommt, hören wir noch eine Geschichte. In Medina, so vernehmen wir, herrschte ein schlimmes Fieber, das alle Migranten aus Mekka schwer getroffen hatte. An sich ist das nicht unerklärlich. Medina war eine Oase, in der es an verschiedenen Stellen reichlich stehendes Wasser gegeben haben wird; ein idealer Ort für Insekten und daher auch für alle möglichen Formen von Infektionen und Fieber. Doch wie durch ein Wunder blieb Mohammed von der neuen Krankheit verschont. Es ist eine dieser Geschichten, die den Glauben der Gläubigen stärkt, aber auch den Unglauben der Nichtgläubigen.

Die Pointe der Geschichte ist aber folgende: Irgendwann sind die Muslime so krank, daß sie nur noch im Sitzen beten können. Der nicht erkrankte Mohammed geht zu den sitzenden Betenden und sagt ihnen, ihr Gebet sei nur die Hälfte desjenigen eines Stehenden wert. Trotz Krankheit, Schmerzen, Schwäche und Schwindel versuchen die Fieberkranken daraufhin aufzustehen. Die Erzählung diente also zur Beantwortung der Frage, wie ein Kranker zu beten habe.

Das Pflegen von Kranken ist übrigens ein wichtiger Bestandteil des Christentums,[39] der mit dazu beigetragen hat, daß es sich zu einer Weltreligion entwickelt hat.[40] Deshalb hätte der Leser an dieser Stelle der Geschichte gerne etwas über die islamischen Vorstellungen zur Krankenpflege erfahren. Doch trotz passender Kulisse verliert der Erzähler kein Wort darüber, sondern fährt nunmehr mit den denkwürdigen Worten fort:

> Darauf begann der Gesandte Gottes den Krieg zur Erfüllung von Gottes Befehl vorzubereiten, um seine Feinde und die Anhänger des Polytheismus, die nicht weit waren, zu bekämpfen [...] Das ereignete sich dreizehn Jahre nach seiner Berufung.[41]

Diese Bemerkung leitet einerseits den Bericht über die kommenden Kriege ein, gibt aber andererseits noch Anlaß zu ein paar chronologischen Ergänzungen. Mohammeds Ankunft in Medina wird wieder vom höchsten Stand der Sonne bestimmt: Montag, dem zwölften Tag des Monats Rabiʿ al-awwal des ersten Jahrs der Hidschra, dem 24. September 622. Nach den traditionellen Umrechnungstabellen und den modernen Umrechnungsprogrammen im Internet fiel dieses Datum übrigens nicht auf einen Montag, sondern auf einen Freitag. Damals soll Mohammed, so Ibn Ishâq, dreiundfünfzig Jahre alt gewesen sein. Das war dreizehn Jahre nach seiner Berufung, die im Jahre 610 stattgefunden hatte, als er vierzig Jahre alt war. Daraus ergibt sich erneut 570 als Geburtsjahr.

Es folgen die Berichte über die ersten von Medina aus verübten Raubzüge der Muslime. Der vorläufige Höhepunkt wird dann die Schlacht bei Badr.

Der Prophet bezeugt durch Wunder seine Nähe zu Gott.
Vor der Schlacht von Badr bittet er um Regen.
Osmanische Miniatur, 16. Jahrhundert. Major Gayer-Anderson Kairo.

11. *Die ersten Waffengänge*

Bei einigen Fragmenten in Ibn Ishâqs Mohammed-Biographie stellt sich die Frage, wie es möglich war, daß westliche Forscher mehr als ein Jahrhundert lang diese Sammlung von Erzählungen als historische Quelle betrachten konnten, gab es an den Universitäten im selben Zeitraum doch völligen Konsens in bezug auf Rotkäppchen, die Odyssee und das Neue Testament. Die Geschichte von Rotkäppchen, das wußte jeder, war als Quelle für unser Wissen über den Holz- und Wildtierbestand Mitteldeutschlands im achtzehnten Jahrhundert völlig unbrauchbar. Mit Hilfe der Odyssee war absolut keine Karte des Mittelmeers zu erstellen. Und das Neue Testament taugte nicht als historische Quelle für das Leben und Sterben von Jesus von Nazareth. Vor allem letzteres löste bei abtrünnig gewordenen Enkelkindern von Pfarrern großes Schmunzeln und Vergnügen aus. Natürlich werden sich die zahllosen Wissenschaftler, für die Ibn Ishâq eine historische Quelle und kein Evangelium war, ab und zu tatsächlich einmal von solchen antichristlichen und antikirchlichen Gefühlen haben leiten lassen, aber es ist doch noch mehr.

Es gibt Passagen, aus denen hervorgeht, daß Ibn Ishâq heftig mit der Chronologie zu kämpfen hatte. Ständig versucht er, für den Zeitraum nach der Hidschra herauszufinden, in welchem Monat eines Jahres sich die bedeutenden Ereignisse abgespielt haben. Diese präzisen Datierungen wirken sehr modern. Deshalb ist die Versuchung groß, sich durch diese Bemühungen um Genauigkeit von der Wissenschaftlichkeit des Autors überzeugen zu lassen. Von Wissenschaftlichkeit kann aber, völlig zu Recht, keine Rede sein. Gerade eine Obsession bezüglich der Chronologie signalisiert möglicherweise, daß wir es mit einem Verfasser zu tun haben, der etwas verkünden möchte, und nicht mit einem, der lediglich so gut wie möglich Bericht erstatten will. Eine vollkommene Chronologie kann durchaus, abhängig vom Publikum, zur Wirkung der Verkündigung beitragen: zehn Jahre in Mekka, zehn Jahre in Medina; zehn Jahre vor Troja, zehn Jahre auf dem Meer. Wenn das kein vollkommenes chronologisches Schema für ausnehmend wichtige Ereignisse abwirft, in denen ein vollkommener Mensch die Hauptrolle gespielt hat, was dann?

Wie eine historische Quelle wirkt Ibn Ishâqs Bericht erstmals, als er den Beginn der bewaffneten Aktionen von Medina aus schildert. Natürlich ist das ein wichtiger Zeitpunkt der islamischen Geschichte, darüber herrscht Einigkeit. Die Muslime hätten gewissermaßen auch zu Hause bleiben können, aber bekanntlich haben sie das nicht getan. Die Formulierung Ibn Ishâqs lautet: Zur Erfüllung von Gottes Gebot, die Feinde und die Götzendiener zu bekämpfen, habe der Prophet Kriegsvorbereitungen treffen müssen.[1]

Nach seinen Berechnungen war Mohammed im Monat Rabiᶜ al-Awwal[2], dem dritten Monat des Jahres, in Medina angekommen. Aber erst im Monat Safar,[3] dem zweiten Monat des darauffolgenden Jahres, dem zwölften Mondmonat seit seiner Ankunft, wird der erste Raubzug durchgeführt. Dem Biographen zufolge vergeht bis dahin also fast ein ganzes Kalenderjahr. Es sind vor allem diese Datierungen, von denen sich Ibn Ishâqs westliche Leser haben verführen lassen, sein Buch als Geschichte im Sinne von Geschichtsschreibung und nicht als ein Evangelium zu sehen. Das arabische Wort für «Geschichte» ist übrigens vom semitischen Wort für «Mond» und «Monat» abgeleitet[4] und bedeutet eigentlich in etwa «per Monat festlegen» – und genau das tut Ibn Ishâq.

Raubzüge

Die erste muslimische «Razzia» richtete sich gegen einige Mekkaner, die sich an einem Ort namens Waddân aufhielten. Weil die Angegriffenen Frieden schlossen, kehrte Mohammed nach Medina zurück, «ohne gekämpft zu haben»;[5] nach Ibn Ishâq bleibt er dort auch in den Monaten Safar und Rabiᶜ al-awwal, August und September 623. Ibn Hischâm, der Schlußredakteur des Textes von Ibn Ishâq, bezeichnet dieses Ereignis etwa ein Jahrhundert später noch einmal nachdrücklich als die erste «Razzia».

Woher kommt das Wort Razzia? Razzia ist von Hause aus ein arabisches Wort, *ghazwa* den Wörterbüchern zufolge, aber es ist im Niederländischen wie im Deutschen völlig eingebürgert, wenn auch in verändertem Sinne. «Raubzug» ist eine mögliche Übersetzung, «Expedition» wäre ein feiger Euphemismus: Die Teilnehmer einer Razzia zogen nämlich nicht los, um eine neue Schmetterlingsart zu entdecken, sondern um einen Mitmenschen mitsamt Kindern seiner Existenzgrundlage zu berauben. *Ghazwa* mit «Krieg» zu übersetzen würde ebenfalls in die Irre führen. Wer an einem Krieg teilnimmt, will siegen. Wer an einer Razzia beteiligt ist, will dagegen Beute machen und hat im Prinzip auch kein Problem damit, ein paar Jahre später noch einmal bei denselben Eigentümern wegen einer erneuten Vermögens- und Einkommensumverteilung anzuklopfen.

In den Monaten Safar und Rabiʿ al-awwal, ungefähr im August und September 623, blieb Mohammed, so berichtet Ibn Ishâq, zwar in Medina, dennoch wurden in dieser Zeit zwei Raubzüge organisiert. Am ersten waren sechzig bis achtzig Reiter beteiligt, alle unter den Emigranten aus Mekka rekrutiert; die *ansâr*, die Helfer aus Medina, machten nicht mit. Eine Feindberührung gab es dabei nicht, aber Saʿd ibn Abî Waqqâs (später ein berühmter Mann, weil er im Sommer 637 die Perser in der Schlacht von al-Qâdisiyya schlug) schoß doch einen Pfeil ab: Dies war der erste Schuß, der für den Islam abgegeben wurde.[6] Über den Raubzug existiert ein Gedicht, das dem späteren Kalifen Abû Bakr (von 632 bis 634) zugeschrieben wird. Darin lesen wir unter anderem:

> Ein wirklicher Prophet kam zu ihnen.
> Aber was er sagte, hielten sie für eine Lüge.
> Und sie sagten: Bei uns sollst du nicht leben.[7]

Ist es tatsächlich so gewesen, daß «sie», die heidnischen Mekkaner, zum wahren Propheten sagten, er dürfe oder könne nicht bei ihnen leben? In den vorhergehenden Geschichten aus Mekka wurde es eigentlich anders dargestellt. Dort schien es eher so, als ob einige Einwohner Medinas die Muslime eingeladen hätten. Das Gedicht suggeriert nun ziemlich unverblümt, daß Mohammed und die Seinen aus Mekka verjagt worden seien. Dasselbe gilt entsprechend auch für Sure 22,39–40:

> Denjenigen, die (gegen die Ungläubigen) kämpfen (so nach einer abweichenden Lesart; im Text: die bekämpft werden), ist die Erlaubnis (zum Kämpfen) erteilt worden, weil ihnen (vorher) Unrecht geschehen ist. – Gott hat die Macht, ihnen zu helfen. – (Ihnen) die unberechtigterweise aus ihren Wohnungen vertrieben worden sind, nur weil sie sagen: Unser Herr ist Gott.

Von aktiven Emigranten sind die frühen Muslime plötzlich zu passiven *displaced persons* geworden, zu Flüchtlingen und Opfern; Opfern, die ein Recht auf Rache haben. Dieser Eindruck wird erweckt und ist jetzt, nach dem Ausbruch bewaffneter Konflikte, vielleicht mehr als willkommen. Die Rolle des Opfers, das sich verteidigen muß, wird in jedem Fall derjenigen des Angreifers, der einen Streit vom Zaun bricht, vorgezogen. Dafür kann die Wahrheit dann durchaus ein bißchen strapaziert werden, jederzeit und überall.

Ein weiterer Raubzug zur Küste, an dem dreißig Reiter, allesamt mekkanische muslimische Auswanderer, *muhâdschirûn*, teilnahmen, fand ohne Mohammed statt; erst bei dem nach Buwât im Monat Rabiʿ al-awwal (September 623) war er selbst beteiligt. Auch hier wurde nicht gekämpft. Handelte es sich um Erkundungen? Versuchten die Muslime, ihren Nachbarn mit ihrer Kavallerie zu imponieren? Den restlichen Rabiʿ al-âchir und einen Teil des nächsten Monats bleibt der Prophet in Medina.[8] Anschließend bricht er zu einem Marsch auf, der ihn nach al-ʿUschaira im Yanbuʿ-Tal bringt, unweit von Mekka, wo er sich den ganzen Dschumâdâ al-ûlâ und einen Teil des nächsten Monats aufhält.

Zu Ibn Ishâqs Zeit wurde offenbar die Stelle, an der die Steine lagen, auf denen Mohammeds Kochtopf bei dieser Gelegenheit gestanden haben soll, noch immer gezeigt. Bei einem Flecken namens al-Muschtarab soll er getrunken haben. Dieser Ortsname, eine Ableitung der arabischen Wurzel *sh-r-b*, «trinken», könnte schlicht «Trinkstätte» bedeuten. Es braucht wenig Phantasie, um die Sache wieder umzudrehen. An den Ortsnamen Muschtarab hat sich eine Geschichte über einen Marsch Mohammeds geknüpft. Von diesem Raubzug nach al-ʿUschaira sind keine Opfer bekannt, weswegen anzunehmen ist, daß die Muslime kampflos nach Medina zurückkehrten.[9]

In der Folgezeit blieb Mohammed einige Nächte, «weniger als zehn», in Medina. Da ereignete sich etwas, das Anlaß zur Gewaltanwendung bot. Ein heidnischer Mekkaner, Kurz ibn Dschâbir, führte einen Raubzug durch, bei dem er frei grasende Kamele der Medinenser erbeutete.[10] Mohammed machte sich auf die Suche nach ihm, um das Eigentum seiner Stadtgenossen zurückzuholen, konnte ihn aber in der weiten Wüstenlandschaft nicht finden. Während dieser Suche kam er «ins Tal Safawan, in der Nähe von Badr. Das war die erste Razzia von Badr. Der Prophet kehrte nun nach Medina zurück und blieb dort den restlichen Monat Dschumâdâ al-âchira und die Monate Radschab und Schaʿbân.»

Eine «kleine» Razzia nach Badr und drei Monate später, im Ramadân, eine echte, große «Expedition» an denselben Ort? Viele werden das für einen allzugroßen Zufall halten und unterstellen, daß die Geschichtenerzähler aus einem zwei Ereignisse gemacht haben. Aber warum sollten eigentlich nicht zwei Razzien an denselben Ort unternommen worden sein? Möglich wäre es, wenn es nicht noch etwas anderes gäbe, was dagegen spricht.

Der dritte Marsch nach Badr

Es gibt einen Papyrus, auf dem von einem Gefecht bei Badr die Rede ist. Papyri sind von einer seltenen Zuverlässigkeit. In diesem Fall wird Badr nochmals anders datiert, und zwar früher. Man kann die Fäden kaum entwirren, aber es kommt der Verdacht auf, daß die Schlacht bei Badr im nachhinein in den Ramadân des Jahres 2 nach der Hidschra datiert wurde, und zwar beeinflußt von der Deutung der Suren 2,185 und 8,42:

> Der Monat Ramadân ist es, in dem der Koran herabgesandt wurde [...] Und die Entscheidung [*furqân*]. [Übers. Jansen]

Durch dieses Fragment sind wir im Monat Ramadân angekommen. Die zwei Koranauszüge werden durch das dunkle arabische Wort *furqân* (das im Syrischen «Erlösung» bedeutet) miteinander verbunden. Sure 8,42 bringt noch das Element von Feldschlacht und Kampf mit hinein:

> Der Tag der Entscheidung [*furqân*], der Tag, an dem die beiden Mengen aufeinandertrafen. [Übers. Jansen]

Oder sollten bei Badr tatsächlich drei Schlachten geschlagen worden sein? Alles ist möglich, aber es ist klar, welche Deutung am logischsten ist.[11]

Heilige Zeiten und heilige Orte

Vor dem Bericht über die eigentliche Schlacht bei Badr behandelt Ibn Ishâq die Ereignisse bis zum Ramadân. Eine mit Rosinen und Leder beladene mekkanische Karawane kam in der Nähe einer Gruppe von Muslimen, unweit der Grenze zum mekkanischen Heiligtum, vorbei. Sollte sie angegriffen werden oder nicht? Bei einem sofortigen Überfall, das heißt am letzten Tag des Monats Radschab, würde das Tabu bewaffneter Aktionen während der heiligen Monate verletzt werden, in denen das Tragen von Waffen verboten war. Ließen sie die heidnische Karawane aber erst einmal laufen und raubten sie am nächsten Tag aus, dann verstießen sie gegen das Verbot, Gewalttaten innerhalb der geheiligten Zone um die Kaaba zu begehen (diese Vorschrift wurde vom Islam übernommen und gilt im Prinzip noch heute).

Nach einigem Zögern entschlossen sich die Muslime dann doch zum Überfall. Es gab ein paar Tote auf seiten der Mekkaner, und die Angreifer erreichten mit zwei Gefangenen und der Beute Medina. Einem Mekkaner gelang die Flucht. Dann geschah ein großes Wunder. Denn der Anführer dieser muslimischen Krieger, ein gewisser

ʿAbdallâh ibn Dschahsch, stellte fest, daß ein Fünftel der Beute Mohammed zustand. Den Rest verteilte er unter den Kämpfern. Das Wunder besteht darin, daß ein Fünftel genau der Anteil ist, der später in Sure 8,41 Mohammed zugewiesen wird. So fügt sich das eine zum anderen.

Die muslimischen Kämpfer für Gottes Einheit erwartete eine herbe Enttäuschung. Mohammed behauptete nämlich, keinen Befehl zu einem Angriff während der heiligen Monate erteilt zu haben. Das hatte er in der Tat nicht wörtlich getan, aber offenbar waren seine Äußerungen schwerlich anders aufzufassen. Auch die medinensischen Juden warfen den Angreifern ihre Kriegslüsternheit vor. Die Muslime, die sich noch in Mekka aufhielten, sagten, der Kampf habe noch während des Schaʿbân stattgefunden. Verwirrung und Vorwürfe gab es zuhauf. Dann wurde das Problem für immer gelöst. Mohammed berichtete, folgende Offenbarung empfangen zu haben:

> Man fragt dich nach dem heiligen Monat, (nämlich) danach, (ob es erlaubt ist) in ihm zu kämpfen. Sag: In ihm kämpfen ist ein schweres Vergehen (w. wiegt schwer). Aber (seine Mitmenschen) vom Weg Gottes Abhalten – und nicht an ihn Glauben – […] (all das) wiegt bei Gott schwerer.[12]

Mit anderen Worten, der Kampf gegen das Heidentum erlaubt den Bruch aller Regeln, der Zweck heiligt die Mittel. Ibn Ishâq wird doch wohl nicht so viel Aufmerksamkeit für diese Chronologie an den Tag gelegt haben, einzig und allein, weil eine bestimmte Koranpassage es erforderte? In diesem Fall hätte seine Anstrengung eine überraschende Nebenwirkung mit sich gebracht, nämlich daß westliche Gelehrte zu Unrecht begannen, sein Buch für eine «gewöhnliche» Historiographie zu halten.

Die Änderung der Gebetsrichtung

Die zweite wichtige Begebenheit, die noch vor der Schlacht bei Badr datiert ist, und zwar im achtzehnten Monat seit der Ankunft Mohammeds in Medina, ist die Veränderung der *qibla*, der Gebetsrichtung.[13] Fortan betete man nicht mehr mit dem Gesicht Richtung Jerusalem, sondern Richtung Kaaba in Mekka. In der Wissenschaft gibt es einen allgemeinen Konsens darüber, daß sich Mohammed dazu entschlossen habe, weil er die Hoffnung auf einen jüdischen Massenübertritt zum Islam aufgegeben hatte. Eine weitere Interpretation lautet, er sei immer selbstbewußter geworden und habe sich mehr und mehr als Gründer einer neuen religiösen Bewegung[14] gefühlt, die inzwischen genügend eigenes Profil hatte. Oder: Mohammed habe durch seinen Kontakt mit den Juden Medinas das Judentum besser kennengelernt und begriffen, daß er von seinen jüdischen Mitbürgern wenig zu erwarten hatte. Über die Änderung der Gebetsrichtung sagt der Koran in Sure 2,142 und folgende:

> Die Toren unter den Leuten werden sagen: «Was hat sie (d. h. die Muslime) von der Gebetsrichtung, die sie (bisher) eingehalten hatten, abgebracht?» [...] Wende dich (beim Gebet) mit dem Gesicht in Richtung der heiligen Kultstätte (in Mekka)! Und wo immer ihr (Gläubigen) seid, da wendet euch mit dem Gesicht in dieser Richtung!

Die Schlacht bei Badr

Schließlich kam es zur eigentlichen Schlacht bei Badr zwischen den Muslimen aus Medina und den Heiden aus Mekka. Ibn Ishâq läßt sein Publikum wissen, daß er nicht einfach etwas dahererzählt. Seine Geschichte, erklärt er, beruhe auf dem, was er von großen, berühmten Überlieferern vernommen habe. Er nennt az-Zuhrî, Ibn Qatâda, ʿUrwa ibn az-Zubair (den Bruder des Gegenkalifen ʿAbdallâh ibn az-Zubair), ʿAbdallâh (den Sohn des Kalifen Abû Bakr) und ʿAbdallâh ibn al-ʿAbbâs, den Sohn von Mohammeds Onkel al-ʿAbbâs und

Urahn der Abbasidendynastie. Die Geschichten, die auf diese berühmten Männer zurückgehen, habe er «zusammengefaßt», was auch immer das bedeuten mag, und in die Schilderung von Badr einfließen lassen.[15]

Hier gibt es wieder eine Rezeptionsgeschichte mit einem lästigen Henne-oder-Ei-Problem. Es sind Texte bekannt, die von az-Zuhrî oder ʿUrwa stammen sollen. Wurden diese aber möglicherweise von späteren Autoren kompiliert, die einzelne Zitate aneinanderreihten? Sind es Sammelbände, die nach Ibn Ishâq zusammengestellt wurden? Oder handelt es sich um unabhängige, ältere Zeugnisse für das, worüber ʿUrwa und az-Zuhrî geschrieben hatten? Stoff genug für gelehrte Dissertationen. Sollten wir es wirklich mit älteren Schriftquellen zu tun haben, könnten wir dem historischen Mohammed vielleicht doch ein bißchen näherkommen, als es uns Ibn Ishâq erlaubt. Aber auch der Abstand zwischen az-Zuhrî (gestorben 742) und ʿUrwa (644–712) einerseits und Mohammed (gestorben 632) andererseits umfaßt einen Zeitraum, der für die Bildung von allerlei Legenden hinreichend lang ist.

Traditionell wird die Historizität dieser Schlacht in keinerlei Hinsicht angezweifelt. Mohammed verließ Medina am Montag, dem achten Tag des Monats Ramadân, so berichten Ibn Ishâq und Ibn Hischâm.[16] Den Umrechnungstabellen zufolge fiel dieses Datum auf den 5. März 624. Überraschenderweise stieß seine kleine muslimische[17] Truppe auf eine große Überzahl Mekkaner,[18] eine Karawane und ein Heer, das diese vor Räubern schützen sollte. Dies geschah bei Badr, einem Ort, an dem einmal im Jahr ein Markt veranstaltet wurde.[19] Die Muslime griffen an. Gott schenkte ihnen den Sieg.[20] Damit war die Reputation des Islam vor Ort begründet.

Lesern, die das Arabische beherrschen, fällt an dieser Stelle möglicherweise auf, daß der Name Badr von einer Verbwurzel *b-d-r* abgeleitet ist, die auch «überraschen» bedeuten kann. Das heute übliche arabische Wort für «Überraschung» ist beispielsweise *mubâdara*. Die Existenz eines Papyrus über einen Marsch nach Badr und die Geschichte Ibn Ishâqs über die «kleine» Expedition dorthin tragen mit dazu bei, reichlich Skepsis zu wecken, ob das Zusammentreffen tatsächlich so überraschend war. Doch das lassen wir jetzt außer acht, um der Geschichte zu folgen.

Auf dem Weg Richtung Mekka trafen die Muslime auf einen einsamen Beduinen. Mohammed fragte ihn, ob er etwas über ein Heer oder die Karawane der Mekkaner wisse, aber er konnte ihnen nicht helfen. Die Begleiter des Propheten waren offenbar in einer erregten, begeisterten Stimmung und forderten den Mann auf, Mohammed mit dem nötigen Respekt anzusprechen, nämlich mit «Gesandter Gottes», *rasûl Allah*. Daraufhin fragte der Beduine, ob der Prophet Gottes ihm denn sagen könne, welches Geschlecht das Fohlen habe, das seine schwangere Kamelstute im Leib trage. Das erboste einen der Muslime: «Das mußt du nicht den Gesandten Gottes fragen, das wirst du selbst wissen, denn du hast ja deine eigene Kamelstute besprungen, und jetzt trägt sie eine Ziege von dir in ihrem Bauch!» Mohammed gebot nun der Streiterei Einhalt, und der Feldzug ging weiter. Auch an ernsten Wendepunkten einer Erzählung muß Zeit für einen Scherz sein.

Beide Seiten zögerten, konnten sich nicht finden, doch am Freitagmorgen,[21] dem siebzehnten Tag des Ramadân im Jahr 2 nach der Hidschra, Mitte März 624, war es soweit, und die Heere marschierten aufeinander zu. Ibn Ishâq bringt Dutzende kurzer Szenen, die sich um diesen Zeitpunkt herum abspielten. Der heutige Leser kann diese Geschichten genauso genießen wie damals die arabischen Zuhörer, doch mit einem Unterschied: Letztere wußten in der Regel von Anfang an, ob die agierenden Figuren die Schlacht bei Badr überlebt hatten oder nicht und, wenn ja, wie es ihnen weiter ergangen war. Die Mehrzahl der modernen westlichen Leser hat davon keine Ahnung.

Mohammed ließ für die bevorstehende Schlacht eine Hütte bauen, die, wie uns der Historiker at-Tabarî berichtet, aus Palmblättern gemacht war, um von dort aus die militärischen Operationen zu beobachten.[22] In dieser Hütte saß er allein mit Abû Bakr. Er betete zu Gott und rief aus: «O Gott, falls diese kleine Kriegerschar (das islamische Heer) heute untergeht, sollst du nicht mehr angebetet und verehrt werden!» Darauf meinte Abû Bakr, daß Mohammeds ständiges Flehen Gott zweifellos verärgern werde, denn Gott halte sein Versprechen seinem Gesandten gegenüber sicher ein.[23]

Es ist eine Geschichte, die ein Nichtmuslim unserer Tage nicht anders als mit einem Lächeln lesen kann und die von den meisten westlichen Mohammed-Biographen nicht übernommen wurde, zweifellos aus Achtung vor dem Propheten. Die damaligen muslimischen Leser werden es wohl mit anderen Augen gesehen haben. Sie wußten, daß Abû Bakr Mohammeds Nachfolger als Kalif werden würde und dies durchaus umstritten war. Manch einer meinte nämlich, daß eigentlich ʿAlî den Platz Mohammeds hätte einnehmen müssen. Deshalb wirkte eine solche Geschichte sicher beruhigend. Offenkundig war Abû Bakrs Glaube mindestens so stark wie derjenige des Propheten, so daß es in den Diskussionen über den wahren Nachfolger Mohammeds erlaubt war, sich auf Abû Bakrs Seite zu schlagen.

Ein gewisser ʿAuf ibn Hârith fragte am Tag von Badr Mohammed, was er tun könne, damit der Herr seinem Diener vor Freude zulachen werde. Mohammed antwortete: «Wenn sich der Diener ohne sein Kettenhemd mitten unter seine Feinde stürzt.» Daraufhin zog ʿAuf sein Kettenhemd aus und warf es weg. Er ergriff sein Schwert, sprang ungeschützt mitten unter seine Feinde und fiel im Kampf.[24] Es ist nur zu hoffen, daß Terroristen, die bereit sind, ihr Leben zu opfern, Ibn Ishâq nicht lesen.

Saʿd ibn Muʿâdh bewachte die Hütte, in der sich Mohammed aufhielt. Der Prophet sah das Mißfallen auf Saʿds Gesicht, als Unmengen von Kriegsgefangenen gemacht wurden, und fragte ihn nach seiner Meinung. Saʿd antwortete: «Das ist die erste Niederlage, die Gott den Ungläubigen beibringt. Ich würde lieber tot sein, als daß wir sie am Leben lassen.» Ibn Ishâq erwähnt Mohammeds Antwort nicht, aber die Geschichte erweckt doch den Eindruck, als sei der Prophet zu diesem Zeitpunkt weniger blutrünstig gewesen als seine Anhänger. Auch später, im Drama um den Quraiza-Clan, wird Saʿd die Tötung der Feinde befürworten. Greift diese Geschichte dem bereits vor?

Mohammeds Onkel al-ʿAbbâs hatte, so will es die Überlieferung, bei den Verhandlungen zwischen den Vertretern Medinas und Mekkas, die der Hidschra vorangingen, eine wichtige Rolle gespielt. Außerdem bemächtigten sich seine Nachfahren um 750 des Kalifats, des abbasidischen Kalifats, das etwa fünf Jahrhunderte Bestand haben sollte. Selbstverständlich kämpfte al-ʿAbbâs ebenfalls bei Badr, und weil er kein Muslim war und es auch nie wurde, auf seiten Mekkas. Deshalb wird auch überliefert, daß Mohammed seinen begeisterten Kämpfern aufgetragen haben soll, al-ʿAbbâs und eine Reihe anderer Verwandter nicht zu töten, da diese gegen ihren Willen gegen den Islam kämpfen müßten. Jeder kritische Geist erkennt darin sofort ein Musterbeispiel einer proabbasidischen Erzählung.

Die Geschichte wird jedoch von einem Gegner der Abbasiden fortgesetzt. Danach rief ein gewisser Abû Hudhaifa aus: «Müssen wir unsere eigenen Väter, unsere eigenen Söhne und unsere eigenen Brüder töten und al-ʿAbbâs in Frieden lassen?» Lebensechter geht es beinahe nicht.

Jetzt übernehmen wieder proabbasidische Erzähler das Wort. Mohammed sei die Bemerkung Abû Hudhaifas zu Ohren gekommen, geht die Geschichte weiter, und er habe den späteren Kalifen ʿUmar gefragt, was dieser davon halte und ob das Antlitz seines Onkels tatsächlich durch ein Schwert gezeichnet werden müsse. ʿUmar habe spontan ausgerufen: «Laßt mich diesem Kerl (Abû Hudhaifa) den Kopf abhacken! Dieser Mann ist kein echter Muslim!»

Es gab schon früh eine Gruppe, die der Ansicht war, man solle die Beurteilung der Frage, ob jemand ein echter Muslim sei oder nicht, (angesichts der unmittelbaren praktischen Konsequenzen) aufschieben. Einer aus dieser Gruppe schließt die Geschichte mühelos: Abû Hudhaifa habe später erzählt, daß er sich wegen seiner Bemerkungen über den alten al-ʿAbbâs schuldig gefühlt und immer gehofft habe, er könne seine Schuld wiedergutmachen, indem er als Märtyrer fiele. Sein Wunsch wurde ihm erfüllt. Er starb in der Schlacht von Yamâma,[25] das heißt, er war immer ein guter Muslim gewesen.

Alles kann sich genau so abgespielt haben, wie es uns die Geschichte vorführt, aber es ist doch ein sehr großer Zufall, daß sich pro- und antiabbasidische Elemente quasi im Wechselgesang ablösen. Die Schlußfolgerung heutiger Wissenschaftler, diese Geschichten seien allmählich, hauptsächlich im Lauf des achten Jahrhunderts, aus den Diskussionen, die über den rechten Glauben geführt wurden, hervorgegangen, ist durchaus nachvollziehbar. Wenn dieser Standpunkt allerdings richtig ist, was bleibt uns dann noch an gesichertem Wissen über die Schlacht bei Badr?

Wie bei jeder guten Schlacht geschehen auch bei Badr Wunder. Ein Muslim bemerkte etwa, daß der Kopf seines Feindes abfiel, noch bevor er ihn mit seinem Schwert hat treffen können. Das mußte das Werk von Engeln gewesen sein.[26] Darüber wurde hin und her diskutiert, aber man gelangte zu der Schlußfolgerung, daß bei Badr die Engel mitgekämpft haben mußten; bei den anderen Schlachten waren sie nur als Hilfstruppen präsent und nicht am Kampf beteiligt.[27] Und was ist von dem Helden zu halten, der meldete, ein Gegner habe seine Schulter so stark getroffen, daß sein Arm nur noch an einem Hautfetzen hing. «Ich kämpfte den ganzen Tag weiter, obwohl ich meinen Arm hinter mir herschleppte, aber als er zu sehr schmerzte, stellte ich den Fuß auf meinen Arm und riß ihn ab.»[28]

Eine weitere Geschichte Ibn Ishâqs ist eigentlich noch wundersamer. Das Schwert eines der Muslime, der bei Badr kämpfte, zerbrach. Mohammed gab ihm ein Stück Holz und befahl ihm, damit zu kämpfen. Als er tat wie geheißen, verwandelte sich das Holz in ein langes, glänzendes Schwert.[29] Kann jemand, der solche Geschichten erzählt, überhaupt ein Historiker sein? Aber unser Wissen über die Schlacht bei Badr und das Leben Mohammeds beruht nun einmal allein auf Ibn Ishâq.

Nach Badr

Irgendwann am Ende des Ramadân oder zu Beginn des darauffolgenden Monats[30] macht sich Mohammed mit seinem Heer und den Kriegsgefangenen auf den Rückmarsch nach Medina. Dort verteilt er reiche Beute. Einige Gefangene werden hingerichtet, unter ihnen ʿUqba ibn Abî Muʿait, der sich schon vor der Hidschra einen gewissen Namen als Islamkritiker gemacht hatte. Als der Prophet den Befehl erteilte, ihn zu töten, rief dieser aus: «Aber Mohammed, wer sorgt dann für meine Kinder?» «Die Hölle», gab Mohammed zur Antwort.[31]

Die meisten erbeuteten Soldaten aus der Schlacht bei Badr sind vermögender als ʿUqba und werden freigekauft. Das heißt, daß beachtliche Summen von Mekka nach Medina geflossen sein müssen. Ibn Ishâq bringt jedoch keine Hinweise, die darauf hindeuten, daß dies in Medina einen wirtschaftlichen Aufschwung oder in Mekka einen Niedergang ausgelöst hätte. Wohl präsentiert er im Zusammenhang mit Badr wieder einige lange Listen: die Muslime und die Helfer aus Medina, die an der Schlacht beteiligt waren; die Namen derjenigen, die als Märtyrer umkamen; die Namen der gefallenen Götzenanbeter; die Namen der gefangengenommenen Quraisch; und er zitiert allerlei Gedichte, die anläßlich der Schlacht verfaßt wurden.

Nach seiner Rückkehr hielt sich Mohammed etwa eine Woche in Medina auf.[32] Dann unternahm er einen drei bis vier Tage dauernden Raubzug, bei dem nicht gekämpft wurde. Anschließend verbrachte er die Monate Schawwâl und Dhûʾl-qaʿda wieder in Medina, und in dieser Zeit «akzeptierte er das Lösegeld der meisten Kriegsgefangenen aus Mekka».

Die Mekkaner, so Ibn Ishâqs Bericht, führten im nächsten Monat, dem Dhûʾl-hiddscha, dem Monat der Pilgerfahrt, einen Raubzug nach Medina durch. Dabei wurden ein paar junge Palmen (also in einem der Vorstadtviertel) niedergebrannt und zwei Männer ermordet, die zufällig bei den Bäumchen arbeiteten. Dem folgte ein schneller Abzug. Der mekkanische Anführer Abû Sufyân jedoch, der während der «Razzia» bei einem Oberhaupt der medinensischen Juden gespeist hatte, pries in ihm zugeschriebenen Versen ausführlich den schön gedeckten Tisch und den Wein.[33] Das Gedicht begann auch in Medina zu zirkulieren, was dem Ruf der Muslime selbstverständlich schadete. Offenbar hatten Mohammed und seine Anhänger die Stadt doch noch nicht völlig im Griff. Die Geschichte bot auch einen Vorwand für spätere Maßnahmen gegen die Juden, die, wie aus der Konstitution von Medina hervorgeht, eine Art Bündnis mit Mohammed eingegangen waren.

Die Vertreibung der Banû Qainuqâ^c

Nach der Beschreibung einiger präzise datierter Raubzüge folgt anschließend – und das fällt um so mehr auf – eine undatierte Geschichte. Es handelt sich um den sogenannten Fall der Banû Qainuqâʿ, einer der drei jüdischen Föderationen von Medina. Diese Erzählung kam schon an anderer Stelle in fast demselben Wortlaut vor,[34] als Ibn Ishâq über die Juden und ihre Reaktionen auf die Ankunft Mohammeds berichtete. In beiden Fällen geht es darum, zu zeigen, daß die Juden eigentlich bereits wissen: Mohammed ist der Prophet Gottes. Hier wird die Geschichte allerdings ausführlicher ausgesponnen, als eine Art Nachspiel zur Schlacht von Badr:

> Der Gesandte Gottes hieß die Juden vom Clan der Qainuqâʿ sich auf ihrem eigenen Marktgebiet versammeln und sprach wie folgt zu ihnen: «Juden der Qainuqâʿ! Nehmt euch in acht, daß Gott nicht an euch Rache übt, wie er an den Quraisch Rache geübt hat (in der Schlacht bei Badr). Werdet Muslime! Ihr wißt, daß ich ein Prophet bin, der von Gott gesandt wurde. Das findet ihr in euren Schriften und in Gottes Bund mit euch.»[35]

Darauf wird Sure 3,10 offenbart:

> Denen, die ungläubig sind, werden ihr Vermögen und ihre Kinder vor Gott nichts helfen. Sie werden (dereinst) Brennstoff des Höllenfeuers sein.

Ibn Ishâq schreibt, daß «die Qainuqâʿ die ersten Juden waren, die ihr Abkommen mit Mohammed gebrochen und ihn in der Zeit zwischen Badr und Uhud bekämpft haben». Doch weitere Informationen darüber gibt es nicht. Ibn Hischâm, der das so nicht stehenlassen wollte, fügte in einer Fußnote zu Ibn Ishâqs Text die erforderliche Geschichte hinzu.[36] Offenbar wußte er ein Jahrhundert später mehr als sein Vorgänger.

Ibn Hischâm zufolge wollte eine arabische Frau ein paar Kleinigkeiten auf dem Markt der Qainuqâʿ verkaufen. Nachdem ihr das gelungen war, hatte sie einen Goldschmied aufgesucht und sich dort niedergelassen. Ihr Gesicht war von einem Schleier bedeckt, und als man sie aufforderte, diesen abzunehmen, weigerte sie sich. Dem Goldschmied gelang es unbemerkt, einen Zipfel ihres Rocks zu ergreifen und ihn an ihrem Rücken zu befestigen. Beim Aufstehen wurde mehr von ihr sichtbar, als sie von sich hatte zeigen wollen, und es gab ein großes Gelächter. Sie schrie auf, worauf ein Muslim den Goldschmied angriff und tötete. Da dieser ein Jude war, griffen nun ihrerseits seine Glaubensbrüder den Muslim an (dessen Name nicht überliefert wird) und brachten ihn um. Daraufhin riefen die Verwandten des Ermordeten andere Muslime zu Hilfe. Sie waren außer sich vor Wut, und die Beziehungen zwischen den Vertretern der beiden Glaubensrichtungen konnten nicht mehr schlechter werden.

Es ist eine spannende Geschichte, die schnell eskalierte, aber sie paßt nicht besonders zu den von Ibn Ishâq überlieferten Worten Mohammeds, mit denen er sich an die Juden gewandt hatte. Das Wort «Bekriegen» ist für diesen Zwischenfall nicht gerade angebracht. Deshalb ist es auch merkwürdig, daß glaubwürdige westliche Gelehrte aufgrund dieser Passage bei Ibn Hischâm den Vorfall als historisch verbürgt darstellen:

> Ein paar Tage darauf ereignete sich ein Zwischenfall. Einige Juden erlaubten sich einen Streich mit einer arabischen Frau. Während sie auf dem Markt saß [...].[37]

Und so weiter. Wie auch immer, «der Gesandte Gottes belagerte (die Juden von Qainuqâʿ), bis sie sich bedingungslos ergaben». Diese Belagerung dauerte zwei Wochen. Ibn Ubayy, vor Mohammeds Eintreffen der ungekrönte König von Medina, bat den Propheten, die Besiegten gut zu behandeln. Dabei geriet er in einen ziemlich heftigen Streit mit diesem, der aber trotzdem ihm und seinen Mitstreitern den Wunsch erfüllte.

Ibn Ishâq schweigt sich über das weitere Schicksal dieser Juden aus. Hielt er das für allgemein bekannt, oder wußte auch er nicht genau, wie es ihnen am Ende erging? Nach der bekanntesten Geschichte sollen sie schließlich in Adhriʾat, gut hundert Kilometer südlich von Damaskus, gestrandet seien. Aber was auch geschehen sein mag, es bleibt merkwürdig, daß in der jüdischen Überlieferung keine Spur von dieser «Affäre» zu finden ist. Sollte das alles, wenn auch nur zum Teil, «wirklich» vorgefallen sein? Warum existiert dann in der jüdischen Tradition keine eigene Erinnerung daran? Die Frage wiegt um so schwerer, je mehr «Affären» dieser Art belegt werden, in denen Juden eine Rolle spielen und die tragisch enden.

Das berichtete Geschehen führte zur Offenbarung von Sure 5,51, in der Christen und Juden etwas Beunruhigendes zu hören bekommen, das in einer multireligiösen Gesellschaft der Erklärung oder auch Widerlegung bedarf:

> O ihr Gläubigen, nehmt keine Juden oder Christen zu Mitstreitern,[38] sie sind untereinander Mitstreiter. Wer von euch sich ihnen als Mitstreiter anschließt, der gehört zu ihnen. [Übers. Jansen]

Die Bedeutung des Wortes, das als «Mitstreiter» übersetzt wird, ist nicht völlig klar. Es könnte einfach «Freunde» heißen, aber in diesem Fall würde der Koran die Freundschaft von Muslimen mit Nichtmuslimen verbieten. Möglich ist auch ein Begriff aus dem Umfeld der Clans wie «Patron, Schirmherr» oder «Mandant, Kunde». Daneben wird der Terminus in juristischem Kontext verwendet, etwa «Vormund». Eigentlich kommt die Bezeichnung von der Wurzel «in der Nähe sein». Was das Wort in diesem Zusammenhang auch immer bedeuten mag, es erlegt den Beziehungen zwischen Muslimen und Nichtmuslimen Einschränkungen auf, die nach heutigen Begriffen nur schwer hinzunehmen sind.

Abû Dschahl war die Personifikation des Widerstands gegen Mohammed und den Islam. Soldaten präsentieren dem Propheten den Kopf des Feindes, der im Kampf gegen die Muslime fiel. Osmanische Miniatur, 16. Jahrhundert. Topkapı Sarayı Museum Istanbul.

12. Wer erlöst mich von Ibn al-Aschraf?

Die Geschichte eines Mordes

Nach Ibn Ishâq war Mohammeds Prestige nach der Schlacht bei Badr (März 624) enorm gestiegen. Es genügte die beiläufige Bemerkung des Propheten: «Wer erlöst mich von Ibn al-Aschraf?», und der Betreffende wurde ermordet.

Der vollständige Name dieses Mannes lautete Kaʿb ibn al-Aschraf. Über seine Mutter gehörte er zu einem der drei jüdischen Clans in Medina, zu den Banû al-Nadîr. Ein gewisser Muhammad ibn Maslama verübte gemeinsam mit zwei Freunden den Mord. Die Geschichte nimmt etwa fünf Seiten in der Übersetzung[1] von Guillaume ein.

Diese Überlieferung wurde von den Mördern des ägyptischen Präsidenten Sadat 1981 aufgegriffen, und zwar nicht im Original, sondern aus einer Nacherzählung von Ibn Taimiyya, einem der frühen Protagonisten der radikalislamistischen Theologie, der um 1300 in Syrien und Ägypten aktiv war. Sadats Mörder nahmen die Geschichte in ein Dokument auf, das einer von ihnen nicht lange vor dem Anschlag auf den Präsidenten am 6. Oktober 1981 zu seiner Verteidigung geschrieben hatte.

Für diese Männer zeigte die Geschichte einerseits, daß eine Lüge im Interesse der guten Sache erlaubt ist, und andererseits, wie man mit den «Feinden Gottes» umzugehen habe. «Feind Gottes» ist nämlich auch die Bezeichnung, mit der Ibn Ishâq Kaʿb ibn al-Aschraf benennt. Moderne Muslime, so meinten die Männer, die kurz darauf Sadat ermorden sollten, konnten aus dieser alten Geschichte durchaus noch einen Nutzen ziehen.[2]

Auf Mohammeds Ausruf «Wer erlöst mich von Ibn al-Aschraf?» antwortete Ibn Maslama: «Das übernehme ich, Gesandter Gottes, ich werde ihn töten.» Der Prophet wußte also vermutlich, auf welche Weise Ibn Maslama das Problem lösen würde. Das zeigte auch seine Antwort: «Nur zu, wenn du kannst.»

Warum hatte dieser Kaʿb mehr als andere Mohammeds Zorn erregt? Nach Ibn Ishâq wohl vor allem durch seine wiederholte Bemerkung, daß bei Badr «edle, fürstliche Araber»[3] gefallen seien, die «immer bereit waren, den Armen und Heimatlosen zu helfen». Wenn solche Menschen von unbedeutenden Männern wie Mohammeds Anhängern hatten getötet werden können, dann wäre «es besser in der Erde (begraben) zu liegen, als (lebend) auf der Erde herumzulaufen».

Derlei Reden beweisen eigentlich nur, daß sich die Ideale der heidnischen Elite Medinas zur Zeit Mohammeds nicht sonderlich von denen der Monotheisten unterschieden haben. Kaʿb hatte sich allerdings noch anderes zuschulden kommen lassen. Er hatte anstößige Gedichte über muslimische Frauen verfaßt, die sich auf die Bewegung gewisser Körperteile «zwischen Ellenbogen und Fußgelenk»[4] bezogen und aus denen man möglicherweise Anspielungen auf die islamische Gebetshaltung herauslesen konnte. Wie auch immer der Wahrheitsgehalt all dieser Geschichten aussehen mag, in erster Linie geht es dabei sowieso um die Lehren, die sich daraus ziehen lassen. Und die Lehre aus dieser Geschichte ist simpel, grob und eindeutig: Wer unanständig über muslimische Frauen oder Männer spricht, muß umgebracht werden. Mit den modernen Vorstellungen von Meinungsfreiheit, insbesondere von einer Polemik, die sich in einem gewissen Rahmen bewegt, ist dies freilich nicht in Einklang zu bringen.

Nach kurzer Unterbrechung berichtet die Geschichte weiter, daß Ibn Maslama drei Fastentage hielt, offenbar als Sühne für ein gebrochenes Versprechen. Als Mohammed ihn kommen ließ und ihn nach dem Grund fragte, berichtete Ibn Maslama, er wisse nicht genau, ob er sein Versprechen halten könne. Darauf versicherte ihm der Prophet, allein durch den Versuch habe er zu seinem Wort gestanden. Für die Juristen späterer Generationen war diese Szene durchaus von Bedeutung, konnte sie doch herangezogen werden, wenn es darum ging, ein gehaltenes oder gebrochenes Versprechen zu definieren.

Anschließend bat Ibn Maslama Mohammed ausdrücklich um die Erlaubnis, bei der Durchführung dieses Auftrags lügen zu dürfen, was der Prophet ihm auch gestattete. Zwei Freunden, Abû Nâʾila und einem gewissen Silkân, die ihn unterstützten, gelang es, mit Kaʿb ein Gespräch über Dichtung anzuknüpfen. Kaʿb, das wußten sie nämlich, liebte die Poesie. In diesem Zusammenhang muß man wissen, daß die damalige Dichtung in diesem Milieu normalerweise das Tagesgeschehen gepfeffert kommentierte. Das heimtückische Trio unterhielt sich also mit Kaʿb mittels der ausgetauschten jüngsten Gedichtzeilen über die Tagesereignisse und gab vor, Mohammeds und der Muslime mehr als überdrüssig zu sein. Hier wird deutlich, warum sie die Einwilligung «zum Lügen» benötigten.

Nun kam das Gespräch richtig in Fahrt, und Kaʿb fragte, wie weit seine neuen und alten Freunde zu gehen bereit wären. Würden sie womöglich ihre Frauen als Geiseln bei ihm unterbringen? Die Verschwörer taten, als verstünden sie nicht, und lehnten mit der Begründung ab, Kaʿb sei nun einmal als der bestparfümierte, größte Weiberheld Medinas bekannt. Und ihre Söhne? Auch dies wiesen sie zurück, schlugen aber vor, ihre Rüstungen als Unterpfand bei Kaʿb zu hinterlegen. Waffen sind eine gute Kaution, stimmte Kaʿb zu, und der Erzähler versichert seinen Zuhörern ein weiteres Mal, daß Silkân das alles wohl geplant hatte, damit kein Aufsehen erregt würde, wenn er und seine Freunde voll gerüstet vor Kaʿbs Pforte stünden.

Am Abend des Mordes begleitete Mohammed die Täter ein Stückchen, ließ sie dann jedoch allein weitergehen mit dem Wunsch: «Geht mit Gott! O Gott, gewähre ihnen deine Hilfe!» Vor dem Haus des Opfers rief Abû Nâʾila dessen Namen. Kaʿb war noch nicht besonders lange verheiratet und bereits zu Bett gegangen, so erzählt die Geschichte. Seiner Frau kam Besuch mitten in der Nacht merkwürdig vor, und sie warnte ihn. Zudem erweckte etwas in der Stimme von Abû Nâʾila ihren Argwohn. Kaʿb gab ihr im Grunde recht, sagte aber, ein Mann dürfe sich nicht davon beeindrucken lassen, wenn er nicht in den Ruf eines Feiglings kommen wolle.

Er ging also zu den dreien hin und unterhielt sich ein wenig mit ihnen. Als Abû Nâʾila vorschlug, die restliche Nacht zusammen spazierenzugehen und dabei die Unterhaltung fortzusetzen, willigte Kaʿb ein. Darauf fuhr Abû Nâʾila ihm mit der Hand durch das Haar und sagte, daß es gut rieche. Wenig später wiederholte er diese Handbewegung, um Kaʿb nicht mißtrauisch zu machen. Beim dritten Mal rief er dann: «Erschlagt den Feind Gottes!» Alle drei fielen nun über ihr Opfer her, allerdings ohne großen Erfolg, war Kaʿb doch ein guter Schwertkämpfer. Zudem machte er so viel Lärm, daß überall die Lichter angingen. Da griff Ibn Maslama schließlich zu seinem Dolch und stach dem Gegner derart in den Unterleib, daß die Waffe aus dessen After wieder herauskam. Dasselbe widerfuhr im Alten Testament, im Buch der Richter, Eglon, dem König der Moabiter, durch die Hand des Richters Ehud (vgl. Richter 3,22; in zahlreichen Übersetzungen werden allerdings die Details der Geschichte wegen ihrer Obszönität unterschlagen).

Nachdem Kaʿb zu Boden gestürzt war, suchten die Mörder Mohammed auf, um ihm Bericht zu erstatten. Mit einer Reihe von Verszeilen, die sich auf diese Geschichte beziehen, und der Mitteilung «Jetzt gab es in Medina keinen Juden mehr, der nicht um sein Leben fürchtete», beendet Ibn Ishâq die Geschichte.

«Tötet die Juden»

Von vielen späteren Autoren, die sich auf Ibn Ishâq bezogen, wurde folgender Mohammed zugeschriebener Ausspruch aus durchaus verständlichem Grund unterschlagen: «Tötet jeden Juden, der unter eure Macht fällt.»[5] Ibn Ishâq knüpft an diese Aussage eine Geschichte, die eigentlich nur zum Teil eine antijüdische Tendenz hat, sondern eher die Frage behandelt, ob die Solidarität unter Brüdern größer sein müsse als unter Muslimen.

Doch nachdem die Nationalsozialisten alle Juden, «die unter ihre Macht fielen», verfolgt und zum großen Teil ermordet haben, klingt dieser Satz Mohammeds makaber. Auch in den davorliegenden Jahren hätte man ihn nicht für beruhigend oder der Ökumene förderlich gehalten. Aus Ibn Ishâqs Geschichte geht zudem nicht klar hervor, was die Juden Medinas Mohammed genau angetan hatten – außer daß sie ihn nicht als Propheten akzeptierten und bei ihren Mitbürgern gelegentlich den Sinn für Humor strapazierten.

Mohammed-Biographen, die diese antijüdische Aussage nicht mit aufnehmen, können natürlich argumentieren, daß es sich dabei möglicherweise um ein heimlich eingefügtes falsches Detail handelt. Aber haben wir denn überhaupt Kriterien, mit denen wir spätere Einschübe von den originalen Geschichten unterscheiden können? Sicherlich reicht es nicht aus, einzelne Elemente deshalb als spätere Ergänzungen zu deuten, weil sie unserer heutigen Wahrnehmung widersprechen. Schließlich unterlagen die Auffassungen über Gott und Religion über Jahrhunderte hinweg einem ständigen Wandel.

Hier gibt es nur eine Lösung. Wir müssen uns die Geschichten in ihrer Gesamtheit vornehmen und dann versuchen, sie zu beurteilen. Bei vielen modernen Mohammed-Biographien handelt es sich aber eher um erneute Bearbeitungen von Ibn Ishâqs Text unter Weglassung der Elemente, die für den zeitgenössischen Verfasser und seine Leser nicht akzeptabel waren.

Nachdem Mohammed gesagt hatte: «Tötet jeden Juden, der unter eure Macht fällt»,[6] ermordete kurz darauf ein gewisser Muhayyisa seinen jüdischen Freund und Handelspartner Ibn Sunaina. Der Täter hatte einen Bruder, der Huwayyisa hieß, und diese seltsamen, sich reimenden Namen deuten – glücklicherweise – doch darauf hin, daß es sich vielleicht um ein Märchen handelt. Huwayyisa, der noch kein Muslim geworden war, zeigte sich erzürnt über den Mord seines Bruders an ihrem jüdischen Geschäftspartner und hielt ihm vor, den Mann getötet zu haben, «von dem das Fett auf (deinem) Bauch stammt». Aber Muhayyisa antwortete darauf, daß er auf den Befehl Mohammeds sogar den eigenen Bruder töten würde. Nach dem ersten Entsetzen soll Huwayyisa ausgerufen haben: «Mein Gott, eine Religion, die einen Menschen so weit bringen kann, das muß doch sicherlich eine wunderbare Religion sein», und er trat ebenfalls zum Islam über.

Die Tendenz der Geschichte ist eindeutig: Der Islam ist wichtiger als das gute Verhältnis unter Brüdern, und es muß sogar die Bereitschaft vorhanden sein, den Bruder zu ermorden, wenn das islamische Interesse dies verlangen sollte. Aber die Geschichte beinhaltet noch etwas anderes: Einen Geschäftspartner darf man erst recht umbringen, wenn es der Islam vorschreibt. Daß man damit unter Umständen gegen seine eigenen Interessen verstößt, darf dabei keine Rolle spielen. Sollten moderne Muslime wirklich derart antiquierte Geschichten als Leitfaden für ihr Leben nehmen wollen?

Die Schlacht bei Uhud

Die vier Monate Dschumâdâ al-âchira, Radschab, Schaʿbân und Ramadân (Mitte November 624 bis Februar/März 625) verbrachte Mohammed wieder in Medina.[7] Im Monat Schawwâl des dritten Jahrs nach der Hidschra, März/April 625, sollten sich die heidnischen Mekkaner dann in großem Maßstab für ihre Niederlage bei Badr in der Schlacht bei Uhud rächen.[8] Erneut nennt Ibn Ishâq als Quellen unter anderem die Überlieferungen von az-Zuhrî und Ibn Qatâda, die beide auch über Badr Material geliefert hatten.

«Einer dieser Überlieferer oder alle zusammen sind für die Geschichte von Uhud verantwortlich», setzt Ibn Ishâq ein. Hier treten nun dieselben Probleme auf wie bei der Überlieferung zur Schlacht bei Badr. Auch in diesem Falle könnte es sich um Zitatensammlungen handeln, die, einmal zusammengestellt, der Welt als originäres Werk von der Hand dieser älteren Autoren präsentiert wurden.

Darüber hinaus kann man die von Ibn Ishâq verwendete Formulierung auch dahingehend interpretieren, daß er persönlich für die endgültige Fassung und die Tendenz der Geschichte verantwortlich ist. Also dürfen wir zu Recht Ibn Ishâq weiterhin als den geistigen Vater der Lebensbeschreibung Mohammeds ansehen. Er hat redigiert und das, was ihm überflüssig schien, weggelassen. Aber die traditionelle Geschichte ist ganz allein sein Werk.

Nach der Katastrophe von Badr beschlossen die Mekkaner als Rache eine Strafaktion gegen die Muslime und begannen, dafür Geld zu sammeln.[9] Das soll der Anlaß zur Offenbarung von Sure 8,36 gewesen sein:

> Diejenigen, die ungläubig sind, geben ihr Vermögen aus, um (ihre Mitmenschen) vom Weg Gottes abzuhalten. Sie werden es nun (für diesen Zweck) ausgeben. Hierauf wird es ein (schmerzliches) Bedauern für sie sein (so gehandelt zu haben). Hierauf werden sie besiegt werden.

Den Mekkanern fehlte offensichtlich die Einsicht, daß man einen Feind nicht nur einmal schlagen, sondern auch seine Basis zerstören muß. Es gelang ihnen tatsächlich, ein Heer auf die Beine zu stellen. Ibn Ishâq nennt präzise chronologische Details. Am Mittwoch,[10] dem zwölften Schawwâl des dritten Jahrs nach der Hidschra, sammelte sich die Streitmacht bei Uhud und blieb dort bis zum übernächsten Tag. Der Prophet brach erst nach dem Freitagsgebet nach Uhud auf, wo sie am Samstag mitten im Monat Schawwâl auf die Armee der Mekkaner trafen.[11] Diese verfügten ungefähr über dreitausend Mann und zweihundert Pferde. Die Muslime hatten ursprünglich über tausend Mann gezählt, aber Ibn Ubayy, bis zur Ankunft Mohammeds der ungekrönte König von Medina, zog sich mit dreihundert Mann zurück.[12] Als die Einwohner Medinas, die sogenannten *ansâr* («Helfer»), den Propheten fragten, ob man nun nicht die Juden zu Hilfe rufen müsse, lautete die Antwort: «Die brauchen wir nicht.»

«Nicht durch meinen Garten»

Auf dem Weg nach Uhud passierte das muslimische Heer das Feld eines Blinden, eines gewissen Mirbaʿ ibn Qaizî. Als dieser merkte, daß Mohammed und seine Männer näher kamen, warf er Staub *(turâb)* auf sie und sprach: «Du magst der Gesandte Gottes sein, aber ich will dich nicht durch meinen Garten lassen.» Da eilten einige Männer herbei, um ihn zu töten, aber Mohammed verbot es ihnen: Dieser Blinde sei nicht nur buchstäblich blind, er sei es auch in übertragenem Sinne, weil er nicht erkennen könne, daß Mohammed der Gesandte Gottes sei. Ein Muslim hatte indes dem Blinden bereits so heftig mit seinem Bogen auf den Kopf geschlagen, daß der Schädel des Mannes zertrümmert wurde.

Die Schlacht bei Uhud ist vor allem berühmt wegen der Erlebnisse Hamzas, eines Onkels von Mohammed. Der Überlieferung zufolge war er hochgewachsen und überragte alle seine Begleiter. Zudem galt er als ein ausgezeichneter Kämpfer. Trotzdem gelang es einem gewissen Wahschî (dessen Name «Hitzkopf» bedeutet), ihn mit einem gut gezielten Speerwurf ins Jenseits zu befördern. Später sollte Wahschî auch noch den Gegenpropheten Musailima töten. Dies führte dazu, daß ihm der nicht ganz eindeutige Satz in den Mund gelegt wurde, er habe den besten Menschen, nach dem Gesandten Gottes, getötet – nämlich Hamza – und auch den schlechtesten – nämlich Musailima.

Bei Uhud werden die Muslime schließlich in die Flucht geschlagen und viele von ihnen getötet.[13] Auch Mohammed wird im Gesicht verwundet und verliert einen Zahn. Sein Gesicht ist voller Blut, und er sagt: «Wie kann es einem Volk wohl ergehen, wenn sie das Gesicht ihres Propheten mit Blut beflecken, während er sie zu ihrem Herrn einbestellt?» Daraufhin wird Sure 3,128 offenbart:

> Dir steht nichts von der Angelegenheit (zur Entscheidung) zu - oder um sich ihnen (gnädig) wieder zuzuwenden, oder (aber) sie zu bestrafen. Sie sind (ja) Frevler.

Mit anderen Worten: Wie mit den Ungläubigen zu verfahren ist, ist Gottes Sache, nicht Mohammeds.

Der Geschichte zufolge nahm Mohammed als Bogenschütze an den Gefechten von Uhud teil. Als die Unterseite seines Bogens brach, ergriff ein gewisser Qatâda ibn al-Nuʿman die beschädigte Waffe und behielt sie. Doch an diesem Tag wurde Qatâda so stark am Auge verwundet, daß es ihm bis auf die Wange herabhing. Der Gesandte Gottes schob Qatâdas Auge wieder dorthin zurück, wo es hingehörte, worauf dieses sein bestes und schärfstes Auge wurde.[14]

Trotz dieser Wundergeschichten lief es an diesem Tag schlecht. Plötzlich ging das Gerücht um, Mohammed sei gefallen, und die Muslime flüchteten Hals über Kopf. Kaʿb ibn Malik erkannte Mohammed unter den Fliehenden und rief mit lauter Stimme: «Muslime! Seid guten Muts! Dieser hier ist der Gesandte Gottes!» Aber Mohammed ermahnte ihn zu schweigen, um nicht die Aufmerksamkeit möglicher Feinde auf ihn zu lenken.

Quzmân

Ibn Ishâq erzählt von einem unbekannten Fremden namens Quzmân, der bei Uhud tapfer gegen die mekkanischen Heiden kämpfte, obwohl er kein Muslim war. Er soll sieben oder acht Feinde getötet haben. Als ihn die Muslime wegen seiner Leistung lobten, wehrte er ab und meinte, er habe nur für den Ruhm seiner Familie gekämpft. Als der Schmerz der Wunden, die er davongetragen hatte, unerträglich wurde, öffnete er mit einem Pfeil seine Pulsadern und starb. Ibn Ishâq versichert uns, daß Mohammed jedesmal, wenn die Rede auf Quzmân kam, zu sagen pflegte, daß der Kämpfer durch diese Selbsttötung in die Hölle gekommen sei.[15]

Ohne Gebet ins Paradies

In einer bekannten Geschichte, die von der Überlieferung mit den traurigen Ereignissen der Schlacht von Uhud verknüpft wird, geht es um die Frage, ob ein Mann ins Paradies eingehen könne, ohne je gebetet zu haben. Die Hauptperson ist dabei ein gewisser ʿUsairim, dessen Clan großenteils zum Islam übergetreten war, er selbst jedoch nicht. An dem Tag, an dem Mohammed nach Uhud aufbrach, entschied sich ʿUsairim für den Islam. Er nahm als Schwertkämpfer an den Gefechten teil und wurde schwer verwundet. Nach der Schlacht suchten die Angehörigen seines Clans nach ihren Toten und Verwundeten, und man fand ihn im Sterben liegend. Hatte er aus Solidarität mit seinem Clan oder für den Islam am Kampf teilgenommen? ʿUsairim antwortete, er glaube an Gott und seinen Propheten und sei Muslim geworden. Kurz darauf verschied er. Dies alles wurde Mohammed berichtet, der mit den Worten reagierte: «Er ist im Paradies.»[16]

Hamzas Leber

Als Hamza, Mohammeds Onkel, tot auf dem Schlachtfeld lag, wurde seine Leiche von Hind, der Tochter des bei Badr gefallenen Mekkaners ʿUtba, verstümmelt.[17] Sie schnitt ihm Nase und Ohren ab. Dann riß sie ihm die Leber aus dem Leib und biß hinein. Ibn Ishâq zufolge konnte sie diese aber nicht hinunterschlucken und spuckte sie wieder aus.[18] Die Szene wurde berühmt, unter anderem durch den Film *al-Risala/The Message* (1976) des syrischen Regisseurs Mustafâ ʿAqqâd. Darin spielt Anthony Quinn die Rolle des Hamza und Irene Papas die Rolle der Hind. Traditionell gilt die Leber auch als das Organ, in dem die Seele angesiedelt ist.

Als Mohammed den geschändeten Leichnam Hamzas sah, sagte er nach Ibn Ishâq etwas sehr Merkwürdiges: «Ich würde ihn am liebsten so liegen lassen, wie er hier liegt, und ihn von den wilden Tieren und den Vögeln fressen lassen. Doch wenn ich das täte, würden sich die Muslime in Zukunft ein Beispiel daran nehmen.»[19]

Es wäre nicht verwunderlich, wenn Mohammed diese Worte wirklich gesprochen und damit deutlich gemacht hätte, daß er sich der Konsequenzen bewußt war, die seine Vorbildfunktion mit sich brachte.

Wahrscheinlicher und einleuchtender ist jedoch, daß ihm spätere Generationen diesen Satz in den Mund gelegt haben, und zwar mit den besten Absichten, um zu zeigen, daß, gleichgültig wie absurd, unmenschlich und makaber Mohammeds Vorbild auch erscheinen mag, man ihm doch folgen muß, da er dies ja selbst befohlen hat. Das ist eine gute, nützliche Lektion für jeden Muslim und auch der Zweck dieser schaurigen Geschichte. Glücklicherweise wurde Hamza dann doch begraben, und Mohammed selbst legte dabei Hand mit an und sprach sogar noch zweiundsiebzig Gebete über dem toten und entstellten Körper seines Onkels.[20]

Das Dilemma von Uhud

Aus der Geschichte von Uhud, so wie sie erzählt wird, läßt sich keine klare Strategie der Mekkaner erkennen. Es scheint, als hätten sich die Mekkaner für Badr rächen wollen und nicht geplant, Mohammed und die Muslime als Machtfaktor in der Region auszuschalten. Auch der Prophet fragte sich der Erzählung zufolge, was seine Gegner denn eigentlich vorhatten, und schickte ihnen nach der Schlacht ʿAlî hinterher, um es herauszufinden. Nach einiger Zeit kam dieser jubelnd zurück: Das gegnerische Heer kehre nach Mekka zurück und habe offenbar nicht vor, nach Medina zu marschieren. Die Muslime dort konnten erleichtert aufatmen.[21]

Trotzdem ließ Mohammed am Sonntag, dem sechzehnten Tag des Monats Schawwâl, die Verfolgung aufnehmen. Hätte er dies unterlassen, wären ernste Zweifel an der Vitalität der Muslime geweckt worden. Sie jagten ihren Feinden etwa zehn Kilometer nach, bis an einen Ort, den Ibn Ishâq Hamrâʾ al-Asad nennt. Dort blieb das muslimische Heer drei Tage, bevor es wieder nach Medina zurückkehrte.[22] Ein Überlieferer berichtet, daß auf dieser Verfolgungsjagd Mohammed einen gewissen Muʿâwiya ibn Mughîra gefangennehmen konnte. Sehr nachdrücklich wird gemeldet, daß dieser Mann ʿAbd al-Maliks Großvater war, der ein halbes Jahrhundert später, von 685 bis 705, Kalif in Damaskus sein sollte. ʿAbd al-Malik erbaute den Felsendom in Jerusalem und war einer der berühmtesten und der am längsten regierende Kalif der Umayyadendynastie.

Mohammed hatte Muʿâwiya bei Badr schon einmal gefangengenommen und später freigelassen. Nun bat dieser erneut, verschont zu werden, aber der Prophet antwortete, er wolle nicht, daß Muʿâwiya dann in Mekka sagen könne, er habe Mohammed zweimal überlistet. Und er ließ ihn enthaupten.[23] Was an der Geschichte auch wahr sein mag, sie besudelt auf jeden Fall den Ruf des größten Kalifen, den die Umayyaden hatten: Sein Großvater wurde zu Recht von Mohammed höchstpersönlich getötet! Deshalb könnte das Ganze auch Teil der Abbasidenpropaganda sein, der Dynastie, der es gelang, die Umayyaden um 750 zu verdrängen. Aber auch Propaganda ist gelegentlich wahr.

Die Schlacht bei Uhud, so endet Ibn Ishâq, war eine schreckliche Prüfung. Viele wurden an diesem Tag zu Märtyrern.[24] Das dadurch entstandene Problem war vor allem folgendes: Wenn der Sieg in der Schlacht bei Badr als Beweis für das Wohlwollen Gottes gedeutet wurde, warum gab es diesmal keinen Sieg? Bewies die Niederlage von Uhud, daß Gott nunmehr die heidnischen Mekkaner schützte?

Es ist politisch immer riskant, einen Sieg dem direkten Eingreifen Gottes zuzuschreiben. Daraus folgt dann logischerweise, daß eine Niederlage Gottes Werk und ein Beweis dafür ist, daß er sich von seinen Schützlingen abgewandt hat. Auch in unseren Zeiten hat das zu seltsamen Debatten geführt. So wurde, selbst von islamischen Theologen und Rechtsgelehrten, gelegentlich darauf hingewiesen, daß diese Form des Glaubens an Gottes Allmacht und Gottes Lenkung angesichts der vielen israelischen Siege eigentlich impliziere, daß im arabisch-israelischen Konflikt Gott auf der Seite Israels stehe.[25]

Vorläufig wird das Problem in den Koranversen 3,153, 3,166 und 3,173 gelöst, in denen erklärt wird, daß Gott nichts weiter wollte, als den Glauben der Muslime auf die Probe zu stellen, genau wie es auch schon Ibn Ishâq gesagt hatte:

> (Damals) als ihr nach oben ginget, ohne euch nach jemand umzuwenden, während der Prophet euch ganz hinten zurief! Da belohnte Gott (w. er) euch mit Kummer für (den) Kummer (den ihr dem Propheten gemacht hattet?) […] Und was euch am Tag, da die beiden Haufen aufeinanderstießen, (als Unglück) traf, geschah mit Gottes Erlaubnis. Auch wollte er (auf diese Weise) die Gläubigen (als solche) erkennen. […] (Eben) zu ihnen sagte man: «Die Leute haben eine Streitmacht gegen euch aufgeboten (w. haben (Kriegsvolk) für euch zusammengebracht). Euch muß doch angst vor ihnen werden (w. Fürchtet sie!)». Aber das bestärkte sie noch in ihrem Glauben, und sie sagten: «Wir lassen uns an Gott genügen. Welch trefflicher Sachwalter!»

Ibn Ishâq zufolge gibt es sechzig Verse in Sure 3, die beschreiben, was an diesem Tag geschah.[26] Dabei handelt es sich vor allem um Vers 3,121 und die restliche Sure:

> Und (damals) als du in der Frühe von deiner Familie weggingst, um die Gläubigen in die Stellungen zum Kampf (gegen die ungläubigen Mekkaner) einzuweisen! Gott hört und weiß (alles). (Damals) als zwei Gruppen von euch am liebsten aufgegeben hätten, wo doch Gott ihr Freund war (oder: ist). Auf Gott sollen die Gläubigen (immer) vertrauen. Gott hat euch doch (seinerzeit) in Badr zum Sieg verholfen, während ihr (eurerseits) ein bescheidener, unscheinbarer Haufe waret.

Nach Ibn Ishâq waren in der Schlacht bei Uhud fünfundsechzig Muslime gefallen, doch bei Ibn Hischâm, etwa hundert Jahre später, war die Zahl auf siebzig gestiegen. Die Heiden hatten zweiundzwanzig Gefallene zu beklagen.[27] Ibn Ishâqs Auswahl aus den anläßlich der Schlacht bei Uhud verfaßten Gedichten nimmt in Guillaumes Übersetzung fast fünfundzwanzig Seiten in Beschlag.

Die Kreuzigung Chubaibs

Nach Uhud, so hat es den Anschein, war der Ruf der Muslime dermaßen beschädigt, daß einige Leute aus ihrer Umgebung dachten, sich einen Spaß mit ihnen erlauben zu können.[28] Eine etwas entfernt wohnende Gruppe arabischer Heiden bat Mohammed, ihnen einen Abgesandten zu schicken, der sie in den islamischen Gesetzen unterrichten könne und natürlich im Koran und dem, was sonst noch zum Islam gehört. Darauf schickte der Prophet eine sechsköpfige Delegation, die bei der ersten Gelegenheit von ihren Gastgebern an die Mekkaner verkauft wurde. Die Mekkaner wollten die Männer hinrichten und auf diese Weise ihre Blutsverwandten rächen, die bei Badr oder Uhud im Kampf gegen die Muslime gefallen waren. Von den Geschichten, die damit in Zusammenhang stehen, ist die bemerkenswerteste diejenige über Chubaib ibn ʿAdîy, der von seinem mekkanischen Käufer gekreuzigt wurde.

Der Erzählung zufolge wurde Chubaib zu seiner Hinrichtung weit vor die Stadt geführt. Bei der Richtstätte angekommen, bat er, sich vor Gott verneigen, das heißt, einige *rakʿas*,[29] Gebetsverbeugungen, ausführen zu dürfen. Eine *rakʿa* ist Teil des üblichen, festgelegten muslimischen Gebets. Zu einem Morgengebet gehören beispielsweise zwei *rakʿas*.

Nachdem er die Erlaubnis erhalten hatte, verrichtete Chubaib diese Verbeugungen. Danach wandte er sich an die Zuschauer und sagte, er hätte länger gebetet, wenn er nicht befürchtet hätte, die Zuschauer könnten langes Beten für ein Zeichen seiner Angst vor dem Sterben halten.

Als er am Kreuz hochgezogen wurde, rief er aus: «O Gott, zähle einen nach dem anderen, töte sie Stück für Stück, und lasse keinen von ihnen aus.» Sollten sich Ibn Ishâq und seine Leser im achten Jahrhundert daran erinnert haben, daß Jesus bei seiner Kreuzigung niemanden verfluchte, sondern im Gegenteil sagte: «Vater, vergib ihnen, denn sie wissen nicht, was sie tun»?[30] Es ist übrigens fraglich, welche Reaktion natürlicher ist. Ibn Ishâq erwähnt noch kurz, daß Muʿâwiya, der spätere Umayyadenkalif (661 bis 680), bei dieser Hinrichtung zugegen war. Ist das vielleicht eine subtile Erinnerung an die üble heidnische Vorgeschichte der Umayyadenkalifen, die um 750 von den viel frommeren Abbasiden verdrängt wurden?

Es folgt noch eine weitere Anekdote, die für das syrische Publikum sehr interessant gewesen sein muß. Kalif ʿUmar hatte einen gewissen Saʿîd ibn ʿÂmir als Gouverneur über einen Teil Syriens ernannt, der in der Öffentlichkeit regelmäßig epileptische Anfälle erlitt. Bei einem seiner Besuche fragte ihn ʿUmar, was ihm denn fehle, und Saʿîd antwortete, alles sei halb so schlimm: «Ich war bei der Kreuzigung Chubaibs zugegen und habe gehört, wie er seine Mörder verfluchte. Wenn ich unter Menschen bin und daran denke, trifft mich ein epileptischer Anfall.»

Ibn Ishâq erzählt nun, daß Mohammed vom Schawwâl des Jahres 3 (März 625) bis Muharram des Jahres 4 nach der Hidschra (Juni 625) in Medina geblieben war. Dann, vier Monate nach Uhud, im Safar (Juli), schickte er erneut einen Trupp Männer aus, dieses Mal nach

Biʾr Maʿûna. Auch diese Abgesandten wurden getötet. Für die Muslime sah es schlecht aus. Ihre Feinde fürchteten sie nicht mehr. Es mußte sich schleunigst etwas ändern.

Die Deportation des jüdischen Nadîr-Clans

Und es änderte sich auch etwas. Der jüdische Clan al-Nadîr wurde deportiert. Dafür gibt es in der Geschichte von Ibn Ishâq einen konkreten Anlaß. Nach den Vorfällen von Biʾr Maʿûna war eine komplizierte Blutrache-Angelegenheit zu regeln, und Mohammed begab sich mit Abû Bakr, ʿUmar und ʿAlî (alle drei wurden später Kalifen; es handelte sich also um eine wichtige Delegation) zu Verhandlungen zum Haus eines der Mitglieder des Nadîr-Clans. Der Clan sollte sich an einer Entschädigungssumme beteiligen, aber das ist nicht der Kern dieser Geschichte.

Die Verhandlungen schleppten sich hin, und während der Nadîr-Clan beriet, warteten Mohammed und seine Begleiter auf dem Gelände auf das Ergebnis. Aber, so teilt uns der allwissende Erzähler Ibn Ishâq mit, die Clan-Mitglieder überlegten sich: «Den Mann werden wir nie mehr in dieser (schwachen) Position antreffen.» Mohammed saß nämlich mit dem Rücken an der Wand eines ihrer Häuser. «Wer geht ins Haus und wirft ihm einen Steinbrocken auf den Kopf, damit wir ihn endlich los sind?» Es scheint einen Freiwilligen gegeben zu haben, der den Auftrag erledigen wollte.

Da erhielt der Prophet aus heiterem Himmel[31] einen Bericht über die Pläne seiner Feinde und entfernte sich unbemerkt. Seine Begleiter, die vor Ort blieben, wurden aber allmählich des Wartens überdrüssig und kehrten nach Medina zurück. Dort trafen sie Mohammed und hörten die ganze Geschichte. Das reichte für eine Kriegserklärung.[32] Ibn Hischâm zufolge marschierte das Heer im Monat Rabiʿ al-awwal des Jahres 4 nach der Hidschra los, der am 11. August 625 begonnen hatte. Sechs Nächte lang belagerte Mohammed den Nadîr-Clan – und genau in diesem Zeitraum wurde ihm das Weinverbot offenbart (Sure 5,90).[33]

Während der Belagerung ließ er die Palmen der Nadîr fällen.[34] Das bedeutete, daß sie, unabhängig vom Ausgang des Konflikts, auf jeden Fall die wichtigste Grundlage für ihren Lebensunterhalt verloren hatten. Das war ziemlich entmutigend. Der Geschichte zufolge baten sie Mohammed daher auch schnell um freies Geleit, worauf sie alles, was ihre Kamele tragen konnten, mitnehmen durften. Ihre Waffen und Rüstungen mußten sie allerdings zurücklassen, und ihre Häuser und Felder fielen selbstredend an die Muslime. Manche der Vertriebenen zerstörten ihre Häuser und luden sogar die Türschwelle auf ein Kamel. Einige von ihnen zogen zur Oase Chaibar, andere dagegen nach Syrien.

Mohammed verteilte den jüdischen Besitz unter den ersten mekkanischen Emigranten. Sollten sie vorher noch Unterbringungsprobleme gehabt haben, werden diese jetzt natürlich behoben gewesen sein. Nach der Überlieferung bekehrten sich zwei Mitglieder des Nadîr-Clans zum Islam, um, wie Ibn Ishâq sagt, ihr Hab und Gut behalten zu dürfen.[35]

Sure 59 wurde laut der Überlieferung anläßlich dieser Ereignisse offenbart. Ibn Ishâq hat wieder einen ganzen Packen Gedichte zu besprechen, die die Vorkommnisse kommentieren.[36] In jedem Fall aber waren den Geschichten zufolge im dritten Monat des vierten Jahrs der Hidschra zwei der drei jüdischen Clans von Medina aus der Oase vertrieben, und alle Migranten aus Mekka verfügten über eine Bleibe. Die Muslime hatten zwar ein wenig an militärischem Prestige eingebüßt, das konnte jedoch natürlich wieder aufgebaut werden. Es gibt kaum einen Grund, warum sich diese Geschehnisse nicht tatsächlich ereignet haben können.

Der Prophet und seine Gefolgsleute führen ein Gespräch mit Soldaten. Osmanische Miniatur, 16. Jahrhundert. Topkapı Sarayı Museum Istanbul.

13. Der Graben

Das Angstgebet

Nach dem Tiefpunkt der Schlacht bei Uhud und dem Abzug des Nadîr-Clans versuchten die Muslime, sich langsam wieder zu erholen. Ibn Ishâq erzählt, Mohammed sei gut einen Monat lang (bis in den Oktober 625 hinein) in Medina geblieben, ohne militärische Aktivitäten zu entfalten. Danach folgten einige kleinere Feldzüge, über die wenig gesagt wird und die auf den ersten Blick nicht problematisch zu sein schienen. Es waren Raubzüge, die sich gewissermaßen «wirklich so ereignet» haben könnten. Einer davon gibt die Kulisse für die Einführung des sogenannten Angstgebets, im Arabischen *salât al-chauf*, ab. Anschließend wird wieder ein großes Ereignis behandelt, die Graben-Schlacht, im Arabischen *chandaq*, ein Wort persischen Ursprungs,[1] das, vermittelt über das Syrische, ins Arabische übernommen wurde. Und – es scheint fast ein Drehbuch geworden zu sein – der Feldschlacht folgte erneut eine harte und diesmal blutige Aktion gegen die Juden von Medina.

Das Angstgebet steht in Verbindung mit Sure 4,102. Der Vers handelt davon, wie das Gebet kurz vor dem Ausbruch einer Schlacht zu verrichten sei. Spätestens anderthalb Jahre nach der Hidschra wurde die Gebetsrichtung *(qibla)* abgeändert. Seither wandte man sich nach Mekka, genauer, zur Kaaba hin. Wenn der Feind aus der Richtung der *qibla* kam, mußte der muslimische Kämpfer, der beten wollte, nicht besonders viel bedenken. Dann behielt er auch beim Beten den Feind im Auge.

Befanden sich die Muslime dagegen zwischen dem Feind und der *qibla*, wurde es schwierig. Denn sobald sie sich zum Beten nach Mekka wandten und damit dem Gegner den Rücken zukehrten, brachten sie sich in große Gefahr. Andererseits galt aber auch: Wer sich beim Beten von der Kaaba abwandte, um den Feind im Auge zu behalten, gefährdete die Gültigkeit seines Gebets.

Sure 4,101–103 ist eine der vielen Passagen, die sich nicht jedem gleich in all ihren Konsequenzen erschließt. Der Gedanke liegt nahe, daß sich das Heer beim Ausbruch des Gefechts vor dem Gebet in zwei Gruppen aufgeteilt hat, die abwechselnd beteten beziehungsweise Wache hielten. Doch die Korankommentare dazu sind nicht einstimmig, und auch die Aussagen, die zu dem Problem in den Hadith-Sammlungen zu finden sind, differieren. Wenn die Vermutung jemals berechtigt war, daß Geschichten allein erdacht und in Umlauf gebracht wurden, um dunkle Koranverse zu erklären, dann in dieser Frage. Die Erzählungen basieren so gut wie sicher nicht auf der Erinnerung an ein historisch verbürgtes Ereignis, in diesem Fall die Einführung des sogenannten Angstgebets, wie es in verschiedenen Fassungen beschrieben wird.

Bei diesem Gebet ergeben sich, zumindest in den Augen von Rechtsgelehrten, zahllose juristische Probleme. Wer nimmt zum Beispiel zu welchem Zeitpunkt am Gebet teil? Wann und von wem muß die Eingangsformel (das *takbîrat al-ihrâm*) gesprochen werden? Von allen Anwesenden, also von beiden Teilen des Heeres und dem Imam, gleich zu Beginn? Eventuell wird dann, abhängig davon, wo der Feind steht, vermutlich die Hälfte der Teilnehmer der *qibla* den Rücken zuwenden müssen. Ist das überhaupt erlaubt, wenn man sich am Gebet beteiligt? Gilt es denn noch als Beteiligung am Gebet, wenn man mit dem Rücken zur Gebetsrichtung steht oder sitzt? Aus diesen Gründen forderten einige Rechtsgelehrte, daß wegen dieser letztgenannten Gruppe alle noch einmal von vorn anfangen müssen, sobald diese Gruppe mit dem Gebet beginnt.

Wie viele *rak'as* (Gebetsverbeugungen) sind für dieses Gebet notwendig? Vier? Angesichts der Gefahr könnten es gut auch weniger sein. Wann genau ist das Gebet juristisch gesehen tatsächlich vollbracht, und wann endet es? Muß es nachgeholt werden, falls es nicht komplett gesprochen werden konnte? Obwohl die Scharia-Gelehrten diese Fragen für wichtig zu halten scheinen und ihnen in den Handbüchern breiten Platz einräumen, hat man doch nicht den Eindruck, als hätten die Juristen auf dem Schlachtfeld eigene Feldforschung betrieben.[2]

Theoretisch sind für alle Probleme etwa ein Dutzend Lösungen denkbar. Die Hadith-Literatur nennt drei. Ibn Ishâq bringt ebenfalls eine Möglichkeit ins Spiel, wenn auch nur in Form einer Geschichte, in der ein solches Angstgebet vorkommt. Ibn Hischâm, der nahezu ein Jahrhundert später das Werk Ibn Ishâqs bearbeitet hat, war offenbar gut über die damaligen Meinungsdifferenzen der Rechtsgelehrten im Bilde und unterschlug einfach das entsprechende Fragment bei Ibn Ishâq; vermutlich, weil er nicht damit einverstanden war, wie dieser das Angstgebet präsentierte. Der Historiker und Korankommentator at-Tabarî dagegen hat Ibn Ishâqs Geschichte komplett mit den Details überliefert, und Guillaume hat uns dies dankenswerterweise ins Englische übertragen.[3]

Mohammed marschierte mit seinem Heer, so will es der Bericht, nach Nordosten, in das Gebiet, das wir den Nadschd nennen und in dem das heutige Riad liegt. Das ganze Unternehmen ist unter der Bezeichnung Raubzug von Dhât al-Riqâ bekannt. Was «Dhât al-Riqâ» bedeutet, ist nicht klar. Ibn Hischâm bietet zwei Erklärungen an: Einerseits könnte es der Name eines Baumes gewesen sein, der dort stand, andererseits könnten die Muslime an diesem Tag (eine typische Arbeit für ein Heer, das sich langweilt?) ihre Banner «ausgebessert» haben, denn *riqâ* heißt «flicken». Derartige Worterklärungen klingen nicht besonders überzeugend. Sie sind bezeichnend für eine Überlieferung, die ihr eigenes Material zum Teil nicht mehr richtig versteht. Aber die Geschichte geht weiter. Bei Dhât al-Riqâ trafen die Muslime auf eine große Streitmacht von Arabern vom Stamme Ghatafân. Die beiden Heere marschierten vorsichtig aufeinander zu, ohne daß es zu Kämpfen kam, weil jede Truppe vor der anderen Angst hatte. «Darauf leitete Mohammed das Angstgebet, und die Leute gingen auseinander.»[4]

Der Text, den Ibn Hischâm wegließ, at-Tabarî jedoch beibehielt, erklärt, wie dieses Gebet vor sich ging. Ibn Hischâm bringt anschließend noch drei Fragmente verschiedener Herkunft, die den Ablauf etwas anders schildern.[5] Wenn man die Formeln des islamischen Gebetes nicht kennt, wird man dem kaum folgen können – aber für uns liegt die Bedeutung der Sache sowieso in etwas anderem.

Die ganze Geschichte von der Einführung und der Durchführung des Angstgebets bei Dhât al-Riqâ ist möglicherweise nicht als historischer Bericht gedacht, sondern soll eine juristische Frage illustrieren, in diesem Fall den Ablauf des Angstgebets. Wenn Ibn Hischâm die Varianten nicht mit aufgenommen und at-Tabarî nicht das ursprüngliche Textfragment überliefert hätte, wären wir vermutlich nie dahintergekommen. Dann wäre uns die Einführung des Angstgebets vielleicht als ein netter historischer Beleg für die Schwächung der militärischen Position der Muslime nach der Schlacht bei Uhud erschienen, obwohl unter Umständen genau das Gegenteil der Fall ist. Die Geschichte könnte genau hier angesiedelt worden sein, weil sie ein wenig zur Situation paßt, wie sie Ibn Ishâqs Erzählungen vorgeführt haben.

Nach diesem merkwürdigen Raubzug, bei dem wir im Grunde nichts von einer Beute oder einem wirklichen Kampf hören, blieb Mohammed bis Ende 625 in Medina. Allerdings mußte er im Frühjahr des Jahres 626 wieder in Badr sein, hatte doch der mekkanische Befehlshaber Abû Sufyân beim Verlassen des Schlachtfeldes von Uhud «Bis nächstes Jahr vor Badr» gerufen.[6] Eine solche Aufforderung konnte ohne Beschädigung des guten Rufes nicht ignoriert werden. Mohammed und seine Männer warteten in Badr acht Tage auf Abû Sufyân, doch vergeblich. Der Gegner war nämlich inzwischen, nachdem er bereits in Richtung Medina marschiert war, auf halbem Wege unverrichteter Dinge nach Mekka zurückgekehrt. Die Dichter sollten darüber noch lange mit Empörung sprechen.[7]

Der lange Marsch nach Dûmat al-Dschandal

Daraufhin kehrte Mohammed nach Medina zurück und blieb dort Ibn Ishâq zufolge einige Monate, bis zum Beginn des fünften Jahres nach der Hidschra. Dieses Jahr begann am Montag, dem 2. Juni 626. Im dritten Monat (der fast mit dem August 626 zusammenfiel) unternahm er einen Raubzug zur nördlich gelegenen Oase Dûmat al-Dschandal. Nach Ibn Hischâm war er innerhalb dieses einen Monats bis dorthin gelangt und wieder zurückgekommen. Das restliche Jahr verbrachte er wieder in Medina. W. M. Watt bezeichnet diesen Überraschungsangriff auf Dûmat al-Dschandal als die bisher wichtigste Unternehmung dieser Art.[8]

Mohammed machte laut Ibn Ishâq keine Gefangenen und brachte auch keine Beute mit nach Hause. Was um alles in der Welt könnte der tiefere Sinn der Überlieferung dieses Marsches sein? Die Frage beklemmt um so mehr, weil der Autor den Feldzug zwar erwähnt, aber uns keinerlei Details dazu liefert. Warum sollten wir es hier nicht endlich einmal mit einem gewöhnlichen Bericht über ein Ereignis zu tun haben, das tatsächlich stattgefunden hat? Genau wie in der vorherigen Geschichte geht jedoch auch hier wieder etwas Eigenartiges vor sich, das erneut eine Doppeldeutigkeit vermuten läßt:

Das Ziel dieses Raubzugs, Dûmat al-Dschandal, liegt fast neunhundert Kilometer nördlich von Medina, etwa auf zwei Dritteln der Strecke nach Damaskus. Hin und zurück sind das ungefähr achtzehnhundert Kilometer. Vor und nach dem Feldzug blieben Ibn Ishâq zufolge innerhalb des fraglichen Monats noch einige Tage, also sollte man annehmen, daß der Marsch zwanzig Tage dauerte. Zudem muß man von durchschnittlich neunzig Kilometern pro Tag ausgehen, mal ein bißchen mehr, mal ein bißchen weniger. Aber trotzdem ist das noch immer mehr als das Doppelte dessen, was das römische Heer drei Jahrhunderte zuvor bewältigen konnte, nämlich etwa vierzig Kilometer pro Tag.[9]

Das Wunder wird noch größer, wenn man berücksichtigt, daß die Strecke von Medina nach Dûmat al-Dschandal fast nur durch Wüste führt, wo man langsamer vorankommt. Außerdem fand der Feldzug mitten im Hochsommer statt. Natürlich erheben sich noch weitere Fragen: Wurden unterwegs die Reittiere gewechselt, und wenn ja, wo? Woher bekamen sie Wasser? Wurde es mitgenommen oder gesucht? Sicher kann bei solchen Berechnungen da und dort ein wenig korrigiert werden, und Rundungen wirken sich natürlich stark auf das Endergebnis aus. Dennoch ist wohl der Marsch eines Heeres, ob klein oder groß, von Medina nach Dûmat al-Dschandal und zurück innerhalb eines Monats als ein großes Wunder anzusehen, das ganz sicher in die Annalen der (Heils-)Geschichte gehört.

W. M. Watt geht in der Nachfolge früherer Gelehrter davon aus, daß diese «Razzia» dem Zweck diente, die Route von und nach Syrien offenzuhalten.[10] Wenn seine Annahme zutrifft, war der Marsch nach Dûmat al-Dschandal ein strategisches Manöver, bei dem möglicherweise auch ökonomische Motive eine Rolle spielten. Aber es existieren keinerlei Berichte über Versuche, Medina von Syrien «abzuschneiden». Wer sollte denn so weit im Norden einen Nutzen davon haben? Angesichts der von der Überlieferung geschilderten Situation drohte den medinensischen Muslimen zu diesem Zeitpunkt eher eine Gefahr aus dem Süden, aus Mekka.

Trotzdem läßt sich ein Motiv finden, das der Geschichte einen sinnvollen Platz in der Überlieferung geben könnte. Den Überlieferern war selbstverständlich bekannt, daß die Muslime kurz nach Mohammeds Tod nach Norden gezogen waren, um Syrien zu erobern. In diesem Zusammenhang ist es gut zu wissen, daß Mohammed ebenfalls, etwa zehn Jahre früher, solche Pläne hatte.

Warum ein obskurer Ort wie Dûmat al-Dschandal, dessen Bewohner, einer Quelle zufolge, Mohammed und den Muslimen entkommen konnten, weil sie noch vor dem Eintreffen der Angreifer allesamt in die andere Richtung geflüchtet waren? (Ibn Ishâq selbst sagt, daß die Soldaten ihr Ziel Dûmat al-Dschandal nie erreicht hätten, spätere Quellen sagen allerdings etwas anderes.) Zudem soll es verschiedene Orte gleichen Namens gegeben haben, die allesamt in Syrien lagen. Das alles ist ein bißchen verschwommen, paßt aber durchaus zu dieser Art von Überlieferung.

Ismael, der Sohn des Patriarchen Abraham und seiner ägyptischen Sklavin Hagar, hatte einen Sohn namens Dûma[11] (Genesis 25,14, 1. Chroniken 1,30). Wurde Dûmat al-Dschandal nach ihm benannt? Sollten die arabisch-syrischen Zeitgenossen von Ibn Ishâq gewußt haben, daß Abraham einen Enkelsohn mit dem Namen Dûma hatte? Daß die Genealogie durchaus wichtig war, steht fest. Zudem spielt sowohl Abraham als auch Ismael eine große Rolle in den religiösen Diskussionen, die im siebten und achten Jahrhundert geführt wurden. Ein nach einem Sohn Ismaels benannter Ort, das konnte doch wirklich kein Zufall sein. Hatte sich dort möglicherweise, anders als in Mekka, die Religion Abrahams erhalten?

Sollte dies alles mehr oder weniger zutreffen, dann könnte die Geschichte dieses Raubzugs zwei Absichten gedient haben: einerseits die Verbindung zwischen den Arabern und Syrien zu stärken, und andererseits diejenige zwischen den Muslimen und der Geschichte von Abraham und Ismael. Offenbar war Ibn Ishâq selbst hier kritischer als die Orientalisten des neunzehnten und zwanzigsten Jahrhunderts. Diese glaubten ohne den Hauch eines Zweifels an die Historizität dieses Feldzugs und trugen die verschiedensten ökonomisch-strategischen Motive vor. Ibn Ishâq dagegen war sich über diesen Feldzug wohl unsicher, schrieb er doch: «Aber der Gesandte Gottes kehrte zurück, bevor er dort ankam.»[12]

Die Graben-Schlacht

Nunmehr folgt der Bericht über eines der großen Ereignisse der islamischen Geschichte: die Graben-Schlacht im Monat Schawwâl des Jahres 5 nach der Hidschra. Dieser Monat begann nach den Umrechnungstabellen am 23. Februar 627. Die Schlacht fand also vermutlich im März statt. Wie schon bei Badr und Uhud versichert uns Ibn Ishâq erneut, daß er seinen Bericht auf der Grundlage von Zeugnissen verehrenswürdiger Überlieferer geschrieben habe, die über jeden Verdacht erhaben seien.

Diese Schlacht trägt ihren Namen, weil die Muslime Medina durch das Ausheben eines Grabens rund um die Oase gegen die mekkanische Kavallerie mit Erfolg verteidigten. Die Idee dazu stammte, so will es die spätere Überlieferung, von einem persischen Konvertiten, der sich in Medina aufhielt, einem gewissen Salmân al-Fârisî, Salmân dem Perser.[13] Dieselbe Taktik war bei Dara in Syrien schon einmal angewandt worden, und zwar von dem berühmten oströmischen Feldherrn Belisarius, der damit 530 eine Übermacht von Persern hatte besiegen können.[14] Sowohl räumlich wie zeitlich ist dieser Vorfall nicht sehr weit von unserer Geschichte entfernt. Daß eine aufsehenerregende Erzählung über den Feldherrn Belisarius ein Jahrhundert später auftaucht, aber diesmal mit Mohammed als Protagonisten, wäre nicht ungewöhnlich, andererseits könnte sie aber auch in Arabien umgelaufen sein und den Propheten auf den Gedanken gebracht haben, die Idee aufzugreifen.

In der islamischen Welt gibt es übrigens keinen Menschen, der nicht wüßte, daß die Idee zum Ausheben des Grabens von Salmân dem Perser stammte. Das war freilich nicht immer so. Ibn Ishâq kannte diese Überlieferung noch nicht. Er erwähnt Salmân zwar, sogar mehr als einmal, auch im Zusammenhang mit der Graben-Geschichte, aber daß es der Perser war, der sich die List mit dem Ausheben eines Grabens ausgedacht hatte, war zu seiner Zeit offenbar noch unbekannt. Ibn Hischâm dagegen äußerte sich darüber ausführlich in einer Anmerkung zum heutigen Text.[15]

Ibn Ishâq läßt die Begebenheit mit der Initiative einiger Juden beginnen: Sie wenden sich mit dem Vorschlag an die mekkanischen Heiden, eine definitive Lösung für die Probleme zu suchen, die Mohammeds Auftreten verursacht habe. Diese fragen die Juden, welche Religion besser sei, die Mekkas oder die Mohammeds. Diejenige der heidnischen Mekkaner sei überlegen, sollen die Juden geantwortet haben. Dieser Vorfall, erzählt Ibn Ishâq, wird auch in Sure 4,51 und den folgenden Versen zur Sprache gebracht:

> Hast du nicht jene gesehen, die einen Anteil an der Schrift erhalten haben? Sie [...] sagen hinsichtlich derer, die ungläubig sind: «Die da sind eher auf dem rechten Weg als die Gläubigen (d. h. die Muslime)».

Diejenigen, «die einen Anteil an der Schrift erhalten haben», sind nach Ibn Ishâq die Juden von Medina. Die Schrift ist dann das gesamte Buch Gottes, das sich im Himmel befindet, und Bibel sowie Koran sind im Prinzip beide Bestandteile davon. Es ist natürlich unerhört, daß monotheistische Juden aus Medina knallhart behaupten, die polytheistischen Heiden aus Mekka und Umgebung seien der Wahrheit näher als die monotheistischen Muslime. Das alles weist auf eine ungeheure Treulosigkeit hin. Aber skeptische westliche Leser werden sich auch hier fragen, was zuerst da war: die (schwer zu interpretierenden) Koranverse oder die (diese Koranverse glänzend erläuternde) Erzählung.

Wer die Passage, die mit Sure 4,51 einsetzt, in Ruhe liest, bekommt eher den Eindruck, daß es sich hier um die Diskussion einer Gruppe von Monotheisten handelt, deren Auffassungen voneinander abweichen. Im Koran gibt es wenig oder nichts, was auf die Graben-Geschichte hinweist (wohl natürlich in den Kommentaren). In diesem Abschnitt könnte es beispielsweise um Christen gehen, die gravierende Meinungsverschiedenheiten über Christologie und Dreifaltigkeit haben und sich wegen dieser Differenzen gegenseitig als «Ungläubige» titulieren. Auf jeden Fall interpretiert der britische Arabist Gerald Hawting diese Passage so und stellt sie in einen breiteren Kontext.[16] Aber für die Erzählung über den Graben-Krieg können wir nicht auf die traditionelle Deutung dieser Verse verzichten. Auch wegen der grauenhaften Vorfälle, die folgen, ist es notwendig, die Geschichte mit einer jüdischen Initiative zu beginnen, die zum Ziel hat, gemeinsam mit den heidnischen Arabern Mohammed und die Muslime vom Erdboden verschwinden zu lassen. Das zweite Element der Erzählung liefert Sure 24,62. Dort lesen wir:

> Die (wahren) Gläubigen sind diejenigen, die an Gott und seinen Gesandten glauben und, wenn sie mit ihm (d. h. mit dem Gesandten) zusammen eine gemeinsame Sache betreiben, nicht weggehen, ohne ihn vorher um Dispens zu bitten.

«Mit ihm zusammen eine gemeinsame Sache betreiben»?[17] Worauf kann sich das beziehen? Ibn Ishâq weiß Bescheid. Es bezieht sich auf das Ausheben eines Grabens rund um Medina. Nicht nur die «gewöhnlichen» Muslime beteiligten sich an den schweren Arbeiten, sogar Mohammed legte mit Hand an, was die Wortwahl dieser Sure erklärt, «mit ihm zusammen eine gemeinsame Sache betreiben». Es gab einige, die die schwere Arbeit nicht besonders schätzten und sich heimlich, still und leise aus dem Staub machten. Aber wer eine überzeugende Entschuldigung vorbringen konnte, durfte sich mit Mohammeds Erlaubnis auch entfernen. Man lese nur den Koran, dort steht alles.

Der Graben wurde ausgehoben, um die Kavallerie der Mekkaner und ihrer Verbündeten aufzuhalten und wirkungslos zu machen. Wie breit und wie tief mußte er sein, um dies zu erreichen? Wie groß mußte der zu überbrückende Abstand sein? Es ist schade, daß wir das nicht wissen, sonst könnte man eventuell berechnen, wie viele Kubikmeter Erde bewegt werden mußten. Die Arbeit am Graben dauerte sechs Tage, und Mohammed standen der Überlieferung zufolge dreitausend Mann zur Verfügung. Angenommen, jeder von ihnen konnte pro Tag einen Kubikmeter ausheben, dann sind wir bei achtzehntausend Kubikmeter. Bei einem vier Kilometer langen Graben, zwei Meter breit, zwei Meter tief, kommen wir auf sechzehntausend Kubikmeter. Das hätte man vermutlich gut bewältigen können. Wurde die umgesetzte Erde auf der einen Seite des Grabens deponiert oder auf beiden Seiten? Das wird uns nicht berichtet, was bedauerlich ist, können wir doch dadurch eigentlich nichts richtig nachprüfen.

Wohl bekommen wir zu hören, daß es während der Arbeiten am Graben lustig zuging; denn dabei wurde gesungen:

> Er, der zuvor den Namen Juʾail getragen hatte – sie nannten ihn ʿAmr.
> Er war für den, der keine Kraft mehr hatte, eine große Stütze.

Mohammed sang auch mit. Wenn sie beim letzten Wort der ersten Zeile, bei «ʿAmr», waren, sang er allein «ʿAmr»; wenn sie bei «Stütze» waren, sang er allein «Stütze». Warum sollte eine so harmlose Geschichte nicht wahr sein?[18] Oder gehört sie zur islamischen Debatte darüber, ob Gesang und Musik erlaubt sind?

Auch beim Graben geschahen Wunder. So wurden die Grabungsarbeiten plötzlich von einem massiven Felsbrocken behindert. Mohammed wurde zu Hilfe gerufen, ließ ein wenig Wasser kommen, spuckte hinein, sprach ein Gebet und besprenkelte dann den Felsen mit dem Wasser, worauf dieser weich wurde wie Sand und zerbröselte.

Ein Mädchen brachte den Grabenden eine Handvoll Datteln. Beim Austeilen vermehrten sich die Datteln, bis alle satt wurden.[19] Einer schlachtete für den Propheten ein Lamm und lud ihn ein, nach getaner Arbeit mitzuessen. Mohammed ließ ausrufen, jeder könne sich zu diesem wunderbaren Mahl hinzusetzen. So geschah es, und auch hier mußte keiner hungrig aufstehen. In einer weiteren Wundergeschichte spielte Salmân der Perser eine Rolle. Er schlug mit seinem Pickel auf einen Steinbrocken, der zu hart für ihn war. Mohammed sah dies, übernahm die Hacke und schlug zu. Die Funken sprühten, oder, wie es Ibn Ishâq ausdrückt, unter dem Pickel zeigte sich ein Blitz. Das geschah dreimal. Salmân fragte, was das zu bedeuten habe, worauf Mohammed es ihm erklärte: Der erste Blitz sei für den Jemen gewesen, den Gott den Muslimen schenken werde; der zweite für Syrien und den Westen; der dritte für den Osten.

Angesichts der bedrängten Lage der Muslime sind das in diesem Augenblick gewagte Aussagen. Aber Ibn Ishâq wußte natürlich bereits, daß sie sich erfüllen würden, und seine Zuhörer wußten es ebenso. Es gibt dazu noch einen Ausspruch eines frommen Mitgefährten von Mohammed, eines gewissen Abû Huraira: «Erobere, was du willst, aber du wirst nie eine Stadt erobern, deren Schlüssel Gott nicht vorher Mohammed gegeben hat.» Was das zu bedeuten hat, ist klar: Die muslimische militärische Expansion über den ganzen Mittleren Osten und Nordafrika, wie sie sich gegen Mitte des achten Jahrhunderts abzeichnete, war kein reiner Zufall, sondern von Gott vorherbestimmt. Sie war von Anfang an Teil des göttlichen Heilsplans.

Als der Graben fertig war, zum Glück nicht früher, erschienen die Mekkaner, alles in allem mehr als zehntausend Mann. Die dreitausend Muslime gingen so in Stellung, daß der Graben zwischen ihnen und den Feinden lag.[20] Die Angreifer hatten Verbündete mitgebracht, aber den Muslimen gelang es, so die Überlieferung, mit diesen in Verhandlungen einzutreten, was, unabhängig vom Ergebnis, von den Mekkanern nicht anders als Verrat aufgefaßt werden konnte. Der jüdische medinensische Clan Quraiza versuchte, neutral zu bleiben, hatte aber den Geschichten zufolge vorher ebenfalls mit den Vertretern der Mekkaner über den Beitritt zur Anti-Mohammed-Koalition verhandelt. Natürlich war das in den Augen der Erzähler und ihrer Zuhörer ein Verrat. «Verrat durch Anknüpfen von Verhandlungen», übrigens eine eigenartige Form von Verrat, begann eine immer größere Rolle zu spielen.

Ohne daß es zu einer Schlacht kam, so wird erzählt, lagen sich die Parteien etwa einen Monat lang gegenüber, währenddessen sie verhandelten und intrigierten. Wohl gab es einige Scharmützel. Einer der Mekkaner rief, mit einem deutlichen Hinweis auf den Koran, in dem das Paradies immer als «Garten», *dschanna*, bezeichnet wird: «Wo ist der Garten, in den eurer Meinung nach Verlierer in der Schlacht eintreten?»[21] Moderne Islamkritiker hätten es nicht besser formulieren können. Selbstverständlich konnten die Muslime das nicht auf sich sitzen lassen, und es folgte ein Duell, bei dem der Spötter fiel und ʿAlî, Mohammeds Pflegebruder, Schwiegersohn und Vetter, die Ehre des Islam hochhalten konnte. Dabei fällt auf, daß der Mekkaner (der Geschichte zufolge) mehrere Male betonte, er wolle ʿAlî nicht töten, dieser aber zur Antwort gab, sein Wunsch sei es im Gegenteil, seinen Gegner zu töten.

Es sind keine Geschichten, an denen sich heutige Muslime ein Beispiel nehmen sollten. Für einen ökumenischen, multikulturellen Dialog sind sie ungeeignet. Sollten sie sich nicht wirklich so zugetragen haben, sondern aus dem Wunsch entstanden sein, eine Anzahl schwer verständlicher Koranverse zu erläutern, ändert das wenig, solange suggeriert wird, daß es sich um nachahmungswürdige Taten handelt.

Wie auch immer, die ersten, die aufgaben, waren die Verbündeten der Mekkaner. Sie hatten das Vertrauen in ihre Mitstreiter verloren. Darüber hinaus war es kalt, und ein stürmischer Wind warf Zelte und Kochgeschirr um. Auch die Muslime hatten sehr unter der Kälte und dem Hunger zu leiden. Im Graben versteckt litt Mohammed mit ihnen.[22]

Irgendwann beschloß der Anführer der Mekkaner, Abû Sufyân, aufzugeben. Ibn Ishâq legt ihm eine kurze Rede in den Mund:

> Stammesbrüder! Ihr sitzt in einem schrecklichen und elenden Truppenlager fest, Pferde und Kamele verenden, wir können nicht auf den Quraiza-Clan (den letzten jüdischen Clan Medinas) zählen, und was wir über

> sie hören, macht uns nicht glücklich. Ihr seht, wie sehr wir unter dem Wind zu leiden haben. Unsere Kochtöpfe sind nicht sicher, das Feuer erlischt immer wieder, die Zelte fliegen auf und davon. Kehrt nach Hause zurück. Ich breche auf.

«Und dann sprang er auf sein Kamel», beendet Ibn Ishâq die Ansprache. Wieso ist dieser Redetext bekannt? Mohammed hatte einen Spion in Abû Sufyâns Lager geschickt, einen gewissen Hudhaifa, der Abû Sufyân sehr nahe gekommen sein muß, um alles so genau hören zu können. Warum hat er den Redner dann nicht getötet? Weil Mohammed ihm zwar aufgetragen hatte zu spionieren, aber auch, nichts auf eigene Faust zu unternehmen und nur gut zuzuhören. Es ist eine hervorragende Erzählkunst, die sich selbst in Gang hält. Besonders charmant ist dabei, daß der Erzähler Abû Sufyân nicht über den Graben klagen läßt, der doch der eigentliche Grund für das Scheitern der diplomatischen und militärischen Aktionen der Mekkaner war.

Selbstverständlich kehrten daraufhin die Verbündeten von Mekka nach Hause zurück, und auch die Muslime stiegen wieder aus ihrem Graben, begaben sich nach Medina hinein und legten ihre Waffen nieder. Anders als bei Berichten über Belagerungen und Entsatz der griechisch-römischen Antike hören wir nichts über Maschinen, die dabei eingesetzt wurden. Auch beim Fall von Mekka wird nichts davon erwähnt. Ist es denkbar, daß in Ibn Ishâqs Welt dieses Kriegsgerät keine Rolle gespielt hat? In den Schilderungen über die Gefechte im fünften und sechsten Jahrhundert zwischen (Ost-)Römern und Persern, Goten und Hunnen in Nordafrika, auf dem Balkan und im Mittleren Osten ist regelmäßig davon die Rede. Sind diese Eroberungen der Araber ohne Belagerungen etwa rein literarisch und fiktiv? Die Erzählungen darüber werden doch wohl nicht dazu gedient haben, um im nachhinein eine Erklärung für die stabile arabische Präsenz in Syrien und dem Zweistromland im ausgehenden siebten Jahrhundert zu konstruieren? Die Archäologie wird hier sicher noch Antworten auf viele Fragen liefern können.

Der Quraiza-Clan wird ausgerottet[23]

Als die Muslime wieder zu Hause waren, erschien Mohammed um die Zeit des Mittagsgebets der Erzengel Gabriel und fragte ihn, ob er die Waffen niedergelegt habe. Mohammed bejahte. Daraufhin teilte ihm Gabriel mit, die Engel hätten die Waffen aber noch längst nicht aus der Hand gelegt und er selbst käme gerade von der Verfolgung des Feindes zurück. Gott befehle, so der Engel, zum Gebiet des Quraiza-Clans aufzubrechen; der Engel werde es in seinen Grundfesten erzittern lassen.

Eine Geschichte, die so anfängt, kann schön, lehrreich oder spannend sein, wird aber von modernen westlichen Lesern eher als Mythos oder Märchen abgetan. Deshalb hat auch der schottische Arabist W. M. Watt in sein maßgebliches Buch über das Leben Mohammeds in Medina den Bericht von der Ausrottung des Quraiza-Clans zwar aufgenommen – wie die Anmerkungen beweisen, auf der Basis von Ibn Ishâqs Erzählung –, aber selbstverständlich ohne die Engel.[24]

Vielleicht ist es in der Tat eine gute Taktik, die alten Geschichten als Quelle zu benutzen, aber Wunder und Engel unberücksichtigt zu lassen. Was dann übrigbleibt, könnte sich wirklich so zugetragen haben. Aber was bleibt übrig? Ibn Ishâqs Geschichte fährt mit der Mitteilung fort, daß Mohammed seinen Vetter ʿAlî vorausgeschickt hatte. Dieser hörte, wie sich die Juden beleidigend über den Propheten äußerten, eilte zu Mohammed zurück und riet ihm, besser nicht dorthin zu gehen. Und siehe da, wieder berichtet Ibn Ishâq über ein Wunder. Mohammed fragte, warum er denn nicht gehen solle: «Ich denke, daß du gehört hast, wie sie beleidigend über mich geredet haben.» Als ʿAlî dies bestätigte, sagte Mohammed, das würden sie niemals von Angesicht zu Angesicht wagen. Und er richtete sich an die Juden und rief: «O ihr Affenbrüder,[25] kommt Gottes Rache nun endlich auf euch herab?» Darauf antworteten die Juden: «Bester Abû l-Qâsim,[26] du bist doch ein anständiger Mann?»[27]

Was bleibt, wenn man die Wunder aus der Geschichte herausstreicht, ist nicht übermäßig märchenhaft. Mohammed und die Juden beschimpften sich gegenseitig, wobei letztere dem Propheten zu schmeicheln begannen, als sie begriffen, wie heikel ihre Position in Wirklichkeit war. Nun begann eine Belagerung[28] des Teils der Oase, in dem der Quraiza-Clan wohnte, die fünfundzwanzig Nächte dauerte. Die Ereignisse, die eventuell befremdlich erscheinen und wie unreflektierter Judenhaß wirken mögen, werden durch die Geschichte erklärt: Gott höchstselbst hat durch den Engel Gabriel den Muslimen den Auftrag zu dieser Aktion erteilt. In unseren Augen macht sie das nicht weniger grausam.

Nachdem die Belagerung begonnen hatte, faßte einer der Quraiza-Anführer in einer Ansprache die Lage zusammen. Uns stehen, sagte er, drei Möglichkeiten offen:

(1) Zum Islam zu konvertieren und zu überleben. Das wird abgelehnt, denn «wir wollen die Gesetze der Thora nicht aufgeben oder gegen andere eintauschen».

(2) Die Frauen und Kinder zu töten und mit Mohammed und den Seinen den Kampf auszutragen. Dann muß man sich sowieso keine Gedanken mehr um das Schicksal der Frauen und Kinder machen, und «wenn wir gewinnen, können wir dafür sorgen, andere Frauen und Kinder zu bekommen». Die Antwort darauf lautet: «Müssen wir diese armen Seelen töten? Was ist denn dann noch gut am Leben, wenn sie nicht mehr sind?»[29]

(3) Da es sich um einen Freitagabend, also die Sabbatnacht, handelt, sind Mohammed und seine Kämpfer vielleicht weniger aufmerksam, weil sie an einem Sabbat keine Aktionen erwarten. Deshalb sei es eine gute Idee, doch einen Überraschungsangriff zu wagen. Aber davon kann keine Rede sein: «Müssen wir den Sabbat schänden?»

Es ist eine ergreifende Geschichte, und sie erzählt en passant, daß die Juden durchaus Mitschuld an ihrem Schicksal trügen. Wieder ist es sehr verwunderlich, daß Ibn Ishâq so genau über diese interne Beratung seiner Gegner informiert ist. In den Augen von Skeptikern wird hier abermals bestätigt, daß es nicht um reale Geschichten geht, sondern um Predigten in Erzählform, die erst später als historische Quelle betrachtet wurden.

Die Juden aus dem Quraiza-Clan baten Mohammed nun, einen alten Bündnispartner konsultieren zu dürfen, einen gewissen Abû Lubâba, was auch erlaubt wurde. Der Geschichte zufolge spielte sich daraufhin eine Szene ab, die an Srebenica denken läßt.[30] Weinende Frauen und Kinder fragten Abû Lubâba, was denn noch alles bevorstünde. Der machte die bekannte Kopf-ab-Geste und war sich bewußt, so der Erzähler, daß er damit den Propheten verraten hatte. Nun schiebt Ibn Ishâq eine Passage ein, in der er beschreibt, wie sich Gott, der Prophet und Abû Lubâba wieder versöhnten.

Die Juden ergaben sich dem Propheten bedingungslos. Der Aus-Clan bot sich als Vermittler an, womit Mohammed einverstanden war. Der Anführer, der das Urteil verkünden sollte, war Saʿd ibn Muʿâdh, der bei den Gefechten um den Graben verwundet worden war und im Sterben lag. Gegen jede Erwartung seiner Stammesgenossen lautete sein Urteil, die Männer müßten getötet, die Besitztümer verteilt und die Frauen und Kinder als Sklaven verkauft werden. Und er leitete seine Rede mit folgenden Worten ein: «Für Saʿd ist die Zeit gekommen, sich, was Gott angeht, nichts mehr aus dem zu machen, was die Menschen sagen.»[31]

Nachdem Saʿd sein Urteil gesprochen hatte, rief der Prophet aus: «Dies ist das Urteil Gottes über den sieben Himmeln.» Daraufhin wurden die Juden in kleinen Gruppen zum Markt von Medina gebracht, wo Mohammed kleine Gräben hatte ausheben lassen. In diesen Gräben wurden sie enthauptet.[32] Auf dem Weg dorthin fragten sie, so die Geschichte, was ihnen bevorstünde, und bekamen wohl die Antwort: «Begreift ihr denn nichts? Seht ihr nicht, daß immer neue Gruppen geholt werden und die Abgeführten nicht zurückkommen?»

Bedenken

Nun folgen bei Ibn Ishâq noch drei Geschichten, deren Clou zu sein scheint, daß die Mitglieder des Quraiza-Clans selbst den Tod wählten. Auch die Erzähler, so scheint es, hatten große Mühe mit der Vorgehensweise Mohammeds, der hier, wie Ibn Ishâq berichtet, zwischen sechshundert und neunhundert Mitbürger in den Tod schickte. Ob diese Stadtgenossen, wenn sie um ihr Schicksal gewußt hätten, die muslimischen Emigranten einst gastfreundlich in Medina aufgenommen hätten oder schon damals gegen sie vorgegangen wären? Aber die wirklich interessante Frage ist natürlich, was heutige Muslime davon halten.

Die erste der drei Geschichten erzählt von einem der Clan-Führer, der Löcher in seinen Mantel gerissen hat, in dem er offenbar begraben werden wollte. Denn ein unbeschädigter Mantel könnte ja nach der Hinrichtung als Beute ein zweites Leben beginnen. Der Mann, dessen Hände gebunden waren, sah Mohammed und sagte: «Ich verüble es mir nicht, daß ich dir Widerstand geleistet habe.» Darauf wandte er sich an seine Henker: «Wie Gott es fügt, so ist es recht. Gott hat den Söhnen Israels ein Buch, ein Schicksal und ein Gemetzel vorherbestimmt.» Dann setzte er sich hin, wie einer, der enthauptet wird, und der Kopf wurde ihm vom Rumpf geschlagen. Die Brisanz der Geschichte steckt in der Versicherung, daß sogar ein jüdischer Stammesführer das den Juden auferlegte Schicksal als Gottes Wille ansah.

Im Fall der zweiten Geschichte hat der Erzähler einen Moment vergessen, daß Frauen und Kinder nicht hingerichtet, sondern als Sklaven verkauft werden sollten. Es geht um ein Mädchen vom Stamm der Quraiza, das sich gemütlich mit Aischa unterhielt, bis ihr Name aufgerufen wurde. Als Aischa sie fragte, was denn los sei, antwortete sie, sie solle enthauptet werden. Aischa berichtete: «Nie werde ich vergessen, wie verwundert ich über ihre gute Laune und ihre Fröhlichkeit war, obwohl sie wußte, daß sie getötet werden sollte.» Ibn Hischâm versucht den Fehler des Erzählers noch zu korrigieren, indem er mitteilt, wegen welcher speziellen Missetat das Mädchen sterben mußte,[33] aber der Tenor der Geschichte ist klar: Die Juden der Quraiza hatten sich mit ihrem Schicksal abgefunden. Und Mohammed ist kein Vorwurf zu machen.

Auch die dritte Erzählung zeigt diese Tendenz. Ein Jude namens Zâbir, der einmal einem Mitbürger das Leben gerettet hatte, sollte geschont werden. Als der Mann hörte, daß er das Blutbad überleben sollte, sagte er: «Was soll ein alter Mann ohne Familie und ohne seine

Kinder?» Daraufhin suchte sein Wohltäter abermals Mohammed auf und bat ihn, auch die Familie und die Kinder des Mannes am Leben zu lassen. Die Bitte wurde ihm gewährt. Nun sagte Zâbir, daß eine Familie ohne ihren Besitz nicht leben könne. Mohammed ließ mitteilen, daß ihm auch seine Besitztümer zurückgegeben würden. Hierauf fragte er nach seinen Freunden, mit denen er als junger Mann gegen Feinde gekämpft habe. Aber die waren inzwischen alle getötet. Da sagte Zâbir, in diesem Fall könne er sich nur noch im Tod zu denen, die er liebe, gesellen und es nicht erwarten, sie wiederzusehen. Daraufhin wurde auch ihm der Kopf abgeschlagen.

Die Geschichte sollte wohl zeigen, daß die Juden von Medina nichts lieber wollten, als enthauptet zu werden. Trotzdem ist vor allem diese letzte Erzählung überaus ungünstig für Mohammed. Einen, der dir oder einem deiner Verbündeten das Leben gerettet hat, enthaupten zu lassen? Ein Erzähler versucht zu retten, was noch zu retten ist, und läßt Abû Bakr sagen: «Ja, wiedersehen wird er sie, seine Verwandten, aber in der Hölle, bis in alle Ewigkeit.» Vielleicht erinnert sich der Leser dadurch wieder daran, daß es sich hier um Ungläubige handelte, die bewußt gegen den Propheten Mohammed Partei ergriffen hatten.

Nach diesen drei der Beruhigung dienenden Geschichten führt Ibn Ishâq vor, wie die Ereignisse vom Graben und von der Ausrottung der Quraiza in Sure 33 des Korans behandelt werden. Außerdem brachen, so der Erzähler, sobald die «Angelegenheit» mit dem Quraiza-Clan erledigt war, Saʿd ibn Muʿâdhs Wunden auf, und er starb als Märtyrer. In diesem Zusammenhang ist eine der folgenden Erzählungen zu erwähnen, weil sie sich mit einer weitverbreiteten Glaubensfrage beschäftigt. Saʿd war, so wird berichtet, ein korpulenter Mann, aber als er tot auf der Bahre lag, hatte er kaum noch Gewicht. Als Mohammed das hörte, lieferte er die Erklärung dazu: «Er hatte noch andere Träger», nämlich Engel, wegen seines großen Gottvertrauens und seiner Frömmigkeit.

Ibn Ishâq kann die Geschichte nicht beenden, ohne erst noch die Märtyrer aufzuzählen, die beim heroischen Kampf am Graben umkamen, sowie die Helden, die in der Aktion gegen die Quraiza ihr

Leben lassen mußten. Die Graben-Schlacht, so der Erzähler, kostete sechs Muslime das Leben, während die Polytheisten drei Mann verloren. Beim Vorgehen gegen die Quraiza gab es einen Märtyrer und einen «normalen» Verstorbenen. Bevor Ibn Ishâq seine Erzählung mit den anläßlich der Ereignisse verfaßten Gedichten abrundet (fast zwölf Seiten in Guillaumes Übersetzung), hören wir doch noch einen Wunderbericht.

Nachdem die Verteidiger von Medina aus dem Graben herausgekrochen waren, sagte Mohammed: «Nach dem heutigen Tag werden die Quraisch nicht mehr euch angreifen, sondern ihr sie.» «Quraisch» ist bekanntlich der Name des Stammes, zu dem die heidnischen Mekkaner gehörten. Jeder Hörer von Ibn Ishâqs Geschichten im achten Jahrhundert muß gewußt haben, daß diese wundersame Vorhersage auch wirklich eintreffen sollte.

Dem heutigen westlichen Leser drängt sich bei den Schilderungen über die Beseitigung der Juden aus Medina der Gedanke an die Vernichtung der europäischen Juden in den dreißiger und vierziger Jahren des zwanzigsten Jahrhunderts auf. Viele Muslime glauben bekanntlich nicht, daß diese Judenverfolgungen in Europa wirklich stattgefunden und Millionen von Opfern gefordert haben. Der sich darin offenbarende Mangel an historischem Bewußtsein ist schmerzlich.

Aber es ist nicht allein der Holocaust, der den Geschichten über die Juden von Medina einen bizarren Unterton gibt. Merkwürdig ist zudem das vollständige Fehlen jüdischer Quellen, weder über Verbannung (im Falle von al-Nadîr und Qainuqâʿ) noch über Ausrottung (Quraiza). Es existiert nichts, keine Inschrift, kein Papyrus, keine Bemerkung in gleich welchem Buch. Zumindest ist bis heute noch nichts aufgetaucht.

Diese Tatsache ist auch deshalb so befremdlich, weil es zur jüdischen Tradition gehört, die Erinnerung an die Ermordeten wachzuhalten. In der prägenden Anfangsphase einer erfolgreichen Weltreligion wurden, so berichten zumindest die Führer dieser neuen religiösen Bewegung, Hunderte von Juden ermordet – und auf jüdischer Seite gibt es keinerlei Berichte über dieses Blutbad.

Im islamisch-arabischen Reich des siebten und achten Jahrhunderts finden wir neben Juden aber vor allem Christen. Die muslimischen Expansionskriege richteten sich hauptsächlich gegen christliche Heere und die christliche Obrigkeit von Konstantinopel, der Hauptstadt des (Ost-)Römischen Reichs, zu dem Syrien und Ägypten gehörten. Die medinensischen Juden wurden ermordet, weil ihre Anführer mit den Feinden der Muslime verhandelt hatten. Sollten etwa die Geschichten darüber in Umlauf gebracht oder erzählt werden, um die Christen im Mittleren Osten abzuschrecken? Um zu verhindern, daß diese dasselbe tun würden?

Aber wenn Christen eingeschüchtert werden sollten, warum gab es dann keine Berichte mit Christen in der Opferrolle? Dafür lassen sich wohl Gründe finden. Die Christen im (Ost-)Römischen Reich waren nicht gerade die größten Judenfreunde. Jüdische Opfer konnten sie sich wohl eher vorstellen, während Christen als Hauptdarsteller womöglich weniger gut angekommen wären. Die Botschaft der Geschichten ist deutlich genug: Diplomatische Beratungen mit einem Feind des Islam sind ein Kapitalverbrechen. Vielleicht kam diese Botschaft beim christlichen Publikum des achten Jahrhunderts im Mittleren Osten noch besser und noch eindeutiger an, wenn dabei Juden die Verräterrolle spielen durften.

Könnte es vielleicht zudem von Bedeutung sein, daß Jesus von Nazareth von seinem Jünger Petrus dreimal verleugnet wurde?[34] Wenn man alle drei Geschichten über die Juden Medinas zusammennimmt, wird auch Mohammed, der Prophet des Islam, dreimal von ihnen verleugnet. Mohammed ist also nicht nur ein neuer Mose, er ist auch ein neuer Jesus, denn genau wie dieser wurde er dreimal von den Menschen verleugnet, die eigentlich seine Jünger hätten sein müssen.

Der Erzengel Gabriel geleitet den auf dem Burâq reitenden Mohammed zu einem Palast inmitten der himmlischen Gärten. Hier begegnet der Prophet Paradiesjungfrauen. Die Frau mit der mongolischen Krone bekannte sich als eine der ersten zu seiner Botschaft. Osmanische Miniatur, 1463. Bibliothèque Nationale Paris.

14. *Der Skandal um Aischa*

Mohammed heiratet ein junges Mädchen

In den Niederlanden sind die Namen von Aischa und Ayaan Hirsi Ali unauflöslich miteinander verknüpft. In der Tageszeitung *Trouw* nannte Ayaan Hirsi Ali am 25. Januar 2003 den Propheten Mohammed «einen perversen Mann», weil er als gut Fünfzigjähriger eine Heirat mit der damals noch sehr jungen Aischa eingegangen sei.[1]

Ayaan Hirsi Ali (geboren ca. 1969 in Mogadischu) sagte in einem Interview über die Zehn Gebote: «Mohammed ist ein Vorbild für alle muslimischen Männer. Findest du es merkwürdig, daß so viele muslimische Männer gewalttätig sind?» Daher war sie der Ansicht, daß die Geschichte über die Heirat des Propheten mit einem kleinen Mädchen viel Leid verursachen und sich möglicherweise fatal auf das Familienleben von Muslimen auswirken könne.

Es war eines der ersten Male, daß Ayaan nahezu die gesamten Niederlande für eine kurze Zeit gegen sich aufbrachte. 2006 war das Maß voll, und Ayaan ging nach Amerika. Ihre Feinde konnten erleichtert aufatmen, ihre Freunde hatten sich inzwischen daran gewöhnt, daß ihnen ab und zu einer der Ihren entrissen wurde.

Eingeweihten zufolge hatte die Redaktion der Tageszeitung die Begriffe, die Ayaan Hirsi Ali im Zusammenhang mit der Hochzeit Mohammeds und Aischas verwendete, vorher schon weitgehend dem angepaßt, von dem sie meinte, es sei für die Leser gerade noch hinnehmbar. Dennoch kam von muslimischer Seite eine Welle von Protesten. Zwar war der Begriff «Pädophilie» nicht gefallen, aber Mohammed wurde doch als «perverser Mann» hingestellt. Das erregte natürlich die Wut der Muslime. Hier und da wurde auch geleugnet, daß Mohammed, der seine besten Jahre schon hinter sich hatte, eine Ehe mit einem doch sehr jungen Mädchen geschlossen habe. Es kam zu einem Skandal, auch wenn sich im nachhinein nur schwer herausfinden läßt, was daran eigentlich skandalös war. War es ein Skandal, daß Aischa um 623 so jung mit einem so alten Mann verheiratet worden war, oder war es ein Skandal, daß Ayaan dieses Thema Anfang 2003 aufbrachte?

Die eigentlichen Fakten lassen sich nur schwer eruieren. In Mekka oder Medina gab es zwar kein Standesamt, aber die islamische Überlieferung darüber ist eindeutig. Aischa war die Tochter von Abû Bakr, der später Kalif wurde und einer der besten Freunde Mohammeds sowie einer der ersten und prominentesten Muslime war. Sie gilt als Mohammeds Lieblingsehefrau, aber darin spiegelt sich vielleicht zum Teil die Bedeutung ihres Vaters in der frühen muslimischen Gemeinde. Ibn Hischâm zufolge trat Mohammed mit der siebenjährigen Aischa in Mekka in den Stand der Ehe. Sie teilte aber erst, als sie «neun oder zehn Jahre alt war», in Medina mit ihm Tisch und Bett.[2]

Die Chronologie von Mohammeds Leben ist nicht verbürgt. Er könnte gut älter oder jünger gewesen sein, als wir denken. Auch Aischas Lebenslauf kann allen möglichen frommen Wünschen angepaßt worden sein, die im siebten und achten Jahrhundert selbstverständlich waren, uns heute jedoch vor ein Rätsel stellen. Die Auffassungen darüber unterliegen nämlich einem starken Wandel. Wir wollen eine Chronologie, die stimmt, während die Menschen der Antike eine schöne und ausgewogene Zeitfolge bevorzugten. Zehn Jahre Troja, zehn Jahre Odysseus auf dem Meer. Zehn Jahre Mekka, zehn Jahre Medina.

Aus frommen Beweggründen eine kleine Verbesserung in die Chronologie von Aischas oder Mohammeds Leben zu bringen, galt so gut wie sicher nicht als tadelnswert und konnte leicht einige Jahre Unterschied im Lebensalter ausmachen.

Das Problem ist auch nicht, ob Mohammed damals gut daran tat, sich mit der kindlichen Aischa zu verheiraten oder nicht. In diesem Zusammenhang lauten die zwei einzig wichtigen Fragen, ob die jungen muslimischen Mädchen heutzutage ebenfalls so früh heiraten müssen oder nicht doch zuerst ihre Schulausbildung abschließen sollen. Von Bedeutung ist noch, ob in unserer Zeit Muslime im Alter von ungefähr fünfzig Jahren auch in diesem Punkt dem Vorbild ihres Propheten folgen sollten.

Mohammeds Vorbild zu folgen ist ja längst nicht in jedem Fall gut. Es kann sogar verboten sein. Der Prophet war beispielsweise bei seinem Tod mit neun Frauen verheiratet (er hatte insgesamt 13 Ehen geschlossen),[3] während ein Muslim nach dem Gesetz bekanntlich höchstens vier Ehefrauen haben darf.

Trotzdem kann die Ehe Mohammeds mit Aischa, wie sie überliefert wird, nicht ganz alltäglich gewesen sein. In seiner Liste der Frauen und Ehen Mohammeds erwähnt Ibn Hischâm nur bei Aischa das Alter zum Zeitpunkt ihrer Eheschließung. Offenbar galt dies schon damals als ungewöhnlich. Auch die Formulierung «neun oder zehn» Jahre, das Alter, in dem sie bei Mohammed einzieht, wirkt ein wenig so, als müsse etwas beschönigt und gerechtfertigt werden.

In der islamischen Überlieferung ist keine Empörung in Mekka oder Medina darüber bekannt, daß Mohammed ein so junges Mädchen heiratete. Was moderne Nichtgläubige davon auch halten mögen, vermutlich ist es vernünftig zu akzeptieren, daß die Dinge früher anders lagen als heute. Verurteilen kann man immer. Dabei sollte man sich besser auf sein eigenes Milieu, seine Zeit und seine Umgebung beschränken, auch wenn die Chance auf heftigen Widerspruch gerade dort am größten ist.

Der Feldzug gegen den Mustaliq-Clan

Auch in der muslimischen Überlieferung ist die Rede von einem «Skandal im Zusammenhang mit Aischa». Allerdings ist hier etwas völlig anderes gemeint, nämlich eine Affäre, die sich nach Ibn Ishâq im sechsten Jahr nach der Hidschra abgespielt haben muß, im Monat Schaʿbân, der am 16. Dezember 627 begann. Auf Aischa war der Verdacht des Ehebruchs gefallen. Ihr Name wird erst durch die Offenbarung von Sure 24,11 und der darauffolgenden Verse wieder reingewaschen, insbesondere von Vers 13, in dem die bekannte Forderung aufgestellt wird, daß ein Vorwurf der Unzucht von vier Zeugen gestützt werden müsse.

Diese Geschichte unterbricht eine Reihe von Berichten über große und kleine Raubzüge und Mordanschläge, die zum Friedensvertrag von Hudaibiyya führten. Auch im Alten Testament gibt es zwei Fälle, bei denen eine Reihe zusammenhängender Geschichten von einem Text unterbrochen wird, den man kaum anders als eine erotische Novelle bezeichnen kann. Genesis 38, die Geschichte von Juda und Tamar, unterbricht den Zyklus von Geschichten über Josef; 2. Samuel 13,1–22, die Geschichte von Amnon und Tamar, unterbricht den Zyklus von Geschichten über David. Wahrscheinlich besteht zwischen diesen drei Intermezzi keinerlei Beziehung. Aber trotzdem: Greifen nicht auch fromme Erzähler frommer Geschichten gern einmal zu etwas pikanteren Mitteln, um die Aufmerksamkeit nicht erlahmen zu lassen?

Die Geschichte beginnt wie fast alle Erzählungen über Mohammeds Leben in Medina. «Der Gesandte Gottes hielt sich im letzten Teil des Monat Dschumâdâ al-âchira und des Monats Radschab in Medina auf. Anschließend griff er im Monat Schaʿbân des sechsten Hidschra-Jahres die Mustaliq an.» Es handelt sich also um den Herbst und den darauffolgenden Winter des Jahres 627. Mohammed und seinen Anhängern gelang es, die Mustaliq (die sich zwischen Medina und der Küste befanden) zu schlagen, und die Muslime bemächtigten sich der Frauen, Kinder und Besitztümer des besiegten Clans. Dennoch gab es einen unerfreulichen Zwischenfall. Einer der *ansâr* («Helfer»), der ursprünglichen Einwohner Medinas, tötete versehentlich einen Muslim, einen Migranten aus Mekka.

Kurz darauf brach beim Tränken der Tiere ein ganz gewöhnlicher Streit zwischen Helfern und Migranten über die Frage aus, wessen Tiere zuerst zum Wasser dürften. Einer der eingesessenen Medinenser sagte: «Sie gehen wirklich sehr weit. Sie spielen sich als Herren auf, wir sind zur Minderheit in unserem eigenen Land geworden. Am besten paßt auf diese Sackgewänder[4] von Quraisch und uns noch das alte Sprichwort: ‹Wenn du einen Hund fett mästest, wird er dich beißen.›» Kurzum, es ging ziemlich hoch her. Als Mohammed und ʿUmar davon erfuhren, wollte ʿUmar den Mann, der das gesagt hatte, töten, aber Mohammed verbot es und ließ statt dessen das Heer nicht nur den ganzen Tag, sondern gleich auch den Abend und die ganze Nacht lang durchmarschieren. Sobald haltgemacht wurde, fielen alle auf der Stelle vor Müdigkeit um. Eine klassische Methode, die immer wirkt, wenn sie rechtzeitig angewandt wird. Nach einem langen Marsch sind alle zu müde für einen Streit. Doch nun traten bei der Verteilung der Beute unerwartet Probleme auf.

Die kleine Prinzessin

Ein Mädchen, eine gewisse Dschuwairiyya,[5] eine Tochter des Anführers des Mustaliq-Clans, war bei der Verteilung der Beute einem gewissen Thâbit zugefallen. Die kleine Prinzessin begann sofort über ihre Freilassung zu verhandeln und verstand es, ihren neuen Besitzer so weit zu bringen, daß er einen Vertrag aufsetzte. Damit ging sie zu Mohammed und fragte, ob er ihr bei der Abmachung beistehen wolle. Die Geschichte erweckt allerdings nicht den Eindruck, als wüßte die Prinzessin nicht ganz genau, was in dem Vertrag stehen müßte.

Aischa sah sie bei Mohammed eintreten und empfand eine spontane Abneigung. «Sie war eine außergewöhnlich schöne Frau, die jeden Mann um den Finger wickelte. Ich wußte genau, wie sie der Prophet finden würde.» Mohammed las den Vertrag, versetzte sich in ihre Lage und sagte: «Mädchen, ich weiß etwas Besseres.» Nun hätte Dschuwairiyya vermutlich die Augen niederschlagen müssen, aber das tat sie nicht, sondern sie sagte: «Und zwar was, Gesandter Gottes?» Trotz des posttraumatischen Stresses wegen ihrer plötzlichen Gefangenschaft und trotz des Verlustes von Familie und Status war es Dschuwairiyya gelungen, sich zum Islam zu bekehren und die richtige Anrede aufzuschnappen (sie sprach Mohammed ja mit «Gesandter Gottes» an). Das war keine geringe Leistung. Aischas Einschätzung war offenbar richtig, sie war ein außergewöhnliches Mädchen.

Und natürlich schlug Mohammed vor, ihre Schuld (die sie sich eingehandelt hatte, weil sie Geld leihen mußte, um einen Freilassungsvertrag zu vereinbaren) abzulösen und sie zu heiraten. Sie willigte ein. Die Nachricht, daß Mohammed mit Dschuwairiyya eine

Ehe geschlossen hatte, verbreitete sich wie ein Lauffeuer. Nachdem jetzt alle Mitglieder des Mustaliq-Clans dank dieser Heirat mit einem Schlag zu Verwandten Mohammeds geworden waren, wurde jeder von ihnen, der in Kriegsgefangenschaft und Sklaverei geraten war, freigelassen. Es gab sicher hundert Familien, denen diese Heirat geholfen hat, berichtete Aischa denjenigen, die es wiederum Ibn Ishâq weitererzählt haben. «Ich kenne keine Frau, die ihrem Clan soviel Segen gebracht hat», schloß Aischa ihre Geschichte.[6]

Aber es kam zu einem Problem. Mohammed pflegte immer eine seiner Frauen auf einen Feldzug mitzunehmen. Er ließ das Los entscheiden, wer mitkommen durfte. Beim Feldzug gegen die Mustaliq reiste Aischa mit. Sie erwähnte es nicht, Ibn Ishâq erzählt es nicht, aber es ist denkbar, daß nach dem Erscheinen Dschuwairiyyas Mohammeds Interesse an Aischa etwas erlahmt sein könnte. Die neue Braut wird sicher nicht zu kurz gekommen sein.

Bei Ibn Ishâq kommt Dschuwairiyya nicht weiter vor. Das ist ein wenig sonderbar angesichts ihres selbstsicheren, spektakulären Auftretens in dem kleinen Abschnitt, den wir über sie besitzen. Sollte wirklich in all den Jahren danach kein einziger aufsehenerregender Vorfall über sie mehr erwähnenswert gewesen sein? Oder sollte jemand die Dschuwairiyya-Geschichte etwa vor den Bericht über den Skandal um Aischa eingefügt haben, um dem aufmerksamen Leser die Gelegenheit zu geben, sich ein menschliches Motiv für Aischa zu überlegen? Es wäre schön, wenn wir solche Dinge sicher wüßten. Vorläufig müssen wir auf unsere Intuition vertrauen.

Allzu Menschliches

Beim letzten Halt des Heeres auf dem Heimweg nach Medina passierte ein kleines Malheur. Aischa hatte sich kurz abgesondert, um auszutreten. Kurz bevor das Heer erneut aufbrach, fiel ihr ein, daß sie ihre Perlenkette hatte liegenlassen. Sie eilte zurück, um sie zu suchen, fand sie, hastete zur Karawane zurück, aber die war schon abmarschiert. Aischa wickelte sich in ihren Mantel und setzte sich hin, um abzuwarten, bis man ihre Abwesenheit bemerken und sie abholen würde.

In diesen Zeiten reiste eine Frau in einem *haudadsch*, einer Kamelsänfte, die die darin Sitzenden den Blicken entzog. Offenbar hatten die Diener Aischas die Sänfte aufgehoben und auf das Kamel gesetzt, ohne zu bemerken, daß Mohammeds Ehefrau fehlte. Das ist zwar denkbar, aber selbst wenn Aischa wenig gewogen hat, angenommen etwa vierzig bis fünfzig Kilo, ist es doch merkwürdig.

Aischa hatte sich kaum hingesetzt, da tauchte ein gewisser Safwân ibn al-Muʿattal auf. Er beugte sich über sie und erkannte sie (die Geschichte spielt in der Zeit, bevor der Schleier Vorschrift wurde). Er fragte, warum sie zurückgeblieben sei, «aber ich sagte nichts zu ihm», wie es sich einem anständigen jungen Mädchen geziemt. Darauf ließ Safwân sie auf sein Kamel steigen und ging selbst zu Fuß. Es gelang ihnen nicht, das Heer einzuholen. Als der Abend hereinbrach, hatte noch niemand Aischas Fehlen bemerkt. Erst am nächsten Morgen wurde sie vermißt, aber da kam sie gerade mit ihrem Retter ins Lager eingeritten. Sofort begannen böse Zungen, sie anzuschwärzen.

In Mekka angekommen, wurde Aischa krank und hörte nichts von all dem Gerede über ihr Ausbleiben in der Nacht. Niemand verriet ihr etwas davon, auch nicht ihre Eltern und ihr Ehemann Mohammed. Zwanzig Tage lang wurde sie von ihrer Mutter im Haus der Eltern gepflegt. Die Geschichte erwähnt keinen Krankenbesuch des Propheten. Zufällig hörte Aischa von den anderen Frauen, welche Lügen über sie die Runde machten.

Namentlich ʿAlî sprach zu Mohammed sehr deutliche Worte: «Es gibt doch genug Frauen, du kannst sie leicht ersetzen.»[7] Dabei ist zu bedenken, daß Ehebruch ein Kapitalverbrechen war und ʿAlîs Bemerkung ein Todesurteil durch Steinigen bedeutete. Ist das alles wirklich so geschehen? Oder klingt hier der Streit zwischen den Sunniten (Abû Bakr und seiner Tochter Aischa) und den Schiiten (ʿAlî) durch? Wenn sich alles wirklich so zugetragen hat, warum hören wir dann zu diesem Zeitpunkt plötzlich nichts mehr über die selbstsichere Dschuwairiyya? Das wäre doch eigentlich die Chance ihres Lebens gewesen.

Krankenbesuch

Endlich besuchte Mohammed seine Frau. Ihre Eltern und eine Freundin waren ebenfalls anwesend. Aischa und die Freundin weinten. Das ist durchaus verständlich, mussten sie doch damit rechnen, daß Mohammed ihr Todesurteil überbrachte. Als er feststellte, daß Aischa wußte, was die Leute über sie redeten, sagte er: «Fürchte Gott, und wenn du etwas Falsches getan hast, zeige Reue. Denn Gott nimmt die Reue seiner Diener an.»

Aischa spürte, daß ihre Tränen versiegt waren, und wartete ab, ob ihre Eltern für sie antworten würden, doch die blieben stumm. Später erzählte sie, in diesem Augenblick habe sie gehofft, daß Mohammed eine Vision oder einen Traum bekäme, der ihre Unschuld beweisen würde. Ibn Ishâqs Hörer wußten natürlich, wie die Geschichte am Ende ausging, und das macht einen anderen Gedanken, den Aischa damals gehabt haben will, besonders interessant. Sie berichtete später, sie habe sich in diesem Moment nicht für so bedeutend gehalten, daß Mohammed ihretwegen ein Koranvers offenbart werde, «ein Vers, der dann in der Moschee verlesen und beim Beten verwendet würde».

Aischa entschloß sich schließlich doch, etwas zu sagen: «Ich werde nichts von dem bereuen, was du hier zur Sprache bringst. Wenn ich bestätigen würde, was die Leute sagen, obwohl Gott weiß, daß ich unschuldig bin, dann würde ich Dinge zugeben, die nicht geschehen sind. Streite ich aber ab, was sie sagen, dann glaubt ihr mir nicht. Aber ich sage, genau wie Josefs Vater: ‹Doch schön geduldig sein (ist meine Losung). Und Gott sei um Hilfe gebeten gegen das, was ihr aussagt (und was gar nicht wahr ist)!›» Letzteres ist ein Zitat aus Sure 12,18. Der allwissende Erzähler läßt Aischa viel später auch noch einem Neffen, dem Überlieferer ʿUrwa, gegenüber, bekennen, sie habe in dem kritischen Moment nicht mehr gewußt, wie Josefs Vater hieß, und deshalb «Abû Yusûf» gesagt.

Unmittelbar darauf wurde Mohammed von einer Offenbarung getroffen. Wie immer in einer solchen Situation wurde er in sein Gewand gehüllt und mit dem Kopf auf ein Kissen gelegt. Aischa erzählte, sie habe sich überhaupt keine Sorgen gemacht, weil sie ja schließlich unschuldig war; aber ihren Eltern erging es ganz anders. Aischa dachte, sie würden vor Angst sterben, wenn Mohammed nach seiner Offenbarungstrance mitteilen würde, daß sie schuldig sei. Als dieser jedoch zu sich kam, wischte er sich den Schweiß von der Stirn und sagte: «Gute Neuigkeiten! Gott hat mir offenbart, daß du unschuldig bist.» «Lob sei Gott!» entgegnete Aischa. Daraufhin trat Mohammed aus dem Haus, wandte sich an die Neugierigen und rezitierte die Verse, die ihm soeben offenbart worden waren (Sure 24,11–26) und in denen unter anderem steht:

> Und warum haben sie (d. h. diejenigen, die die Lüge vorbrachten) nicht vier Zeugen (für die Wahrheit ihrer Aussage) beigebracht? Nachdem sie die (erforderlichen) Zeugen nicht beigebracht haben, gelten eben sie bei Gott als Lügner. [...] Warum habt ihr denn, als ihr davon hörtet, nicht gesagt: «So etwas dürfen wir nicht aussprechen.» [...] Diejenigen, die (harmlos) unbedachte (?) gläubige Ehefrauen (mit dem Vorwurf des Ehebruchs) in Verruf bringen, sind im Diesseits verflucht und (werden es ebenso) im Jenseits (sein). Und sie haben (dereinst) eine gewaltige Strafe zu erwarten.

Darauf erteilte Mohammed den Befehl, einige der Verleumder Aischas auspeitschen zu lassen. Unter ihnen befand sich auch sein «Hofdichter», Hassân ibn Thâbit (etwa 562 bis etwa 659), der nach der traditionellen Geschichtsschreibung ungefähr sechsundsechzig Jahre alt war, als ihm diese Demütigung widerfuhr.

Die Novelle hat noch weitere Handlungsstränge, die sich wie in einem Krimi gelegentlich kreuzen. Am Ende folgen, wie immer, Verszeilen, die aus diesem Anlaß entstanden sind. Zwischendurch hören wir noch einen unfreundlichen Seitenhieb Aischas: «Es wurden doch Fragen über (meinen Retter Safwân) ibn al-Muʿattal gestellt, und dabei kam heraus, daß er impotent war. Er hat nie eine Frau berührt.[8] Er ist später als Märtyrer gefallen.» Wenn es sich bei der Geschichte um eine literarische Fiktion handelt, dann ist die Bemerkung über die Impotenz eigentlich zuviel des Guten, sollte das

Berichtete jedoch historisch wahr sein, dann erst recht. Denn zu viele Entschuldigungen machen argwöhnisch.

Der Überlieferer ʿUrwa ibn az-Zubair

Aischa (geb. 614) muß zu den allerersten Menschen gehört haben, die als Muslim geboren wurden. Ihr Vater, Abû Bakr, war zwischen 610 und 613 als einer der allerersten Mekkaner zum Islam konvertiert. Sie hatte eine ältere Halbschwester Asmâʾ, die die Mutter eines gewissen ʿUrwa ibn az-Zubair (643–712) war. Dessen Vater, az-Zubair ibn al-ʿAwwâm (etwa 600 bis etwa 657), war seinerseits ein angeheirateter Neffe von Mohammed. Zwischen allen Betroffenen verlaufen noch mehr Verwandtschaftslinien, aber wir wollen es bei den wichtigsten belassen.

Dieser ʿUrwa ist ein bedeutender Erzähler und Überlieferer, der sicher auch von seiner Tante Aischa das eine oder andere gehört haben wird. Ibn Ishâq weist regelmäßig darauf hin, daß er bestimmte Geschichten von ʿUrwa übernommen habe, der mit fast allen frühen Muslimen nah verwandt war.

Es ist durchaus nachvollziehbar, daß Muslime großes Vertrauen in Geschichten haben, die über die Linie Aischa – ʿUrwa – Ibn Ishâq überliefert wurden. Aischa und ihr etwa dreißig Jahre jüngerer Neffe standen sich (zumindest, wenn die Chronologie ein klein wenig stimmt) möglicherweise sehr nahe, und auch der zeitliche Abstand zwischen Ibn Ishâq und ʿUrwa ist nicht besonders groß. Andererseits ist vielleicht gerade bei diesen Geschichten ein gewisses Mißtrauen angebracht.

Ganz abgesehen von einer möglichen Voreingenommenheit, können wir die Augen nicht vor der Tatsache verschließen, daß Aischa nach der traditionellen Überlieferung beim Tod Mohammeds erst achtzehn Jahre zählte. War sie wohl reif genug, um die Ereignisse um sich herum richtig einzuschätzen? Wieviel Wert haben Berichte, die auf sie zurückgehen, die nicht speziell mit ihr zu tun hatten?

Und auch zu ʿUrwa kann man Fragen stellen. Nach der traditionellen Überlieferung war er nicht nur der Sohn az-Zubairs, der 656 von ʿAlî geschlagen wurde,[9] sondern auch der jüngere Bruder des Gegenkalifen ʿAbdallâh ibn az-Zubair, der 624 geboren wurde, manchem Erzähler zufolge als erstes Migrantenkind in Medina. Er fiel 692 im Kampf gegen den Umayyadenkalifen von Damaskus. Konnten Aischa und ʿUrwa über Verwicklungen, in die ihre Verwandten, und manchmal sie selbst, so eng einbezogen waren, überhaupt objektiv urteilen? Nach heutigen wissenschaftlichen Kriterien können ihre Aussagen in diesem Zusammenhang nicht als Quelle verwendet werden.

Sowohl die Geschichte über die selbstsichere Dschuwairiyya, die Mohammed zu einer Heirat überreden konnte, als auch diejenige über das kleine Malheur nach dem Feldzug gegen die Mustaliq sollen auf ʿUrwa zurückgehen, der sie von Aischa direkt erzählt bekommen haben will.[10] Es ist jedoch genausogut möglich, daß ein Erzähler aus der Generation zwischen ʿUrwa (gestorben 712) und Ibn Ishâq (er schrieb um 750) eine schöne Novelle konstruiert und sie ʿUrwa und Aischa zugeschrieben hat, was die Glaubwürdigkeit erhöht und von Respekt für die beiden zeugt.

Einer der Männer, die in der Zeit zwischen ʿUrwa und Ibn Ishâq Geschichten weitergaben, war ein gewisser az-Zuhrî, der bei den Umayyadenkalifen in hohem Ansehen stand. Er pflegte jahrzehntelang enge persönliche Kontakte zu ihnen, von Kalif ʿAbd al-Malik, der von 685 bis 705 regierte, bis zu Ibn Hischâm, der von 724 bis 743 an der Macht war. Bis zu seinem Tod 742 bekleidete er hohe Ämter. Ibn Ishâq zufolge gab es zwischen az-Zuhrî und ihm selbst nur einen einzigen – zuverlässigen – Übermittler.

Die komplette Reihe von Überlieferern der Geschichte über Aischas kleines Malheur ist deshalb: Ibn Ishâq – ein Unbekannter – az-Zuhrî – ʿUrwa – Aischa selbst. Solche Überliefererketten, im Arabischen *isnâd*, gibt es Dutzende, die jeweils unabhängig voneinander beurteilt werden müssen. Der *isnâd*, wörtlich «Unterstützung», weil er die Echtheit der betreffenden Geschichte untermauert, bietet den Gläubigen Halt. Islamische Theologen versuchen oft zu beweisen, daß die Überliefererketten mehr oder weniger stimmten, was in vielen Fällen zutreffen mag.

Kritische Geister vermuten aber dagegen, daß diese Überliefererketten erst um 750 in Mode gekommen sind. Und je schöner ein *isnâd* ist, desto größer ist auch die Wahrscheinlichkeit, daß er erst später erfunden wurde, um die Glaubwürdigkeit einer Geschichte zu bestärken.[11] Besonders beliebt sind solche, in denen die Überlieferer ein hohes Alter erreichten, weil auf diese Weise mit vielleicht nur drei Namen rasch mehr als ein Jahrhundert überbrückt werden kann. Trotzdem kann eine Geschichte, an die erst spät ein schöner *isnâd* angehängt wurde, durchaus authentisch sein.

Extremen Skeptikern gilt allerdings die gesamte entsprechende literarische Tradition als Fiktion, die zwar Informationen über das Denken bestimmter Personen zwischen 725 und 775 bringt, aber nichts über den vorhergehenden Zeitraum. Wie auch immer, die Überliefererketten bilden ein Labyrinth, aus dem längst nicht jeder Forscher wieder wohlbehalten herausfindet.

Mohammed befindet sich mit seinen Getreuen auf dem Weg nach Mekka.
Die Engel Gabriel, Michael, Israfil und Azrail begleiten ihn.
Osmanische Miniatur, 16. Jahrhundert. Topkapı Sarayı Museum Istanbul.

15. *Friede mit den Mekkanern*

Die mißlungene Aktion gegen die Muslime in der sogenannten Graben-Schlacht war das Werk einer Koalition, an der neben den Mekkanern auch die heidnischen Araber aus den Wüstengebieten rund um Mekka und Medina beteiligt waren, beispielsweise die Ghatafân, sowie Juden, die aus Medina vertrieben worden waren. Wenn es um diesen Konflikt geht, erscheint im Arabischen bisweilen der Ausdruck *al-ahzâb*, «die Parteien», das heißt die Partei der Anti-Medina-Koalition, die im Frühjahr 627 ohne Erfolg versucht hatte, ihr Problem mit dem Islam zu lösen.[1] Im Anschluß daran hatten die Muslime ein wenig Ruhe und auch den Raum für eine Reihe neuer Initiativen.

Eine davon ist der Mord an Abû Râfiʿ. Weit wichtiger war jedoch die Einverleibung der vorislamischen Mekka-Wallfahrt in den Islam. Dafür war zunächst die Mitwirkung der heidnischen Mekkaner unverzichtbar, welche bei Hudaibiyya nur widerwillig eingeräumt wurde.

Der Mord an Abû Râfiʿ

Einer der Anführer der Anti-Medina-Koalition von Februar bis März 627 war ein gewisser Abû Râfiʿ, ein Jude aus Chaibar, dessen vollständiger Name Sallâm ibn Abû al-Huqaiq lautete. Chaibar war eine Oase etwa einhundertfünfzig Kilometer von Medina entfernt. Seinen muslimischen Zeitgenossen zufolge war er genauso antiislamisch und gefährlich wie Kaʿb ibn al-Aschraf, ein anderer Jude, der 624 oder 625 von einigen Muslimen ermordet worden war.

Nach Ibn Ishâq wollten die Mitglieder der beiden medinensischen Clans Aus und Chazradsch, die im islamischen Kontext oft insgesamt als *ansâr* («Helfer») bezeichnet werden, nicht, daß einer von ihnen, in welcher Angelegenheit auch immer, dem anderen überlegen sei. Kaʿb ibn al-Aschraf war von Helfern aus dem Aus-Clan ermordet worden. Nun waren ein paar Männer der Chazradsch der Meinung, das Gleichgewicht zwischen den Clans erfordere es, daß sie einen genauso bedeutenden und gefährlichen Juden ermorden müßten. Nach einiger Überlegung fiel die Wahl auf Abû Râfiʿ.

Fünf Angehörige der Chazradsch machten sich auf den Weg. Zuvor hatte Mohammed seine Zustimmung zur Ermordung Abû Râfiʿs erteilt, jedoch das Töten von Frauen und Kindern verboten. Die fünf klopften mitten in der Nacht bei Abû Râfiʿ an die Tür. Seine Frau, die öffnete, wurde, Mohammeds Verbots eingedenk, am Leben gelassen, ihr Mann jedoch in der stockdunklen Nacht erstochen. Die Männer flüchteten, wollten aber sichergehen, daß ihre Mission erfolgreich war. Deshalb kehrte einer von ihnen an den Tatort zurück, mischte sich unter die Menge, die vor dem Haus des Ermordeten zusammengelaufen war, und vernahm, daß Abû Râfiʿ tatsächlich seinen Verletzungen erlegen war.

Darauf eilten die fünf zu Mohammed, um ihm Bericht zu erstatten. Wegen der nächtlichen Finsternis entstand ein Zwist über die Frage, wem die Ehre zukäme, die tödliche Verwundung beigebracht zu haben. Der Prophet betrachtete ihre Schwerter und zeigte ihnen den Helden, der Gottes Feind hatte töten können. Es war ʿAbdallâh ibn Unais, denn «ich kann noch Essensspuren[2] auf seinem Schwert sehen» (es bleiben vermutlich Essensreste am Schwert kleben, wenn es durch einen lebenden Magen-Darm-Trakt gebohrt wird). Der Hofdichter Hassân ibn Thâbit verfaßte daraufhin ein schönes Lied, in dem er die Mörder von Kaʿb ibn al-Aschraf und Abû Râfiʿ als «Löwen» bezeichnete, die «den Sieg der Religion ihres Propheten anstreben».[3]

Zwei Eroberer konvertieren zum Islam

In der zweiten Hälfte der dreißiger Jahre des siebten Jahrhunderts eroberte ein gewisser Châlid ibn al-Walîd den Irak für das muslimische Reich, und kurz darauf, in den vierziger Jahren, unterwarf ein Feldherr namens ʿAmr ibn al-ʿÂs Ägypten. Beide Männer waren der traditionellen Fassung der Geschichte zufolge gebürtige heidnische Mekkaner aus dem Quraisch-Clan. Beide haben noch weitere aufsehenerregende militärische Leistungen vollbracht und sind in der islamischen Welt bis auf den heutigen Tag Berühmtheiten. Aber wann traten die zwei eigentlich zum Islam über? Offenbar nicht besonders früh, spielten sie doch weder bei der Hidschra noch bei Badr oder Uhud eine Rolle. Für ihre Nachkommen wäre es natürlich enttäuschend gewesen, wenn sie erst spät, beispielsweise nach dem Fall von Mekka, Muslime geworden wären.

Es ist in der Tat sonderbar, daß darüber keine klaren Berichte überliefert sind. Kann es daran liegen, daß diese historisch verbürgten Heerführer in einem Zeitraum operierten, in dem sich der Islam noch zu wenig herauskristallisiert hatte, als daß man überhaupt von einer Bekehrung (und dem Islam) sprechen könnte?

In der Zeit, in der diese beiden Feldherren ihre Siege errangen, hätten die arabischen Kämpfer unter ihrem Befehl durchaus noch an eine Art Monotheismus glauben können, in dessen Zentrum Diskussionen über die Natur Jesu standen. Dies widerspricht der traditionellen Überlieferung von einem arabischen Polytheismus, entspricht aber ungefähr dem, was die skeptischsten Kritiker für möglich halten. In diesen Diskussionen wurde versucht, die heilige Pflicht zum absoluten Monotheismus mit Jesus von Nazareth in der Heilsgeschichte in Einklang zu bringen. Jesus hatte ja neben einer göttlichen auch eine menschliche Natur. Auf der Vergöttlichung eines teilweise menschlichen Jesus konnte auf Dauer kein Segen ruhen. Der Endpunkt der Debatte über diesen inneren Gegensatz ist zugleich der Beginn des Islam.

Die Geschichte, die den Übertritt der beiden Feldherren zum Inhalt hat, klingt nicht besonders originell. Sie macht beinahe den Eindruck, als hätte sie Ibn Ishâq aus Fragmenten anderer Erzählungen über die Hidschra nach Äthiopien zusammengetragen. Nach der Niederlage am Graben wandte sich ʿAmr ibn al-ʿÂs an einige gleichgesinnte Mekkaner. Alle waren sich einig, daß es so nicht weitergehen konnte, ohne als Untertanen Mohammeds zu enden. Dann wollten sie noch lieber dem Fürsten von Äthiopien unterstehen, dem Negus. Also machten sie sich auf zu ihm.

Obwohl die Reise von Medina nach Äthiopien länger dauerte als die von Mekka aus, erfährt der Leser darüber nichts. Plötzlich, eine Zeile weiter, stand ʿAmr nämlich Auge in Auge dem Negus gegenüber und sah zu seinem Erstaunen, wie sich gerade ein Abgesandter Mohammeds vom Fürsten verabschiedete. Er bat seinen Gastgeber um die Genehmigung, den Gesandten ermorden zu dürfen. Das erboste den Negus, und er hielt ʿAmr nun eine Moralpredigt, in der er darlegte, daß Mohammed ein Prophet sei wie Mose, der all seine Feinde schlagen werde, wie Mose den Pharao geschlagen habe. ʿAmr bekehrte sich auf der Stelle, verriet seinen Mitreisenden jedoch kein Sterbenswörtchen (von denen übrigens keiner namentlich genannt wird).

Auf dem Weg nach Medina begegnete der Frischbekehrte seinem Stammesbruder Châlid ibn al-Walîd, der von Mekka auf dem Weg zu Mohammed war und sich zufällig ebenfalls mit der Absicht trug, zum Islam überzutreten. Mohammed empfing die beiden, worauf jeder von ihnen ihm den Treueid ablegte.

Ibn Ishâq datiert diese Doppelbekehrung in die Periode zwischen der Graben-Schlacht[4] und der Eroberung Mekkas.[5] Darüber hinaus läßt er sie zur selben Zeit zum Islam übertreten, was angesichts ihrer gleich großen Bedeutung für die traditionelle islamische Überlieferung niemanden besonders verwundern wird. Aber leider ist die Geschichte doch sehr schematisch und wird deshalb bei zahlreichen westlichen Lesern auf Skepsis stoßen. Vor allem die Rolle des Negus, der ebenfalls klammheimlich zum Islam übergetreten zu sein scheint, kann vor der historischen Kritik nicht bestehen.

Es gibt übrigens durchaus einen Grund, warum Ibn Ishâq die Gestalt des Châlid ibn al-Walîd bereits zu diesem Zeitpunkt kurz in die Geschichte einführen möchte. Wenn in nicht allzuferner Zeit die Muslime auf dem Weg nach Hudaibiyya waren, war Châlid ibn al-Walîd der Kommandant des mekkanischen Heeres. Auf seine Weisung hin bezog die Kavallerie so Stellung, daß die Muslime, die von

Medina aus Richtung Hudaibiyya und Mekka marschierten, zu einem großen Umweg durch die Berge und die Wüste gezwungen wurden.

Zwei Vergeltungsaktionen

Im April 627, erzählt Ibn Ishâq, war der jüdische Quraiza-Clan geschlagen. Danach blieb Mohammed ungefähr ein halbes Jahr in Medina, ohne daß es zu großen Aktionen kam. Doch gegen Ende September wurde erneut eine Aktion geplant, ein Rachezug gegen den Lihyân-Clan, der kurz nach der Schlacht bei Uhud Muslime gekidnappt und den Mekkanern verkauft hatte. Einer von ihnen war Chubaib ibn ʿAdîy, der von seinem neuen mekkanischen Besitzer gekreuzigt wurde.

Mohammed plante einen Überraschungsangriff, der allerdings nicht gelang, weil seine Opfer vorher gewarnt wurden. Nach einer Scheinbewegung Richtung Mekka kehrte das Heer unverrichteterdinge zurück. In Gedichten, die anläßlich dieses Feldzugs verfaßt wurden, werden die Mitglieder des Lihyân-Clans als «Wiesel» bezeichnet.[6]

Kaum waren Mohammed und seine Anhänger wieder in Medina, da wurden die Kamele des Propheten gestohlen. Ein gewisser Akwaʿ ertappte die Diebe, und es gelang ihm, Hilfe zu holen. Für einen Zuhörer des achten Jahrhunderts war das zweifellos eine spannende Geschichte, aber ein moderner Leser wird aus der ganzen Herumschießerei und Herumrennerei nicht schlau. Ein paar Kamele wurden zurückerobert, soviel ist klar.

Die Bedeutung dieser Erzählung liegt vor allem darin, daß sie uns einen Einblick verschafft, in welch kleinem Maßstab sich die unternommenen Raubzüge bewegten. Außerdem wird klar, daß Mohammed und die Muslime nicht als einzige auf Beutezüge ausgingen. Diese Geschichten zeigen uns vor allem, wie sich die Menschen im achten Jahrhundert (oder später) die Zeit des Propheten vorstellten.

Nach einer kurzen Unterbrechung, die dem vermeintlichen Ehebruch Aischas gewidmet ist, führt Ibn Ishâq mit dem Bericht über einen schwerwiegenden Vorfall fort, der in zeitgenössischen islamischen Betrachtungen über Krieg und Frieden noch häufig zitiert werden wird, nämlich Hudaibiyya.

Wenn überhaupt eine Episode aus der traditionellen Biographie Mohammeds für Nichtmuslime wichtig ist, dann diese. Der Monat Ramadân des sechsten Jahres nach der Hidschra begann am 14. Januar 628. Ibn Ishâq zufolge hielt sich Mohammed während des Ramadân, des darauffolgenden Monats Schawwâl und eines Großteils des Monats Dhû'l-qa'da in Medina auf. Dem schloß sich eine Reihe von Ereignissen an, die in den Waffenstillstand von Hudaibiyya mündeten. Dieser Waffenstillstand wird immer wieder herangezogen, wenn es um die Erörterung islamischer Theorien über internationale Beziehungen geht.

Dabei gibt es zwei sich widersprechende Standpunkte. Der eine lautet, daß der Prophet bei Hudaibiyya doch auch mit den Heiden Frieden geschlossen habe und deshalb moderne Muslime diesem Beispiel folgen müßten. Der andere Standpunkt hebt hervor, daß Mohammed bei Hudaibiyya einen Waffenstillstand lediglich für einen Zeitraum von zehn Jahren schließen wollte. Dies impliziere dann, so die Argumentation, daß für den wahren Islam der Kampf nach diesen zehn Jahren wieder aufgenommen werden müsse. Und das würde bedeuten, so wird gelegentlich argumentiert, daß der Islam keine «definitiven», keine «echten» Friedensverträge kenne. Dem folgend, kann ein Vertrag nie mehr als ein befristeter Waffenstillstand sein.

Schon Ibn Ishâq verwendet hierfür die Bezeichnung *hudna*[7] sowie den ebenfalls heute noch gebräuchlichen Begriff *sulh*,[8] der dieselbe Bedeutung und die gleichen Implikationen hat.

Die Pilgerfahrt

In den Wochen, die dem großen Wallfahrtsmonat von 628 vorangingen, versammelten sich große Gruppen von Anhängern des Propheten, um mit ihm eine Pilgerfahrt zu den traditionellen Heiligtümern in und um Mekka zu unternehmen.[9] Bei der Beschreibung dieses Ereignisses wird zum ersten Mal deutlich, daß Mohammed die vorislamische Pilgerreise, die Haddsch, in seine Religion integrierte.

Die ursprüngliche Bedeutung des Wortes Haddsch lautet «Fest». Es kommt auch in der Hebräischen Bibel vor, etwa in Exodus 23,14: «Dreimal im Jahr sollt ihr für mich ein Haddsch feiern» (Luther: «Dreimal im Jahr sollt ihr mir ein Fest feiern»). Gott selbst befiehlt im Koran (Sure 2,196–203) den Muslimen, die Pilgerfahrt zu feiern. Auch ʿArafât, einer der Orte, die bei der Wallfahrt eine Rolle spielen, wird dort genannt (Sure 2,198). Für die Zeitgenossen Ibn Ishâqs war die Haddsch nach Mekka eine Selbstverständlichkeit, die keiner Erklärung oder Erläuterung bedurfte.

Die Menschen unserer Zeit hingegen fragen sich, warum die Pilgerfahrt überhaupt und auch, warum zu diesem Zeitpunkt, Bestandteil des Islam wurde. Für diejenigen, die den Geschichten über Mohammeds Leben die Historizität nicht gänzlich absprechen, gibt es zwei Antworten: erstens, weil Gott ihm aufgetragen habe, dieses vom Patriarchen Abraham eingeführte Ritual in Ehren wieder einzusetzen (Sure 22,27), ein Argument, dem wahrscheinlich nur Gläubige beipflichten können; zweitens, weil er dadurch die heidnischen Mekkaner beschwichtigen und vielleicht sogar für sich gewinnen konnte. Die lukrativen Seiten der Pilgerfahrt gingen ja nicht verloren, wenn der Islam an Stelle des Heidentums trat.

Dieses letzte Argument ist eine außerordentlich materialistische und ein wenig sauertöpfische Erklärung, wie sie sich fast nur jemand ausgedacht haben kann, der einen Abscheu vor religiösen Zeremonien hat («alles Theater») und davon überzeugt ist, daß das menschliche Verhalten, auch das religiöse, vom Inhalt des Geldbeutels bestimmt wird.

Diese «materialistische» Deutung läuft darauf hinaus, daß, um moderne Begriffe zu verwenden, die Touristenshops und anderen Anlagen, die in Mekka für die Touristen, Entschuldigung, für die Pilger, benötigt wurden, weiter genutzt werden konnten. Die «Zimmerfrei»-Schilder konnten also hängen bleiben. Nur waren die Kunden nicht länger die arabischen Heiden, sondern die monotheistischen arabischen Muslime. Durch die Aufnahme der Wallfahrt in den Islam machte Mohammed für heidnische Araber den letzten Schritt hin zum Islam kleiner und den Islam arabischer.

Wer hingegen die Geschichten über Mohammed und die Entstehung des Islam für eine Fiktion hält, wird eine andere Erklärung finden müssen. Sie könnte etwa lauten, daß sich die arabischen Grenzsoldaten, aus deren Monotheismusdiskussionen der Islam entstanden ist, eine solide Verankerung dieser Religion in einer unstrittig arabischen Kulisse wünschten. Dort wo sie lebten, an den Grenzen des Römischen Reiches, in Syrien und Mesopotamien, war dies nicht gegeben, fanden sich doch sehr viele Hinweise auf das Christentum. Dagegen wurden Mekka, die Kaaba und Medina dem Wunsch perfekt gerecht.

Man kann sich nicht recht vorstellen, daß es unter diesen frühen Muslimen keine prinzipielle monotheistische Kritik an der Einverleibung der mekkanischen Pilgerfahrt in ihre Religion gegeben haben sollte. Nach der islamischen Erklärung mögen diese Rituale zwar von Abraham eingeführt worden sein, aber es scheint durchaus denkbar, daß es damals Leute gab, die diese Rituale als rein heidnisch gekannt hatten. Es ist und bleibt Spekulation, aber vielleicht hören wir in Sure 2,158 einen Widerhall von Kritik, wenn wir lesen:

> As-Safâ und al-Marwa gehören zu den Kultsymbolen Gottes. Wenn einer die (große) Wallfahrt zum Haus (der Kaʿba) oder die Besuchsfahrt (ʿUmra) vollzieht, ist es für ihn keine Sünde, bei ihnen den Umgang zu machen.

As-Safâ liegt südöstlich und al-Marwa nördlich von der Kaaba. Zwischen diesen beiden Bergen hin und her zu gehen gehörte einst schon zur heidnischen Form der Pilgerreise. Die islamische Überlieferung dagegen berichtet, daß Hagar, die Mutter Ismaels, auf der Suche nach Wasser ratlos zwischen den Bergen hin und her geirrt und schließlich dort fündig geworden sei, wo sich heute die Quelle Zamzam befindet. Im Alten Testament wird eine Fassung dieser Geschichte in Genesis 21,8–21 erzählt.

Auf dem Weg nach Hudaibiyya

Schließlich beschlossen im Frühjahr des Jahres 628 viele Beduinen, sich doch nicht Mohammed anzuschließen.[10] Sie hielten die von den Mekkanern ausgehende Bedrohung für zu groß. Auch in Sure 48,12 werden Zurückbleibende erwähnt; daß es sich dabei aber tatsächlich um den Beginn des Zugs nach Hudaibiyya handelte, wissen wir natürlich wieder nur aus den Kommentaren, nicht aus dem Koran selbst. Zu guter Letzt brach Mohammed mit siebenhundert Mann nach Mekka auf, hauptsächlich mit seinen ältesten Getreuen, den «Helfern» aus Medina und den Migranten aus Mekka.

Die Reiterei der Mekkaner unter dem Befehl keines Geringeren als Châlid ibn al-Walîd versperrte den Muslimen den Weg. Für ihre Blockade hatten sie eine Stelle ausgesucht, die nicht allzuweit von der Stadt lag. Nun läßt Ibn Ishâq Mohammed sagen, die Mekkaner sähen ihn zwar am liebsten tot, aber im Falle seines Siegs würden sie «in Scharen» zum Islam übertreten wollen. Jeder Zeitgenosse des Erzählers wußte, daß dies in der Tat innerhalb weniger Jahre eintrat, und war sicherlich von den prophetischen Gaben Mohammeds tief beeindruckt.

Mohammed fragte, wer von seinen Anhängern eine Route kenne, auf der sie die mekkanische Blockade umgehen könnten, um das Wallfahrtsziel trotzdem zu erreichen. Tatsächlich kannte sich einer aus, und es gelang der muslimischen Legion, sich über eine schwierige, steinige Strecke Mekka zu nähern. Der Prophet sprach seinen Männern aufmunternd zu und verglich sie mit den Kindern Israels, die, wie die Bibel erzählt, einen schweren Marsch durch die Wüste machen mußten, um in das Gelobte Land zu kommen. Verglichen damit kämen die Muslime noch gut weg, sie müßten nicht vierzig Jahre, sondern höchstens einen Tag lang durch die Wüste marschieren.

Irgendwann, fast in Sichtweite von Mekka, kniete sich Mohammeds Kamel nieder. Der Prophet erklärte, daß er, der den Elefanten von Mekka ferngehalten habe (eine Anspielung auf Sure 105, in der diese Szene erwähnt wird), sich nun dieses Kamels als Instrument bediene. Er befahl seinen Männern trotz ihres Protests – es gab an dieser Stelle nämlich nicht genug Wasser –, ebenfalls abzusteigen. Und nun gelang Mohammed ein Wunder. Er holte einen Pfeil aus seinem Köcher und ließ ihn von einem seiner Begleiter in einen nahe gelegenen alten Brunnen stecken.[11] Sofort begann das Wasser reichlich zu fließen, und es reichte für alle. Freilich waren die Überlieferer uneins darüber, wer der Mann war, der den Pfeil in den Brunnen gesteckt hatte.[12]

Inzwischen hatten sich die beiden Heere auf Sichtweite einander genähert, und die Mekkaner schickten einen Abgesandten mit der Frage nach den Absichten der Muslime. Mohammed ließ ausrichten, er komme nicht, um Krieg zu führen, sondern um die Pilgerfahrt durchzuführen und die heiligen Stätten zu besuchen und zu verehren. Das klang zwar nicht bedrohlich, aber die Mekkaner waren sich darüber im klaren, daß sich die Situation schnell in eine Richtung entwickeln konnte, die wie eine Kapitulation Mekkas vor Mohammed wirken mochte. Deshalb lautete die Antwort auch, dem Propheten werde der Zutritt nach Mekka verwehrt.

Unterhändler eilten hin und her, und mindestens einer der mekkanischen Abgesandten war tief von den herausgeputzten Opfertieren beeindruckt, die die Muslime mit sich führten. Beim Anblick dieser Tiere schenkte er ihnen Glauben. Er ging nicht einmal mehr direkt zu Mohammed, sondern kehrte zurück, um seinen Leuten zu berichten, daß die Muslime in friedlicher Absicht nach Mekka gekommen seien. Aber seine Mitbürger waren, so die Geschichte, viel abgebrühter als dieser Emissär und schnauzten ihn an: «Setz dich hin, du bist ein dummer Beduine, der nichts begreift.»

Ein weiterer Unterhändler, der zu Mohammed vorgelassen wurde, wies den Propheten darauf hin, daß das mekkanische Heer voll gerüstet bereitstehe, während sein eigener Anhang doch nur aus einem merkwürdigen Haufen bestehe, von dem er sich gut vorstellen könne, daß sie ihren Gesandten Gottes schon «morgen» im Stich ließen. Das klingt nach raffinierter Diplomatensprache, und Abû Bakr unterbrach ihn deshalb auch ziemlich grob mit seinem Zuruf: «Leck mal den Kitzler von (der Göttin) al-Lât! Wir ihn verlassen! Niemals!»[13]

Aber er mochte sagen, was er wollte, Mohammed blieb bei immer derselben Erklärung: Er sei nicht zum Kriegführen, sondern als Pilger gekommen. Einer der mekkanischen Gesandten kehrte zu den Quraisch zurück und sagte, er sei viel gereist und habe gesehen, wie die Könige der Perser, Römer und Äthiopier von ihren Untertanen behandelt würden. Aber nirgendwo sei ein König auf dieselbe Weise wie Mohammed von den Muslimen behandelt worden. «Wenn er sich gewaschen hatte, stürzten sie sich auf sein Waschwasser.[14] Wenn ein Haar von seinem Haupte fiel, hoben sie es auf.»

Das große Interesse am Waschwasser des Gründers einer neuen religiösen Bewegung hat durchaus Parallellen. Es wird auch von den Anhängern des niederländischen Mönches Tanchelijn erwähnt, der 1115 ermordet wurde. In den frühen neunziger Jahren des zwanzigsten Jahrhunderts berichteten die Medien dasselbe von den Getreuen des japanischen Gurus Shoko Asahara, des Gründers der Aum-Shinrikyo-Sekte.[15]

Schließlich beschloß Mohammed, ʿUthmân (Kalif von 644 bis zu seiner Ermordung 656) als Gesandten zu schicken. Die Mekkaner aber waren von diesem nicht beeindruckt und antworteten, wenn er unbedingt um die Kaaba laufen wolle, dann solle er das ruhig tun. ʿUthmân hielt dagegen, darum ginge es nicht, sondern Mohammed und seine Anhänger wünschten diesen Rundgang. Daraufhin wurde er ergriffen und dem Propheten und den Muslimen die Nachricht geschickt, sie hätten den Unterhändler ermordet.

Es ist allseits bekannt, daß ʿUthmân gut fünfzehn Jahre später zum Kalifen ernannt wurde. Klar ist aber auch, daß dieser Moment für das Publikum, für das diese Geschichte gedacht war, höchst spannend gewesen sein muß. In dieser Spannung ergriff der Prophet eine einschneidende, außergewöhnliche Maßnahme: Er ließ alle anwesenden Muslime einen zusätzlichen Eid ablegen, einen persönlichen Treueid auf ihn, der ihm zusicherte, daß die hier versammelten Muslime alles tun würden, was er von ihnen verlangte.

Die Überlieferer sind sich nicht einig, ob es hier um einen Eid «bis zum Tod» ging oder nicht. Die Zuhörer, die natürlich bereits wußten, wie alles in etwa ausgehen würde, werden diese Meinungsverschiedenheiten sicher belächelt haben. Denn was nun kommen würde, war ja schwerer zu erzwingen als alles andere. Mohammed stand kurz davor, seinen Anhang aufzufordern, trotz aller Aufregung ruhig nach Medina zurückzukehren. Er hatte erkannt, daß seine Taktik eine Situation schaffen würde, aus der sich seine Feinde nicht mehr herausmanövrieren konnten. Doch bei seinem Anhang herrschte diese Erkenntnis in diesem Augenblick genausowenig wie bei den Mekkanern. Jedenfalls fand der Eidesschwur unter einem Baum statt.[16] Nach der Zeremonie erreichte die Muslime die Nachricht, daß ʿUthmân doch noch am Leben sei.

Nun berichtet Ibn Ishâq, daß ein gewisser Suhail ibn ʿAmr im Namen der Mekkaner kam, um eine Vereinbarung mit den Muslimen auszuhandeln. Dabei war es den Mekkanern vor allem wichtig, nicht den Eindruck zu erwecken, sie hätten den Muslimen gegen ihren Willen den Zugang nach Mekka und zu den heiligen Stätten erlaubt. Die Zuhörer werden bestimmt abermals geschmunzelt haben, wußten sie doch, daß zu ihrer Zeit Mekka und die heiligen Stätten seit Menschengedenken islamisch waren.

Mohammed als Wundertäter

In dieser Geschichte spielt ein Nebenmotiv eine Rolle, das vor allem gegen Ende von Ibn Ishâqs Werk auffallend präsent ist. Mohammed wird nämlich immer häufiger nicht nur als neuer Mose, als neuer Prophet, sondern auch als eine Art Medium oder Hellseher vorgeführt. Er ist es, der weiß, in welcher Schlucht ein verirrtes Kamel zu finden ist. Er weiß schon im voraus, was ein Bote mitzuteilen hat. Der Erzähler läßt Mohammed immer mehr in einen Wettbewerb mit einem «Medium» wie Jomanda treten.

Das Problem besteht darin, daß heute meist nicht einmal mehr fromme Menschen an solche Wundergaben glauben. Ein modernes skeptisches Publikum tut solche Geschichten schnell als kindisch ab; zudem kommt der Verdacht auf, daß sich Ibn Ishâq oder seine Gewährsleute diese kleinen Gauklertricks und Zaubereien Mohammeds aus den Fingern gesogen hätten. Und weiter könnte gefragt werden: Was haben die Überlieferer wohl noch alles erfunden? Doch hoffentlich nicht alles? Allerdings gibt es ja noch die andere Gruppe, die ohne langes Nachfragen alles akzeptiert.

Die westlichen Mohammed-Biographen haben dieses (im häuslichen Leben natürlich sehr praktische) Wunderwirken und die Magie so gut wie vollständig ignoriert, es stellt sich jedoch die Frage, ob das richtig war. Dadurch unterscheidet sich nämlich das Mohammed-Bild von Nichtmuslimen und Muslimen beträchtlich. Und das wiederum macht es für Muslime noch unbegreiflicher, warum Westler nicht glauben wollen, daß Mohammed der Gesandte Gottes gewesen ist. Wie hätte er sonst wissen können, in welchem Wadi sich welches weggelaufene Kamel versteckte, um einmal ein ganz triviales Beispiel zu nennen?

Im Westen wird, vermutlich großenteils unter dem Einfluß heutiger Islamverteidiger, sogar hartnäckig behauptet, Mohammeds einziges Wunder sei die Offenbarung des Korans gewesen. Das ist sehr schön und klingt vernünftig, aber es widerspricht dem, was die maßgeblichen Gelehrten aus der islamischen Anfangsphase mitteilen. Ihren Berichten und ihren Büchern zufolge war Mohammed auch ein Wundertäter.

Der Vertrag von Hudaibiyya

Als Mohammed den mekkanischen Unterhändler Suhail ibn ʿAmr bei seinem temporären Lager ankommen sah, sagte er: «Sie wollen Frieden schließen, denn sie haben diesen Mann geschickt.» Dies ist ein größerer Beweis für Mohammeds scharfen Durchblick als ein nüchterner Bericht über seine magischen Fähigkeiten.

Was nun kommt, ist so schrecklich, daß Ibn Ishâq es vorher lieber erst noch durch ein Gespräch zwischen Abû Bakr und ʿUmar, beide wurden später Kalifen, einleiten läßt. ʿUmar ruft Abû Bakr zu: «Ist er nicht der Apostel Gottes? Sind wir nicht die Muslime? Sind sie nicht die Heiden?» Dagegen ist wenig einzuwenden, deshalb pflichtet ihm Abû Bakr auch dreimal bei. Da fährt ʿUmar fort: «Warum stimmen wir dann etwas zu, das unsere Religion so zum Gespött macht?»[17]

Abû Bakr gelingt es, ihn einigermaßen zu beschwichtigen; daraufhin geht ʿUmar zu Mohammed, um ihm dieselben Fragen zu stellen. Der Prophet greift zu weitschweifigen Formulierungen, um ʿUmar wieder zur Räson zu bringen: «Ich bin der Knecht und der Gesandte Gottes. Ich weiche nicht von seinem Befehl ab. Er wird mich nicht den kürzeren ziehen lassen.» ʿUmar sagt, dann sei er beruhigt. Erst jetzt hält Ibn Ishâq seine Hörer für ausreichend vorbereitet, um die Geschichte von der Unterzeichnung des Waffenstillstands von Hudaibiyya zu hören.

Bis auf einen haben inzwischen alle Kalifen aus der Zeit zwischen dem Tod Mohammeds und der Thronbesteigung der Umayyaden in Damaskus (661) in der Geschichte eine Rolle gespielt: ʿUthmân, ʿUmar und Abû Bakr. Es wird Zeit, den vierten Kalifen aus dieser Periode, ʿAlî, auftreten zu lassen, was dann auch geschieht. Er wirkte beim Abschluß des Vertrags von Hudaibiyya als Sekretär.

Nach langen Verhandlungen, erzählt Ibn Ishâq, konnte Mohammed endlich jemanden rufen, der den Vertrag schwarz auf weiß festhalten sollte: ʿAlî ibn Abî Tâlib. Mohammed beginnt zu diktieren: «Im Namen des barmherzigen und gnädigen Gottes». Wie man weiß, ist das der Anfang eines jeden Korankapitels (mit Ausnahme von Sure 9) und im allgemeinen die Formel, mit der ein guter Muslim jeden Brief beginnt.

Suhail reagiert kühl. Diese Formulierung sei ihm nicht bekannt, wirft er ein und schlägt statt dessen vor: «In deinem Namen, o Herr». Den Hörern, die gekommen waren, um Geschichten wie denen von Ibn Ishâq zu lauschen, muß es kalt über den Rücken gelaufen sein. Was würde Mohammed antworten? Dieser sagte zu ʿAlî, dann solle er es eben so schreiben. Übrigens sind die Worte «In deinem Namen, o Herr» keine Wendung, die auf Polytheismus und Heidentum hinweist. Suhail wird doch kein Monotheist gewesen sein? Irgend etwas stimmt hier wieder nicht. Dieses Detail wurde erst später eingefügt, oder einige der Mekkaner waren bereits Monotheisten.

Danach diktierte Mohammed: «Dies ist, worauf sich Mohammed, der Gesandte Gottes, und Suhail ibn ʿAmr geeinigt haben.» Suhail, ein korrekter Diplomat und Beamter, hatte erneut Einwände. Namen müssen stimmen. «Wenn ich der Meinung wäre, daß du der Gesandte Gottes bist, säßen wir nicht hier», bemerkte er zu Recht und schlug vor, die (in der arabischen Welt noch heute) übliche Personenbezeichnung zu verwenden: den Vornamen, dann den Vornamen des Vaters, im Falle des Propheten also Mohammed ibn ʿAbdallâh, Mohammed, der Sohn von ʿAbdallâh. Dieser war einverstanden, und so geschah es.[18]

Nun kommt endlich der Knackpunkt des Vertrags: Mohammed und die Mekkaner wollen sich zehn Jahre lang nicht bekriegen. Die Muslime werden nach Medina zurückkehren und im nächsten Jahr drei Tage lang die Gelegenheit erhalten, die Rituale der Wallfahrt durchzuführen. Die beteiligten Parteien werden keine Raubzüge mehr gegeneinander organisieren. Überlaufen von der einen zur anderen Seite ist nicht ohne weiteres erlaubt. Wer zu den Quraisch überläuft, darf dort bleiben und muß nicht zu den Muslimen zurückgeschickt werden. Überläufer der Quraisch, die von ihrem Vormund keine Erlaubnis haben, nach Medina zu gehen, werden dagegen von den Muslimen zurückgeschickt.

Dieser letzte Punkt scheint eine Konzession an die Quraisch zu sein, ist de facto aber nichts anderes als eine Demonstration des muslimischen Selbstvertrauens, das sofort dramatisch auf die Probe gestellt wurde. Der Sohn des mekkanischen Unterhändlers Suhail erschien auf der Bildfläche. Er war Muslim und deshalb von den Mekkanern gefangengenommen worden, konnte aber fliehen. Sein Vater wurde wütend auf ihn und behauptete, das Abkommen sei bereits geschlossen gewesen, bevor sich der Sohn bei den Unterhändlern gemeldet habe; deshalb müsse er eigentlich nach Mekka zurückkehren. Mohammed gab Suhail recht.

Als nun Suhail daranging, seinen Sohn nach Mekka zurückzuschleppen, schrie dieser: «Muß ich den Heiden zurückgegeben werden, damit sie meinen Glauben an meine Religion auf die Probe stellen können?» Es war nicht schön anzuhören. Dieser Zwischenfall und die Enttäuschung, unverrichteterdinge nach Medina zurückkehren zu müssen, verdarb die Stimmung im muslimischen Lager. Mohammed schaltete sich ein und riet dem Sohn, geduldig zu sein und sich zusammenzunehmen. Gott, versicherte er, werde bald eine Lösung präsentieren, aber im Moment «haben wir einen Vertrag mit diesen Leuten geschlossen, den wir nicht brechen können».

Nun mischte sich ʿUmar ein, indem er versuchte, in die Nähe des Sohnes zu kommen, und zu ihm sagte: «Reg dich doch nicht auf, es sind nur Heiden, ihr Blut ist genausoviel wert wie das Blut eines Hundes.»[19] Später, so Ibn Ishâq, pflegte ʿUmar diesen Vorfall zu kommentieren: «Ich hoffte ständig, er werde nach meinem Schwert greifen und seinen Vater töten, aber er wollte seinen Vater schonen, und dabei blieb es dann.»

Inmitten all der Aufregung, so Ibn Ishâq, wurde das Dokument, in dem diese Vereinbarung festgelegt worden war, von acht Zeugen bestätigt. Allesamt trugen muslimische Namen. Für ihre Nachkommen und die Mitglieder der politischen Bewegungen, die sich auf sie beriefen, muß es wunderbar gewesen sein, einen Vorfahren bei diesem historischen Ereignis dabeigehabt zu haben. Nicht einfach nur dabei, sondern auch noch in einer prominenten Rolle! Namen nichtmuslimischer Zeugen blieben ungenannt, außer einem, Mikraz ibn Hafs, «der damals noch ein Heide war».

Nun folgt ein Punkt in der Geschichte, der für Muslime späterer Zeiten problematisch ist. Sure 2,196 sagt ausdrücklich, daß Wallfahrer ihr Haupthaar scheren müssen, sobald die Opfertiere ihren Bestimmungsort erreicht haben, und zwar in einem typisch koranischen, verneinenden Satz:

> Und schert euch nicht den Kopf, bis die Opfertiere ihre Schlachtstätte (im heiligen Gebiet von Mekka) erreicht haben!

Trotzdem, erzählt Ibn Ishâq, schor sich Mohammed sein Kopfhaar und schlachtete seine Opfertiere, nachdem das Abkommen mit den Mekkanern geschlossen war. Eigentlich war das das Zeichen für die erfolgreich abgeschlossene Wallfahrt. Als ihn die anderen Muslime bei diesem Tun sahen, folgten sie selbstverständlich seinem Beispiel.

Doch scheint es auch ein bißchen Gemurre gegeben zu haben, denn einige wollten sich nicht das Haar scheren; die Pilgerfahrt war ja noch nicht vollbracht. Sie beschränkten sich darauf, ihre Haare zu schneiden. Ibn Ishâq läßt Mohammed mitteilen, daß beides erlaubt sei, das Schneiden wie das Scheren.[20]

Auf dem Rückweg nach Mekka wurde Sure 48 offenbart, in der die Rede von Beduinen ist, die zurückbleiben wollten (Vers 11), vom Treueidschwur unter einem Baum (Vers 18) und so weiter. Auch hier könnten Kritiker wieder behaupten, die Geschichte von Hudaibiyya sei nur verfaßt worden, um einen Kontext für die Passagen aus Sure 48 zu schaffen. Die Sure nennt Hudaibiyya nicht ausdrücklich – die Kommentare dazu selbstverständlich sehr regelmäßig.[21]

Die Tatsache aber, daß in diesem Fall nur manche Details aus Sure 48 mit einem Kontext versehen wurden, viele andere jedoch nicht,[22] und es zudem etliche Einzelheiten gibt, die in der Sure nicht vorkommen, könnte für eine gewisse Historizität der Geschichte sprechen. Hinzu kommt, daß im Grunde auch sehr wenige übernatürliche Eingriffe erwähnt werden. Trotzdem wissen wir noch immer nicht, *wann* sich das alles «wirklich» zugetragen haben könnte.

Kritische Forscher können dagegen nun wieder einwenden, daß es nicht sicher ist, ob die Form von Sure 48, wie wir sie kennen, genau der Fassung von Sure 48 entspricht, wie sie Ibn Ishâq und seine Miterzähler gekannt haben. Und sollte das der Fall sein, dann kann die Debatte noch lange andauern.

Ibn Ishâq läßt az-Zuhrî zufrieden mitteilen, in den Jahren vor Hudaibiyya sei kein Sieg für den Islam errungen worden, der größer gewesen sei als der Triumph dieses Vertrags; deshalb habe sich in den zwei Jahren danach die Zahl der Anhänger des Islam mindestens verdoppelt.[23]

Abû Basîr

Eine Frage, die sich aus dieser Geschichte ergibt, bleibt noch zu erörtern: Wie erging es denen, die «ohne Zustimmung ihres Vormunds» zu den Muslimen überliefen oder versuchten, das zu tun? Der Held der Erzählung, die dieses Problem zum Inhalt hat, ist ein gewisser Abû Basîr, der wegen seines muslimischen Glaubens in Mekka gefangensaß, dem jedoch die Flucht gelang. Nachdem er sich bei dem Propheten in Medina gemeldet hatte, schrieben die Mekkaner Mohammed einen Brief in dieser Angelegenheit, der von zwei Boten, einem freien Mann und einem freigelassenen ehemaligen Sklaven, überbracht wurde.

Mohammed reagierte darauf mit der Mitteilung, mit Mekka sei nun einmal ein Abkommen geschlossen worden und er wolle nicht, daß die Gewohnheit, sich nicht an eine Vereinbarung zu halten,[24] Teil seiner Religion werde. «Gott wird für eine Lösung sorgen, geh zurück zu deinen eigenen Leuten.»[25] Mit den «eigenen Leuten» waren die heidnischen Mekkaner gemeint. Abû Basîr konnte schwerlich anders, als mit seinen zwei Bewachern aufzubrechen. Sie hatten kaum die Stadt verlassen, als es ihm jedoch gelang, ihr Vertrauen zu gewinnen. Einer von ihnen zeigte ihm, wie schön und scharf sein Schwert war, und gab es Abû Basîr auch einmal kurz in die Hand. Dieser packte sofort die Gelegenheit beim Schopf und tötete seinen Begleiter mit dessen eigenem Schwert.

Der freigelassene Sklave entkam und eilte nach Medina zurück. Schon von weitem sah Mohammed ihn und sagte in seiner Seherrolle: «Dieser Mann hat etwas Schreckliches erlebt!» Als der Sklave beim Propheten angekommen war, berichtete er, daß Abû Basîr seinen Gefährten getötet habe. Nun erschien auch der so Bezichtigte und erklärte, daß jetzt Mohammeds Verpflichtung, ihn nach Mekka zurückzuschicken, nicht mehr gelte. «Du hast mich den Mekkanern ausgehändigt, wie du es schuldig warst, aber ich habe mich freigekämpft.» Kopfschüttelnd meinte Mohammed, daß, wenn dieser Mann nicht allein gewesen wäre, es Anlaß zu erneutem Krieg gegeben hätte.

Abû Basîr, so berichtet der allwissende Erzähler Ibn Ishâq, begriff den Hinweis und verließ Medina. Er suchte eine Stelle an der Küstenstraße, die nach der Überlieferung von den Mekkanern und ihren Karawanen auf dem Weg nach Syrien genutzt wurde. Bald schlossen sich ihm ungefähr siebzig Mann an, Muslime, die sich aus irgendwelchen Gründen in Mekka aufhielten und keine Erlaubnis ihres Vormunds bekamen, zu Mohammed nach Medina zu ziehen. Diese Bande ermordete jeden Quraisch, den sie nur erwischen konnte.[26] Das war abscheulich, fiel jedoch nicht unter den Vertrag von Hudaibiyya. Beim Aushandeln des Vertrags hatte Mohammed seine Gegner eindeutig über den Tisch gezogen.

Die Mekkaner baten nun Mohammed, erneut schriftlich, diesen Menschen doch ein Aufenthaltsrecht zu gewähren. Das bedeutete, daß der Prophet die Räuber tatsächlich bei sich aufnehmen konnte, ohne damit den Wortlaut des Vertrags von Hudaibiyya zu verletzen. So geschah es; die siebzig fanden Aufnahme in Medina.

Der Tenor der Geschichte lautet, daß Mohammed ein überlegener, aber ehrlicher Unterhändler war und Muslime wirklich alles für ihre Religion gaben. Das Vorgehen von Abû Basîr und seinen Leuten an der Küstenstraße nach Syrien erinnert ein wenig an dasjenige der späteren Sekte der Châridschiten, die jeden, dessen sie habhaft werden konnten, ausraubten oder auch ermordeten. Hat die Geschichte etwa den Zweck, die Wiederaufnahme der Châridschiten in den Islam vorzubereiten? Die Kämpfer aus der Gruppe von Abû Basîr?

Ein wenig befremdlich ist die Tatsache, daß die Namen von Abû Basîrs Mitkämpfern nicht auftauchen. Es muß doch sehr ehrenvoll gewesen sein, in seiner Sondereinheit gekämpft zu haben? Oder glich ihr Tun doch zu sehr dem der Châridschiten? In dieser Geschichte ist auch wieder die Rede von zwei Briefen der heidnischen Mekkaner an Mohammed, deren Inhalt uns aber leider nicht mitgeteilt wird.

Ein starkes Argument gegen die Historizität der Geschichte ist in den Augen kritischer Wissenschaftler, daß sie den mekkanischen Handel voraussetzt. Und diesen – davon sind seit Patricia Crone viele Forscher überzeugt – hat es niemals gegeben, er ist ausschließlich eine Erfindung der Kommentatoren zu Sure 106.[27] Andererseits kann das Element des Karawanenverkehrs an der Küste sehr gut erst später in die Geschichte eingegangen sein. Warum sollte die Gruppe von Abû Basîr sich bei ihren Aktivitäten solche geographischen Beschränkungen auferlegt haben?

Heikler ist die Frage, auf welche Weise die siebzig Muslime Mekka verlassen haben, um sich Abû Basîr anzuschließen. Wie soll der Aufbruch eines jeden dieser Männer konkret vor sich gegangen sein? Warum hören wir nichts Genaueres über ihre Flucht? Trotz dieser möglichen Inkonsistenz bleibt es eine gute Geschichte, noch dazu, weil der Erzähler sich an keiner Stelle auf übernatürliche Kräfte berufen mußte, um seine Geschichte zu einem guten Ende zu bringen.

Die Erzählung ist jetzt eigentlich zu Ende, hat aber noch ein kleines Nachspiel.[28] Sure 60,10 sagt, muslimische Frauen, die nach Medina kämen, müßten nicht zurückgeschickt werden, weil es Ungläubigen nicht länger erlaubt sei, «Umgang» mit ihnen zu haben. Das scheint den Vereinbarungen des Vertrags von Hudaibiyya zu widersprechen. Aber offenbar ging es darin allein um die Männer. Im folgenden heißt es aber in Sure 60,10, daß der ungläubige Ex-Ehemann einer Überläuferin den bezahlten Brautpreis zurückbekommen müsse.

Mit einer kurzen Geschichte, die diese Regelung illustriert, beendet Ibn Ishâq die Seiten über Hudaibiyya. Eine gewisse Umm Kulthûm kam nach Medina. Als ihre Brüder sie zurückholen wollten, weigerte sich Mohammed, sie zu übergeben, «denn Gott hatte es verboten», ein Hinweis auf die bereits erwähnte Sure 60,10.

Das Bild, das Ibn Ishâq von Mohammed zeichnet, ändert sich unaufhörlich. Während im Zusammenhang mit Hudaibiyya immer stärker seine Rolle als Gründer einer neuen religiösen Bewegung betont wird, die inzwischen nah und fern Anerkennung und Anhänger gefunden hat, fällt in den nunmehr folgenden Geschichten, deren Schauplatz die von Juden bewohnte Oase Chaibar bildet, sogar mehr als einmal der Begriff «König», freilich nicht von seiten der Muslime.

Während die Muslime gegen die Mekkaner in die Schlacht ziehen, werden dem Propheten Verse der dritten Sure offenbart. Osmanische Miniatur, 18. Jahrhundert. Turkish and Islamic Art Museum Istanbul.

16. Triumph und Niederlage

Der Sieg von Chaibar

Palästinenser pflegen bei Demonstrationen gegen das ihnen von den Zionisten angetane Unrecht die verschiedensten Parolen zu skandieren. Die bekannteste lautet: *Chaibar Chaibar yâ Yahûd, Dschaisch Muhammad sa-yaʿûd* oder auch: «Chaibar, Chaibar, o Juden; das Heer Mohammeds wird wiederkehren.» Die Erinnerung an den Sieg der Muslime über die Juden von Chaibar im Sommer 628 ist in der arabisch-islamischen Welt noch lebendig. Auch die Raketen, die von der Hizbollah im Sommer 2006 in den Himmel geschickt wurden, trugen den Namen *Chaibar*-1. Was weiß Ibn Ishâq über den islamischen Triumph von Chaibar?

Mohammed hielt sich nach seiner Rückkehr aus Hudaibiyya die restliche Zeit des Monats Muharram (dieser begann am 11. Mai 628) des Jahres 7 nach der Hidschra in Medina auf. Danach marschierte er mit seinem Heer nach Chaibar. Dafür nennt Ibn Ishâq zwar keine Gründe, aber Mohammeds Entscheidung für die Eroberung Chaibars scheint doch nachvollziehbar.

Die ein wenig höher gelegene, agrarisch geprägte Oase Chaibar, etwa einhundertfünfzig Kilometer von Medina entfernt, war von Juden besiedelt, unter denen sich viele Angehörige des aus Medina vertriebenen Nadîr-Clans befanden, die sich nach ihrer Verbannung hier niedergelassen hatten. Es handelte sich also um ein potentiell feindliches Gebiet, das an den Grenzen des islamischen Einflußbereichs lag. Bei den Überlegungen der Muslime zur Eroberung Chaibars gibt es durchaus Parallelen zu dem Vorgehen des Römischen Reiches. Auch die eingesetzten Methoden gleichen sich. Ein Stadtstaat, der sich demütig ergab, kam mit einer Tributzahlung davon; die Bevölkerung eines Stadtstaates, der Widerstand leistete, wurde ausgerottet.[1]

Mohammeds Motive für diesen Feldzug zu erläutern, scheint Ibn Ishâq für überflüssig gehalten zu haben. Sein Publikum war über ganz Nordafrika, Ägypten, Syrien und den Irak verstreut und «wußte», daß dort kurz zuvor eine immense militärische Expansion stattgefunden hatte. Eine (weitere) gewaltsame Ausbreitung des Islam schien daher selbstverständlich.

Über den Marsch nach Chaibar erzählt Ibn Ishâq eine Anekdote, die eine für das Seelenheil von Soldaten wichtige Frage behandelt: Einer der Kämpfer, ʿÂmir ibn al-Akwaʿ, sang auf Bitten Mohammeds ein Marschlied. Während er dies tat, sagte Mohammed die Formel: *Yarhamuk Allâh*, «Möge Gott dir gnädig sein», nahezu dieselbe, die verwendet wird, wenn man über einen Toten spricht oder eine Todesnachricht empfängt (in ihrer gängigsten Form lautet die Formel «Möge Gott *ihm* gnädig sein»). Ist das etwa ein Hinweis darauf, daß Ibn al-Akwaʿ sterben wird? War Mohammed ein Hellseher? Oder fand er die Reime des Lieds miserabel und rutschte ihm versehentlich dieser Satz heraus?

Daraufhin sagte ʿUmar zu Mohammed, nach diesen Worten sei der baldige Tod Ibn al-Akwaʿs unausweichlich. Und tatsächlich fiel der Sänger bei Chaibar. Aber ist er damit auch ein Märtyrer? Er hatte sich beim Gefecht mit seinem eigenen Schwert verletzt und erlag schließlich dieser Verwundung. Das wird wohl häufiger vorgekommen sein, nicht jeder ist gleich geschickt. Ein Vetter des Toten wollte aber in jedem Fall von Mohammed Gewißheit haben und wurde beruhigt: Ibn al-Akwaʿ ist ein Märtyrer; andere in vergleichbaren Situationen sind es ebenfalls.

Als Mohammed in der Ferne Chaibar liegen sah, sprach er ein Gebet, das er nach Ibn Ishâq vor jeder Stadt, die er eroberte, rezitierte und das an einigen Stellen an die letzte Sure im Koran erinnert: «O Gott, [...], wir bitten dich um das Gute für diese Stadt und ihre Bewohner und alles, was in ihr ist. Wir nehmen zu dir unsere Zuflucht, weg von allem Bösen dieser Stadt und ihrer Einwohner und allem, was in ihr ist. Vorwärts im Namen Gottes!»

Mohammed griff in den frühen Morgenstunden an, als die Stadtbewohner gerade auf dem Weg zu ihrer Arbeit auf dem Feld waren. Die Muslime eroberten die Oase nach und nach, Festung für Festung. Der Begriff «Festung» wurde höchstwahrscheinlich für ummauerte Gruppen von Wohnhäusern verwendet, die inmitten von Feldern standen. Einige dieser Bauwerke müssen, so wird berichtet, einen Turm gehabt haben. Die Frauen wurden gefangengenommen und unter den Muslimen aufgeteilt. Eine gewisse Sâfiyya, die Tochter eines der Oberhäupter der Juden und Ehefrau eines anderen Führers, war für den Propheten bestimmt. Eigentlich glaubte ein anderer Kämpfer, er hätte ein Anrecht auf sie, aber Mohammed gab seinem Konkurrenten einen Trostpreis: die zwei Nichten Sâfiyyas.[2]

Ibn Ishâq erzählt uns nicht, was mit den Männern von Chaibar geschah. Das war auch nicht nötig, denn das wußten seine Zuhörer im achten Jahrhundert selbst. Aus einer beiläufigen Bemerkung etwas weiter im Text erfahren auch die ein wenig naiveren modernen Westler: Die Männer wurden getötet.[3]

Vier Gebote

Aus der Eroberung, so erzählt Ibn Ishâq, machten die Muslime ein Riesenfest. Sie schlachteten die zahmen Hausesel, die die Bauern von Chaibar für ihre Arbeit brauchten, und bereiteten damit ein Festmahl. Mohammed schränkte ihr Vergnügen im folgenden aber doch ein wenig ein und verbot vier Dinge: Geschlechtsverkehr mit gefangenen schwangeren Frauen, den Verzehr des Fleischs von Hauseseln und von fleischfressenden Tieren sowie den Verkauf von Teilen der Beute, die nicht offiziell zugeteilt wurden. Das ist nicht gerade die Genfer Konvention, schafft aber doch für eine Weile ein wenig Ordnung und möglicherweise sogar Ruhe.

Einer von Ibn Ishâqs Gewährsleuten hat irgendwo eine stark abweichende Fassung der vier Gebote von Chaibar aufgeschnappt, und unser Autor hält sie für wichtig genug, um sie von A bis Z wiederzugeben. «Als wir dabeiwaren, den Westen (die Küste von Nordafrika) zu erobern, nahmen wir auch einmal eine Stadt (Insel?) Dscherba ein. Dort erschien uns plötzlich ein Prediger und hielt uns vor, was der Prophet Gottes am Tag von Chaibar gesagt hatte.» Dieser Prediger nannte in seiner Fassung der vier Gebote von Chaibar Frauen,

Beute, Reittiere und erbeutete Kleidung. Dscherba wurde 665 von den Muslimen erobert, also fast vierzig Jahre nach Chaibar.

Für die Dscherba-Variante spricht, daß es sich bei allen vier Punkten tatsächlich um Beutestücke nach einer Eroberung handelt, was bei der Chaibar-Fassung mit dem Verbot des Verzehrs von fleischfressenden Tieren im Grunde nicht der Fall ist. Ach, gäbe es doch noch die allwissenden Orientalisten des neunzehnten Jahrhunderts, die wüßten sicher, was mit einem solchen Rätsel anzufangen wäre.

Die Bewohner der letzten Festungen der Chaibar-Oase leisteten tapfer Widerstand. Zehn Tage dauerte es, bis sie aufgaben. Sobald die Muslime erst einmal die Festung des Anführers der Juden erobert hatten, bekam Mohammed seinen Anteil an der neuen Beute, Sâfiyya, die Tochter oder Ehefrau des Vorbesitzers der Festung. Diese war in Begleitung einer anderen Frau, und als die beiden an den Leichen der getöteten Männer vorbeigeführt wurden, begann Sâfiyyas Freundin unbändig zu weinen. Mohammed wurde wütend und sagte nach Ibn Ishâq: «Halte mir diese Teufelin vom Leib»[4] und ergriff Maßnahmen, um eine Wiederholung solcher Konfrontationen zu verhindern.

Eine Schatzsuche

Zwischen dem Nadîr-Clan und den Muslimen war noch eine Rechnung offen. Ein gewisser Kinâna wurde beschuldigt, «den Schatz der Nadîr» versteckt zu haben. Aber wie konnte das geschehen? War nicht Kinâna – und mit ihm sein ganzer Clan – fast genau drei Jahre zuvor, 625, aus Medina vertrieben worden? Und wenn er damals unter den Augen der triumphierenden Muslime einen Gold- und Silberschatz mitnehmen konnte, warum mußte er ihn erst jetzt abliefern? Kinâna stellte sich dumm.

Einer der Juden – sein Name wird nicht genannt – erzählte Mohammed, daß sich Kinâna immer am frühen Morgen bei einer bestimmten Ruine zu schaffen mache. Daraufhin befahl der Prophet, dort zu graben, und wahrhaftig, ein Teil des Schatzes kam ans Tageslicht. Kinâna wurde nun nach dem Versteck des restlichen Schatzes gefragt, aber seine Antwort befriedigte Mohammed nicht, worauf er ihn foltern ließ, in der Hoffnung, mehr Informationen zu bekommen. Az-Zubair ibn al-ʿAwwâm bekam den Auftrag, Kinâna zum Sprechen zu bringen. Dazu entzündete er mit Hilfe von Eisen und Feuerstein ein Feuer auf dem Brustkorb des Opfers. Pech für Kinâna, daß Mohammed offenbar vorübergehend seine Hellsehergabe im Stich gelassen hatte, sonst wäre der Schatz im Nu gefunden worden. Doch trotz aller Schmerzen hatte Kinâna nichts Nützliches mitzuteilen, worauf der Prophet seine Enthauptung befahl.[5]

Den meisten Lesern dieser Geschichte wird klar sein, daß es im siebten Jahrhundert härter zuging als im einundzwanzigsten. Auch die alberne Behauptung von dem verborgenen Schatz der Juden klingt bekannt und ist nach so vielen Jahrhunderten vielleicht verzeihlich. Aber wollen sich Muslime tatsächlich sogar dieses Handeln ihres Propheten zum Vorbild nehmen? Das würde bei Nichtmuslimen nicht gerade zur Achtung vor dem Islam beitragen.

Aber schlimmer als das, was ein x-beliebiger Muslim aufgrund dieser Geschichte einem Mitmenschen antun könnte, ist das, was der schottische Islamwissenschaftler W. M. Watt damit tut. Watt schreibt in seinem berühmten, vielgelesenen Buch über Mohammed in Medina: Kinâna wurde nach der Übergabe von Chaibar getötet, «weil er die Familienschätze versteckt hatte».[6] Es ist schwer, die passende moralische Bezeichnung für jemanden zu finden, der unmoralisches Handeln derart unter den Teppich zu kehren versteht. Oder sollte womöglich die Behauptung stimmen, daß das überaus gelehrte Œuvre Professor Watts nicht nur gelehrt ist, sondern auch einen gigantischen Versuch darstellt, die dunklen Seiten des Islam und der islamischen Geschichte, wo es nur geht, zu vertuschen?

Tribut

Nicht alle Einwohner von Chaibar wurden getötet. Den Bewohnern der letzten Festungen gelang es, den Muslimen die Zusage abzuringen, daß ihr Leben verschont werde. Die Überlebenden baten Mohammed, sie in Chaibar die Bäume und Pflanzen bestellen zu lassen, gegen den halben Ernteertrag als Abgabe. Damit erklärte sich Mohammed einverstanden, allerdings mit der Einschränkung, daß er das Recht habe, sie jederzeit zu vertreiben. Im Jahre 641 ließ Kalif ʿUmar dann tatsächlich alle Juden aus der Oase fortjagen und die Felder von Sklaven bestellen. Um diese Zeit gab es wegen der ständigen Expansionskriege ja mehr als genug Kriegsgefangene, die als Sklaven zur Arbeit auf die Felder geschickt werden konnten.

Die ebenfalls jüdischen Bewohner einer nahe gelegenen kleinen Oase namens Fadak hörten die Berichte über das Drama von Chaibar und ergaben sich Mohammed widerstandslos. Fadak und seine Erträge wurden Mohammeds Privatbesitz, «denn er hatte das Heer zur Eroberung der Oase nicht gebraucht». Später entwickelte sich darüber ein Streit zwischen der Tochter des Propheten Fâtima und seinem Nachfolger Kalif Abû Bakr. Fâtima meinte, als Tochter Mohammeds ein Erbe in Fadak zu besitzen. Abû Bakr hielt dagegen, daß die Erträge aus Fadak weiterhin für Wohltätigkeitszwecke verwendet werden müßten, wie es bei dem Propheten üblich gewesen sei. Fâtima war sogar der Überzeugung, ihr Vater habe ihr die ganze Oase geschenkt. Selbstverständlich stand ʿAlî hinter seiner Ehefrau.

Die Frage, wer der Besitzer von Fadak und der dortigen Erträge sei, blieb noch lange ein Streitfall auf allerhöchster Ebene. In der Umayyadenzeit wechselten Besitz und Nießbrauch ziemlich häufig von einem zum anderen, immer auf Anweisung des Kalifen. Der erste Abbasidenkalif gab Fadak den Nachfahren Fâtimas zurück, zweifellos eine Geste, die dazu gedacht war, die Sympathie der Schiiten zu gewinnen. Aber mit dieser Entscheidung war die Sache noch nicht aus der Welt. Spätere Kalifen faßten wieder andere Beschlüsse. Die Geschichten über das wechselnde Schicksal Fadaks führen übrigens vor Augen, daß die damaligen muslimischen Historiker und Juristen vollkommen mit dem Unterschied zwischen öffentlichem und privatem Eigentum vertraut waren und auch zwischen Staatskasse und persönlichem Vermögen des Herrschenden und seiner Blutsverwandten zu unterscheiden wußten. Andererseits war es trotz aller juristischen Argumente der Kalif, der der Herr war und seine Meinung durchsetzte.

Jüdische Frauen

Mohammeds weibliche jüdische Eroberungen waren inzwischen auch nicht untätig geblieben. Eine von ihnen, Zainab, hatte für Mohammed Lammfleisch zubereitet und ihn gefragt, welcher Teil des Lamms ihm am besten schmecke. Die Schulter, hatte der Prophet geantwortet. Daraufhin vergiftete Zainab das ganze Tier, in die Schulter aber packte sie soviel Gift wie nur möglich. Nachdem der Braten aufgetragen war, begann der Prophet wirklich von der Lammschulter zu essen – er kaute, schluckte aber den Bissen nicht hinunter, wie es sein Tischgenosse Bischr tat. Schließlich spuckte er das Stück aus und sagte, er habe am Knochen geschmeckt, daß das Fleisch vergiftet war.

Daraufhin rief er Zainab, die sofort gestand. Als Mohammed sie nach dem Grund für ihre Tat fragte, antwortete sie: «Wir wissen beide, was mit meiner Familie geschehen ist. Ich hatte mir das so überlegt: Solltest du ein König sein, dann wäre ich dich gern endgültig los; solltest du jedoch ein Prophet sein, dann würdest du bestimmt gewarnt.» Mit dieser Antwort gab sich Mohammed zufrieden. Sein Tischgenosse Bischr aber starb an den Folgen der Vergiftung.

Als der Prophet am Ende seines Lebens krank war und Bischrs Schwester zu Besuch kam, sagte er ihr, seine Krankheit sei eine Folge der Vergiftung in Chaibar. Und Ibn Ishâq fügt noch fromm hinzu, Mohammed sei von Gott nicht nur durch das Prophetentum ausgezeichnet worden, sondern auch ein Märtyrer gewesen.[7]

Als Mohammed auf der Rückreise nach Medina die Nacht mit Sâfiyya verbrachte, mit der Frau, deren kleine Nichten er einem anderen Mann geschenkt hatte, machte sich ein gewisser Abû Ayyûb die ganze Nacht um das Zelt des Propheten herum zu schaffen. Am nächsten Morgen antwortete Abû Ayyûb auf die Frage, was das zu bedeuten habe, der Prophet habe Sâfiyyas Vater, ihren Mann und ihre Familie getötet, deshalb habe er gedacht, daß Mohammed eine Wache brauche. Dafür wurde er von Mohammed gelobt.

Die Verteilung der Beute

In Ibn Ishâqs Ausführungen folgen nun noch einige kürzere Erzählungen, die in Verbindung mit Chaibar stehen und eigentlich alle von der Verteilung der Beute handeln. Die erste berichtet von einem Sklaven, der gerade Mohammeds Pferd sattelte, als er von einem Pfeil getroffen wurde und starb. Die Tatzeugen suchten nicht nach dem Heckenschützen, sie suchten auch keine Deckung, sondern beglückwünschten sich, weil der Mann nun im Paradies sei. Der Prophet widersprach ihnen: «Sein Mantel brennt im Höllenfeuer an seinem Leib. Er hatte ihn am Tag von Chaibar aus dem Besitz der Muslime gestohlen.» Das hörte ein anderer Krieger und eilte zu Mohammed: Er hatte sich zwei Sandalenriemen aus der Beute genommen. «Für dich warten (demnächst im Höllenfeuer) zwei Feuerzungen wie diese Riemen», sagte Mohammed. Eines ist klar: Die Beute ist heilig.

Ein kleines Mädchen begleitete Mohammed nach Chaibar. Sie durfte hinter ihm im Sattel sitzen und bekam als Andenken eine Halskette aus der Beute. Diese Kette hegte sie ihr Leben lang, und sie wurde ihr sogar mit ins Grab gelegt. Es ist eine rührende Geschichte, bis sich der Leser klarmacht, daß Mohammed diese Kette einem anderen kleinen Mädchen abgenommen hat.

Geschichten vom Schafhirten und vom Listigen

Ibn Ishâq erzählt noch zwei voneinander unabhängige kurze Geschichten, die in der Zeit des Kampfes um die Oase Chaibar spielen. Die erste handelt von einem Schafhirten, der im Dienst eines der Juden von Chaibar eine Herde auf der Weide hütete. Während der Belagerung ging er zu Mohammed und bat ihn, ihm den Islam zu erklären. Selbstverständlich kam dieser der Bitte nach, worauf der Mann zum Islam übertrat. Nachdem er Muslim geworden war, fragte er den Propheten, was er mit der Herde tun solle. «Schlag sie ins

Gesicht, dann gehen sie von selbst zu ihrem Besitzer zurück», antwortete Mohammed.[8]

Das stellte sich als zutreffend heraus. Die Tiere galoppierten fröhlich in die Festung ihres Eigentümers, und der frühere Hirte war nun frei, um sich am Kampf der Muslime zu beteiligen. Dabei wurde er durch einen Steinwurf getötet – ohne daß er je das islamische Gebet hätte verrichten können. Sein Leichnam wurde mit dem Hirtenmantel bedeckt und zu Mohammed gebracht. Dieser wandte sich ihm zu, drehte sich aber sofort wieder weg. Darauf fragten die Umstehenden, was das zu bedeuten habe, und er erklärte: «Wenn ein Märtyrer fällt, kommen sofort zwei Paradiesjungfrauen zu ihm, um ihm den Staub vom Gesicht zu wischen. Die beiden Paradiesjungfrauen sind gerade bei ihm.»

Für Märtyreraspiranten ist das gut zu wissen. Außergewöhnlich ist auch, daß Mohammed diese Paradiesjungfrauen sehen kann. Aus juristischer Sicht ist die erneute Bestätigung nützlich, daß ein Märtyrer, selbst wenn er erst kurze Zeit Muslim ist und noch nie gebetet hat, ins Paradies eingeht. Wenn das so ist, um wieviel besser wird es dann erst erprobten Muslimen nach ihrem Tod ergehen? So etwas Ähnliches müssen die Hörer einer solchen Geschichte gedacht haben.

Die zweite Erzählung berichtet von einem gewissen al-Haddschâdsch, der Muslim wurde, dem aber Kaufleute aus Mekka noch einiges an Geld schuldeten. Er bat Mohammed um Erlaubnis, diese Schulden eintreiben und dabei Lügen erzählen zu dürfen, um das Vertrauen der betreffenden Männer zu gewinnen. Diese Erlaubnis wurde ihm erteilt. Daraufhin erzählte er den Mekkanern genau das, was sie hören wollten: Mohammed wurde in Chaibar gefangengenommen, und al-Haddschâdsch hätte jetzt gern Bargeld, um Teile aus der Beute kaufen zu können. Alle wollten ihm helfen, so daß er seine Schuldner schneller zum Zahlen gebracht hat, als es eigentlich menschenmöglich ist. Danach machte er sich eilends aus dem Staub. Dies ist eine Art von antiker Schlauheit, auf die moderne Menschen nicht gerade erpicht sind.

Unruhe

Die Beute von Chaibar wurde, so erzählt Ibn Ishâq, schließlich unter den Männern verteilt, die in Hudaibiyya dabeiwaren, unabhängig davon, ob sie auch in Chaibar mitgekämpft hatten. Doch sein endgültiger Bericht über die Verteilung der Beute ist nicht leicht zu verstehen. Es hat den Anschein, als handle es sich um achtzehntausend Anteile an Chaibar, die auf eine große Zahl von Begünstigten verteilt wurden, wobei es eine Rolle spielte, wie nahe die Empfänger Mohammed standen. Es gingen auch Anteile an Gott (diese werden vermutlich vom Staat verwaltet worden sein), an den Propheten (und seine Erben?), an die Armen, die Waisen und die Witwen, an die Frauen Mohammeds und die «Männer, die als Abgesandte bei den Verhandlungen über Fadak gedient haben».[9]

Es blieb noch einige Zeit unruhig in Chaibar, wenn wir Ibn Ishâq richtig verstehen. Die Tributzahlungen wurden von den Zahlungspflichtigen offenbar als unangenehm empfunden. Darüber wird eine Geschichte erzählt: Ein Muslim begab sich mit Freunden nach Chaibar, um dort die ihm zustehenden Datteln abzuholen, aber man fand ihn mit gebrochenem Genick in einem Wassergraben – ein eindeutiger Fall von Abgabenverweigerung. Nun mußte, wegen Mordes oder Totschlags, Blutgeld bezahlt werden. Aber von wem? Es wurde erwogen, alle Juden fünfzig Eide auf ihre Unschuld schwören zu lassen, bis der Täter gefunden sei. Das lehnten die Hinterbliebenen ab, weil ihrer Meinung nach die Schwüre der Juden wegen ihres Unglaubens *(kufr)* keinen Wert hätten. Darauf beschloß Mohammed, die Blutschuld aus seiner eigenen Tasche zu zahlen.

Chaibar ist in die volkstümliche Form der islamischen Geschichte als absoluter islamischer Triumph eingegangen und als eine nahezu unvorstellbare Demütigung für die Juden. Der Ruf *Chaibar Chaibar yâ Yahûd, Dschaisch Muhammad sa-yaʿûd*, das heißt «Chaibar, Chaibar, o Juden; das Heer Mohammeds wird wiederkehren», ist auch heute in Amsterdam regelmäßig zu hören, so auch am 22. Juli 2006 bei den Demonstrationen auf dem Museumplein gegen das damalige israelische Vorgehen im Libanon. Es ist fraglich, ob uns die Verwendung dieses Schlachtrufs fröhlich stimmen sollte. Er ist ja nicht nur antijüdisch, sondern ruft auch zur Wiedereinführung der Folter als Verhörmethode auf. Außerdem impliziert diese Parole angesichts des Schicksals der Juden, die Chaibar überlebt haben, und der weiteren Geschichte der Oase die Wiedereinführung von Hörigkeit, Leibeigenschaft und schließlich Sklaverei.

Rückkehr aus Äthiopien

Chaibar war auch die Kulisse für die Heimkehr jener Muslime, die während der mekkanischen Jahre Mohammeds nach Äthiopien geflohen waren, erzählt Ibn Ishâq. Ein Abgesandter Mohammeds war aufgebrochen, um die Migranten zu holen, und auf zwei Schiffen brachte er eine ziemlich große Zahl von ihnen zurück, so will es die Erzählung. Die Listen der Heimkehrer sind nicht ganz eindeutig. Immerhin sollen auf den beiden Schiffen sechzehn Männer und deren Familien gewesen sein. Die Aufzählung beginnt mit Dschaʿfar ibn Abî Tâlib, ʿAlîs Bruder. Zu diesem steuert Ibn Hischâm noch eine Geschichte bei, die Ibn Ishâq nicht kannte. An dem Tag, an dem Mohammed Chaibar erobert hatte, kam Dschaʿfar ibn Abî Tâlib zu ihm. Der Prophet soll sich darüber gefreut und gesagt haben, daß er nicht wisse, was schöner sei: die Rückkehr Dschaʿfars aus Äthiopien oder die Eroberung von Chaibar.[10]

Zugleich spielt vielleicht auch noch etwas anderes mit. Ein paar Seiten weiter braucht Ibn Ishâq die Figur Dschaʿfar ibn Abî Tâlibs in den Kämpfen bei Muʾta. Es ist allgemein bekannt, daß Dschaʿfar dort gefallen ist, aber auch, daß er nach Äthiopien gegangen war. Also muß er in der Zwischenzeit zurückgekommen sein. Etwas Vergleichbares ist uns schon begegnet im Zusammenhang mit dem mekkanischen Heerführer Châlid ibn al-Walîd. Kurz bevor er zum ersten Mal eine wichtige öffentliche Rolle spielt, mußte auch er in die Geschichte eingeführt werden, und sei es als späterer Konvertit. Übrigens wird Châlid auch bei Muʾta eine Rolle spielen, aber diesmal als Muslim.

Die vollzogene Pilgerfahrt

Bei Hudaibiyya war vereinbart worden, daß sich Mohammed und seine Jünger im Jahr darauf drei Tage lang in Mekka aufhalten dürfen, um eine Wallfahrt durchzuführen. Diese wird in den Geschichten als die vollzogene Pilgerfahrt bezeichnet, weil es sich um diejenige Pilgerfahrt handelte, die im Jahr davor nicht hatte ausgeführt werden können. Für Muslime und Islamwissenschaftler ist das selbstverständlich, auf Außenstehende wirkt es nur befremdlich, aber es gibt zwei Arten der Wallfahrt zur Kaaba. Die eine ist die echte Haddsch, zu der ein Besuch der Hochebene von ʿArafât gehört und die zu einem bestimmten Zeitpunkt am Anfang des zehnten islamischen Kalendermonats durchgeführt werden muß. Die andere Form ist die sogenannte *ʿumrâ*, die jederzeit unternommen werden kann und zu der kein Besuch von ʿArafât notwendig ist (bei der Hochebene von ʿArafât gibt es übrigens auch einen Berg, den Dschabal ar-Rahma, der auch als «der Berg Arafat» bezeichnet wird).

Zwischen Chaibar (Sommer 628) und Muʾta (Sommer 629) organisierte Mohammed die nachzuholende Pilgerfahrt. Ibn Ishâq schenkt dem keine große Aufmerksamkeit. «Als der Prophet aus Chaibar zurückkam, blieb er von Juli 628 bis Februar 629 in Medina. Danach machte er sich auf, um im März 629 die vollzogene Pilgerfahrt durchzuführen, die ihm im Jahr davor verwehrt worden war.» Danach beschreibt er genau die Handlungen Mohammeds bei dieser Wallfahrt.[11]

Zum Abschluß dieser Pilgerfahrt geht noch etwas Wunderliches vor sich. Mohammed sollte eine Frau namens Maimûna aus Mekka heiraten. So etwas läßt sich gut als Versuch erklären, mit den Bewohnern Mekkas in Kontakt zu kommen. Es könnte sich auch durchaus so abgespielt haben. Aber für islamische Juristen hat diese Eheschließung des Propheten eine besondere Bedeutung. Einige Rechtsgelehrte meinen nämlich, daß ein Pilger keine Ehe schließen dürfe, andere sehen darin wiederum kein Problem. In solchen Kontroversen waren Geschichten darüber, wie sich Mohammed zu verhalten pflegte, am Ende ausschlaggebend. Obwohl sich das für einen Außenstehenden nicht sofort erschließt, dient diese Erzählung also einem juristischen Zweck. Sie soll eine Rechtsfrage entscheiden.[12]

Als die Mekkaner kamen, um Mohammed zu erinnern, daß die zugesagten drei Tage vorbei seien und er die Stadt verlassen müsse, lud er sie zur Hochzeit ein. Wenn diese Hochzeit tatsächlich noch in Mekka, und mit diesen Gästen, gefeiert worden wäre, wäre das erneut ein Punktsieg für Mohammed gewesen. Die Mekkaner lehnten diesen Anbiederungsversuch jedoch entschieden ab. «Wir brauchen dein Essen nicht, mach dich jetzt auf die Reise», läßt Ibn Ishâq sie sagen.[13] Er erwähnt weiter, daß die Ehe nicht in Mekka vollzogen wurde, sondern in dem Ort Sarif (war dies vielleicht die juristische Pointe der ganzen Geschichte?). Danach sei Mohammed nach Medina zurückgekehrt, wo er sich bis zum Ende des Sommers 629 aufhielt.[14]

Die Niederlage von Muʾta

Muʾta liegt östlich der Südspitze des Toten Meers, im heutigen Jordanien. An diesem Ort wurden im achten Jahr nach der Hidschra, im Sommer 629, die Muslime geschlagen, wobei drei ihrer Feldherren den Tod fanden. Einer von ihnen war Dschaʿfar ibn Abî Tâlib. Unter der Leitung des vierten, Châlid ibn al-Walîd, gelang es dem Heer, nahezu ohne Verluste nach Medina zurückzukehren. Das ist schon ein höchst merkwürdiges Fiasko. Was muß ein Heer getan haben, um drei Generäle zu verlieren, aber nicht mehr als eine Handvoll Soldaten?

Für dieses Ereignis gibt es neben Ibn Ishâq eine griechische Quelle, nämlich den Chronisten Theophanes,[15] dessen Werk zwar aus einer relativ frühen Zeit stammt, die aber doch auch wieder nicht früh genug ist. Er starb im Jahr 820, fast zwei volle Jahrhunderte nach den hier besprochenen Geschehnissen. In den Augen der meisten kritischen Wissenschaftler ist das ein bißchen spät. Die Wahrscheinlichkeit, daß er nicht aus eigener Kenntnis und eigenen Quellen berichtet, sondern eine islamisch-arabische Überlieferung nacherzählt, ist nach dieser langen Zeit natürlich recht hoch.

Theophanes zufolge hat Mohammed ein Heer unter dem Befehl von vier Generälen gegen die Christen östlich des Jordans entsandt. Theodorus, der Ortskommandant, konnte schnell eine Streitmacht auf die Beine stellen und die Muslime besiegen. Drei der Befehlshaber wurden getötet, und nur General «Khaledos» gelang die Flucht. Dieser Châlid trug den Beinamen «Schwert Gottes».[16] Die letzte Aussage trifft zu, muß aber Theophanes aus einer islamischen Quelle zu Ohren gekommen sein – und aus diesem Grund steht die ganze Geschichte unter Verdacht, kein unabhängiges Zeugnis zu sein.

In Ibn Ishâqs Geschichte schickte Mohammed im September 629 ein Heer unter dem Befehl von Zaid ibn Hâritha mit dreitausend Mann nach Norden. Er befahl, im Falle von Zaids Tod die Befehlsgewalt Dschaʿfar ibn Abî Tâlib zu übertragen. Sollte auch Dschaʿfar fallen, dann müßte ʿAbdallâh ibn Rawâha das Kommando übernehmen. Eine sonderbare Anweisung, fast so, als habe Mohammed schon von vornherein gewußt, daß der Feldzug ein Fehlschlag werden würde.

Kaiser Heraklius stand zu dieser Zeit mit einem Heer von (so Ibn Ishâq) hunderttausend Griechen und hunderttausend arabischen Hilfstruppen in Syrien. Die Muslime erwogen die Umkehr, um Mohammed in Medina um Rat zu fragen, doch ʿAbdallâh ibn Rawâha konnte ihnen wieder Mut einflößen: entweder der Sieg oder das Paradies.[17]

Es wurde kein Sieg, und nur für einen einzigen das Paradies. Kann es sich wirklich um eine Übermacht von zweihunderttausend gegen dreitausend Mann gehandelt haben? Haben die Römer und die Griechen mit Hilfe des antiken Äquivalents von Spezialkommandos nur die Anführer des feindlichen Heers ergriffen und hinrichten lassen? Und ließen sie es dabei bewenden? Viel Beute werden die Muslime nicht bei sich gehabt haben. Kaiser Heraklius, von 610 bis 641 an der Macht, war zudem ein vielgefragter Mann, der 628 in Syrien die Perser hatte schlagen und aus dem Oströmischen Reich vertreiben können. Er war also durchaus so nah, daß er eine eventuelle Konfrontation mit den muslimischen Truppen hätte suchen können.

Im Chaos der Niederlage sammeln sich die Muslime um Châlid ibn al-Walîd. Es gibt auch eine Überlieferung, nach der sie sich in diesem kritischen Augenblick lieber der Führung Thâbit ibn Aqrams unterstellt hätten. Dieser sei dann aber zugunsten Châlids zurückgetreten, dessen Beiname tatsächlich «Schwert Gottes» lautete. Diese Überlieferung ist jedoch, wie einige andere Fragmente der Geschichte, mit hoher Wahrscheinlichkeit erfunden worden, um Châlid ibn al-Walîd anzuschwärzen.

In der Zwischenzeit hatte Mohammed in Medina offenbar alles gesehen. Er hatte gesehen, daß die drei gefallenen Feldherren auf goldenen Betten ins Paradies getragen wurden. Eine andere Überlieferung berichtet, Mohammed habe, als ihn der Bericht vom Tod Dschaʿfars erreichte, gesagt: «Ich sah ihn gestern vorbeikommen, inmitten einer Schar von Engeln, die zu einem Ort im Jemen unterwegs waren. Er hatte zwei Flügel, die vorne mit Blut befleckt waren.»[18]

Die heimkehrenden Teilnehmer dieses Feldzugs hatten es den Geschichten zufolge nicht leicht. Sie wurden als «Fahnenflüchtige» beschimpft, und einige wagten sich nicht mehr auf die Straße.[19] Auch aus den Gedichten, die anläßlich dieses Ereignisses verfaßt wurden, geht hervor, daß der Rückzug eine ernste Angelegenheit gewesen sein muß. Doch was sich dort genau zugetragen hat, wissen wir leider nicht.

Ibn Isḥâq schließt seine Erzählung über die Schlacht bei Muʾta wie gewöhnlich mit einer Auswahl von Gedichten, die aus diesem Anlaß entstanden sind («O Auge, geize nicht mit deinen letzten Zähren»), und den Namen der dort Gefallenen, soweit sie bekannt waren. Es handelte sich um fünf Soldaten und die drei Generäle. Ibn Hischâm kann noch vier weitere Namen hinzufügen und nennt zudem noch zwei, bei denen er sich nicht sicher ist.

Nach dem Debakel von Muʾta folgt etwas Schöneres, nämlich die Geschichte, wie Mekka in die Hände der Muslime fiel.

Der Prophet begibt sich mit seiner Armee nach Mekka, das kampflos eingenommen wird. Osmanische Miniatur, 16. Jahrhundert. Chester Beatty Library Dublin.

17. Mekka fällt

Am oder um den 11. Januar 630 fiel Mekka in die Hand Mohammeds und der Muslime. Nach der Überlieferung floß sehr wohl Blut[1] und standen durchaus Heere bereit, sowohl auf der Seite Mekkas als auch beim muslimischen Gegner, doch es gab keine Belagerung oder Schlacht. Dafür war die islamische Übermacht zu groß. Als die Muslime heranrückten, ließen sie eine Amnestie verkünden, von der die aufgewühlten Stadtbewohner unabhängig voneinander dankbar Gebrauch machten. Vor der Kulisse des langsam heranziehenden islamischen Heers und der sich uneinigen Stadt Mekka müssen sich Szenen abgespielt haben, aus denen sich weise Lehren ziehen lassen. Deshalb mangelt es auch nicht an Geschichten, die sich auf diesem Schauplatz ereigneten.

Eines fehlt jedoch völlig. Es gibt keinerlei Berichte über tapfere Mekkaner, die sich erbittert gegen die drohende muslimische Herrschaft gewehrt hätten. Das kann bedeuten, daß ein solcher Widerstand ausblieb, weil die Muslime im Grunde willkommen waren. Dazu ist allerdings noch eine Randbemerkung nötig. Die muslimische Überlieferung berichtet auch, daß beispielsweise die Ägypter überaus erfreut gewesen seien, als die Muslime sie um 640 herum vom byzantinischen Joch befreiten. Allerdings sind Dokumente aufgetaucht, aus denen hervorgeht, daß die Wirklichkeit doch nicht ganz so einfach und rosig war. Dies beweist der Augenzeugenbericht des ägyptischen Bischofs Johannes von Nikiu über die arabische Eroberung, in dem er schreibt, daß «das Joch, das der Pharao den Kindern Israels auferlegt hatte, weniger schwer gewesen war».[2]

Das Fehlen von Berichten über einen mekkanischen Widerstand gegen die Muslime im Jahr 630 läßt sich auch anders erklären. Geschichten werden nicht zuletzt weitererzählt, um sich mit seinen Vorfahren zu brüsten, die angeblich etwas Großartiges geleistet haben. Mit dem Widerstand gegen Gottes eigene Religion in Gottes eigener Stadt zu prahlen liegt dagegen nicht gerade nahe. Selbst wenn es beim Fall Mekkas heroischen Widerstand gegeben hätte, wäre die Chance gering, daß uns darüber Berichte erhalten geblieben wären. Denn welchen Tenor hätten diese Geschichten dann haben müssen? Daß sinnloser Widerstand gegen den Gesandten Gottes etwas ist, worauf die Nachwelt sehr wohl stolz sein kann?

Anlaß für den muslimischen Feldzug gegen Mekka, schreibt Ibn Ishâq, war ein Konflikt der Stämme, die sich mit Mekka beziehungsweise mit Mohammed verbündet hatten. Im Abkommen von Hudaibiyya war es den Verbänden im Umkreis von Mekka und Medina freigestellt worden, welche Seite sie wählen wollten: Der Chuzâʿa-Clan hatte sich Mohammed und den Muslimen angeschlossen, der Bakr-Clan, ein Unterstamm der Kinâna, den Quraisch in Mekka. Zwischen den lokalen Supermächten Mohammed und Mekka blieb es friedlich, aber zwischen ihren Satelliten Chuzâʿa und Bakr herrschte Krieg wegen einer Blutrachekette, deren Details für moderne Menschen zu verwickelt sind.

Nachdem Mohammed seine Truppen nach Muʾta gesandt hatte, blieb er bis Ende November 629 in Medina. Dort suchte ihn ein Mitglied des Chuzâʿa-Clans auf, ein gewisser ʿAmr. Er meldete ihm, daß die Quraisch und der Bakr-Clan gemeinsame Aktionen gegen die Chuzâʿa durchgeführt hätten, bei denen es eine Reihe von Toten gegeben habe. Während dieses Gesprächs tauchte am Horizont eine kleine Wolke auf, und Mohammed sagte: «Diese Wolke wird euch helfen!» Was das bedeuten sollte, ist nicht ganz klar, aber es könnte eine höfliche Form der Ablehnung gewesen sein.

Darauf kam ein weiterer Vertreter der Chuzâʿa in Medina zu ihm, ein gewisser Budail. Dieser war in Begleitung einiger Stammesgenossen, und auch sie erzählten Mohammed von den Katastrophen, die sie bei Mekka erleben mußten. Anschließend machten sie sich auf die Rückreise. Sobald sie abgereist waren, äußerte der Prophet die Erwartung, daß Abû Sufyân bestimmt ebenfalls bald in Medina erscheine. Diplomatische Erfahrung oder Hellsichtigkeit?

Die Geschichte erwähnt übrigens keine Zusagen Mohammeds gegenüber Budail. Das ist auch nicht nötig, liegt doch die Pointe dieses Besuchs in etwas anderem. Abû Sufyân, der Anführer der Mekkaner, war tatsächlich auf dem Weg nach Medina, um zur Audienz bei Mohammed vorgelassen zu werden, genau zu dem Zeitpunkt, als Budail nach Mekka zurückreiste. Sie begegneten sich unterwegs, und Abû Sufyân fragte mit einiger Besorgnis, ob Budail in Medina gewesen sei. Dieser fühlte sich nicht besonders wohl in seiner Haut und leugnete. Nachdem Budail weitergereist war, ließ Abû Sufyân die Exkremente von Budails Kamelen untersuchen, und man fand darin tatsächlich Dattelkerne aus Medina.

Mekkanische Friedensbemühungen

Darauf eilte Abû Sufyân nach Medina, wo er zuerst bei seiner Tochter anklopfte, bei Umm Habîba, einer von Mohammeds Ehefrauen. Als er sich auf die Decke des Propheten setzen wollte, rollte seine Tochter sie so schnell zusammen, daß ihm dies nicht gelang. Scherzend fragte er: «Bin ich zu gut für die Bettdecke, oder ist die Decke zu gut für mich?» Da antwortete ihm die Tochter todernst, die Decke gehöre schließlich dem Gesandten Gottes, und er, Abû Sufyân, ihr Vater, sei dagegen ein unreiner Heide, der besser nicht darauf sitzen sollte. «Liebste Tochter», antwortete Abû Sufyân wie alle Eltern, die eines ihrer Kinder an eine neue religiöse Bewegung verloren haben, «es geht dir anscheinend nicht besonders gut, seit du von mir weggegangen bist.» Wie menschlich und weitverbreitet eine solche Reaktion auch sein mag, solche Worte tragen nicht gerade zur Verbesserung einer Beziehung bei.

Daraufhin begab sich Abû Sufyân zu Mohammed, der sich jedoch weigerte, mit ihm zu sprechen. Der Vater bat nun Abû Bakr um Vermittlung, aber auch dieser lehnte ab. ʿUmar, der nächste, der aufgesucht wurde, wies ihn nicht nur ab, sondern versicherte ihm außerdem, daß er unter allen Umständen weiterhin Dschihad gegen ihn führen werde.

Schließlich war ʿAlî an der Reihe, aber auch bei diesem hatte Abû Sufyân keinen Erfolg. Daß er ausgerechnet die späteren vier Kalifen um Rat bat, noch dazu in der Reihenfolge, in der sie später regierten, scheint doch ein allzugroßer Zufall zu sein. Überdies war damals jedem Zuhörer bekannt, daß Abû Sufyâns Sohn, Muʿâwiya, der erste Umayyadenkalif werden würde.

Schließlich wandte sich Abû Sufyân an Mohammeds Tochter Fâtima, ʿAlîs Ehefrau, und fragte, ob nicht ihr kleiner Sohn al-Hasan der Beschützer der Mekkaner sein wolle und Herr über alle Araber bis ans Ende der Zeiten.[3] Fâtima hielt dagegen, dafür sei al-Hasan noch zu klein, er könne doch wirklich niemandem vor Mohammed Schutz bieten. Bitter ist dabei, daß dieser kleine Hasan etwa vierzig Jahre später, um 661, nach Verhandlungen mit Muʿâwiya auf das Kalifat verzichtete und trotzdem 669 in Medina vergiftet wurde. Die Prophezeiungen Fâtimas über al-Hasans politische Ohnmacht gingen also in Erfüllung. Oder sollten die Vorhersagen erst verfaßt worden sein, nachdem sich diese Ohnmacht herausgestellt hatte? Es ist beinahe undenkbar, daß der Verfasser dieser Szenen den späteren Verlauf der traditionellen Fassung der Geschichte nicht gekannt haben sollte. Die Zuhörer kannten jedenfalls das Ende von al-Hasan und werden bei dieser Passage zustimmend genickt haben.

Schließlich erbat Abû Sufyân erneut ʿAlîs Rat. Dieser antwortete jedoch, er wisse auch nicht weiter, riet ihm aber, im Namen seines Clans öffentlich Schutz und Immunität anzubieten. Abû Sufyân tat dies, stieg danach auf sein Kamel und ritt zurück nach Mekka. Dort berichtete er von seinen Bemühungen. Die Mekkaner wollten wissen, ob Mohammed ihn empfangen und wie der Prophet auf seine Darlegungen über Schutz und Immunität reagiert habe. Er mußte alle Fragen verneinen, was die anderen schlußfolgern ließ, daß ʿAlî ihn zum Narren gehalten hatte.

Inzwischen hatte Mohammed den Befehl erteilt, unter höchster Geheimhaltung das Heer auf einen Feldzug vorzubereiten. Nicht einmal Aischa durfte wissen, daß es gegen Mekka gehen sollte. Es mußte auch vermieden werden, daß die Mekkaner durch Berichte zufälliger Reisender von den muslimischen Vorbereitungen erfuhren. Genau wie in einem modernen Krieg sollte der Überraschungseffekt möglichst vollständig sein.[4]

Und genau wie in einem modernen Krieg lief alles anders als geplant. Ein gewisser Chatîb schrieb den Quraisch einen Brief mit der Mitteilung, daß Mohammed vorhabe, mit seinem Heer gegen Mekka zu marschieren. Dieses Schreiben vertraute er einer Frau an, die es in ihren Haaren versteckte. Der Prophet wurde jedoch vom Himmel darüber informiert und schickte ʿAlî und az-Zubair ibn al-ʿAwwâm der Frau hinterher. Sobald sie eingeholt war, wurde ihr Gepäck durchsucht, aber nichts gefunden. Der vorbildliche ʿAlî war indes davon überzeugt, daß sich Mohammed nicht geirrt haben konnte, und drohte, die Frau auszuziehen. Als diese merkte, daß es den beiden ernst damit war, sagte sie zu ʿAlî: «Dreh dich um» und holte den Brief aus ihrem Haar.

Freundschaft mit Nichtmuslimen

Mohammed ließ Chatîb, den Verfasser des Briefes und Veteranen aus der Schlacht von Badr, zu sich kommen und fragte ihn nach seinen Beweggründen. Dieser antwortete, er sei seit langem Muslim, habe aber ein Kind und eine Familie in Mekka. Daraufhin wollte ihn ʿUmar enthaupten, womit Mohammed aber nicht einverstanden war. Es folgt die Offenbarung von Sure 60,1–4, ein Aufruf an die Muslime, keine sozialen Bindungen mit Ungläubigen einzugehen oder zu unterhalten:

> Ihr Gläubigen! Nehmt euch nicht meine und eure Feinde zu Freunden, indem ihr ihnen (eure) Zuneigung zu erkennen gebt!

Insgesamt ist die Passage deutlich länger, für uns jedoch sind vor allem noch folgende Zeilen im ersten Vers von Bedeutung:

> Wie könnt ihr ihnen heimlich (eure) Zuneigung zu verstehen geben [...], wo ich doch weiß, was ihr geheimhaltet, und was ihr bekannt gebt?

Der letzte Teil dieser Zeilen spielt auf den Spionagebrief an, das sagen zumindest die Überlieferer unserer Geschichte. Der vom Koran erteilte Rat an die Muslime, keine freundschaftlichen Bande mit Nichtmuslimen zu pflegen, Sure 60,1, wird in gewissen spätantiken Kreisen der multireligiösen Gemeinschaften des Mittleren Ostens umstritten gewesen sein. Daher versucht die Geschichte hier eine einleuchtende Erklärung, nämlich den Schutz vor Spionage, für diesen Vers zu finden. Militär- und Spionagedetails werden kaum ausgearbeitet, was für ein Ereignis, das sich tatsächlich zugetragen hat, unwahrscheinlich ist. Die spannende Spionagegeschichte bleibt in einer typischen Predigt in Geschichtenform stecken, die erläutert, wie sich ein Sinn aus Sure 60,1 herauslesen läßt. Freundschaft mit Nichtmuslimen wird durch diesen Vers nach dieser Auslegung nicht mehr unter allen Umständen verboten. Dann bricht die Geschichte ab.[5]

Schließlich brach Mohammed am zehnten Ramadân des achten Jahres nach der Hidschra von Medina auf, was auf einen der ersten Januartage des Jahres 630 unserer heutigen Zeitrechnung hinausläuft. Ibn Ishâq zufolge hatte er ein Heer von mehr als zehntausend Mann bei sich. Nach zehn Tagen erreichten sie Marr az-Zahrân, «zwei kurze Tagesreisen von Mekka entfernt», aber noch immer auf einer Route, die nicht zwangsläufig nach Mekka führen mußte. Von hier aus hätte auch die Stadt Tâ'if noch das Ziel des Feldzugs sein können.[6] Und die Quraisch, versichert Ibn Ishâq, waren noch immer ahnungslos.[7]

Abû Sufyân wird Muslim

In der Zwischenzeit versuchte der Anführer der Mekkaner, Abû Sufyân, vergeblich, von Mohammed empfangen zu werden. Ibn Ishâq zufolge gelang es ihm erst, als er drohte: «Wenn Mohammed mich nicht empfängt, nehme ich diesen kleinen Jungen, einen meiner Söhne, mit, und dann gehen wir gemeinsam in die Wüste, bis wir vor Hunger und Durst umgekommen sind.» (Der kleine Junge muß sein Sohn Muʿâwiya gewesen sein, der 661 ʿAlî als Kalif nachfolgte.) Da fand Mohammed, daß ihr Elend lange genug gedauert hatte, und zeigte sich bereit, ihnen eine Audienz zu gewähren. Endlich durften sie sich Mohammed unterwerfen und zum Islam übertreten. Laut Ibn Ishâq rezitierte Abû Sufyân nun ein langes Gedicht, in dem er sich für das entschuldigte, was sich in der Vergangenheit alles zugetragen hatte. Eine der Zeilen lautet:

> Ein anderer als ich führt mich jetzt.
> Jemand, den ich heftig abgelehnt hatte,
> hat mich zu Gott geführt.

Ibn Ishâq teilt uns mit, daß Mohammed, als Abû Sufyân die Worte «heftig abgelehnt « rezitierte, ihm einen freundschaftlichen Knuff auf den Brustkorb versetzt und ausgerufen habe: «Ja, so war es!» Kurzum, es war schnell gegangen, aber dann waren die Beziehungen zwischen den Anführern auch ausgezeichnet.[8]

Es folgt eine weitere Geschichte, die in etwa zur selben Zeit vor derselben Kulisse spielt, aber diesmal mit Mohammeds Onkel al-ʿAbbâs in der Hauptrolle. Abû Sufyân, der anfangs noch Heide war, sich aber im Verlauf der Erzählung bekehrte, hat nur eine Nebenrolle. In einer Szene beobachteten al-ʿAbbâs und Abû Sufyân zusammen das heranrückende Heer Mohammeds, und Abû Sufyân sagte: «Die Macht des Sohnes deines Bruders ist aber sehr groß geworden.» Für «Macht» verwendete er das Wort *mulk*, das auch mit «Königtum» übersetzt werden darf (vgl. *malik*, «König»). Al-ʿAbbâs aber antwortete fromm: «Nein, es handelt sich nicht um die Macht eines Königs, sondern um die Macht eines Propheten.»[9]

Selbstverständlich ist dies ein wichtiger Punkt, und sogar ein berühmter christlicher Autor wie Bar Hebraeus (1225–1286), der sowohl in Arabisch als auch in Syrisch schrieb, nahm dieses Gespräch in seine ansonsten ziemlich knappe Lebensbeschreibung Mohammeds auf, die Teil seiner Weltgeschichte ist.[10] Hier handelt es sich um Geschichten, die im Mittleren Osten so gut wie jedem bekannt sind oder jedenfalls bekannt waren.

Die Erzählung läuft darauf hinaus, daß Abû Sufyân als eine Art Herold im Namen Mohammeds und der Muslime in die Stadt Mekka einzog und zur Kapitulation aufrief: «O Quraisch, Mohammed ist es, der zu euch kommt und euch etwas bringt, worauf ihr keine Antwort habt. Wer sich ins Haus von Abû Sufyân begibt, ist sicher.» Man achte auf die Zweideutigkeit im ersten Teil des Aufrufs. Meinte er mit «etwas, worauf ihr keine Antwort habt» das islamische Heer oder den Islam? Seine Frau kam auf jeden Fall erbost auf ihn zu, zog ihn am Schnurrbart und schimpfte ihn aus. Sie warf ihm vor, nach modernen Vorstellungen zu Recht, sein Volk nicht vor den Muslimen zu schützen (obwohl er doch zum Führer Mekkas gewählt worden war).

Abû Sufyân warnte seine Mitbürger, sich nicht von «dieser Frau» betrügen zu lassen, sie habe nämlich nicht die Macht, aufzuhalten, was kommen werde. Und er fügte noch hinzu, wer in sein eigenes Haus gehe und die Türen verschließe und wer in die Moschee flüchte, sei ebenfalls vor dem einmarschierenden Heer sicher. Ibn Ishâq beendet diesen Teil seiner Geschichte mit der Bemerkung, daß die Menschen tatsächlich in die Moschee flüchteten oder sich in ihre Häuser zurückzogen. Mit anderen Worten: Die Einwohner Mekkas (die von ihren Führern im Stich gelassen wurden, die bei Mohammed im Zelt saßen und ein Glas Limonade tranken) kapitulierten. Der Gedanke an moderne Bürgermeister, die in die Moschee gehen, um einen Tee zu trinken, nachdem im Namen des Islam eine Gewalttat begangen worden ist, sollte sich hier besser nicht aufdrängen.

Das muslimische Heer näherte sich schließlich der Stadt von verschiedenen Seiten, wobei ein Teil unter dem Befehl von Châlid ibn al-Walîd doch auf einen gewissen Widerstand stieß. Dabei fielen in vorderster Linie auf der muslimischen Seite nur zwei Mann: Reiter, die den Kontakt zu ihrem Hauptfeld verloren hatten. Wie zu erwarten, erhebt niemand den Anspruch darauf, daß seine Vorfahren gegen diese zwei Heldentaten vollbracht hätten. Auch einer der Reiter aus Châlids Hauptfeld fiel, zudem starben zwölf oder dreizehn von Ibn Ishâq nicht namentlich erwähnte heidnische Mekkaner. Wir kommen so auf (nach Ibn Ishâq) fünfzehn oder sechzehn Gefallene. Eigentlich gibt es nur wenige Sprachen, in denen man dies als «ohne einen einzigen Blutstropfen zu vergießen» bezeichnen würde. Anders als einige westliche Autoren ist sich Ibn Ishâq der Tatsache bewußt, daß beim Fall Mekkas ziemlich viel Blut vergossen wurde. So zitiert er beispielsweise einige Gedichtzeilen:

> Die Muslime traten ihnen mit ihren Schwertern entgegen,
> Schwertern, die mit einem Schlag jeden Arm und jeden Schädel spalteten.
> Nur die Geräusche der Kämpfer waren noch zu hören.[11]

Aber es kommt noch schlimmer.

Hinrichtungen

ʿAbdallâh ibn Chatal war ein Muslim, der für Mohammed die Abgaben eintrieb. Er hatte einen seiner Sklaven ermordet (darauf stand keine Todesstrafe) und sich möglicherweise mit den Steuergeldern auf und davon gemacht; darüber bleibt Ibn Ishâq sehr vage. Schließlich war er nach Mekka zurückgekehrt und aus der islamischen Religionsgemeinschaft ausgetreten. Da er zwei Sängerinnen beschäftigte, die in ihren Liedern den Propheten verspotteten, erteilte dieser den Befehl, alle drei zu töten. Eines der Mädchen konnte fliehen und wurde später von Mohammed begnadigt.[12]

Huwairith ibn Nuqaid hatte in Mekka den Propheten beleidigt und wurde von ʿAlî getötet. Eine gewisse Sara, eine freigelassene Sklavin und ebenfalls Sängerin, hatte Mohammed in Mekka beleidigt. Es gelang ihr, bis in die Zeit von ʿUmar am Leben zu bleiben. Dann wurde sie von einem berittenen Soldaten getötet. Ein gewisser Miqyâs hatte sich nach einer Blutracheaktion vom Islam losgesagt und war nach Mekka gegangen. Auch er wurde getötet. Haben wir jetzt an die zwanzig Tote? Verglichen mit den Opferzahlen, die wir sonst von Kriegen und Gewaltherrschaften kennen, sind es tatsächlich nicht viele Todesopfer, aber heruntergespielt werden sollten die Fakten dennoch nicht.

Zudem scheint die geringe Opferzahl eher den mekkanischen Anführern zu verdanken zu sein, die auf Widerstand verzichtet hatten, als den Muslimen, die mit einem großen, beeindruckenden Heer gegen Mekka gezogen waren. Wenn die Androhung von Gewalt erfolgreich ist und der Gegner kapituliert, bevor es zu einem tödlichen Treffen kommt, können wir doch nicht ernsthaft von Gewaltlosigkeit sprechen.

Gefahr für den Korantext

ʿAbdallâh ibn Saʿds Geschichte verdient unsere besondere Aufmerksamkeit. Auch er sollte bei der Einnahme Mekkas auf Befehl Mohammeds hingerichtet werden, «selbst wenn er sich hinter den Vorhängen der Kaaba verstecken würde». Welche Sünde hatte er begangen? Er war schon früh konvertiert und hatte sogar als Mohammeds Sekretär die offenbarten Koranverse niedergeschrieben. Warum er wieder vom Islam abgefallen war, erwähnt Ibn Ishâq nicht. Deshalb ist die Geschichte auch nicht für die frommeren Leser geeignet, zumindest wenn wir Balâdhurî (gestorben etwa 892) glauben dürfen. ʿAbdallâh ibn Saʿd fiel nämlich auf, daß Mohammed es nicht bemerkte, wenn seine Sekretäre den Korantext veränderten. Er verlor dadurch seinen Glauben und kehrte nach Mekka zurück.[13] Der moderne Leser fragt sich sofort, ob dieser ʿAbdallâh denn die Probe aufs Exempel gemacht oder ob er es durch Zufall herausgefunden hatte. Wir werden es nie erfahren.

Nach dem Fall von Mekka floh ʿAbdallâh zu seinem Milchbruder ʿUthmân (dem späteren Kalifen, in dessen Auftrag die offizielle Koranedition herausgebracht werden sollte), der ihn versteckte. Sobald sich die Situation in Mekka wieder beruhigt hatte, bat ʿUthmân um Amnestie für ʿAbdallâh. Mohammed schwieg sehr lange, begnadigte ihn aber schließlich. Nachdem ʿUthmân gegangen war, fragten die Anwesenden den Propheten, warum er so lange nichts gesagt habe. Seine Antwort lautete, er habe gehofft, daß einer seiner Freunde ʿAbdallâh spontan enthaupten würde. Darauf entgegnete einer der Männer aus Medina: «Warum hast du uns dann kein Zeichen gegeben, Gesandter Gottes?» Mohammed antwortete, ein Prophet töte keine Menschen, indem er mit dem Finger auf sie zeige.[14] Es ist wenig exegetische Akrobatik nötig, um diese Geschichte als «Lizenz zum Töten» gegenüber abtrünnigen Muslimen zu interpretieren. Ein guter Muslim hat die Wünsche seines Propheten eben ernst zu nehmen.

Durchaus vorstellbar ist jedoch, daß diese Geschichte eher den Kalifen ʿUthmân, und vor allem seine legitimen Nachfolger, die Kalifen der Umayyadendynastie, in ein schiefes Licht rücken sollte. Das war dem Erzähler möglicherweise wichtiger als die eventuelle Erinnerung an Ereignisse, die nach dem Fall von Mekka stattgefunden haben. ʿUthmân ist der für die offizielle Koranedition verantwortliche Kalif. Er ist der Mann, nach dem sogar der *textus receptus* des Korans, der überlieferte Standardtext, benannt wurde.[15] Es gibt doch zu denken, werden die politischen Gegner seiner Nachfolger gedacht haben, wenn so einer mit einem Mann eng befreundet war, der bewußt und absichtlich mit dem von Gott offenbarten Korantext geschludert hatte. Ibn Hischâm berichtet übrigens, daß ʿAbdallâh ibn Saʿd später noch eine schöne Karriere bevorstehen sollte: Sowohl ʿUmar, der dritte Kalif, als auch ʿUthmân, der vierte Kalif, bedachten ihn mit einem Statthalteramt.[16] Oder handelt es sich dabei etwa um eine Gegengeschichte, die von Verteidigern ʿUthmâns und der Umayyaden in die Welt gesetzt wurde?

Mohammed betritt die Kaaba

Nun folgt vermutlich ein Höhepunkt im Leben Mohammeds: Er nahm die Kaaba in Besitz. Ibn Ishâq schildert dies folgendermaßen: Nachdem die Bevölkerung Mekkas wieder einigermaßen zur Ruhe gekommen war, suchte Mohammed die Kaaba auf und ritt auf seinem Kamel siebenmal um sie herum. Mit seinem Stab berührte er den schwarzen Stein. Der Schlüsselbewahrer der Kaaba, ein gewisser ʿUthmân ibn Talha, übergab ihm die Schlüssel zu der Tür, die sich in der Wand der Kaaba befand. Mohammed trat ein und fand in dem Gebäude eine Holztaube, die er mit den Händen zerbrach und deren Einzelteile er wegwarf. Dann stellte er sich an den Eingang des Heiligtums und sprach zu den herbeiströmenden Mekkanern.

Ibn Hischâm, der, wie wir wissen, Ibn Ishâqs Vorlage bearbeitete, scheint diese Information ausreichend gewesen zu sein, läßt er doch sofort die Ansprache Mohammeds folgen. Andere Autoren wollten dagegen mehr von Ibn Ishâqs Erzählung bewahren. Eine Holztaube war für sie zu wenig. Dieser wichtige Augenblick mußte ausgeschmückt werden, etwa durch irgendwelche komplizierte Techniken oder Wunder bei der Zerstörung des Götzenbildes. So berichtet al-Azraqi einige Generationen nach Ibn Hischâm von einigen zusätzlichen Details, die Ibn Ishâq von einem der maßgeblichen Überlieferer, von ʿAbdallâh ibn al-ʿAbbâs, Mohammeds Vetter, vernommen habe.[17]

Dieser Geschichte zufolge fand Mohammed mindestens dreihundertsechzig Götzenbilder in der Kaaba, die der Teufel höchstpersönlich mit Blei verstärkt hatte. Der Prophet rezitierte Sure 17,81:

> Die Wahrheit ist (mit dem Islam) gekommen, und Lug und Trug (des Unglaubens) (w. was nichtig ist) sind verschwunden.

Dann deutete er mit seinem Stab auf die Götzenbilder, worauf diese Stück für Stück zerfielen. Später, nachdem Mohammed das Mittagsgebet gesprochen hatte, wurden die Reste der Figuren eingesammelt und verbrannt. Eine weitere Geschichte aus einer anderen Quelle berichtet über Ikonen, auf denen Jesus und Maria dargestellt waren. Sie durften hängen bleiben.[18]

Nun folgt die Ansprache Mohammeds am Eingang zur Kaaba an die Einwohner Mekkas. Ibn Ishâq und seine Gewährsleute stellen sich die dort gehaltene Rede Mohammeds folgendermaßen vor:

> Es gibt keinen Gott außer Gott.
> Er hat keinen Gefährten neben sich.
> Er hat sein Versprechen gehalten.
> Er hat seinen Knecht siegen lassen.
> Er allein hat meine versammelten Feinde geschlagen.
> Alle ererbten Privilegien, alle Angelegenheiten von Blutrache,
> alle Schulden, gleich wer sie hat, unterstehen meiner Autorität.
> Das Amt des Tempelwächters und das des Mannes, der den Pilgern
> Wasser gibt, werden weiterbestehen.

Für einen, der unbeabsichtigt oder mit wenig Absicht getötet wird,
etwa mit einer Peitsche oder einem Stock,
muß ein hohes Blutgeld bezahlt werden.
Hundert Kamele, davon vierzig trächtig.
O Quraisch, Gott hat euch genommen,
worauf ihr in heidnischen Zeiten stolz wart.
Nämlich euch mit euren Ahnen zu brüsten,
denn alle Menschen stammen von Adam ab,
und Adam ist aus Staub gemacht.
[Übers. Jansen]

Ihr Menschen!
Wir haben euch geschaffen (indem wir euch) von einem männlichen und einem weiblichen Wesen (abstammen ließen), und wir haben euch zu Verbänden und Stämmen gemacht, damit ihr euch (auf Grund der genealogischen Verhältnisse) untereinander kennt. (Bildet euch aber auf eure vornehme Abstammung nicht zu viel ein!) Als der Vornehmste gilt bei Gott derjenige von euch, der am frömmsten ist. Gott weiß Bescheid und ist (über alles) wohl unterrichtet.[19]

O Quraisch!
Was denkt ihr, was ich euch tun werde?[20] [Übers. Jansen]

Darauf riefen die Anwesenden: «Nichts als Gutes, verehrter Bruder, Sohn eines verehrten Bruders!» Ironischerweise verweisen die Mekkaner in ihrer Antwort direkt auf Mohammeds Stammbaum, obwohl die Ansprache gerade das verboten hatte. In Wahrheit jedoch handelte es sich vermutlich um einen geeigneten Moment, ihn daran zu erinnern, daß auch er zum Stamm der Quraisch gehörte und zu seinen Vettern, Neffen und Großneffen sprach. Mohammed antwortete darauf: «Geht hin! Ihr seid frei.» Mit anderen Worten: Die Mekkaner wurden nicht zu Kriegsgefangenen der Muslime, und ihr Besitz wurde keine Kriegsbeute.

Die Rede enthält eine von Sure 49,13 entliehene Formel: «Als der Vornehmste gilt bei Gott derjenige von euch, der am frömmsten ist.» Wenig Wert legt der Text auf Prahlereien mit Mutproben im Kampf, die vermutlich den Alltag der heidnischen arabischen Kämpfer bestimmten. Sollten sich muslimische Kämpfer mit ihren Heldentaten etwa nicht auch gebrüstet haben? Es ist unvorstellbar, daß das nicht der Fall gewesen sein soll. Wenn wir es richtig begreifen, wandte sich die Rede gegen solche Machthaber, die ihre Autorität und Macht ihrer Tapferkeit und ihren soldatischen Tugenden zuschrieben. Vielmehr wurde betont, daß die Frommen die Macht haben sollten. Und ja, Ibn Ishâq zufolge wurde ihm selbst die Ansprache deshalb auch von einem Gelehrten[21] überliefert, nicht von einem inzwischen hochbetagten Haudegen, der selbst noch Zeuge des Falls von Mekka gewesen war.

Deshalb ist es nicht weit hergeholt, den Redetext vor dem Hintergrund des allmählichen Übergangs der religiösen Autorität im Islam zu sehen. Die Kalifen und ihre militärischen Stützen haben diese Autorität Schritt für Schritt an die Schrift- und Rechtsgelehrten und die Kenner der frommen Überlieferung *(hadîth)*, die *muhaddithûn*, verloren. Die Rede greift behutsam einer Entwicklung vor, die erst im Laufe des neunten Jahrhunderts zum endgültigen Abschluß gelangte. Es wird vermutlich nur wenige zeitgenössische Historiker geben, die glauben, Mohammed habe diese Worte beim Fall von Mekka tatsächlich gesprochen. Aber in der ersten Hälfte des achten Jahrhunderts stellten sich fromme Muslime vor, daß es sich in etwa so zugetragen haben mußte.

Eine freie Frau im Gespräch mit Mohammed

Zwar wurde auch das folgende Gespräch aus Ibn Ishâqs Bericht von Ibn Hischâm weggelassen, es ist uns jedoch durch ein Fragment bei dem Historiker at-Tabarî (gestorben 923) erhalten. In dieser Geschichte erzählt Ibn Ishâq, wie nach dem Fall der Stadt die Männer und Frauen jeweils einzeln vor Mohammed traten, um ihm den Treueid zu schwören (*bayʿa* oder *mûbâyaʿa*). Hind bint ʿUtba, die Frau, die Mohammeds Onkel Hamza die Leber aus dem Leib geschnitten hatte, und Ehefrau von Abû Sufyân, kam ebenfalls an die Reihe, tiefverschleiert, in der Hoffnung, daß Mohammed sie nicht erkennen würde.

Der Prophet wollte ihr in dem Gespräch einige Minimalverhaltensregeln auferlegen, aber Hind war selbstsicher und hatte zu allem, was Mohammed zu ihr sagte, etwas einzuwenden. Als schließlich von ihm kam, stehlen sei verboten, antwortete sie: «Ach, ich habe Abû Sufyân ab und zu ein bißchen Geld weggenommen, das wird doch noch erlaubt sein?» An diesen Worten wurde sie von Mohammed erkannt. Abû Sufyân, der bei der Zeremonie zugegen war, mischte sich ein, das sei vielleicht früher erlaubt gewesen, aber künftig sicher nicht mehr.

Doch Mohammed fuhr unbeirrt fort: «Und du sollst nicht ehebrechen.» Wieder hatte Hind eine gepfefferte Antwort: «Eine freie Frau begeht keinen Ehebruch», was vielleicht heißen könnte, daß das Verhalten einer freien Frau prinzipiell mustergültig sei. Aber das wird Mohammed vermutlich nicht gemeint haben. Doch er ließ sich nicht beirren und sagte: «Du sollst deine Kinder nicht töten», ein Hinweis auf die vorislamische Art der Geburtenregelung. Dagegen wandte Hind ein, sie habe ihre Kinder großgezogen – aber Mohammed habe sie, nachdem sie erwachsen waren, in der Schlacht bei Badr getötet. «Du weißt mehr über ihren Tod als ich.» Darüber mußte, so erzählt Ibn Ishâq, ʿUmar fürchterlich lachen.[22]

Schließlich legte auch Hind den Treueid ab, jedoch ohne dem Propheten die Hand zu geben, «denn der Apostel schüttelte Frauen nun einmal nicht die Hand». Wie uns Ibn Ishâq hier erzählt, war es ʿUmar, der spätere Kalif, der zur Bestätigung ihres persönlichen Treueids im Namen des Propheten Hinds Hände in die seinen nahm.[23] Welchem Vorbild wird ein moderner Muslim in dieser Frage wohl folgen, Mohammeds oder dem des Kalifen ʿUmar, der Hind die Hand gab, offenbar mit Zustimmung des Propheten?

Wasser und Schlüssel

Nach dem Fall von Mekka müssen natürlich alle möglichen Dinge geregelt werden. Das ist der passende Hintergrund für Äußerungen Mohammeds über seine Nachfolge und ʿAlîs Partei, die Schiiten.

Nach der feierlichen Amtseinsetzung, bei der Hind ihre Zungenfertigkeit unter Beweis stellen konnte, saß Mohammed in dem Raum, der die Kaaba umgab. ʿAlî suchte ihn dort auf und bat ihn, ihm und seiner Familie zwei Rechte zu verleihen: die Schlüssel des Heiligtums hüten und den Pilgern etwas zu trinken geben zu dürfen. Mohammed ging nicht darauf ein, sondern ließ vielmehr ʿUthmân ibn Talha kommen, der ihm kurz zuvor die Schlüssel der Kaaba übergeben hatte, und gab ihm die Schlüssel mit den Worten zurück: «Hier ist dein Schlüssel, ʿUthmân. Heute ist ein Tag, um alten Traditionen Ehre und Treue zu erweisen.»[24]

Mit anderen Worten: Beide Rechte blieben bei den Familien, die sie schon zuvor innehatten. In der Geschichte verbirgt sich jedoch eine weitere Botschaft. Wenn ʿAlî und seine Familie nicht in Frage kommen, den Schlüssel der Kaaba zu hüten oder die Pilger mit Trinkwasser zu versorgen, wie konnten sie dann glauben, je für das Kalifat in Frage zu kommen?

Der Kampf gegen die Blutrache

Mohammed war auch bestrebt, um jeden Preis die Blutrache einzudämmen, notfalls, indem er das Blutgeld aus eigener Tasche bezahlte. Darüber erzählt uns Ibn Ishâq eine mehr oder weniger komische Geschichte, deren Tenor, der jedoch nur in der letzten Zeile sichtbar wird, völlig ernst gemeint ist: Schluß mit der Blutrache. Sie beginnt mit einem gewissen Ahmar Baʾsan, der so laut schnarchte, daß sein Clan ihn dazu verpflichtet hatte, alleine zu schlafen. Ahmar stammte aus einer Familie, die zu den Chuzâʿa gehörte. Trotz seines Schnarchens war er ein ausgezeichneter Kämpfer, und wenn er nachts gerufen wurde, war er auf der Stelle hellwach und unbesiegbar. Deshalb war sein Clan sicher. Sobald sie angegriffen wurden, riefen sie: «Ahmar, Ahmar», und die Angreifer nahmen Reißaus.

Ein gewisser Ibn al-Athwaʿ aus dem Hudhail-Clan ging deswegen anders vor. Bei einem Überfall auf Ahmars Clan befahl er allen, still zu sein. Er hörte Ahmar schnarchen, schlich zu ihm, rammte ihm sein Schwert in die Brust und tötete ihn. Danach überfielen er und die anderen Schurken die Familie, die sofort «Ahmar, Ahmar» rief – aber es gab keinen Ahmar mehr.

Als Ibn al-Athwaʿ am Morgen nach dem Fall der Stadt in Mekka auftauchte, wurde er von Ahmars Verwandten erkannt und gestand auch sofort den Mord. Ein gewisser Chirâsch, ein Mitglied der später berühmten Kalifenfamilie der Umayyaden, bohrte daraufhin sein Schwert in Ibn al-Athwaʿs Bauch, daß dessen Gedärm herausquoll und er starb. Nun griff Mohammed ein, denn die Ruhe in Mekka mußte ja wiederhergestellt werden. Obwohl es sich um die Chuzâʿa handelte, einen Clan, der schon sehr lange auf seiner Seite stand, verbot er die Fortsetzung der Blutrachekette und bezahlte das Blutgeld aus seinem eigenen Vermögen.

Doppelbödigkeit

Sind diese Geschichten doppeldeutig? Sie könnten nämlich gut auf Vorfälle im Zusammenhang mit einer Belagerung Mekkas im Jahre 692 hindeuten, die alle Zuhörer Ibn Ishâqs mehr oder weniger kannten. Ereignisse, die sich wenig mehr als ein halbes Jahrhundert, bevor er sein Buch redigierte, abgespielt hatten. Was ging damals vor?

Nach dem Tod des Umayyadenkalifen Yazîd in Damaskus 683 rief sich ʿAbdallâh ibn az-Zubair in Mekka zum Kalifen aus. Dieses Gegenkalifat provozierte naturgemäß Widerstand. Doch erst fast zehn Jahre später, im Jahr 692, konnten ihn die Umayyaden nach einer halbjährigen Belagerung schlagen. Stand es den Belagerern frei, genau wie Mohammed in Mekka, Menschen zu töten, oder hatten sie das Tabu, mit dem das Blutvergießen in Mekka belegt war, zu respektieren? Die Sieger waren der Ansicht, das Tabu gelte weder für eine Person, die selbst Blut vergossen hat, noch für jemanden, der seine Abgaben und den Tribut nicht bezahlt. Mit anderen Worten: Diese Auslegung paßte genau auf das Profil von ʿAbdallâh ibn az-Zubair und seines Anhangs. Für sie galt das Verbot also nicht.

Damit waren die belagerten Einwohner Mekkas natürlich nicht einverstanden und beriefen sich auf eine Rede Mohammeds am Tag nach dem Fall von Mekka, in der er unter anderem gesagt haben soll:

> Es ist für einen, der an Gott und das Jüngste Gericht glaubt, nicht erlaubt, (in Mekka) Blut zu vergießen. Niemandem vor oder nach mir war das erlaubt. Auch mir ist es nicht erlaubt, außer jetzt in dieser Stunde, weil Gott erzürnt ist über das sündige Volk dieser Stadt.

Diese Rede endet mit der Erinnerung, daß Mohammed persönlich, am Tag des Falls von Mekka, das Blutgeld für das Opfer einer Wiedervergeltung bezahlt habe. Ibn Ishâq stellt im Zusammenhang mit dem Redetext jedoch eigenwillig die Verbindung zum «Gegenkalifen» ʿAbdallâh ibn az-Zubair her.[25] Kritische Leser werden ihm zustimmen. Aber könnte dasselbe nicht auch für die viel unschuldigere und naivere Geschichte von dem Mann gelten, der so laut schnarchte? Oder könnte bei anderen Geschichten, denen wir nichts weiter ansehen, etwas Vergleichbares der Fall sein?

Bitte weitererzählen!

Die Geschichte hat noch eine Dimension, die weiter reicht als die Frage der Blutrache, die als Auslöser diente. Mit großem Nachdruck beendete der Gewährsmann seine Darlegung mit den Worten: «Der Gesandte Gottes erteilte uns, die dort (bei seiner Rede) anwesend waren, den Befehl, die Abwesenden darüber zu unterrichten. Ich habe es jetzt dir erzählt, nun liegt die Verantwortung bei dir.» Im Grunde wird hier argumentiert, daß sich der zunehmende Eifer, mit dem sich die Muslime an das Sammeln von Überlieferungen machten, welche über die Haltung und die Äußerungen des Propheten in Umlauf waren, sehr lohnte.

Mohammed hatte selbst nachdrücklich den Auftrag zur Entfaltung dieser Sammeltätigkeit erteilt, so geht es aus dem Schluß der Geschichte hervor. Einige Seiten weiter folgt eine Instruktion, die damit im Zusammenhang steht. Es sei nicht gut, sagt Mohammed dort, abfällig über seine Gefährten zu sprechen. Diese Gefährten und die Berichte, die sie der Nachwelt weitergaben, bilden ja, wie wir heute wissen, ein unentbehrliches, notwendiges Bindeglied für das Wissen über Tun und Lassen des Propheten.[26] Die Berichte quellen über von Verleumdungen über den jeweiligen Gegner, ob Mann oder Frau, und es ist schwierig oder gar unmöglich, zuverlässige Informationen über Mohammed herauszufiltern. Daher ist Vorsicht geboten.

Wie immer schließt Ibn Ishâq die Geschichte über ein großes Ereignis, hier den Fall von Mekka, mit einer Zusammenfassung, die allerdings diesmal nicht viel mehr enthält als eine Angabe über die Anzahl von Kämpfern: Auf der Seite Mohammeds standen insgesamt zwischen zwölf- und dreizehntausend Soldaten. Es folgen Gedichte, die anläßlich dieses Kampfes verfaßt wurden. Heroisch werden mit blanken Schwertern ziemlich viele Schultern durchbohrt, und mit kraftvoll horizontal gehaltenen Lanzen reitet man tapfer und furchtlos auf den Feind los.

ʿAlî macht einen Fehler Châlids wieder gut

Bevor Ibn Ishâq das nächste große Ereignis schildert, schiebt er zwei kurze Erzählungen ein, die zur Abwicklung des Falls von Mekka gehören. In der ersten geht es abermals um Blutrache und Blutgeld. Unmittelbar nach dem Fall von Mekka schickte Mohammed Truppen zu den Stämmen in der weiteren Umgebung, nicht zum Kampf, sondern um die dort noch lebenden Heiden aufzurufen, sich zum Islam zu bekehren, und ihnen die Gelegenheit zu geben, die Vorschriften und Regeln der neuen Religion zu erlernen. Einer der ausgesandten Trupps stand unter dem Befehl des später berühmten Generals Châlid ibn al-Walîd. Als sie mit dem Dschadhîma-Clan verhandelten, ging etwas schief. Châlid ließ die Männer die Waffen ablegen, ihnen die Hände auf dem Rücken zusammenbinden und anschließend enthaupten. Als Mohammed diese Nachricht erreichte, reagierte er verstimmt und schickte Alî mit Geld los, um jeden Schaden zu ersetzen, «sogar die Kosten eines Hundefreßnapfs». Wieder wird deutlich, daß die Beendigung der Blutrache eine der wichtigsten Anstrengungen Mohammeds nach der Einnahme von Mekka war.[27]

Zur Kompensation des Schadens, den Châlids Ruf in der vorangegangenen Geschichte genommen hat, folgt eine kurze Begebenheit, diesmal mit ihm in der Heldenrolle. Mohammed schickte ihn zu einem Tempel der Göttin al-ʿUzzâ, und der fähige Feldherr erfüllte seine Aufgabe zur vollen Zufriedenheit des Propheten. Er zerstörte das Götzenbild und kehrte nach Medina zurück.[28]

Massenbekehrung

Nun folgt endlich der Abschluß der Geschichten über den Fall von Mekka. «Nachdem er Mekka besetzt hatte, blieb der Apostel noch fünfzehn Nächte in der Stadt. Er verrichtete dort seine Gebete verkürzt (wie es einem Reisenden vorgeschrieben ist). Mekka fiel am zwanzigsten Ramadân des Jahres 8 nach der Hidschra.»

Die meisten Korankommentare verbinden den Fall Mekkas mit Sure 110,1–3:

> Wenn (über kurz oder lang) die Hilfe Gottes kommt und der (von ihm verheißene) Erfolg (sich einstellt), und (wenn) du siehst, daß die Menschen in Scharen der Religion Gottes (d. h. dem Islam) beitreten, dann lobpreise deinen Herrn und bitte ihn um Vergebung!

Das Problem ist hier wie so oft: Mekka wird in diesem Korantext überhaupt nicht genannt. Obwohl Ibn Ishâqs Texte den Eindruck erwecken, daß nach dem Fall der Stadt nicht gleich jeder Einwohner begeistert zum Islam konvertierte, scheint der Koran (in der traditionellen Interpretation) doch etwas anderes vermitteln zu wollen. Danach seien die Bewohner Mekkas damals sogar «in Scharen» zum Islam übergetreten. Was sich der durchschnittliche Muslim merkt, ist diese Massenbekehrung. Extremisten rechtfertigen ihre Taktiken gelegentlich mit dem Hinweis, erst dann hätten sich die Menschen in großer Zahl zum Islam bekehrt, nachdem sich die Machtverhältnisse in Mekka für Mohammed stabilisiert hatten. Deshalb sei es wichtig, die Macht dauerhaft in den Händen zu haben.

Beim Fall von Mekka war den Heeren Mohammeds das Plündern verboten. Dies brachte Probleme mit sich, die in den folgenden Geschichten gelöst werden.

Mohammed hält seine letzte Predigt in der Moschee von Medina.
Die Gläubigen hören ihm demütig zu.
Osmanische Miniatur, 17. Jahrhundert. Turkish and Islamic Art Museum Istanbul.

18. Eroberungen

Während die Kommentatoren zu Sure 110,2 meinen, die Mekkaner seien zum Zeitpunkt des Falls ihrer Stadt «in Scharen» zum Islam übergetreten,[1] schreibt Ibn Ishâq, daß Mohammed dort erst wenig oder gar keine Unterstützung fand. Eine Unterstützung, die er nötig gebraucht hätte, denn im Umland von Mekka hatten sich unter einem gewissen Malik ibn ʿAuf verschiedene Gruppen von Arabern zu einem Bündnis gegen ihn zusammengeschlossen. Offenbar wollte man den Umstand ausnutzen, daß sich die Muslime und die Mekkaner gegenseitig geschwächt hatten. Den Kern dieser Anti-Mohammed-Allianz bildeten zwei Stämme: die Hawâzin und die Thaqîf aus der Stadt Tâʾif.

Zum Glück für die Muslime schlug Malik einen vernünftigen Rat in den Wind. Er wollte bei einem Angriff auf Mohammed die Frauen, Kinder und das Vieh der Krieger direkt hinter der Kampflinie aufgestellt haben, eine alte Wüstentradition, die zweifellos zur Verteidigung gegen kleinere Raubzüge gut funktionierte. Ein uralter Veteran, Duraid, riet ihm von dieser Taktik ab. Bei einer Flucht, warnte er, seien dann gleichzeitig auch Frauen, Kinder und Vieh verloren. Malik aber wollte nicht auf ihn hören.

Er sandte Spione aus, die mit ausgerenkten Gliedern zurückkehrten und sich nicht erklären konnten, wie es dazu gekommen war.[2] Sie berichteten, sie hätten weiße, berittene Männer gesehen, nach deren Anblick sie diese merkwürdige Krankheit befallen habe. Die heutigen wie die damaligen Leser wissen natürlich zum Glück sofort, daß es sich bei diesen «weißen Männern» um Engel handeln mußte. All das konnte Malik trotzdem nicht von seinem Plan abbringen.

Ein neuer Mose

Auch Mohammed schickte einen Spion aus, einen gewissen Ibn Abî Hadrad, der auskundschaften konnte, daß die Koalition der vor Mekka versammelten Feinde tatsächlich Kriegspläne gegen die Muslime hegte. Darauf gelang es dem Propheten, hundert Rüstungen von einem Mekkaner namens Safwân ibn Umayya, der kein Muslim war, zu leihen. Allerdings drängt sich hier der Eindruck auf, daß es um Mohammeds Heer schlecht bestellt war und ihm allmählich das Material ausging. Trotzdem, erzählt die Geschichte, wollte ihm selbst ein Mann, der (noch) kein Muslim war, helfen, indem er ihm eine riskante Leihgabe zur Verfügung stellte.

Mit zehntausend Muslimen plus zweitausend Männern aus Mekka brach Mohammed auf. Der Anfang des Feldzugs bietet die Kulisse für eine schöne biblisch-koranische Szene. Die heidnischen Quraisch und auch andere Araber verehrten einen großen grünen Baum, der den Namen Dhât al-Anwât[3] trug. Dort versammelten sie sich jedes Jahr, hängten ihre Waffen hinein und brachten Opfer dar. Mohammeds vorrückendes Heer fürchtete sich vor dem, was ihm bevorstand. Als sie an einem großen grünen Lotusbaum vorbeikamen, baten sie den Propheten aus alter Gewohnheit, dieses Ritual durchführen zu dürfen (schließlich war das heidnische Wallfahrtsritual kurz davor ebenfalls in den Islam aufgenommen worden). Mohammed aber erklärte ihnen konsterniert, damit verhielten sie sich genauso wie die Israeliten in der Geschichte vom Goldenen Kalb, als diese Aaron und Mose baten: «Mach uns einen (ebensolchen) Gott, wie die da Götter haben!» (Sure 7,138) Erneut erweist sich, daß Mohammed der neue Mose ist.

Hûnain

Nachdem Mohammed mit seinem Heer ins Wadi von Hûnain abgestiegen war, erkannte er, daß sich die Feinde dort gut verschanzt hatten. Diese gingen sofort zum Angriff über, worauf ein großer Teil von Mohammeds Heer die Flucht ergriff. Der Prophet und seine alten Getreuen indes konnten standhalten. Namentlich Abû Sufyân wird als einer derjenigen genannt, der an Mohammeds Seite kämpfte und trotz anfänglicher Rückschläge den Muslimen treu blieb. Unter diesen Umständen, erzählt Ibn Ishâq, zeigten die flüchtenden Mekkaner ihr wahres Gesicht und bewiesen, daß sie dem Propheten und dem Islam im Grunde feindlich gesinnt waren. Einer rief beispielsweise, heute seien Mohammeds Zauberkünste wohl vergeblich. Doch ein anderer widersprach, er ließe sich lieber von einem Quraisch (wie Mohammed) unterdrücken als von den Hawâzin. Ein Mann, dessen Vater in der Schlacht bei Uhud getötet worden war, sah eine Gelegenheit zur Rache und versuchte, Mohammed zu töten. Als der Versuch mißlang, begriff er, daß dieser (von Gott und seinem Engel?) vor ihm beschützt worden war.

Dann wendete sich das Kriegsglück, die «Heiden von Hunain» ergriffen die Flucht. Nicht nur Mekka, sondern auch das Umland der Stadt im allerweitesten Sinn des Wortes mußte nunmehr die militärische Überlegenheit der Muslime anerkennen. Die Thaqîf flüchteten in ihre Stadt Tâ'if, die übrigen woandershin. Ibn Ishâq zufolge war der Sieg dem Eingreifen Gottes zu verdanken, der seine Engel ausgesandt hatte. «Ich sah, wie sich etwas wie ein schwarzes Leintuch aus dem Himmel auf uns herabsenkte, es fiel zwischen uns und die Feinde. Ich hob den Blick und sah das ganze Wadi wie mit schwarzen Ameisen gefüllt. Ich zweifelte nicht daran, daß es die Engel waren.»[4]

Selbstverständlich wurde der geschlagene Feind verfolgt, was wie immer den Schauplatz für einige Anekdoten abgibt, und natürlich hören wir auch wieder eine Geschichte, die dem Ansehen von Châlid ibn al-Walîd schaden sollte. An diesem Tag stieß Mohammed auf eine Gruppe von Männern, die sich um den Leichnam einer Frau versammelt hatten, die von Châlid getötet worden war. Als Mohammed hörte, was dort geschehen war, ließ er Châlid abermals die Anweisung überbringen, Frauen, Kinder und Sklaven zu schonen.[5]

Eine Gefangene, die von den muslimischen Kämpfern grob behandelt wurde, behauptete, Mohammeds Milchschwester zu sein. Als man sie zu ihm brachte, verlangte er einen Beweis für ihre Behauptung. «Der Biß auf meinem Rücken, den ich von dir bekam, als ich dich auf meiner Hüfte trug», lautete ihre Antwort. Mit diesem Beweis gab sich der Prophet zufrieden und behandelte sie freundlich. Sie durfte wählen, ob sie bei Mohammed bleiben oder zu ihrer Familie zurückkehren wollte, und entschied sich für letzteres.[6]

Die Bedeutung dieser Geschichte liegt darin, welch großen Wert offenbar auch Mohammed der Milchverwandtschaft zuerkannte, die im islamischen Recht eine wichtige Rolle spielt und zu den Ehehindernissen gehört. Milchverwandte dürfen zudem ungehindert soziale Kontakte miteinander pflegen und unterliegen nicht den Regeln, die Männer und Frauen voneinander trennt. Auch Mohammed ließ seine Milchschwester «auf seinem Mantel» sitzen, obwohl aus anderen Geschichten hervorgeht, daß er Frauen nicht einmal die Hand geben wollte, nahe Verwandte oder seine Gattinnen ausgenommen.

Tâʾif

Nachdem die Dinge in Hunain geklärt waren, zog der Prophet mit seinem Heer nach Tâʾif, gegen die Thaqîf. Jetzt geht auch Ibn Ishâq auf, daß sich die Bewohner der Arabischen Halbinsel eigentlich nicht richtig auf die Kunst der Belagerung verstanden. Er berichtet, daß die Thaqîf die Tore ihrer Stadt geschlossen hatten, weist aber gleichzeitig darauf hin, daß ʿUrwa ibn Masʿûd und Ghailân ibn Salama sich nicht an den Kämpfen beteiligt hätten, weil sie «sich in Dscherasch befanden, wo sie gerade das Katapult und andere Belagerungsinstrumente studierten»,[7] also auf Studienreise waren.

Dscherasch, das in der römischen Zeit Gerasa hieß, etwa fünfundvierzig Kilometer nördlich vom heutigen Amman entfernt, war eine gute Wahl für eine solche Bildungsreise, gelang es der Stadt doch bis ins siebte und achte Jahrhundert, wenn nicht länger, ihren Belagerern standzuhalten. Noch 611 hatte Bischof Genesius mit dem Bau einer Kirche begonnen. Die Stadt war 63 v. Chr. vom römischen Feldherrn Pompeius erobert worden und hatte unter den Römern und später unter den Byzantinern ihre große Blütezeit erlebt. Wenn im Bereich der Arabischen Halbinsel irgendwo Wissen über römische Belagerungstechnik zu finden war, dann dort. Die riesigen Ruinen von Dscherasch sind noch heute sprichwörtlich.

Die muslimischen Belagerer versuchten, die Stadt Tâ'if zu stürmen, wurden jedoch mit Pfeilen beschossen und mit glühenden Eisenstücken beworfen. Währenddessen, erzählt Ibn Ishâq, waren Sklaven aus Tâ'if zu Mohammed geflohen und konvertiert. Ihre Freilassung war einmal mehr ein Beweis für die Attraktivität des Islam. Nachdem sich die Stadt Tâ'if später ergeben hatte, sollte es darüber noch einige Diskussionen geben. Die Einwohner wollten natürlich ihre Sklaven wiederhaben, was der Prophet jedoch ablehnte. Am Ende zählt Ibn Ishâq zwölf Märtyrer. Die Belagerung von Tâ'if hatte etwa drei Wochen gedauert.

Die Verteilung der Beute

Daraufhin begab sich Mohammed mit seinem Heer zu einem Ort unweit von Hunain, wo die Kriegsgefangenen interniert waren. Ibn Ishâq spricht von nicht weniger als sechstausend Frauen und Kindern. Außerdem sollen sich dort «unzählige» Schafe und Kamele befunden haben, die noch zu verteilen waren. Die Hawâzin wurden in den Verhandlungen von Mohammed vor die Wahl gestellt zwischen ihren Frauen und Kindern oder dem Vieh. Sie entschieden sich für die Frauen und Kinder, und Mohammed sicherte ihnen zu, daß er selbst und seine nächsten Verwandten ihnen ihren Beuteanteil von Frauen und Kindern zurückgeben würden, aber mit den anderen neuen Besitzern es womöglich Probleme geben könnte. Und genau das trat ein, Mohammed indes hatte eine Lösung parat: «Wer auf sein Anrecht auf diese Kriegsgefangenen verzichtet, bekommt zum Ausgleich sechs Kamele aus unserer nächsten Beute.» Daraufhin durften die Frauen und Kinder zu ihren Männern und Vätern zurückkehren.[8]

Für Malik ibn ʿAuf, den Anführer der Allianz, durch die Mekka bedroht war, hatte Mohammed durch die Unterhändler der Hawâzin eine ganz besondere Botschaft. Wenn er, der sich in Tâ'if versteckt hielt, zum Islam übertrete, könne er nicht nur seine Familie und seinen Besitz zurückerhalten, sondern bekäme obendrein noch hundert Kamele als Geschenk. Das stellte Malik vor ein Problem. Er konnte seinen Gastgebern ja nicht einfach mitteilen, daß er jetzt doch überlaufen wollte. Nach einem wilden Ritt gelang es ihm aber, Mohammed zu erreichen und das versprochene Geschenk in Empfang zu nehmen. Ibn Ishâq erzählt, er sei ein guter Muslim geworden und habe später unter anderen folgende Zeilen gedichtet:

> Unter allen Menschen habe ich nie Männer gefunden,
> die mit Mohammed vergleichbar wären.
> Er hält sein Wort und schenkt gar reichlich dem,
> der darum fleht.
> Und wenn man es möchte, kann man von ihm erfahren,
> was morgen sein wird.[9]

Auch Malik hielt Mohammed also für einen Hellseher. Den Thaqîf gegenüber zeigte dieser weniger Milde und griff auf die wohlbekannte Technik von Überraschungsangriffen und Überfällen zurück. Sobald ihre Herden aus dem Ort getrieben worden waren, ließ Mohammed sie überfallen.

Die Hawâzin waren durch die Rückgabe ihrer Frauen und Kinder zwar zufriedengestellt, aber dafür hatte sich unter Mohammeds Männern große Unzufriedenheit breitgemacht. In der Geschichte, die Ibn Ishâq darüber erzählt, fehlt jedoch jeder namentliche Hinweis auf einen Stamm, Clan oder einzelnen Kämpfer. Logischerweise wollte kein Zuhörer der Geschichtenerzähler daran erinnert werden, daß sich seine Ahnen oder die Vorfahren der Anführer seiner Partei im Streit um das Kalifat an einer halben Meuterei beteiligt hatten.

Nachdem Mohammed die Kriegsgefangenen von Hunain freigelassen hatte, lauerte ihm eine Gruppe von Männern auf, die ihn dazu drängte, ihnen doch ihre Anteile an der Beute (vor allem weiteres Vieh) auszahlen zu lassen. Daraufhin kam es zu einem Handgemenge, in dem der Prophet mit dem Rücken an einen Baum gedrängt wurde und dabei sogar seinen Mantel verlor. Er bat die Männer, die ihn bedrängten, ihm den Mantel zurückzugeben, und beteuerte, er sei beim Verteilen mit der Beute doch immer ehrlich vorgegangen; aber «wenn es für euch so viele Schafe gegeben hätte wie Sträucher in der Tihâma-Ebene stehen, hätte ich sie natürlich schon längst unter euch verteilt. Ihr wißt doch, daß ich nicht knauserig bin.» Mit anderen Worten: Es ist nichts mehr da. Im weiteren Verlauf der Geschichte wird ständig betont, wie sündig es ist, etwas, und sei es noch so klein und unbedeutend, aus der Beute zu unterschlagen.

Wer behaupten möchte, daß das, was uns Ibn Ishâq überliefert, mittlerweile in großen Zügen historisch sei, findet in dieser Geschichte einen guten Anhaltspunkt. Eine halbe Meuterei gegen den Propheten paßt ja absolut nicht in die Theologie einer späteren Zeit. Je größer der zeitliche Abstand wird, desto mehr wird Mohammed glorifiziert und sein Umfeld so porträtiert, als habe es aus lauter Menschen bestanden, die glasklar erkannten, wie außergewöhnlich Mohammed war. Zudem wäre eine von einem traditionellen Erzähler überlieferte Geschichte über ein derart skandalöses Verhalten gegenüber dem Gesandten Gottes ganz bestimmt mit einem der üblichen Sündenböcke ausgeschmückt worden. Ein proabbasidischer Erzähler beispielsweise hätte sicherlich einem Mitglied der Umayyadenfamilie eine Schurkenrolle in der Geschichte zugedacht, und umgekehrt. Aber die echten Kritiker wiederum werden eine solche Argumentation zweifellos für naiv halten und behaupten, diese Geschichte diene vor allem dazu, der darauffolgenden ein schärferes Profil zu geben.

Unmittelbar nach dem Bericht über die halbe Meuterei folgt eine Erzählung über die Großzügigkeit Mohammeds gegenüber einigen seiner ehemaligen Feinde. Etwa zwanzig Mann, darunter Abû Sufyân und dessen beide Söhne (von denen der eine 661 Kalif werden sollte), bekommen jeder fünfzig bzw. hundert Kamele geschenkt. Insgesamt ging es um sechzehnhundert oder siebzehnhundert Kamele, vielleicht auch um mehr. Die logistischen Probleme müssen jedenfalls enorm gewesen sein, doch darüber hören wir nichts.

Ein gewisser al-ʿAbbâs ibn Mirdas erhielt ein paar Kamele, gab sich damit aber nicht zufrieden. Sein Unmut veranlaßte ihn zu folgenden Verszeilen:

Im Kampf konnte ich manch einen beschützen.
Doch das einzige, was ich dafür bekommen habe,
sind Kamele, in einer Zahl, ebenso groß
wie die Beine, auf denen sie stehen.

Also vier. Mohammed war bekanntlich nicht besonders begeistert von Leuten, die ihn in Gedichtform beschimpften, und erwiderte deshalb: «Fort mit diesem Mann, schneidet ihm die Zunge ab.» Also, erzählt Ibn Ishâq, «gaben sie ihm (Teile der Beute), bis er zufrieden war, denn das war es, was der Gesandte Gottes mit ‹schneidet ihm die Zunge ab› meinte».[10] Es gibt hartnäckige Gerüchte, daß diese charmante und unblutige Methode, Dichter und Schriftsteller zum Schweigen zu bringen, bei den Regierungen des Mittleren Ostens und auch anderswo noch heute gang und gäbe ist.

Das Murren über die Verteilung der Beute ist eine gute Kulisse für Aussagen über Mohammeds Autorität und wird deshalb in einer weiteren Geschichte thematisiert, in der Mohammed, der gerade bei der Verteilung der Beute war, von jemandem folgendermaßen angesprochen wurde: «Mohammed, ich habe gesehen, was du heute tust.» «Und, was meinst du dazu?» fragte der Prophet. Die Antwort war nicht sehr diplomatisch: «Ich meine nicht, daß du dabei gerecht vorgehst.» Das erboste Mohammed, und er sagte: «Wenn bei mir keine Gerechtigkeit zu finden ist, bei wem denn sonst?»[11] Diese Worte sind eine deutliche Ermahnung an die muslimischen Leser, sich zu vergegenwärtigen, daß die Taten und Aussagen des Propheten Muslimen als Richtschnur zu dienen haben, zumindest wenn sie gerecht leben wollen.

Aber die Geschichte ist noch nicht zu Ende, es gab nämlich noch ein Problem. Abermals war es ʿUmar, der vorschlug, dem Unverschämten auf der Stelle den Kopf abzuschlagen, aber Mohammed befahl, den Mann in Ruhe zu lassen. Denn, sagt er, «er wird Parteigänger[12] haben, die sich so in die Religion vertiefen werden, daß sie wieder herauskommen wie der Pfeil aus dem Ziel. Schau auf die Spitze, und du siehst nichts. Schau auf den Schaft, und du siehst nichts. Schau auf die Oberseite, und du siehst nichts. Fleisch und Blut wurden beide nicht getroffen.» Kritiker werden nicht so schnell glauben wollen, daß sich Mohammed zum Parteienstreit geäußert hat, der erst nach seinem Tod ausbrach. Vielleicht hatte Ibn Ishâq damit ebenfalls Schwierigkeiten. Auf jeden Fall versichert er seinen Lesern, daß ihm diese Anekdote noch aus zwei anderen Quellen bekannt sei.

Es ist wieder at-Tabarî, der uns eine weitere Geschichte von Ibn Ishâq zu diesem Kontext überliefert, die von Ibn Hischâm gestrichen wurde. Danach scheint Mohammed in dieser Phase seiner Laufbahn außerordentlich reizbar gewesen zu sein, was gut damit zusammenhängen könnte, daß er die unersättliche Beutegier seines Anhangs befriedigen mußte. Auch die ständig ausbrechenden Aufwallungen von Neid und Mißgunst, die eine Beuteverteilung nun einmal mit sich bringt, werden Mohammed nicht glücklich gemacht haben. Ein nicht namentlich genannter Muslim ritt mit seinem Kamel neben dem Gesandten Gottes her, und im Gedränge geriet sein Kamel so nah an das des Propheten, daß er mit seiner Sandale schmerzlich dessen Wade traf. Mohammed schlug ihn mit der Peitsche auf den Fuß und sagte: «Bleib mir vom Leib.»[13] Am nächsten Tag ließ der Prophet den Mann zu sich rufen, nicht, wie dieser erwartet hatte, um ihn zu strafen, sondern um mit achtzig Kamelstuten den Peitschenhieb wiedergutzumachen.

Diese Geschichte wendet sich direkt gegen die spätere Verklärung Mohammeds; häufig wird genau dies als Argument für die Historizität einer Erzählung angeführt. Doch wer möchte, kann darin auch einfach einen historisch nicht belegten frommen Aufruf sehen, bei kleinen, unbeabsichtigten Verletzungen nicht überzureagieren.

In den zahlreichen Berichten über die Verteilung von Beute ist eine Gruppe noch wenig oder gar nicht zum Zug gekommen: die «Helfer» *(ansâr)* aus Medina. Die Geschichte, die nun folgt, beginnt damit, daß einer von ihnen sich an Mohammed wandte, weil in Medina Murren zu hören war. Was man dort redete, vertraute er dem Propheten an: «Ja, der Gesandte Gottes ist wieder zu seinen eigenen Leuten zurückgekehrt.» «Und was meinst du dazu?» fragte Mohammed seinen Gesprächspartner. «Ach», antwortete jener, «ich gehöre auch nur zu meinem eigenen Stamm.»[14]

Diese Antwort gab dem Gesandten Gottes die Gelegenheit, sofort Maßnahmen zu ergreifen. Er rief die Helfer aus Medina zusammen und sprach zu ihnen:

> Bin ich nicht zu euch gekommen,
> während ihr auf dem Irrweg wart?
> Hat Gott euch nicht auf den rechten Weg geführt?
> Bin ich nicht zu euch gekommen,
> als ihr bedürftig wart?
> Hat Gott euch nicht reich gemacht?
> Bin ich nicht zu euch gekommen,
> als ihr miteinander verfeindet wart?
> Hat Gott eure Herzen nicht füreinander erweicht?

Diese Rede enthält eine gänzlich andere Interpretation für Sure 93, 7–8:

> Hat er dich nicht [...] auf dem Irrweg gefunden und rechtgeleitet, und dich bedürftig gefunden und reich gemacht?

Nach allgemeiner Auffassung müssen diese Verse auf das Leben Mohammeds bezogen werden und bergen möglicherweise sogar einen Hinweis auf seine Ehe mit der nicht unvermögenden Chadîdscha. Hier an dieser Stelle werden sie jedoch anders gedeutet und im Gegenteil auf das Schicksal der Einwohner Medinas bezogen.

Der offiziellen islamischen Gelehrsamkeit zufolge, wie sie in den Korankommentaren festgelegt ist, wurde Sure 93,7–8 Mohammed in Mekka offenbart, und zwar vor dem Jahr 622. Seine Lebensgeschichte spielte sich inzwischen jedoch in Medina ab, um den Anfang des Jahres 630. Wurden diese Koranverse hier aktualisiert und erneut verwendet? Das würde bedeuten, daß Mohammed (oder vielleicht Ibn Ishâq) sich große Freiheiten gegenüber dem Korantext erlaubte. Ibn Ishâqs Text wirkt ziemlich archaisch, aber ist er wirklich älter als derjenige, den wir als Sure 93,7–8 kennen? Es sind merkwürdige Puzzles, von denen man noch lange nicht wissen wird, wie sie zusammengehören.

Wie dem auch sei, die Zuhörer antworteten nach dieser Rede des

Propheten: «Gewiß, Gott und sein Gesandter sind freigebig und edelmütig.» Mohammed erkannte, daß sie auswichen, und fragte, warum sie sich um eine richtige Antwort drückten. Darauf bekam er zu hören, aber nunmehr in einer anderen Wortfolge: «Was sollen wir denn antworten? Freigebig und edelmütig sind Gott und sein Gesandter?» Er beschloß, sich erneut an sie zu wenden:

> Ich kam zu euch, als mich jeder für einen Lügner hielt,
> aber ihr habt mir geglaubt.
> Alle hatten mich im Stich gelassen,
> aber ihr habt mir geholfen.
> Ich war auf der Flucht,
> und ihr habt mich aufgenommen.
> Ich war arm,
> und ihr habt mit mir geteilt.
> Seid ihr bestürzt wegen der irdischen Güter,
> die ich verwende, um Menschen für den Islam zu gewinnen?
> Seid ihr unzufrieden, daß Menschen mit einem Schaf oder einem Kamel nach Hause gehen,
> während ihr mit dem Gesandten Gottes heimkehrt?[15]

Nun gehen die Zuhörer (metaphorisch) in die Knie und brechen in Tränen aus. Die Zähren tropfen aus ihren Bärten, und Ibn Ishâq läßt sie sagen: «Wir verlangen und fordern nichts als den Gesandten Gottes.» Wenn die Geschichte historisch ist, weist sie trotzdem auf große Spannungen hin, die durch die Verteilung der Beute aus allen möglichen Feldzügen ausgelöst wurden. Doch wem es besser gefällt, der kann sie genausogut nur als einen Lobgesang auf die Medinenser (und deren Nachfahren im Publikum des Erzählers) lesen. Sie waren ja das Risiko eingegangen, Mohammed und seine Anhänger 622 in ihrer Stadt aufzunehmen.

Eine Pilgerfahrt

Inzwischen hatte sich die Situation in und um Mekka derart stabilisiert, daß Mohammed nach Medina hätte zurückkehren können, aber die Überlieferung hat noch eine heikle Frage aus dem Weg zu räumen. Es war nämlich beinahe schon wieder Wallfahrtssaison in Mekka, im achten Jahr nach der Hidschra. Der Monat der Pilgerfahrt begann am 22. März 630, und diesmal durften die Muslime an der Feier in Mekka teilnehmen, wenn auch nur deshalb, weil sie den militärischen Sieg errungen hatten. Aber die Überlieferung ist sich ganz sicher, daß Mohammed an dieser Wallfahrt nicht teilgenommen hat. Einem der Erzähler zufolge soll Mohammed bereits etwa am 15. März wieder in Medina zurückgewesen sein.[16]

Wenn es sich hier um ein historisches Ereignis handelt, läßt sich nur schwer ein Grund finden, warum Mohammed nicht an dieser Pilgerfahrt teilnahm. Möglicherweise wollte er dies nicht gemeinsam mit Heiden tun, aber darüber berichten die Geschichten nichts. Bereits im neunzehnten Jahrhundert waren sich Forscher sicher, daß die Erzähler dieses Problem lösten, indem sie Mohammed für seine Rückkehr nach Medina eine *ʿumrâ*, die «kleine» Pilgerfahrt, machen ließen.[17]

Nun könnte man auch argumentieren, daß nach den Überlieferungen Mohammed genau wie jeder gute Muslim nur einmal im Leben die «echte» Pilgerfahrt unternommen habe. Dieses eine Mal war die Abschiedswallfahrt vor seinem Tod, darüber waren bereits bewegende Geschichten in Umlauf. Also konnte er an diesem Punkt in der Erzählung nicht erneut an der Pilgerfahrt teilnehmen. Es hat wenig Sinn, solche Spekulationen allzuweit zu treiben. Ibn Ishâq berichtet, daß Mohammed, bevor er nach Hause zurückkehrte, nur eine kleine Wallfahrt durchführte und vor dem Ende des Monats wieder in Medina war.[18] Über das, was sich bis zu seinem Tod in Mekka weiterhin ereignete, erfahren wir nur wenig oder gar nichts von den Erzählern.

Ein Dichter bekehrt sich

Wie bereits erwähnt, hatte Mohammed bei der Einnahme von Mekka einige Dichter und Sängerinnen hinrichten lassen, weil sie sich abfällig über ihn und den Islam geäußert hatten. Dies blieb nicht ohne

Wirkung auf andere ihrer Zunft. «Die übriggebliebenen Dichter der Quraisch waren in alle Himmelsrichtungen geflohen», schreibt Ibn Ishâq.[19] Einer von ihnen, Kaʿb ibn az-Zuhair, war von seinem Bruder, der bereits Muslim war, gewarnt worden, und beschloß, sich zu unterwerfen und Muslim zu werden. Dazu begab er sich nach Medina, wo er sich Mohammed unerkannt näherte und ihn fragte, ob er die Unterwerfung Kaʿb ibn az-Zuhairs annehmen würde.[20]

Der Prophet bejahte, worauf Kaʿb sich zu erkennen gab. Einer der medinensischen Helfer sprang auf und bat um die Erlaubnis, Kaʿb enthaupten zu dürfen, aber Mohammed hielt dagegen, daß dieser ein reuiger Muslim sei und daher straffrei ausgehe. Kaʿb rächte sich freilich an diesem «Helfer», indem er ihn in einem berühmten Gedicht, das er dem Propheten widmete, als «schwarzes Zwerglein» bezeichnete.[21] Mohammed dagegen nannte er «das Licht» und gab auch ehrlich zu:

> Mir wurde berichtet, daß der Gesandte Gottes mich bedrohe,
> aber Vergebung ist es, was ich vom Gesandten Gottes erhoffe.

Das Gedicht beginnt ganz im Stil der antiken arabischen Lyrik mit der Beschreibung des öden Lagers, das die einstige Geliebte verlassen hat. In diesem Fall heißt sie Suʿâd, und es gibt vermutlich keinen Araber, der die erste Zeile dieses Gedichts nicht auswendig kennt: «Suʿâd ist gegangen, mein Herz ist gebrochen.»[22] Weiter sagt der Dichter über sie: «Sie hält ihre Versprechen wie ein Sieb das Wasser.» Traditionell muß das Klagelied über die Heldin mit der Ermahnung von Freunden beendet werden, die versuchen, den Dichter durch den Hinweis aufzumuntern, daß es noch mehr im Leben gibt als ein gebrochenes Herz. Der Übergang vom Lied über das abgereiste, unerreichbare Mädchen zum Loblied auf diejenigen, für die das Gedicht eigentlich gedacht ist, ist manchmal nicht ganz einfach zu bewerkstelligen, aber Kaʿb gelingt es auf subtile Weise. Er braucht dafür drei bis vier Zeilen:

> Meine törichten Freunde laufen um mein Kamel herum und sagen:
> Bester Kaʿb, du bist so gut wie tot.
> Meine Freunde, auf die ich so hoffte, sie sagen:

Helfen können wir dir nicht, dafür haben wir keine Zeit.
Ich sagte: Laßt mich doch in Frieden, ihr vaterlosen Halunken!
Alles, was der Erbarmer beschlossen hat, wird geschehen.
Jeder Sohn einer Frau, wie lange er auch sicher ist,
wird eines Tages auf einer Bahre weggetragen.
Mir wurde berichtet, daß mich der Gesandte Gottes bedrohe,
aber Vergebung ist es, was ich vom Gesandten Gottes erhoffe.

Und damit sind wir beim wahren Gegenstand des Gedichts, bei Mohammed und der Begnadigung des Dichters. Der Überlieferung zufolge hat Kaʿb nach seiner Versöhnung mit Mohammed keine bedeutende Lyrik mehr geschrieben. Die letzten zwei Zeilen mit der Wiederholung von «Gesandter Gottes» sind übrigens auch in poetischer Hinsicht nicht übermäßig gelungen.

Ibn Ishâq schließt die Geschichte über Kaʿb ibn az-Zuhair mit einem Vers des Dichters, in dem er zum Ausgleich für seine vorherige Beleidigung die «Helfer» aus Medina doch noch über alle Maßen lobt:

Sie sind die Besten, die Söhne der Besten.
Ihre Seele setzen sie
bis zu ihrem Tod am Tag von Gefecht und Kampf
für ihren Propheten ein.[23]

Über Inhalt und Wortlaut dieses Gedichts kursieren viele unterschiedliche Meinungen. So etwas ist, vorsichtig ausgedrückt, nicht immer ein Hinweis auf die Echtheit oder das Alter der Zeilen. In diesem Fall könnten alle möglichen Betroffenen versucht haben, die Beleidigung der medinensischen Männer durch eine Lobeshymne auf sie ungeschehen zu machen, die dann Kaʿb zugeschrieben werden sollte.

In den Norden

An diesem Punkt der Geschichte ist allmählich die Rede von einem großen, islamisch dominierten Reich, das einen beträchtlichen Teil der Arabischen Halbinsel umfaßte. Dennoch wird es bestimmte Gebiete gegeben haben, in denen das arabische Heidentum noch in voller Blüte stand.

Den heidnischen Priestern schenkte die Überlieferung allerdings keinerlei Aufmerksamkeit. Waren solche Geschichten für die Erzähler etwa nicht der Mühe wert, weitergegeben zu werden? Wollten eventuelle Nachfahren dieser Priester solche Berichte vielleicht lieber nicht hören? Selbst wenn die Geschichte gut ausging, weil die Hauptfigur zum Islam übertrat, wie es zweifellos oft der Fall gewesen sein muß? Wir wissen es leider nicht.

Im Neuen Testament stolpern wir mit schöner Regelmäßigkeit über die religiösen Funktionäre des Judentums, mit dem das Christentum rivalisierte. Die Zahl der Geschichten, in denen Leviten, Priester, Tempeldiener, Rechts- oder Schriftgelehrte eine Rolle spielen, ist beträchtlich. Auch im Alten Testament vernehmen wir da und dort etwas über die Baalpriester. Warum schweigt sich die islamische Überlieferung so eisern über die professionellen Vertreter der heidnischen Konkurrenz aus? Die wird es doch sicher gegeben haben?

Eines ist klar, es gab einen Gegner, über den Mohammed in dieser Phase seiner Karriere noch keinen nennenswerten Sieg hatte erringen können: das christliche Oströmische Reich und seine arabischen Vasallen. Bis dahin existierte nicht einmal eine kampflos zustande gekommene Vereinbarung mit den Christen. Es kursierten zwar Geschichten über die Feldzüge nach Muʾta und Dûmat al-Dschandal, aber das waren keineswegs Beschreibungen eines islamischen Triumphs über das Christentum.

Uns bleibt wie immer die Wahl: Entweder glaubte Mohammed selbst, daß es jetzt an der Zeit sei, gegen die Christen im Norden zu marschieren, oder den Erzählern ging auf, daß sie zwar Schilderungen solider Siege über arabische Heiden und Juden hatten, aber keine einzige Geschichte über die Beziehungen zum christlichen Norden. Wenn sich allerdings, wie manche kritische Forscher vermuten, der Islam ganz allmählich unter den arabischen Grenzsoldaten in christlichem oströmischem Dienst verbreitete, ist das natürlich nicht verwunderlich.

Tabûk

Die Erzählungen, die im folgenden diese Lücke füllen, spielten sich vor dem Hintergrund eines Feldzugs nach Tabûk ab, den Mohammed der Überlieferung zufolge im Monat Radschab des neunten Jahrs nach der Hidschra ab Mitte Oktober 630 unternahm. Tabûk liegt im Norden des heutigen Saudi-Arabien, gut zweihundert Kilometer südwestlich von Maᶜân, das sich etwa in der Mitte zwischen Amman und Aqaba befindet.

Ibn Ishâq zufolge (und die Kommentare zu Sure 9,81 scheinen das zu bestätigen) war der Radschab des Jahres 9 nach der Hidschra ein besonders heißer Monat. Trotzdem befahl Mohammed, Vorbereitungen für einen Feldzug in den christlichen Norden zu treffen, obwohl die Dattelernte noch nicht eingeholt war.[24] Gelehrte des neunzehnten und zwanzigsten Jahrhunderts hatten damit ihre Schwierigkeiten.[25] Wie konnte es im Oktober, fast schon November, so extrem heiß gewesen sein? Menschen in der heutigen Zeit, die sich an die Kapriolen des Klimas gewöhnt haben, werden das weniger tragisch nehmen. Außerdem ist es im Mittleren Osten auch heute um diese Jahreszeit oft noch heiß, und tatsächlich werden ungefähr um diese Zeit die neuen Datteln geerntet *(balah)*.

Verwunderlich ist jedoch, daß mit keinem Wort erwähnt wird, was in Tabûk selbst geschah. Es handelt sich ausschließlich um Geschichten, die sich vor dem Hintergrund dieses Feldzugs abspielen. Zweck dieser Schilderungen scheint auch zu sein, ein Dutzend Koranstellen zu erläutern, allesamt aus Sure 9.[26] Schließlich wird Mohammed in den Geschichten (die in der englischen Übersetzung nur sechs Seiten einnehmen)[27] mindestens siebenmal als Hellseher und einmal als Wundertäter vorgeführt, der bei einem dringenden Wassermangel für ausreichend Regen sorgen konnte. Hier hören wir auch zum letzten Mal von den halbherzigen «Heuchlern» *(munâfiqûn)*, die keine große Lust haben, sich mit allen entsprechenden Risiken in den Dschihad zu stürzen.

Vermutlich sollen diese Geschichten dem Leser seine eventuell eigene Abneigung gegen den Dschihad ausreden. Wie auch immer: Nach Ibn Ishâq fragte Mohammed eines Tages einen seiner Mitstreiter, ob er gegen die «Gelbgesichter» – damit sind die Byzantiner gemeint[28] – Krieg führen wolle. Der Mann war nicht gerade begeistert und antwortete, jedermann wisse, wie sehr er die Frauen liebe, ganz besonders die byzantinischen Frauen. Deshalb fürchte er, sich auf einem solchen Feldzug nicht beherrschen zu können. Mohammed wandte sich ab, erlaubte ihm aber trotzdem, dem Feldzug fernzubleiben. Aus diesem Anlaß wurde Sure 9,49 offenbart:

> Und unter ihnen gibt es welche, die sagen: «Gib mir Dispens und setz mich nicht der Versuchung aus!» Sind sie (denn) nicht (bereits) in Versuchung gefallen?

Wieder andere wiesen auf die extreme Hitze hin und machten kein großes Geheimnis aus ihrem Mißfallen, schon wieder zu den Waffen greifen zu müssen. Außerdem zweifelten sie in ihrer Halbherzigkeit die Wahrheit des Islam an und hatten Einwände gegen Mohammed. Sure 9,81 gibt einen kurzen Dialog zwischen diesen «Heuchlern» und Mohammed wieder:

> Und sie sagen: «Rückt (doch) nicht in der Hitze aus!» Sag: Das Feuer der Hölle ist heißer (als die Sommerhitze, in der dieser Feldzug stattfindet).

Die bisher gelungene Befriedung eines so großen Teils der Arabischen Halbinsel war zweifellos eine enorme militärische und politische Leistung. Viele Männer in Medina und Mekka müssen allein schon das sehr bemerkenswert gefunden und sich gedacht haben, daß jetzt doch eigentlich der Zeitpunkt für Frieden und Konsolidierung gekommen sei. Offenbar herrschte bei vielen Anhängern Mohammeds wenig Verständnis für dessen Wunsch nach weiterer Expansion. Oder handelt es sich hier etwa wieder nur um eine Erläuterung zu den beiden Versen aus Sure 9?

Mohammed setzte unverdrossen seine Vorbereitungen fort, wobei sich herausstellte, daß es ziemlich viele vermögende Leute in Mekka und Medina gab, die durchaus Geld und Reittiere für diesen Feldzug zur Verfügung stellen wollten. Obwohl Mohammed diese Form des

Dschihad ebenfalls zuließ, stand sie natürlich in scharfem Kontrast zur Liebe derjenigen der sieben Muslime, die als «die Weiner» bekannt sind. Diese vermochten nämlich nicht ihre Tränen zu unterdrücken, als sie feststellen mußten, daß sie nicht mit in den Norden ziehen konnten, weil ihnen Reittiere fehlten. Schließlich fand man doch noch Tiere für sie, so daß es ihnen möglich war, mitzukommen.

Auch einige Beduinen wollten sich entschuldigen, aber «Gott erlaubt es nicht». Von einer Reihe namentlich genannter guter Muslime wird berichtet, daß sie, obwohl sie den Nutzen dieses Feldzugs oder den Nutzen des Dschihad im allgemeinen keineswegs anzweifelten, dennoch ziemlich große Schwierigkeiten hatten, rechtzeitig reisefertig zu sein. Als sie endlich aufbrachen, blieb jedoch ein Teil des Heeres zurück. Aus diesem Grund wurde Sure 9,48 offenbart (die Worte richten sich an Mohammed):

> Sie haben ja schon früher danach getrachtet, Zweifel und Zwietracht zu verbreiten und bei dir alles auf den Kopf gestellt (w. dir die Angelegenheiten umgedreht).

Im Zusammenhang mit dem zum Teil unwillig nach Norden marschierenden Heer erzählt Ibn Ishâq nunmehr eine Geschichte über ʿAlî, den späteren vierten Kalifen. Böse Zungen hatten das Gerücht verbreitet, daß Mohammed seinen Vetter und Schwiegersohn ʿAlî in Medina zurückgelassen hatte, weil er ihn für einen Klotz am Bein hielt. Kaum war dies ʿAlî zu Ohren gekommen, packte er auf der Stelle seine Rüstung und eilte Mohammed und dem Heer hinterher. Als der Prophet die Verleumdungen hörte, sagte er: «Sie lügen. Ich habe ʿAlî zum Stellvertreter der Familie und der Verwandten bestellt, die ich zurückgelassen habe.» Er wies seinen Schwiegersohn an, nach Medina zurückzugehen und dort diese Rolle zu übernehmen.

Auch das verwendete Vokabular gibt einen klaren Hinweis auf ʿAlîs Stellung nach Mohammeds Tod. Der Prophet sagt nämlich: *Uchluf-nî*, was soviel bedeutet wie: «Sei mein Stellvertreter, mein Kalif.» Die Anhänger der anderen Parteien werden zufrieden konstatiert haben, daß Mohammed seinen Schwiegersohn nur als Kalif für seine eigene Familie einsetzt, nicht als Kalif für alle Muslime.

Dennoch war ʿAlîs Position außergewöhnlicher, als seine Feinde glaubten. Mohammed schob nämlich folgenden Satz hinterher: «ʿAlî, bist du denn nicht zufrieden damit, in bezug auf mich dieselbe Position zu haben, wie sie Aaron in bezug auf Mose eingenommen hat, abgesehen davon, daß es nach mir keinen weiteren Propheten geben wird?» Ein Philologe aus dem neunzehnten Jahrhundert hätte mit Bestimmtheit gewußt, daß der letzte Teil des Satzes («abgesehen davon ...») erst von späteren antischiitischen Erzählern in den Text eingeschmuggelt wurde. Heutige Forscher können so etwas nur vermuten.[29]

Zum Glück war nicht jeder so halbherzig wie die «Heuchler». Ibn Ishâq erzählt eine schöne Anekdote von einem gewissen Abû Chaithama, der nach wenigen Tagen bei Mohammed und dem Heer einfach nicht mehr mitmachte. Als er nach Hause kam, wurde er im kühlen Garten von seinen beiden Frauen mit Speis und Trank empfangen. Da ging ihm die Tragweite seines Tuns auf, und er sagte sich, daß wenn Mohammed das Ungemach eines Feldzugs und der Hitze auf sich nehme, er selbst nicht ruhig mit seinen Ehefrauen im Garten sitzen könne. Daraufhin machte er sich wieder auf den Weg, und als er von weitem zu sehen war, sagte Mohammed: «Das ist Abû Chaithama», eine Vorhersage, die sich später als zutreffend erwies.[30]

Im folgenden passierte das Heer einen verlassenen Ort, al-Hidschr, in dem es nicht mit rechten Dingen zuging, denn Gott hatte einst die Bewohner wegen ihres Unglaubens getötet.[31] Deshalb verbot Mohammed seinen Leuten, dort Wasser zu trinken oder ohne Begleitung loszugehen. Einer der Männer trank dennoch und wurde krank. Der Prophet aber heilte ihn. Ein anderer ging trotz der Warnung allein hinaus und starb. Als es am nächsten Morgen an Wasser fehlte, betete Mohammed, worauf sich eine Regenwolke am Himmel zeigte und es so lange regnete, bis jeder ausreichend mit Wasser versorgt war. Trotzdem wagte einer der Zeugen dieses Wunders zu sagen: «Ach, es war einfach eine Wolke.»[32]

Schließlich ging Mohammeds Kamel verloren, und natürlich wußte der Prophet, wo das Tier zu finden war, und ließ es dort abholen. In der Ferne sah man einen Mann näher kommen, und Mohammed sagte, er hoffe, daß es Abû Dharr sei – und so war es. Dann prophezeite er, wie Abû Dharr enden würde, und auch diese Weissagung erfüllte sich.

Nach ihrer Ankunft in Tabûk meldete sich der Gouverneur von Eilath (damals Ayla) mit dem schönen christlichen Namen Johannes bei dem Gesandten Gottes. Dieser Johannes ibn Ruʿba schloß mit Mohammed ein Abkommen und zahlte Tribut. Schließlich einigte sich der Prophet mit ihm und den Statthaltern der unweit entfernten Orte Dscharba und Adrûh, alles Christen, auf einen Vertrag, dessen Inhalt sich Ibn Ishâq folgendermaßen vorstellte:

> Im Namen des barmherzigen und gnädigen Gottes, dies ist eine Garantie Gottes und Mohammeds, des Propheten, des Gesandten Gottes für Johannes ibn Ruʿba und das Volk von Eilath, für ihre Schiffe und Karawanen zu Lande und zur See. Sie genießen den Schutz Gottes und Mohammeds, des Propheten Gottes. Sie, wie auch die Syrer, die Jemeniten und die Seeleute, die sie begleiten. Wer den Vertrag in irgendeiner Weise bricht, dessen Leib und Habe ist nicht mehr sicher. Sie fallen dem zu, der sie nimmt. Es ist nicht erlaubt, sie daran zu hindern, zum Wasser oder zu einem Weg hinabzusteigen, wo auch immer sie zu Lande oder zur See hinabsteigen wollen.[33]

Danach schickte Mohammed seinen Feldherrn Châlid ibn al-Walîd zu einem gewissen Ukaidir, einem christlichen Fürsten, und prophezeite Châlid, wie und wo er diesen antreffen werde. Und so trat es ein. Ukaidir wurde auf einer Jagd gefangengenommen und mit seinem verschwenderisch luxuriösen Mantel zu Mohammed geschickt. Die Muslime zeigten sich beeindruckt von dem prächtigen Gewand des Fürsten, aber der Prophet wiegelte ab: «Fürwahr, die Servietten im Paradies sind schöner als dieser Mantel.»[34] Auch Ukaidir schloß schließlich ein Abkommen mit Mohammed und kehrte wieder dorthin zurück, wo er hergekommen war.

Der Prophet, erzählt Ibn Ishâq, blieb ungefähr zehn Nächte in Tabûk, bevor er sich zurück nach Medina begab. Auf dem Rückweg schlug er Wasser aus den Felsen. Nun folgt abermals eine Geschichte über einen Mann, der im Gedränge der Kamele mit seiner

Sandale Mohammed verletzte; diesmal aber sagte er lediglich: «Mach deine Augen auf.» Diese gleichmütige Reaktion ist natürlich der schon geschilderten weitaus vorzuziehen. Dieselbe Sorge verrät auch eine Variante zu Markus 1,41, in der die Kopisten Jesus lieber nicht «böse» auf einen aussätzigen Mann werden lassen. «Voll Erbarmen» paßt besser zu dem Verhalten, das der Leser von einer Gestalt wie Jesus oder Mohammed erwartet.[35]

Drei Dissidenten

Die folgende lange, zusammenhängende Erzählung schließt den Zyklus um Tabûk ab. Sie handelt von drei Männern aus Medina, die sich geweigert hatten, nach Tabûk mitzukommen, und hängt mit Sure 9,118 zusammen:

> Auch den Dreien (hat er sich gnädig wieder zugewandt), die zurückgelassen wurden (anstatt ins Feld mitgenommen zu werden (?)

Mohammed verbot seinen Mitbürgern, mit diesen drei Kriegsdienstverweigerern zu sprechen, was zumindest einen von ihnen nach vierzig oder fünfzig Tagen in tiefe Verzweiflung stürzte. Die Geschichte wird aus der Sicht eines der Männer, Kaʿb ibn Malik, erzählt. Er berichtet, in Medina seien etwa achtzig Mann zurückgeblieben, von denen sich einer nach dem anderen beim Propheten entschuldigen mußte. Kaʿb war der letzte. Er sei nicht mit Ausreden und Entschuldigungen gekommen, wie es seine Vorgänger offenbar getan hatten, sondern habe ehrlich eingestanden, daß er keine Lust gehabt habe, mit nach Tabûk zu ziehen. Mohammed zeigte sich darüber verstimmt. Man hat nun den Eindruck, als wolle der Erzähler es so darstellen, daß Mohammed wohl bereit gewesen sei, sich Ausreden anzuhören, eine offene Verweigerung jedoch nicht durchgehen ließ. Es gab noch zwei weitere strafwürdige Verweigerer, und mit allen dreien war es verboten zu sprechen.

Das Opfer einer solchen Maßnahme steht natürlich vor einem merkwürdigen Dilemma: Es kann sich selbst einen Hausarrest auferlegen, was kein Vergnügen ist, es kann aber auch die Anweisung ignorieren und trotzdem das Haus verlassen. Bei Einhaltung der Vorschrift wird der Mann allerdings freiwillig zum lebendigen Aushängeschild für den immensen Umfang der Macht des Propheten. Eine solche Vorgehensweise wird noch heute in neuen religiösen Bewegungen gegen rebellische und unbequeme Mitglieder angewandt. Weil es den Menschen, die in solche Bewegungen eintreten, häufig um die große Aufmerksamkeit geht, die ihnen ihre neuen Glaubensbrüder schenken, zeitigt diese Methode oft schnelle Erfolge.[36]

Aber in Medina dauerte es lange. Nach fünfzig Tagen begann sich Kaʿb unwohl zu fühlen,[37] doch dann kam ein Bote Mohammeds mit der guten Neuigkeit, daß der Boykott zu Ende sei. Daraufhin suchte Kaʿb den Propheten auf und wollte wissen, ob die frohe Botschaft von Gott oder von ihm stammte. «Natürlich von Gott!» antwortete dieser. Aus Dankbarkeit und zum Zeichen seiner Bußfertigkeit wollte Kaʿb nun seinen gesamten Besitz «Gott und seinem Gesandten» vermachen, aber Mohammed bestand darauf, daß er noch einen Teil für sich selbst behielt. Froh über seinen damaligen Entschluß, Mohammed keine Märchen aufgetischt zu haben, nahm Kaʿb sich vor, es sein Leben lang so zu halten und nie mehr zu lügen. So wird er natürlich zum guten Vorbild für jeden, der diese Geschichte hört.

Die letzte Bastion der Ungläubigen

Im weiten Umkreis von Mekka und Medina gab es zu diesem Zeitpunkt nur noch Tâʾif, die Stadt der Thaqîf, die sich Mohammed und dem Islam nicht unterworfen hatte. Ein Stammesmitglied, ʿUrwa ibn Masʿûd, war schon einmal bei Mohammed gewesen, um offiziell zum Islam überzutreten. Als er anschließend seine Stadtgenossen dazu aufrufen wollte, dasselbe zu tun, nahm es mit ihm ein schlechtes Ende. In seiner Heimatstadt wurde er von allen Seiten mit Pfeilen beschossen. Das Bild wirkt für westliche Leser vertraut, starb der heilige Sebastian doch von vielen Pfeilen durchbohrt den Märtyrertod, wie er auf unzähligen Bildern dargestellt ist. Auch ʿUrwa war jetzt ein Märtyrer, das wurde von Mohammed bestätigt. Danach herrschte ein paar Monate lang zwischen den Muslimen und Tâ'if Ruhe. Schließlich sahen die Bewohner der Stadt ein, daß weiterer Widerstand zwecklos war.

Beim ersten diplomatischen Kontakt sprachen sie unumwunden aus, worum es ihnen ging: um Sicherheit für Leib und Leben, Hab und Gut. Wenn diese Sicherheit nicht schriftlich gewährleistet würde, träten sie auch nicht zum Islam über. Das erschien Mohammed und seinen Anhängern als gute Nachricht, und nachdem die Abgesandten aus Tâ'if gelernt hatten, Mohammed richtig zu begrüßen, wurden sie zu ihm vorgelassen. Es fällt auf, daß Ibn Ishâqs Bericht zufolge inzwischen offenbar protokollarische Formalitäten in bezug auf Mohammed entstanden waren. Ist das als Beweis für eine gewisse Historizität des Bildes brauchbar, das gezeichnet wird? Es könnte natürlich ebensogut eine Darstellung des Protokolls sein, das sich im Laufe des achten Jahrhunderts in bezug auf die Kalifen entwickelt hatte.

Die Männer aus Tâ'if baten Mohammed, das Bildnis ihrer Göttin noch drei Jahre lang behalten zu dürfen. Mohammed lehnte ab. Dann zwei Jahre. Erneut ein Nein. Danach fragten sie, ob die Zerstörung der Figur bis zu einem Monat nach ihrer Rückkehr aufgeschoben werden dürfe. Der Prophet indes wollte sich auf kein zeitliches Limit einlassen, gab aber das Versprechen, sie müßten es nicht eigenhändig tun. Er werde zwei seiner Leute damit beauftragen. Darüber hinaus baten sie ihn auch, vom Gebet freigestellt zu werden, weil sie dies als erniedrigend betrachteten. Darauf antwortete Mohammed, eine Religion ohne Gebet sei zu nichts nütze. Die Parteien wurden sich schließlich einig, und das Götzenbild von al-Lât wurde zerhackt. Wie «tief» die islamische Überzeugung der Stadt gewesen sein muß, beweist das Jammern der Klageweiber, die bei der Hinrichtung der Göttin anwesend waren.[38]

Dem folgte ein großer religiöser Triumph, der klarmachte, daß Mohammeds Mission so gut wie vollendet war. Im Jahr 9 nach der Hidrschra, Mitte März 631, wurde die erste wirklich islamische Pilgerfahrt zur Kaaba und zum ʿArafât organisiert. Abû Bakr, einer der ersten vier zum Islam Bekehrten, führte den Zug an, an dem nun keine Heiden mehr teilnahmen.

Diese Schilderungen stehen übrigens eindeutig im Zeichen des Kampfes um Mohammeds Nachfolge. Als beispielsweise ʿAlî zu den Pilgern kam, fragte ihn Abû Bakr, ob er Befehle erteilen oder Befehle weitergeben werde. Offenbar sollte er Befehle weitergeben. Aber was er mitteilen sollte, war eine große Neuigkeit. Es handelte sich um Verse aus Sure 9, die Mohammed nach der Abreise der Pilger aus Medina offenbart worden waren und in denen die Abkommen mit den Heiden einseitig aufgekündigt wurden:

> Eine Aufkündigung (des bisherigen Rechtsverhältnisses und Friedenszustandes) (oder: Eine Schutzerklärung) von seiten Gottes und seines Gesandten (gerichtet) an diejenigen von den Heiden (d. h. von denen, die (dem einen Gott andere Götter) beigesellen),[39] mit denen ihr[40] eine bindende Abmachung[41] eingegangen habt. Und eine Aussage von seiten Gottes und seines Gesandten an die Leute (allesamt, veröffentlicht) am Tag der großen Wallfahrt (des Inhalts), daß Gott und sein Gesandter[42] der Heiden ledig sind (und ihnen für nichts mehr garantieren). Die Heiden sind (ausgesprochen) unrein. Daher sollen sie der heiligen Kultstätte nach dem jetzigen Jahr nicht (mehr) nahekommen.[43]

Das Fragment ist länger, die Sprache manchmal kompliziert, aber es läuft darauf hinaus, daß die Nichtmuslime vom Fest in Mekka, von der Pilgerfahrt zur Kaaba und zum ʿArafât, ausgeschlossen sind. Der Vertrag von Hudaibiyya hatte seinen Zweck getan und konnte aufgekündigt werden.[44]

Ibn Ishâq faßt die nunmehr entstandene Situation wie folgt zusammen: «Nachdem der Gesandte Gottes Mekka erobert und die Tabûk-Affäre abgewickelt hatte, und nachdem sich die Thaqîf (der Stamm der Stadt Tâʾif) zum Islam bekehrt hatten, kamen von allen Seiten Delegationen (von den Stämmen auf der Arabischen Halbinsel) zu ihm.»[45] Daher, sagt der Erzähler, wird das Jahr 9 nach der Hidrschra «das Jahr der Delegationen» genannt. Die Aufgabe war vollbracht, der Abschied konnte beginnen.

Azrail, der Engel des Todes, bittet Mohammed um die Erlaubnis, sein Leben fortzunehmen. Fâtima, die Tochter des Propheten und Ehefrau ʿAlîs, steht ihm in der Stunde des Todes bei.
Osmanische Miniatur, 16. Jahrhundert. Topkapı Sarayı Museum Istanbul.

19. *Abschied und Tod*

Die Geschichten, die die Zeitspanne nach der Befriedung betreffen, stehen alle im Zeichen von Mohammeds nahendem Tod. Hier nimmt der Prophet Abschied von den verschiedenen Gruppen um ihn herum, von den Muslimen zum Beispiel bei der Abschiedswallfahrt. Die weiteren Beziehungen zu den vielerorts nomadischen Bewohnern der Halbinsel wurden durch die «Delegationen»[1] geregelt, die ihn aufsuchten. Die Herrscher der umliegenden Länder erhielten einen Brief Mohammeds, in dem er sie aufrief, zum Islam überzutreten. Ein Mann und eine Frau, die dem Islam offen feindselig gegenüberstanden, Abû Afak und Asmâʾ bint Marwân, wurden ermordet. Eine Bande von Viehdieben wurde grausam hingerichtet. Alle denkbaren Kategorien von Beziehungen zu Mohammed, zum Islam und zu den Muslimen wurden auf diese Weise systematisch nacheinander abgehandelt. Außerdem erteilte der Prophet den Muslimen den letzten Auftrag, nämlich nach Palästina zu ziehen.[2]

Das ganze Jahr 9 nach der Hidrschra, das am 20. April 630 begann, war der Überlieferung zufolge gefüllt mit «Delegationen» der Stämme, die auf der Arabischen Halbinsel lebten und Abkommen mit Mohammed schlossen. Die Erzählungen darüber veranschaulichen nicht nur, wie das Glaubensbekenntnis abgelegt und formuliert wurde, sondern bilden auch den Hintergrund für allerlei juristische Reflexionen, was auf den ersten Blick nicht als Argument gegen ihre Historizität angeführt werden kann. Ein Abkommen ist nun einmal eine Sache, die mit einer Unmenge rechtlicher Fragen zusammenhängt. Auf den zweiten Blick, könnte ein kritischer Wissenschaftler natürlich sagen, ist der Abschied ein idealer Hintergrund, um Mohammed allerlei juristische Anweisungen in den Mund zu legen.

Ibn Ishâq spricht von sechzehn Delegationen. Selbstverständlich nennt er die Namen der Abgesandten, ihren Clan, ihre Familie, ihre

Großväter und so weiter, von denen viele den damaligen Zuhörern bekannt gewesen sein müssen. Für sie war dies vermutlich eine Information, die große Bedeutung für das Prestige von Leuten in ihrer Umgebung hatte. Der heutige Leser hat in dieser Hinsicht allerdings Probleme, weshalb für ihn die Berichte weniger faszinierend sind. Im folgenden kommen trotzdem alle sechzehn zum Zuge, ob lang oder kurz, mit einem Minimum an Namen.

Die sechzehn Delegationen

Die erste Delegation trat ein, während sich der Prophet in den hinteren Gemächern aufhielt. Sie riefen fröhlich: «Wo ist er denn, dieser Mohammed? Komm doch heraus!» Mohammed gefiel das nicht, und aus diesem Anlaß wurde Sure 49,4–5 offenbart:

> Diejenigen, die (außen) nach dir rufen, während du dich in d(ein)en Gemächern befindest (w. die hinter den Gemächern nach dir rufen), haben meistens keinen Verstand. Wenn sie geduldig wären (und zuwarten würden), bis du (von selber) zu ihnen herauskommst, wäre es besser für sie.

Auch hier sehen wir wieder, wie sich allmählich mehr Protokoll um den Gesandten Gottes entfaltete. Der Wortführer der Abordnung begann mit einer schönen Rede:

> Lobt Gott, weil er uns seine Gunst gewährt.
> Er hat uns zu Königen gemacht.
> Er hat uns Reichtümer geschenkt.

Und so weiter. Mohammed läßt einen seiner Anhänger mit einer Gegenrede antworten, in der unter anderem folgendes gesagt wird:

> Lobt Gott, der die Himmel und die Erde erschaffen hat.
> Wir bekriegen die Menschen, bis sie an Gott glauben.
> Wer an Gott und seinen Gesandten glaubt,
> dessen Leib und Habe sind sicher,
> aber gegen die Ungläubigen führen wir Dschihad.

So einen zu töten, ist für uns ein Kinderspiel.[3]
Friede sei mit dir.

Hinter dem «Friede sei mit dir» war die Warnung jedoch nicht zu überhören. Außer Reden wurden auch Gedichte ausgetauscht. Die Mitglieder der Delegation beschlossen schließlich, daß die muslimischen Redner und Dichter besser seien als ihre eigenen, und sie bekehrten sich zum Islam.

Die zweite Delegation wollte die Gelegenheit nutzen, Mohammed während der Audienz zu ermorden. Es gelang ihnen freilich nicht, weil der Mann, der den tödlichen Schlag abgeben sollte, ständig meinte, sein Mitabgesandter stünde zwischen ihm und Mohammed. Auf dem Heimweg starben beide, der eine an der Pest, der andere durch einen Blitzschlag.

Das Gespräch mit der dritten Delegation verlief besser. Mohammed wurde aufgefordert zu beschwören, daß er der Gesandte Gottes sei, was er auch tat. Dann wollte der Gesandte wissen, ob es tatsächlich vorgeschrieben sei, zu glauben, zu beten, Almosen zu geben, zu fasten, auf Pilgerfahrt zu gehen und alle Gesetze des Islam zu befolgen. Selbstverständlich erkennt der Leser in dieser Aufzählung die fünf «Säulen» des Islam. Darauf erklärte der Mann, dem nichts hinzufügen oder weglassen zu wollen, und kehrte nach Hause zurück. Sein Stamm bekehrte sich.[4]

Das Gespräch mit der vierten Delegation verlief zwar auch gut, und der Abgesandte konnte seine Stammesgenossen überzeugen, zum Islam überzutreten, aber nach Mohammeds Tod bekannten sie sich wieder zum Christentum. Nur der Emissär blieb standhaft und erklärte, daß jeder, der das islamische Glaubensbekenntnis nicht unterschreiben oder aussprechen wolle, ein Heide, ein *kâfir*, sei (der bekämpft werden müsse). Diese Schilderung soll die Frage «Gegen wen müssen Muslime kämpfen?» klären. Die klare Antwort darauf ist die Pointe der Geschichte, aber ein Teil des Textes ist an einigen Stellen verwirrend, so daß die Übersetzungen zudem uneinheitlich sind.

Zu den Mitgliedern der fünften Gesandtschaft gehörte ein gewisser Musailima. Obwohl er nicht am Gespräch mit dem Propheten teilnahm, weil er die Reittiere und das Gepäck bewachte, wurde auch er nach der Audienz, die sein Stamm bei Mohammed erhalten hatte, Muslim. Zu Hause angekommen, erklärte er, er empfange wie der Gesandte Gottes ebenfalls Offenbarungen, und trug ein Beispiel vor:

> Gott hat sich gegenüber einer Schwangeren wohlgesinnt gezeigt.
> Er hat aus ihr ein atmendes Wesen hervorgebracht.
> Es bewegt sich zwischen Haut und Eingeweiden.[5]

Können wir den Erzählern vertrauen, daß sie diese Zeilen verläßlich weitergegeben haben? Musailima, dessen Name ein Diminutiv des Wortes «Muslim» ist, hat in der Überlieferung den Ruf eines sehr schlechten Menschen. Sein Beiname ist *Kaddhâb*, «Erzlügner». Es ist schade, daß uns nicht mehr von seinen Texten zur Verfügung stehen. Hatte er vielleicht Mohammed beobachtet und gedacht: Das kann ich auch?

In jedem Fall verkündete er danach seinen Stammesgenossen, er teile sich auch die «Befehlsgewalt» mit Mohammed.[6] Er fuhr fort, sie dürften durchaus Wein trinken sowie außereheliche sexuelle Verhältnisse unterhalten, und beten müßten sie auch nicht, solange sie nur anerkannten, daß Mohammed der Gesandte Gottes ist. Es ist ein bestrickender Katalog: Sex und Alkohol erlaubt, kein Gebetszwang, aber sehr wohl die Anerkennung Mohammeds. Das scheint schon fast der Lebensführung gewisser Gruppen von jungen Muslimen in unserer modernen säkularisierten Welt vorzugreifen. Aber im Rahmen der Erzählungen, wie sie uns von Ibn Ishâq vorgetragen werden, ist diese Aufzählung der Beweis für die totale Perfidie Musailimas, und so müssen es auch die damaligen Hörer aufgefaßt haben.

Die sechste Delegation wurde von einem Mann angeführt, der kurz nach der Audienz starb. Dennoch fühlte sich sein Stamm an die von ihm vereinbarten Abmachungen gebunden, und sie blieben dem Islam treu.

Der siebten Delegation, die ihn in Medina aufsuchte, prophezeite Mohammed drei Dinge: Den Muslimen wird soviel Reichtum zufallen, daß sie nicht genügend Hände haben werden, um ihn zu ergreifen; der Frieden, den der Islam bringt, wird es ermöglichen, daß eine

Frau auf ihrem Kamel vom Irak bis nach Mekka ihre Pilgerfahrt machen kann; die «weißen Burgen von Babylon» werden in islamische Hände fallen. Die erste Prophezeiung ist so formuliert, daß sie nur auf militärische und politische Siege bezogen werden kann, nicht auf Öl. Ibn Ishâq stellt fest, daß sich zwar die erste Prophezeiung noch nicht erfüllt habe, aber die letzten beiden wohl.

Vermutlich glauben fromme Menschen, bei denen das Eintreffen von bestimmten Prophezeiungen ein besonderes Vertrauen weckt, daß sich auch andere Vorhersagen schließlich erfüllen werden. Moderne Historiker sehen das völlig anders. Sie sind eher der Ansicht, daß Texte mit Vorhersagen erst dann abgefaßt wurden, nachdem die Ereignisse bereits eingetreten waren. Mohammeds Prophezeiung für die siebte Delegation wäre demnach formuliert worden, nachdem der Irak in den Jahren zwischen 637 und 640 in muslimische Hände gefallen war. Sollte irgendwer jemals in einem religiösen Text eine Prophezeiung ausgesprochen haben, die dann tatsächlich einmal eingetroffen ist, werden Religionshistoriker diesen Text sicher falsch datiert haben.

Die achte Delegation kam im Auftrag eines Clans, der kurz davor in einem Kampf, der einem kleinen Raubzug gefolgt war, eine ernste Niederlage erlitten hatte. Mohammed erklärte ihnen mit Erfolg, daß der Islam ihnen viel Gutes bringen werde.

Die neunte Delegation bestand aus einem Mann, der nach Mohammeds Tod wieder vom Islam abfallen wird.

Die zehnte Delegation wurde vorgelassen; ihre Mitglieder behaupteten, sie seien bereits Muslime, aber einige trugen seidene Gewänder. Mohammed verbot ihnen daraufhin (und damit allen muslimischen Männern), Seide zur Herstellung von Kleidung zu benutzen.

In der Geschichte über die elfte Delegation zeigt sich vor allem wieder das hellseherische Talent des Propheten. Er fragte die Gesandten, ob sie schon einmal von «Schakar» gehört hätten, worauf sie ihm erzählten, in ihrer Gegend gebe es einen Berg namens «Kaschar». Mohammed teilte ihnen mit, daß bei diesem Berg, während sie bei ihm zur Audienz weilten, einige ihrer Stammesbrüder bei der Bekämpfung von Viehdieben den Tod fänden. Nach der Rückkehr der

Delegation stellte sich diese Behauptung als wahr heraus. Am Ende der Geschichte schrieb der Prophet ihnen außerdem noch vor, um ihre Heimatstadt ein Gebiet auszuweisen, in dem grasende Tiere von Besitzern, die nicht in der Stadt wohnen, straflos beschlagnahmt werden könnten. Letzteres war verständlicherweise von großer juristischer Bedeutung für die Bewohner.

Die Erzählung über die zwölfte Delegation ist eigentlich kein Bericht über einen Besuch oder eine Audienz, sondern besteht eher aus einem langen Brief Mohammeds an eine Reihe von «Königen» im Süden der Arabischen Halbinsel, die inzwischen zum Islam übergetreten waren. Der Brief ist eine kurze Zusammenfassung dessen, was den Islam ausmacht, und Mohammed äußerte darin seine Zufriedenheit über das Töten von Ungläubigen. Er spornte die Gläubigen auch an, einander gegen die Ungläubigen beizustehen. Juden und Christen erhielten das Recht, gegen Entrichtung einer speziellen Kopfsteuer ihre alte Religion beizubehalten. Selbstverständlich handelte es sich dabei um eine wichtige Anordnung. Der Effekt dieser Maßnahme war nicht nur von der Höhe der Steuer abhängig, sondern vor allem davon, wie Unvermögende, die zur Zahlung dieser Steuer nicht in der Lage waren, behandelt werden sollten. Darüber schweigt sich der Brief allerdings aus. Das Hauptthema ist das Steuersystem, das für die Muslime selbst gelten sollte.[7]

Die dreizehnte Geschichte handelt von den Anweisungen, die Mohammed seinen Statthaltern mitgab. Der Gouverneur, der in dieser Erzählung eine Rolle spielte, wurde davor gewarnt, von Juden und Christen Fragen zur Religion gestellt zu bekommen, wie zum Beispiel: «Wer hat die Schlüssel zum Paradies?» In dieser Passage wird auch kurz das Verhältnis von Eheleuten angesprochen: Eine Frau muß zum Beispiel ihren Mann pflegen und versorgen, wie schwer seine Erkrankung auch sein mag.

In der vierzehnten Erzählung geht es um einen gewissen Farwa, den Statthalter über die Araber in (ost-)römischem Dienst in der Umgebung von Maʿân, der Mohammed die Nachricht gesandt habe, daß er zum Islam übergetreten sei. Als das seinen Herren zu Ohren kam, wurde er enthauptet und gekreuzigt.[8]

Die fünfzehnte Geschichte beschäftigt sich mit den Christen in Nadschrân, gegen die Mohammed im Juli/August 631 seinen Feldherrn Châlid ibn al-Walîd marschieren ließ. Nach einer dreitägigen Belagerung wollten sie freiwillig zum Islam übertreten. Für die Juristen ist dies ein wichtiger Fakt: Sie sind konvertiert, ohne Widerstand geleistet zu haben und bevor es zum Einsatz von Gewalt kam. In der Antwort auf einen Bericht Châlids an Mohammed heißt es, er solle eine Nadschrâner Delegation mit nach Medina zurückbringen.

Der Besuch dieser Gesandtschaft verlief so mühselig, daß Mohammed spontan ausrief: «Wenn ich nicht wüßte, daß ihr kampflos zum Islam übergetreten seid, würde ich euch eure Köpfe neben eure Füße legen lassen.»[9] Die Botschaft lautet vermutlich, daß man von Leuten, die unter Androhung von Gewalt freiwillig zum Islam übergetreten sind, keine übermäßige Begeisterung für diese neue Religion erwarten könne, dies aber tolerieren müsse. Hatte es der Prophet nicht auch so vorgelebt?

Erst im Dezember 631/Januar 632 reisten die Abgesandten in ihre Vaterstadt zurück. Diese Datierung ist deshalb so wichtig, weil wenige Monate darauf Mohammed starb, seine Instruktionen aber nicht mehr von späteren Entwicklungen eingeholt oder widerrufen werden konnten. Bekanntlich stand dem Propheten das Recht zu, seine Anweisungen notfalls anzupassen oder zu ändern; diese Befugnis hatten seine Nachfolger allerdings nicht.

Nach ihrer Abreise schickte ihnen Mohammed einen Brief, in dem er den Islam noch einmal kurz erläuterte. Es handelt sich um eine deutlich längere Fassung der Instruktion, die bereits der dritten Delegation erteilt worden war. Wir finden hier auch wieder die Besteuerungsregelungen für Muslime, wie sie in der Anweisung an die Könige im Süden von Arabien (zwölfte Delegation) formuliert waren. Eine der überraschendsten Ergänzungen ist die Anweisung bezüglich der rituellen Waschung, die unter anderem dem Gebet vorauszugehen hat:

> Dann wascht euch (vorher) das Gesicht und die Hände bis zu den Ellbogen, und streicht euch über den Kopf und (wascht euch) die Füße bis

zu den Knöcheln (Variante (vermutlich der ursprüngliche Wortlaut): und (über) die Füße bis zu den Knöcheln)![10]

In Sure 5,6 wird dieselbe Instruktion gegeben, jedoch in einer etwas anderen Form und nicht wie hier in der dritten Person, sondern in der zweiten. Der Brief enthält darüber hinaus die Einführung der fünf täglichen Gebete mit ihren Zeiten. Bekanntlich steht dazu nichts im Koran, aber durch diesen Brief, der wegen seiner späten Datierung kaum noch von Mohammed widerrufen werden konnte, erhalten die bei Muslimen allgemein bekannten Vorschriften nunmehr eine Legitimation.[11]

In der sechzehnten Gesandtschaft befand sich ein Mann, der schon in den Tagen nach dem Vertrag von Hudaibiyya Muslim geworden war. Er wies seine Clan-Genossen an, seinem Beispiel zu folgen. Mohammed ließ ausrichten, wer sich weigere, zum Islam überzutreten, könne eine Bedenkzeit von zwei Monaten erhalten. Das Einräumen dieser Bedenkzeit ist vermutlich die Pointe der Geschichte.

Der Gegenprophet Musailima

Nicht alle Beziehungen Mohammeds zu den Bewohnern der Arabischen Halbinsel wurden im Rahmen einer Geschichte über eine Delegation geregelt. Bei den zwei Gegenpropheten, dem bereits erwähnten Musailima und einem gewissen al-Aswad, geht es um einen Traum. Mohammed träumte, er trage zwei goldene Armbänder. Das war ihm peinlich, denn der Islam verbietet Männern das Tragen von Gold oder Seide. Deshalb blies er auf die Schmuckstücke, worauf diese verschwanden. Mohammed deutete das als Bild, das etwas über die beiden Lügenpropheten aussage. Leider gibt es dazu keine weiteren Quellen außer den extrem knappen Notizen der islamischen Geschichtenerzähler.[12]

Wohl versichert uns Ibn Ishâq, er wisse aus zuverlässiger Quelle, daß es bis zum Ende der Zeiten dreißig Antichristen geben werde, die alle behaupten würden, Propheten zu sein. Das macht also jetzt noch achtundzwanzig, von denen, wie Ibn Ishâq sicher gewußt haben muß, etliche zu Zeiten der Umayyaden (661 bis etwa 750) und in den Anfangsjahren der Abbasiden (ab etwa 750) in Erscheinung getreten sind.

Von den Maßnahmen, die für die Zeit nach Mohammeds Tod getroffen werden mußten, war die Steuererhebung von großer Bedeutung. Ibn Ishâq zählt akkurat auf, wer als Steuereintreiber in welche Region geschickt wurde. Leider bringt er dazu diesmal keine weiteren Geschichten. Handelt es sich hier um eine echte historische Erinnerung?

Die letzte Erzählung vor dem Bericht über Mohammeds Abschiedswallfahrt hat seine Korrespondenz mit dem Gegenpropheten Musailima zum Inhalt. Dieser hatte Mohammed folgendes geschrieben:

> Von Musailima, dem Gesandten Gottes,
> an Mohammed, den Gesandten Gottes.
> Friede sei mit dir.
> Ich bin dein Teilhaber in der Befehlsgewalt.
> An uns die Hälfte des Landes,
> den Quraisch die Hälfte des Landes,
> aber die Quraisch sind ein kämpferisches Volk.

Musailima war eindeutig ökumenisch eingestellt und offenbar nicht darauf aus, einen Krieg anzuzetteln. Mohammed zeigte kein Interesse und ließ antworten:

> Im Namen des barmherzigen und gnädigen Gottes,
> von Mohammed, dem Gesandten Gottes
> an Musailima, den Erzlügner.
> Friede sei dem, der Gottes Leitung folgt.[13]
> Die Erde gehört Gott (allein).
> Er gibt sie, wem von seinen Dienern er will, zum Erbe.
> Das Ende fällt (dereinst) zugunsten derer aus, die gottesfürchtig sind.[14]
> [Übers. Jansen]

Der Mohammed zugeschriebene Text ist trotz doppeldeutiger Passagen relativ klar in seiner Diktion.

Dies, so Ibn Ishâq, ereignete sich am Ende des Jahres 10 nach der Hidschra, am 28. März 632. Nun folgt der Bericht über die Abschiedswallfahrt, die ebenfalls im März 632 stattfand, deren Vorbereitungen jedoch bereits im Februar begannen.[15]

Die Abschiedswallfahrt

Ibn Ishâq berichtet uns, über seine Gewährsleute gehört zu haben, daß Mohammed seine Ehefrau Aischa an dem großen Tag in Tränen aufgelöst fand: Sie fürchtete, wegen ihrer Menstruation nicht an der Pilgerfahrt teilnehmen zu dürfen. Mohammed konnte sie jedoch beruhigen, nur das Umschreiten der Kaaba sei während dieser Tage verboten; diese Vorschrift gilt bis heute.[16] Die Geschichte läßt den Propheten noch andere Anweisungen verkünden, die für Muslime, vor allem für muslimische Rechtsgelehrte, von großer Bedeutung sind. Der wichtigste Teil aber ist die Ansprache Mohammeds.[17]

Darin bekräftigte Mohammed noch einmal das Verbot, Zinsen zu nehmen, und sprach über die öffentliche Ordnung, die inzwischen nicht mehr durch Blutrache und Blutgeld, sondern durch den Islam gewährleistet werde. Anschließend bestätigte er das koranische Verbot der Schaltmonate, Sure 9,36–37. Es ist unbekannt, wie dieses System genau funktioniert hat. Deshalb können die Umrechnungstabellen, wenn Daten vor der Abschaffung der Schaltmonate betroffen sind, nicht zuverlässig sein.

Da das islamische Kalenderjahr keine Schaltmonate oder -tage kennt, ist es pro Jahr etwa elf Tage kürzer als das Sonnenjahr des gregorianischen Kalenders. Für eine Stadtkultur mag das vielleicht lästig sein, aber es bringt keine unüberwindbaren Probleme. Für eine Welt, deren Grundlage Ackerbau, Viehzucht oder das Wüstenleben ist, wo eine feste Verbindung mit den Vegetationsperioden und Witterungsphasen existiert, sind diese Schwierigkeiten dagegen nicht zu bewältigen. Deshalb werden in der islamischen Welt auf dem

Land im Alltag auch alle möglichen vorislamischen Monatsnamen verwendet.

Gelegentlich wird die Eigentümlichkeit des islamischen Kalenders zum Beweis dafür angeführt, daß der Islam keine Wüstenreligion, sondern eine Großstadtreligion sei. Tatsächlich erlebte er seine größte Blütezeit in Städten wie Cordoba, Kairo, Fez, Meknes, Tetuan, Kairouan, Basra, Kufa, Bagdad, Konstantinopel, Konya, Medina, Mekka, Schirâs, Teheran, Isfahan, Qom, Buchara, Haiderabad und so weiter.

Danach äußerte sich Mohammed zu einigen Fragen im Zusammenhang mit dem Verhältnis von Mann und Frau. Die Aussagen zu diesem Thema unterscheiden sich ziemlich stark von heutigen westlichen Vorstellungen. Exegetische Akrobatik kann daran im Bedarfsfall allerdings zweifellos etwas ändern:

> Ihr habt Rechte gegenüber euren Frauen.
> Und sie haben Rechte gegenüber euch.

Dies wird sofort erläutert:

> Ihr habt das Recht, daß sie euer Bett nicht entehren.
> Sie sind verpflichtet, keine offenkundige Schandtat zu begehen.

Die in den letzten zwei Zeilen enthaltenen Verpflichtungen werden, zumindest in der Geschichte, wie sie Ibn Ishâq erzählt, nur der Frau auferlegt, nicht dem Mann.

> Falls die Frauen es dennoch tun, dann erlaubt euch Gott, daß ihr sie auf den Ruhestätten meidet und daß ihr sie schlagt, aber nicht allzu heftig.

Was Mohammed hier sagt, kommt Sure 4,34 ziemlich nahe, in der steht:

> Und wenn ihr fürchtet, daß (irgendwelche) Frauen sich auflehnen, dann ermahnt sie, meidet sie im Ehebett und schlagt sie!

Die Ergänzung, daß nicht zu hart geschlagen werden solle, kommt zwar in Mohammeds Ansprache vor, aber nicht im Koran. Der Redetext geht mit einer schwer zu interpretierenden Zeile weiter:

(Die Frauen) sind hilflos abhängig[18] von euch. Sie besitzen nichts als sich selbst.

Was das auch immer bedeuten mag, für moderne westliche Frauen ist so etwas nicht akzeptabel. Einem der anderen Erzähler zufolge schloß Mohammed seine Rede mit einer Reihe allbekannter, vieldiskutierter Rechtsvorschriften, die an Autorität gewonnen haben, weil sie ihm bei seiner letzten Ansprache in den Mund gelegt wurden:

Kein Legat für die, die bereits zu den koranischen Erben gehören.
Das Kind gehört zum Ehebett.
Auf Unzucht steht Steinigung.

Die erste Zeile bedeutet, daß einem Erben, der bereits nach dem islamischen Recht und dem Koran ein Erbteil erhalten hat, nicht noch ein weiteres Mal ein Legat zusteht. Versuche, diese Regel zum Vorteil eines besonders geliebten Familienmitglieds zu unterlaufen, gibt es auch heute noch. Die zweite Zeile will die Vaterschaft eines Kindes eindeutig festlegen.[19] Die dritte Zeile läßt sich nur schwer mit Sure 24,2 in Einklang bringen, mit einer Passage, die lautet:

Wenn eine Frau und ein Mann Unzucht begehen, dann verabreicht jedem von ihnen hundert (Peitschen)hiebe!

Islamische Schriftgelehrte konnten diesen Widerspruch durch die Behauptung auflösen, daß Peitschenhiebe nur für den gedacht seien, der nicht verheiratet ist und auch noch nie verheiratet war.[20]

Nach dieser Rede führte Mohammed die Pilgerfahrt durch und zeigte seinen Jüngern alle dabei nötigen Zeremonien. «Es war die Wallfahrt der Unterrichtung und des Abschieds, weil der Gesandte Gottes danach keine weitere Pilgerreise mehr unternahm.»[21] Kaum war er nach Medina zurückgekehrt, erkrankte er gegen Ende des Monats Safar.[22]

Nun folgt noch eine Reihe von Geschichten über die unterschiedlichsten Begebenheiten, die sich bei kleinen Raubzügen und ähnlichem zugetragen hatten. Man hat fast den Eindruck, als sei es Ibn Ishâq erst jetzt aufgefallen, als es um Sterbebett und Tod Mohammeds ging, daß er noch Material übrig hatte, das er zwar nicht richtig datieren konnte, aber trotzdem absolut nicht weglassen wollte. Dabei handelt es sich unter anderem um die Geschichten über die ausländischen Herrscher, die von Mohammed einen Brief empfingen, in dem er sie zur Bekehrung zum Islam aufrief. Der Wortlaut an den Kaiser von Rom, wie ihn Ibn Ishâq überliefert hat, lautet wie folgt:

> Wenn du den Islam annimmst, bist du sicher.[23]
> Wenn du den Islam annimmst, wird Gott dir dies doppelt lohnen.
> Wenn du dich abwendest, bekommst du die Sünden der Pächter zu tragen.[24]

Der Begriff «Pächter» wirkt rätselhaft, aber es handelt sich vermutlich um den Verweis auf eine Passage im Neuen Testament, eine Schrift, die ein christlicher Kaiser ja gut kennen sollte. Gemeint sind die «ungerechten Pächter» (Luther: die «bösen Weingärtner»), die bestraft werden, weil sie die Boten und sogar den Sohn ihres Pachtherren (Luther: «Hausherren») töten (Matthäus 21,33–42). Der Pachtherr (Gott) läßt die ungerechten Pächter «ein böses Ende» nehmen und vergibt seine Weingärten an neue Pächter.

Das Gleichnis von Matthäus will den Leser lehren, daß die Kirche jetzt das wahre Israel geworden ist, aber ein frisch zum Islam bekehrter Christ um 750 verstand das natürlich anders. Der kurze Text des Briefes war in seinen Augen dazu da, zu verkünden, daß der Islam gekommen sei, um das Christentum abzulösen, wie der Pachtherr sich neue Pächter genommen hat und wie das Christentum das Judentum ersetzen wollte. Daß der Islam das Christentum ersetzt habe, ist eine allgemeine islamische Glaubensüberzeugung, die gut in diese Situation passen würde. Zugleich ist aber auch klar, daß die genaue Kenntnis des Neuen Testaments, die zu dieser Deutung nötig ist, einige Generationen nach dem Übertritt zum Islam verlorengegangen sein muß.

Gut ein Jahrhundert später, bei al-Buchârî (gestorben 870), lautet der Text des Briefes (die Wissenschaft macht ja Fortschritte) folgendermaßen:

Im Namen des barmherzigen und gnädigen Gottes.
Von Mohammed, dem Knecht des Herrn und Gesandten Gottes
an Heraklius, den Herrscher des Römischen Reichs.
Friede sei mit dem, der sich rechtleiten läßt.
Ich fordere dich auf, zum Islam überzutreten.
Wenn du den Islam annimmst, bist du sicher.
Wenn du den Islam annimmst, wird Gott dir dies doppelt lohnen.
Wenn du dich abwendest, bekommst du die Sünden der [...]
zu tragen.

Und darauf folgt noch ein kompletter Koranvers, Sure 3,64. Es ist offensichtlich, daß der Brief, wie ihn al-Buchârî zitiert, eine Berichtigung ist. Das Wort, das bei Ibn Ishâq noch «Pächter» *(akkârîn)* hieß, wurde inzwischen zu dem unverständlichen *arîsîyîn* verballhornt, für das sowohl «Orthodoxe» wie «Arianer» als Bedeutungen vorgeschlagen wurden (die Arianer repräsentierten die wichtigste Richtung des Christentums unter den gotischen Grenzsoldaten des Römischen Reiches).

Das alles bringt uns den historischen Mohammed jedoch nur wenig näher. Eine Reihe von Erzählungen, die Ibn Ishâq hier eingefügt hat, bekräftigen die Anweisungen, die der Prophet eigentlich schon einmal an anderer Stelle erteilt hatte: Wer sich noch während der Schlacht zum Islam bekehrte, galt als Muslim.[25] Wer nicht an Gott glaubte, mußte getötet werden, Kinder allerdings ausgenommen.[26] Eine Geschichte ist wirklich abscheulich: Eine Bande von Viehdieben wurde gefangengenommen. Zur Strafe hackte man ihnen Hände und Füße ab und stach ihnen die Augen aus. Anschließend wurden die Räuber auf den Sand in die Sonne gelegt, damit sie verdursteten. Dies alles geschah im Auftrag Mohammeds.[27] Zwei andere Erzählungen ziehen die Aufmerksamkeit westlicher Leser auf sich, weil es dabei um Mordanschläge auf Islamkritiker geht. Auch dazu soll wieder Mohammed persönlich den Befehl gegeben haben.

Zwei Morde

Der erste betrifft Abû Afak. Sein Vergehen war ein Gedicht, in dem es heißt:

> Lange habe ich gelebt, aber niemals sah ich Männer,
> die zuverlässiger und loyaler waren (als die Quraisch).
> Wenn sie (zu Hilfe) gerufen wurden, versetzten sie Berge und unterwarfen sich nicht.
> Aber ein Reiter brachte ihnen Zwietracht; er kam zu ihnen mit *halâl* und *harâm* für wirklich alles mögliche.[28]

Die Begriffe *halâl* («erlaubt») und *harâm* («nicht erlaubt») sowie Ableitungen von diesen beiden Wörtern kommen im Koran und im islamischen Recht tatsächlich gelegentlich vor. In poetischer Hinsicht ist dieses Gedicht vielleicht nicht besonders überzeugend, aber es gab Mohammed den Anlaß, zu sagen: «Wer erlöst mich von diesem Schurken?» Augenblicklich stand jemand aus Abû Afaks eigenem Clan bereit, um den Mord auszuführen. Weitere Details bekommen wir von Ibn Ishâq allerdings nicht zu hören.

Eine gewisse Asmâʾ bint Marwân äußerte in einem Gedicht ihren Unmut über diesen Meuchelmord an einem alten Mann und machte den Muslimen heftige Vorwürfe:

> Was erwartet ihr noch von ihm (Mohammed) nach dem Mord an euren Anführern.
> Wie einer, der unschlüssig herumsteht in der Hoffnung auf einen Schluck Suppe vom Koch.
> Gibt es denn keinen, der ihn aus Selbstachtung gefangennehmen möchte
> und der denen die Hoffnung nehmen will, die noch (alles mögliche) von ihm erwarten?[29]

Auch dies bot Anlaß zum Meuchelmord. Ibn Ishâq legt Mohammed erneut die Formulierung «Wer erlöst mich von …» in den Mund, und noch am selben Tag wurde die Verfasserin des Gedichts getötet.

Als der Prophet die Nachricht hörte, sagte er zu dem Täter: «Du bist Gott und seinem Gesandten eine Hilfe gewesen.» Dieser fragte noch besorgt nach, ob seine Tat womöglich Konsequenzen haben werde beziehungsweise ob er noch mit einer möglichen Racheaktion der Verwandten seines Opfers rechnen müsse. Darauf antwortete Mohammed: «Wegen dieser Frau werden nicht einmal zwei Ziegen mit den Hörnern aufeinander losgehen.» Die Bedeutung der Geschichte liegt hauptsächlich darin, daß man sich um 750, als Ibn Ishâq die Lebensbeschreibung Mohammeds verfaßte, dessen Auftreten genau so vorstellte. Die Erzählung endet mit der Bekehrung von Mitgliedern des Clans der soeben ermordeten Asmâ'. Sie hatten, so Ibn Ishâq, die Macht des Islam jetzt mit eigenen Augen aus nächster Nähe miterlebt.

Krankheit und Tod

Die Berichte über die Krankheit und den Tod Mohammeds wirken zwar wie ganz normale Erzählungen, dahinter steht jedoch der Wille zur Klarstellung einer Reihe theologischer und politischer Fragen: zum Beispiel Mohammeds Haltung zu früheren Propheten wie Mose und Jesus, seine Nachfolge als Oberhaupt der Muslime sowie die Rivalität zwischen Sunniten und Schiiten.

Nach Bibel und Koran wurden sowohl Mose wie Jesus in den Himmel aufgenommen. Wie kann dann der größte und letzte der Propheten, Mohammed, ganz normal im Krankenbett sterben? Ibn Ishâqs Überlieferung gibt darauf folgende Antwort: Mohammed selbst hat sich für seinen Tod entschieden. Als sich die ersten Anzeichen seiner Krankheit bemerkbar machten und seinem Umfeld auffielen, sagte er:

> Mir wurden die Schlüssel zu den Schatzkammern dieser Welt gegeben, um darin dauernd zu verweilen, danach im Paradiesgarten.

Frei übersetzt, teilte er uns mit, Gott habe ihm versprochen, daß ihm vor seinem Tod die Schatzkammern der Welt mit Inhalt zufallen würden. Doch sein Wunsch war ein anderer:

> Ich habe gewählt zwischen den Schlüsseln zu den Schatzkammern und meinem Herrn bereits jetzt zu begegnen und danach dem Paradiesgarten.[30]

Mohammed sehnte sich also zu diesem Zeitpunkt mehr nach der Begegnung mit Gott als nach weiteren irdischen Schätzen. Sein Umfeld war anderer Meinung und drängte ihn, sich für die Schlüssel zu den Schatzkammern zu entscheiden, er jedoch sagte, sein Entschluß stehe fest, er habe sich für die Begegnung mit seinem Herrn entschieden. Mit anderen Worten: Sein Tod ist nicht mehr fern.

Nachdem Mohammed auf dem Friedhof von Medina für das Seelenheil der Gefallenen der Schlacht von Uhud gebetet hatte, überfielen ihn auf dem Heimweg heftige Kopfschmerzen. Zu Hause begegnete er Aischa, die ebenfalls Kopfweh hatte. Er fragte sie, was sie davon hielte, wenn sie früher als er stürbe und er sie begraben müßte. Aischa machte sich darüber lustig und sagte, sobald Mohammed sie begraben hätte, würde er noch am selben Abend in ihrem Haus mit einer neuen Ehefrau die Hochzeitsnacht feiern. Mohammed gefiel die Antwort, und er lächelte. Als seine Schmerzen zunahmen, wollte er seine anderen Ehefrauen besuchen, um sich von ihnen zu verabschieden; im Haus von Maimûna angekommen, fühlte er sich dazu jedoch nicht mehr in der Lage und bat seine Frauen um Erlaubnis, im Haus von Aischa gepflegt zu werden (ein polygamer Mann muß schließlich seine Frauen alle gleich behandeln, so Sure 4,3).

Gestützt auf zwei Männer, wurde Mohammed zu Aischa gebracht. Der eine war Fadl, der Sohn von al-ʿAbbâs, des Urahns der Abbasidenkalifen. Seine Erwähnung wird einem proabbasidischen Zuhörer sehr gut gefallen haben. Der zweite Mann bleibt eine Weile namenlos, aber schon bald vernehmen wir, daß es sich um ʿAlî ibn Abî Tâlib handelte. Aischa, der die Geschichte zugeschrieben wird, scheint es nicht über sich gebracht zu haben, in diesem Zusammenhang ihren Erzfeind ʿAlî zu nennen. Trotzdem wird er von den Erzählern erwähnt, und zwar auf Anordnung des berühmten Überlieferers ʿAbdallâh ibn al-ʿAbbâs, eines anderen Sohnes von al-ʿAbbâs. ʿAlîs Parteigänger, die Schiiten, wird es beruhigt haben, daß ʿAlî anwesend war, noch dazu, weil die Information von einem so unverdächtigen abbasidischen Gewährsmann stammte.[31]

Mohammed, der krank darniederlag, wollte über Aischa mitteilen lassen, daß von nun an Abû Bakr der Vorbeter sein müsse.[32] Diese befürchtete jedoch, daß der, der Mohammeds Platz einnähme, die Schuld an allem möglichen Unheil, das die Muslime treffen könnte, in die Schuhe geschoben bekäme. Und das wolle sie ihrem Vater gern ersparen, argumentierte sie. Mohammed ließ sich nicht umstimmen, doch leider war Abû Bakr unauffindbar, woraufhin ʿUmar das Gebet leitete.

Bei einem der folgenden Gebete – vielleicht handelt es sich um eine bewußte Gegengeschichte – verließ der kranke Mohammed kurz Aischas Haus, während Abû Bakr das Gebet leitete (die Häuser der Frauen des Propheten umgaben den Raum, der zum Gebet genutzt wurde). Zufrieden lächelte er den Gläubigen zu. Abû Bakr wollte seinen Platz für Mohammed räumen, aber der Prophet «stubst ihn in den Rücken» und bedeutete ihm mit folgenden Worten fortzufahren: «Du sollst das Gebet leiten.» Es ist eine ergreifende Szene, in der viele Gefühle enthalten sind, die durch einen nahenden Tod geweckt werden wie Freundschaft, Leid, Zufriedenheit, Liebe und Ehrgeiz. Der Stubs in den Rücken, den Ibn Ishâq zweifelsfrei erwähnt, stellte jedoch ein Problem dar. Ein Vorbeter steht ja mit dem Rücken zu den Betenden. Wenn Mohammed nun den Gläubigen zugelächelt hat, kann er sich nicht hinter Abû Bakr befunden haben, sondern muß ihm gegenüber gestanden haben, sonst hätte dieser ihn auch nicht sehen können.

Gerade als die Sonne ihren höchsten Stand erreicht hatte, starb der Prophet. Der Überlieferung zufolge war es ein Montag. Handelte es sich um Montag, den zwölften Tag des Monats Rabiʿ al-awwal, den 8. Juni 632?[33] Kurz davor hatte er Aischa noch um einen *siwâk*, einen Zahnstocher, gebeten. Mohammed starb mit dem Kopf in ihrem Schoß.[34] Es ist eine Geschichte, die einem die Sprache verschlägt. Doch die Schiiten erzählen eine andere Version, nach der Mohammed in ʿAlîs Armen gestorben sei.[35] Selbst die Geschichte seines Todes könnte also politischen Wünschen angepaßt worden sein. Tatsächlich gibt es eine kurze Szene, in der sich Aischa entschuldigt, daß Mohammed ausgerechnet bei ihr war, als er starb: «Damit habe ich niemanden hintangesetzt.» Das klingt ziemlich apologetisch.

Die Möglichkeit, daß der Bericht über den Tod Mohammeds in Aischas Armen zur antischiitischen Propaganda gehören könnte, wäre wohl nicht in Betracht gekommen, hätte es nicht die schiitische Alternative gegeben. Wie oft bleiben sogar die Überkritischen blind gegenüber den politischen Botschaften, die in auf den ersten Blick unschuldigen Geschichten verborgen sind?

Natürlich brach nach dem Tod des Propheten die totale Verwirrung aus. ʿUmar wird in zahllosen Erzählungen über das Leben Mohammeds als eine Person dargestellt, die ständig unbesonnen reagierte, im Stil von «Schlag ihm nur den Kopf ab». Das kommt auch in der Rede, die er nun hielt, zum Ausdruck:

> Der Gesandte Gottes ist nicht tot.
> Er ist zu seinem Herrn gegangen,
> wie Mose gegangen ist
> und seinem Volk vierzig Tage lang fernblieb.
> Danach kehrte er zurück,
> nachdem sie bereits behauptet hatten,
> daß er gestorben sei.
> Bei Gott, der Gesandte Gottes wird zurückkehren,
> wie Mose zurückgekehrt ist.
> Dann wird er denen Hände und Füße abhacken,
> die behaupten, daß er gestorben sei.

Mit dieser messianistischen Ansprache machte er seinem Beinamen *Farûq*, was im Syrischen «Erlöser», «Messias» bedeutet, alle Ehre. Abû Bakr dagegen reagierte anders. Er ging zum Haus seiner Tochter Aischa und stellte fest, daß Mohammed tatsächlich tot war. Er küßte ihn und bedeckte das Gesicht des Propheten mit dessen Mantel. Dann ging er wieder hinaus und begann zu sprechen, während ʿUmars Zuhörer herbeiliefen:

Wenn jemand Mohammed dient: Mohammed ist tot.
Wenn jemand Gott dient: Gott lebt und wird nicht sterben.[36]

Der Überlieferung zufolge war die Verwirrung so groß, daß Mohammed erst einen Tag später mitten in der Nacht an der Stelle, wo er gestorben war, begraben wurde. Nach den Berichten gab es dabei keinen, der als Vorbeter auftrat.[37]

Inzwischen wurde Abû Bakr zum Führer der Muslime bestimmt. Alle Berichte über das Zustandekommen dieser Nachfolge weisen voraus auf die Jahre bis zum Ende des achten Jahrhunderts. Das spricht nicht gerade für die Historizität dieser Erzählungen, sondern schafft eher postmoderne Unsicherheit. Dennoch ist durchaus denkbar, daß die «wahre» Geschichte irgendwo darin enthalten ist. Aber wie sollen wir sie je finden? Mit dieser letzten Sammlung von Diskussionen über die Nachfolge Mohammeds endet Ibn Ishâqs Bericht.

Eines der größten Probleme Abû Bakrs, der von 632 bis 634 der oberste Führer der Muslime sein sollte, bestand darin, daß sich die Gruppen auf der Arabischen Halbinsel, die zu Lebzeiten Mohammeds zum Islam übergetreten waren, weigerten, ihm als neuem Oberhaupt Abgaben zu zahlen. Sie hatten nicht die Absicht, abtrünnig zu werden, und wollten Muslime bleiben, allerdings ohne die Verpflichtung, einen Tribut an Medina zu entrichten. Aber Abû Bakr gab trotz des anfänglichen Widerstands seines späteren Nachfolgers ʿUmar (634–644) nicht auf. Es gelang ihm, seine Umgebung davon zu überzeugen, daß das Erheben von Steuern eine wesentliche Voraussetzung für den Fortbestand der islamischen Gemeinschaft war. Oder anders ausgedrückt: Der Islam sollte in Zukunft nicht nur eine Religion, sondern auch ein politisches System sein.

Sehen wir hier einen Konflikt zwischen Anhängern Mohammeds, die Staat und Religion trennen und deshalb Abû Bakr in Medina keine Steuern zahlen wollten, und denjenigen Muslimen, die von ganzem Herzen davon überzeugt waren, daß der Islam «Staat und Religion» (im Arabischen: *dîn wa-dawla*) sein müsse? Auf jeden Fall entschied die letztgenannte Gruppe den Konflikt schnell und deutlich für sich. Erst in unserer Zeit, in der auf der ganzen Welt Muslime in nichtmuslimischen Ländern leben, wird die Diskussion über dieses Thema vorsichtig und gegen den Willen vieler islamischer religiöser Führer wieder aufgenommen.

Epilog: Mohammed und danach

Wer war Mohammed?

In Mekka war es Mohammed gelungen, eine religiöse Bewegung zu gründen, in Medina vermochte er dazu noch einen Staat zu schaffen. Seine Anhänger gingen für ihn durchs Feuer, und dank seiner strategischen Begabung konnte er den islamischen Herrschaftsbereich allmählich über nahezu die gesamte Arabische Halbinsel ausdehnen. Was bei seinem Tod 632 noch nicht gänzlich erobert war, wurde von seinen Nachfolgern rasch unterworfen. Mohammed verstand es aber auch, seine Gefolgsleute zu weiteren Eroberungszügen außerhalb der Halbinsel, zuerst nach Palästina, zu motivieren.

Nach seinem Tod wurde die Expansion fortgesetzt, und bald erstreckte sich das islamische Reich von Pakistan bis nach Portugal. Bis auf die heutige Türkei und den Balkan verfiel nahezu das gesamte Oströmische Reich in kurzer Zeit dem Bann des Islam. Einige Jahrhunderte später sollten auch diese Gebiete von den Osmanen, einer Dynastie islamisierter Türken, erobert werden. 1453 fiel schließlich Konstantinopel, die Hauptstadt des Oströmischen Reiches, in osmanische Hände und trägt seitdem den Namen Istanbul. Erst am 11. September 1683 wurde die islamische Expansion mit der Befreiung Wiens durch das polnische Heer zum Stillstand gebracht.

Die Auffassung, daß der Islam zu einem dritten Sproß des Baumes heranwuchs, auf den auch Juden- und Christentum aufgepfropft waren, wird von islamischen Theologen nicht geteilt. Sie behaupten vielmehr, die neue religiöse Bewegung Mohammeds und seiner Jünger sei entstanden, um die Ursprünglichkeit der beiden anderen Religionen wiederherzustellen. Danach waren auch bekannte biblische Gestalten wie Abraham, Mose, David und Jesus bereits Anhänger des Islam. Heutzutage finden es vor allem (Ex-)Christen verlockend, den jüdischen Jesus der kirchlichen Überlieferungen durch einen islamischen Jesus zu ersetzen. Daß darüber das letzte Wort noch nicht gesprochen ist, beweist die Kraft des Systems Islam.

Mohammeds Auftreten wurde gelegentlich mit dem des Patriarchen Abraham verglichen, wie es im Buch Genesis des Alten Testaments beschrieben wird. Eine gewisse Ähnlichkeit ist zwar durchaus vorhanden, aber wenn wir nun unbedingt ein Bild aus der Bibel entleihen wollen, gibt es einen treffenderen Vergleich. Die Rolle Mohammeds in den von Ibn Ishâq gesammelten Geschichten erinnert am meisten an diejenige der Richter im Alten Testament. Auch diese stellten, ohne Könige zu sein, in einer staatenlosen Gesellschaft Heere auf die Beine, die gegen die Feinde Gottes und seines Volkes kämpften.

Anders als es im einundzwanzigsten Jahrhundert gelegentlich der Fall ist, versteckten sich die muslimischen Kämpfer zur Zeit Mohammeds nicht hinter Frauen und Kindern, um sich auf diese Weise Repressalien zu entziehen. Ibn Ishâq zählt lange Listen von Zeitgenossen Mohammeds auf, die im Kampf ihr Leben ließen. Offenbar verstand er es, seine Anhänger zu einer großen Todesbereitschaft zu motivieren.

Wer für den Islam fällt, gilt vielen Muslimen bis auf den heutigen Tag als Märtyrer. Im Gegensatz zum christlichen Sprachgebrauch betrachten Muslime jedoch nicht nur Personen als Märtyrer, die wegen ihres Glaubens ermordet wurden, sondern auch Menschen, die als aktive Teilnehmer von Angriffskriegen oder terroristischen Attentaten ums Leben kommen. Daß sogar Selbstmordattentäter unter diese Kategorien fallen, ist jedoch eine relativ neue Entwicklung. In Mekka und Medina befanden sich der islamischen Überlieferung zufolge unter Mohammeds Anhang übrigens keine Selbstmordkämpfer, vielleicht mit Ausnahme eines gewissen ʿAuf ibn Hârith, der bei Badr fiel.

Mohammed war nicht nur Richter im biblischen Sinn des Wortes, sondern auch Prophet, ein neuer Mose, der von Gott selbst Offenbarungen und Gesetzesvorschriften empfing. Viele davon stehen im Koran, einige aber blieben lediglich in den Erzählungen erhalten, die

Teil der überlieferten Lebensbeschreibung Mohammeds sind. Schließlich gibt es sechs umfangreiche kanonische Sammlungen von Aussagen, die ihm zugeschrieben werden und in denen sich ebenfalls Rechtsvorschriften und Verhaltensregeln finden. Mohammeds Rolle als politischer Führer provoziert bei Nichtmuslimen die meisten Fragen. Hat er diese Rolle bewußt angestrebt, oder ist sie ihm, in Anbetracht der gesellschaftlichen Bedingungen im antiken Medina, notwendigerweise in den Schoß gefallen, nachdem er erst einmal die höchste religiöse Macht innehatte?

Was für ein Mann war Mohammed? Die Beantwortung dieser Frage hängt stark davon ab, welcher Erzähler gerade das Wort hat. Die einen betonen seine Schlichtheit, Ehrlichkeit und Menschlichkeit, andere wieder halten seine enge Verbindung mit Gott für wichtiger und widmen ihre Aufmerksamkeit vor allem seiner religiösen Ausnahmestellung. Diese brachte es allerdings mit sich, daß kaum Fakten überliefert werden konnten, die Mohammed in einem ungünstigen Licht erscheinen ließen.

In zahlreichen Geschichten wird er als Hellseher und Wundertäter vorgeführt. Das widerspricht der heute allgemein akzeptierten Meinung, daß Mohammeds einziges Wunder der Koran gewesen sei. Erzählungen, in denen seine prophetischen Gaben betont werden, stoßen bei modernen Lesern genauso auf Skepsis wie manche biblischen Geschichten mit entsprechendem Inhalt.

Der islamischen Überlieferung zufolge ließ Mohammed Menschen ermorden, weil sie nicht seiner Meinung waren. Insgesamt achtzig politisch-religiös motivierte Meuchelmorde werden ihm, zumindest nach Ibn Warrâqs Zählung, zugeschrieben.[1] Selbst wenn es nur halb so viele waren, sollte man sich doch mit dieser Frage beschäftigen. Bei einem Politiker oder Feldherrn der Antike wie Alexander dem Großen würde eine solche Zahl nicht überraschen, aber bei einem Religionsgründer kann das leicht zu Problemen führen. Werden seine Anhänger ebenfalls morden wollen, wenn ihre Meinung nicht geteilt wird? Seit dem Mord an Theo van Gogh am 2. November 2004 wissen wir, daß es Muslime gibt, die tatsächlich dieser Überzeugung sind und dem Wort die Tat folgen lassen.

Mohammed forderte nach der islamischen Überlieferung die Herrscher der großen Reiche seiner Zeit auf, zum Islam überzutreten, und drohte ihnen im Falle der Weigerung mit Krieg.[2] In der Antike wäre das nichts Besonderes gewesen, aber was sollen wir im einundzwanzigsten Jahrhundert mit einem solchen Aufruf anfangen? Werden Muslime heutzutage ebenfalls von den Machthabern in den Hauptstädten unseres Planeten verlangen, sich dem Islam zu unterwerfen? Seit den Erklärungen von Osama bin Laden und den Verlautbarungen des iranischen Staatsoberhaupts Mahmûd Ahmedinedschâd[3] sowie den Ereignissen des 11. September 2001 wissen wir, daß es tatsächlich Menschen gibt, die dieser Überzeugung sind. Das haben wir immer noch nicht ganz verarbeitet.

Mohammed hegte der islamischen Überlieferung zufolge eine Abneigung gegen Juden. Sowohl durch Ibn Ishâq als auch eine der kanonischen Traditionssammlungen kennen wir seinen Satz: «Tötet jeden Juden, der unter eure Macht fällt.»[4] Die Männer des jüdischen Stammes Quraiza ließ er enthaupten, nachdem sie sich ihm ergeben hatten. Auch wenn sich dieses Blutbad absolut nicht mit dem vergleichen läßt, was in Europa im Zweiten Weltkrieg geschehen ist, wird westlichen und jüdischen Lesern dabei doch ein bißchen unbehaglich zumute.

Es wurde viele Male gesagt: Jedes Urteil über Mohammed ist in letzter Instanz ein religiöses Urteil. Muslime maßen sich keinerlei kritische Aussage über ihn an, da er nun einmal ihr Prophet und Gottesgesandter ist. Aber die Beurteilung, inwieweit die überlieferten Geschichten glaubwürdig sind, müßte ihnen theoretisch freistehen. Dennoch herrscht in der islamischen Welt eine große Scheu davor, genau dies zu tun, und in den vergangenen fünfzig bis sechzig Jahren hat diese Haltung eher zu- als abgenommen.

Wer kein Muslim ist, wird es nicht lassen können, sich ein eigenes Urteil zu bilden. Das Verhalten, die Taten und die Aussagen, die Mohammed zugeschrieben werden, weichen doch sehr stark von dem ab, was Nichtmuslime der Gegenwart akzeptieren würden.[5] Das betrifft insbesondere den Einsatz von Gewalt im Dienste der Religion, den er erlaubte, ja geradezu befahl. Für die Gründung und den Erhalt eines Staates sind derlei Mittel unvermeidlich und notwendig. Aber bei einer Religion? Die paradiesische, pluralistische, aber verletzliche moderne Welt ist möglich geworden, weil abweichenden Meinungen, gerade auch abweichenden religiösen Meinungen, Raum zugestanden wurde. Diese beiden Extreme lassen sich nicht gut miteinander in Einklang bringen, nicht einmal mit viel exegetischer theologischer Akrobatik.

Nichtmuslime stecken übrigens bei der Beurteilung Mohammeds in einem merkwürdigen Dilemma. Welchen Sinn hat es beispielsweise, über die Ehe des Propheten mit einem neunjährigen Mädchen zu wettern, wenn so gut wie sicher ist, daß die Chronologie der traditionellen Lebensbeschreibung Mohammeds nicht stimmt? Und wenn er gar nicht gelebt hat, wäre ein Urteil über ihn ganz und gar unsinnig. Eine Romanfigur wird doch auch nicht verurteilt.

«Gepriesen sei der Apostel Gottes»

Die Theorie, daß es Mohammed nie gegeben habe, wirkt sicherlich weit hergeholt. Wie soll der Islam denn entstanden sein ohne die Person Mohammed? Auf diese Frage läßt sich mit ein wenig gutem Willen wohl eine Antwort finden. Das Oströmische Reich griff in Palästina, Syrien und im Nordirak auf arabische Grenzsoldaten zurück, wie auch das Weströmische Reich am Rhein und an der Donau Goten in seinem Dienst hatte. In der traditionellen Fassung der Geschichte werden diese arabischen Soldaten in christlichem Dienst häufig erwähnt, auch von Ibn Ishâq. Es gibt angesehene Forscher, die es im Prinzip für möglich erachten, daß diese wahrscheinlich wenig gebildeten Soldaten die eine oder andere christliche Losung ihrer Herren falsch verstanden.

Vor allem einem Fragment aus der christlichen Liturgie, dem *Benedictus qui venit in nomine Domini*,[6] «Gepriesen sei er, der kommt im Namen des Herrn», gebührt hier besondere Aufmerksamkeit. *Benedictus* kann leicht als der Vorname Benedictus aufgefaßt werden. In diesem Falle wäre dann die Frage ziemlich naheliegend: «Und wo lebte dieser Benedictus?»

Das arabische Wort *muhammad* ist de facto ein Partizip, genau wie das lateinische *benedictus,* das «gepriesen» bedeutet. «Mohammed ist der Gesandte Gottes», im Arabischen *Muhammad rasûl Allâh*, würde eine genaue Übersetzung von «Gesegnet sei er, der kommt im Namen des Herrn» sein. «Er, der kommt im Namen von» ist ja das Äquivalent von «Gesandter».

Es ist denkbar, daß der Begründer des Islam von dieser Verwirrung folgerichtig Gebrauch gemacht hat und sich «Mohammed» nennen ließ. Wer jedoch weiterhin der kritischen Schule anhängen möchte, wird argumentieren, daß diese Verwirrung zu Diskussionen über die Frage geführt habe, wer wohl dieser imaginäre Benedictus/Mohammed gewesen sei. Geschichtenerzähler in den Militärlagern, buchstäblich an der Grenze zwischen Zivilisation und Barbarei, suchten nach einer Antwort, die natürlich nicht langweilig sein sollte und in der gerne ein bißchen Blut fließen durfte. Demnach hätte die Erzähltradition die Gestalt Mohammed erschaffen, und nicht umgekehrt.

Schon bald beginnt in dieser Geschichtentradition ein zweites Motiv eine Rolle zu spielen. Wie muß, angesichts der christlichen Dreifaltigkeit, das «mono» in «monotheistisch» aufgefaßt werden? Mit anderen Worten: Wie können wir die absolute Einheit Gottes retten, wenn von einem Sohn Gottes, von Engeln und von anderen überirdischen Wesen die Rede ist? Dann schlügen sich im Koran die Diskussionen über den Monotheismus nieder. Die Biographie Mohammeds bestünde also einerseits aus Antworten auf die Frage nach den Abenteuern dieses gepriesenen Benedictus/Mohammed, andererseits aus einer erzählerischen Erläuterung schwer verständlicher Koranpassagen. Vor allem die Tatsache, daß der Koran ab und zu arabisierte syro-aramäische Wörter verwendet, erforderte die Schaffung eines Gebildes aus Erläuterung und erklärenden Geschichten. Wenn eine solche Theorie zuträfe, könnte der Koran ursprünglich ein eigens für die Grenzsoldaten verfaßtes Lectionarium mit religiösen Texten, Gebeten und Gedichten gewesen sein, wie sie unter den syrischen Christen zu zirkulieren pflegten.

«Erzählerische Erläuterung» kommt auch in anderen Traditionen vielfach vor. Im Englischen ist der Fachbegriff *haggadic exegesis*, wobei *haggadic* vom hebräischen Wort für «Geschichte, Erzählung», *haggada*, abgeleitet ist und das griechische *ex-egesis* «Aus-legung» bedeutet. Dementsprechend gingen allmählich Geschichten, die in die Welt gesetzt worden waren, um unverstandene Koranpassagen zu erläutern, als Bestandteil in Mohammeds Lebensgeschichte ein.

Die zahlreichen detaillierten Erzählungen sind dann aufeinander aufbauend entstanden, wenn man den Sympathisanten dieser Theorie folgt. Dabei wurden von den jeweiligen Autoren immer wieder Elemente hinzugefügt, die nach ihrer Auffassung dort hineingehörten. Deshalb sind viele dieser Geschichten ideologisch nicht eindeutig, sondern verändern gelegentlich ihre politisch-religiöse Perspektive. Die Verfasser schufen darin eine Vergangenheit, die sich nicht in Syrien, sondern tief in Arabien abspielte, mit einem arabischen Propheten in der Hauptrolle. Eine vergleichbare Theorie wurde von Thomas L. Thompson, einem Alttestamentler und Archäologen, für das Alte Testament entwickelt.

Thompson hält die Ereignisse, die den Erzählungen zufolge der Rückkehr aus der babylonischen Verbannung nach Jerusalem etwa 538 v. Chr. vorausgingen, für literarische Fiktion.[7] Eines seiner Argumente lautet, die im Alten Testament beschriebenen Begebenheiten von Abraham bis Mose, David und Ezra paßten nicht zu den archäologischen Befunden in der Region. Daher heißt der Untertitel seines Buches *The Bible in History* auch: *How Writers Create a Past*, «Wie Autoren eine Vergangenheit erschaffen».[8]

Es gibt Einwände zuhauf gegen die Anwendung solcher Theorien auf den frühen Islam. Ein Einwand wäre beispielsweise, daß (sollte diese Theorie stimmen) der Name Mohammed vielleicht bereits vor dem Islam von christlichen Arabern als Eigenname verwendet worden sein müßte, wofür sich allerdings nicht genügend Spuren nachweisen lassen. Möglicherweise könnten Archäologen künftig einen Beitrag zu dieser Diskussion leisten. Ein anderer Einwand könnte lauten, daß der Kern der überlieferten Geschichte des frühen Islam doch schwerlich vollständig erdichtet sein kann. Hier und da Ergänzungen oder Erfindungen, das wäre durchaus noch hinzunehmen, aber alles?

Die chronologische Lücke

Das größte chronologische Problem, das Ibn Ishâqs Lebensbeschreibung Mohammeds heraufbeschwört, ist bisher nur indirekt angesprochen worden. Der Koran und Ibn Ishâq teilen beide mit, daß eine Reform des antiken arabischen Kalenders stattgefunden habe.[9] Die zwei Koranverse, die dies ankündigen, bedürfen natürlich der Erläuterung, aber man kann die fragliche Passage kaum anders denn als Verkündung eines Verbots der Schaltmonate auffassen. Es wird angenommen, daß die Kalenderreform kurz vor Mohammeds Tod durchgeführt wurde.

Davor verwendeten die alten Araber einen Sonnenjahrkalender mit zwölf Mondmonaten. Weil diese zwölf Mondmonate nun einmal etwa elf Tage kürzer sind als das astronomische Sonnenjahr, mußten nach einer gewissen Zeit Schaltmonate eingefügt werden, um den Kalender ungefähr auf die vier Jahreszeiten abzustimmen. Es handelte sich um etwa elf Tage pro Jahr; daraus folgt durchschnittlich ein Schaltmonat in etwa drei Jahren.

Wie das System der Schaltmonate bei den alten Arabern, kurz vor Mohammeds Lebensende ausgesehen haben mag, ist nicht bekannt. Wir wissen lediglich durch den Koran und Ibn Ishâq, daß es möglicherweise existiert hat und durch Mohammed abgeschafft wurde.

Wir wissen ebenfalls, daß von Mohammeds Berufung zum Propheten (zwischen 610 und 612) bis zu seinem Tod (632) zwanzig bis zweiundzwanzig Jahre vergingen. In diesem Zeitraum muß den zwölf normalen Mondmonaten durchschnittlich alle drei Jahre ein Schaltmonat hinzugefügt worden sein, um das Kalenderjahr in etwa mit dem astronomischen Sonnenjahr abzustimmen. Daraus ergeben sich sieben Schaltmonate, angesichts der Ungenauigkeiten womöglich noch mehr.

Ibn Ishâq genießt bekanntlich großes Ansehen als Mohammeds Biograph. Sein Ruf als Geschichtsschreiber beruht vor allem auf seinen Datierungen. Anders als Homer oder die vier Evangelisten des Neuen Testaments gibt Ibn Ishâq für jedes wichtige Ereignis, das betrifft insbesondere Mohammeds Jahre in Medina, präzise an, in welchem Monat es stattgefunden hat. Aus diesem Grund glaubten immer wieder Gelehrte, darunter Frants Buhl und W. Montgomery Watt, und in ihren Fußstapfen die populärwissenschaftliche Literatur, daß tatsächlich eine echte Biographie Mohammeds geschrieben werden könne.

Aber plötzlich stellt sich etwas Eigentümliches an den Datierungen Ibn Ishâqs und der Erzähler, auf die er sich stützt, heraus: Kein einziges Ereignis, das wichtig genug war, um von Ibn Ishâq in seine *Sîra* aufgenommen zu werden, wird auf einen Schaltmonat datiert. Jede Erklärung hierfür ist Ibn Ishâqs Ruf als Historiker abträglich und unterstreicht, daß er in Wirklichkeit ein Prediger war, ein Künder der frohen Botschaft von der Ankunft des Propheten, aber kein objektiver Berichterstatter.

Es könnte natürlich möglich sein, daß in dem Zeitraum von etwa zwanzig Jahren zwischen der Berufung Mohammeds zum Propheten und seinem Tod ausgerechnet in den sieben (Schalt-)Monaten tatsächlich nichts vorgefallen war, was der Nachwelt übermittelt werden mußte. Aber diese Wahrscheinlichkeit ist doch relativ gering. Theoretisch wäre auch denkbar, daß es niemals Schaltmonate gegeben hat. Dann enthielten allerdings sowohl der Korantext als auch Ibn Ishâqs Biographie eine Unwahrheit. Für diese Alternative werden sich nicht viele entscheiden, schon gar keine Muslime.

Solange keine bessere Analyse des Problems zur Verfügung steht, liegt es nahe, davon auszugehen, daß die Geschichten Ibn Ishâqs und seiner Gewährsleute aus einer Zeit stammen, in der sich noch niemand der Existenz früherer Schaltmonate bewußt war, weshalb auch kein Mensch den Wunsch verspürte, eine wie auch immer geartete Geschichte in einen solchen Schaltmonat einzubetten. Diese Lösung konfrontiert uns freilich mit einer unangenehmen Möglichkeit: daß nämlich die Geschichtenerzähler ihre eigene Kreativität zum Ausgangspunkt ihrer Erzählungen nahmen und nicht die Erinnerungen an historische Ereignisse.

Über diese Lösung wäre niemand erfreut, zuallerletzt die Muslime, da sie die These stützt, daß die gesamte Biographie Mohammeds eine fromme Erfindung ist. Und nicht einmal moderne westliche Gelehrte können sich dies vorstellen. Jeder möchte doch eigentlich lieber, daß es «etwas» gibt, als daß es «nichts» gibt.

Gott allein darf entscheiden

Jede Religion ist im Prinzip das, was ihre Anhänger daraus machen, und nicht das, was ihre Oberhäupter in Büchern, Fatwas oder Enzykliken vorschreiben, und selbst nicht das, was der Religionsstifter vorgelebt hat. Im Falle der katholischen Kirche ist das bekannt. Jeder weiß, daß das Kirchenvolk in bezug auf Abtreibung, Sterbehilfe und Verhütungsmittel andere Auffassungen vertritt als die Funktionäre des Vatikans. Aber auch wenn theoretisch die Meinungen übereinstimmen, heißt das nicht, daß sich jeder in der Praxis daran hält.

Auch der Islam kennt solche Unterscheidungen zwischen der Lehre, die von der herrschenden Elite auferlegt wird, und der Praxis der Gläubigen. Im Fall des Islam und seiner Anhänger existiert jedoch eine zusätzliche Komplikation: Es gibt Muslime, die unter Berufung auf Koran und Mohammed bereit sind, Gewalt einzusetzen, um ihren religiösen Vorstellungen Nachdruck zu verleihen. Das behindert den freien Austausch von Gedanken und Meinungen. Schon wenige Fanatiker reichen aus, um Andersdenkende zu bedrohen.

Hin und wieder lassen sich Muslime von der Kampfeslust und dem Expansionsdrang Mohammeds inspirieren. Bisweilen werden sie dazu von Freunden, religiösen Führern und bestimmten Koranstellen ermutigt.[10] Einsame Selbstradikalisierung durch das Lesen der Geschichten über die großen islamischen Triumphe in der Vergangenheit kommt in den letzten Jahren ebenfalls vor, ganz sicher, seit es das Internet gibt.

Das Nacheifern von Mohammeds Beispiel und dem seiner ersten Anhänger kann dazu führen, das zeigen Ibn Ishâqs Geschichten sehr gut, daß Menschen bereit sind, für den Islam zu morden und zu sterben. Darauf haben die kulturellen und politischen Eliten moderner offener Gesellschaften so gut wie keine Antwort. Wer bereit ist, für seine Überzeugung zu sterben, erweckt Bewunderung, wer jedoch für seine Religion mordet, erzeugt zumeist tiefen Abscheu und darf keinen Anspruch auf die Krone des Märtyrertums erheben.

Aufgrund einer religiösen Überzeugung zu morden ist daher keine Heldentat, sondern ein Denkfehler. Es ist ein Denkfehler, der nur von jemandem begangen werden kann, der aus dem Auge verloren hat, wie beschränkt der Mensch verglichen mit Gott ist. Es ist ein Denkfehler, der nur von jemandem begangen werden kann, der über Leben und Tod entscheiden will und sich dazu neben Gott auf dessen Thron gesetzt hat, als wäre er diesem ebenbürtig.

Anhang

*Stammbaum Mohammeds und seiner Familienangehörigen**

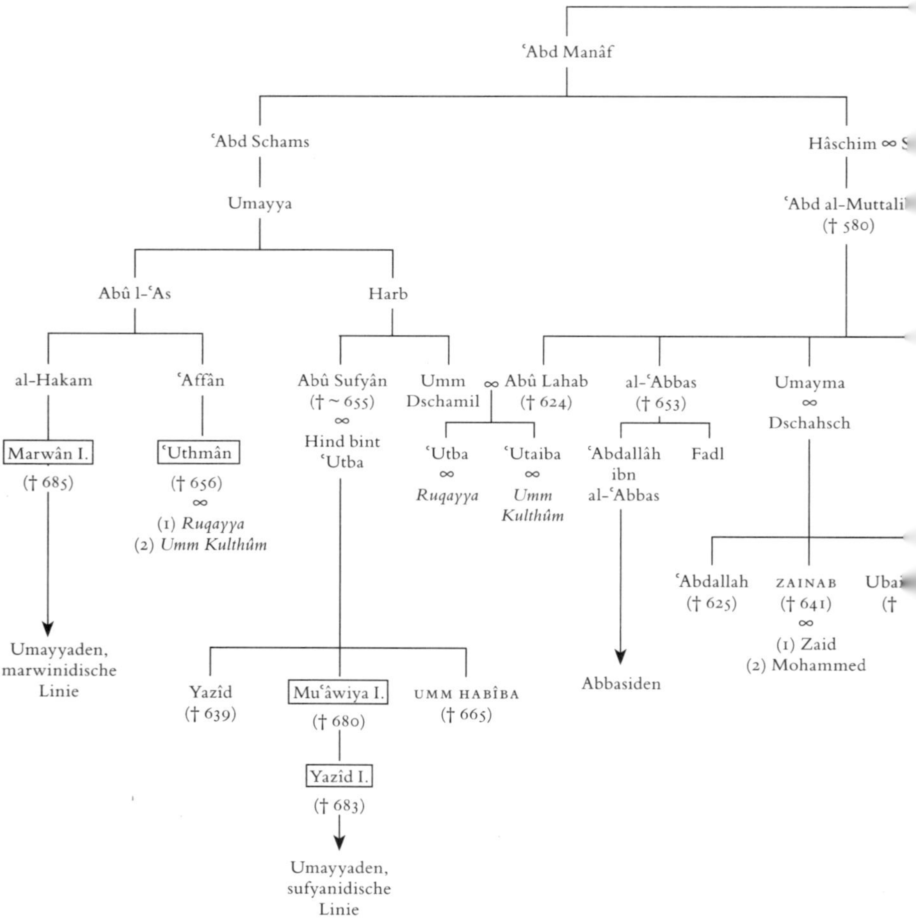

Fâtima: Kinder Mohammeds
AISCHA: Ehefrauen Mohammeds
[ʿAlî]: Kalif

* Der Stammbaum beruht weitgehend auf den Angaben bei Ibn Ishâq beziehungsweise Ibn Hischâm.

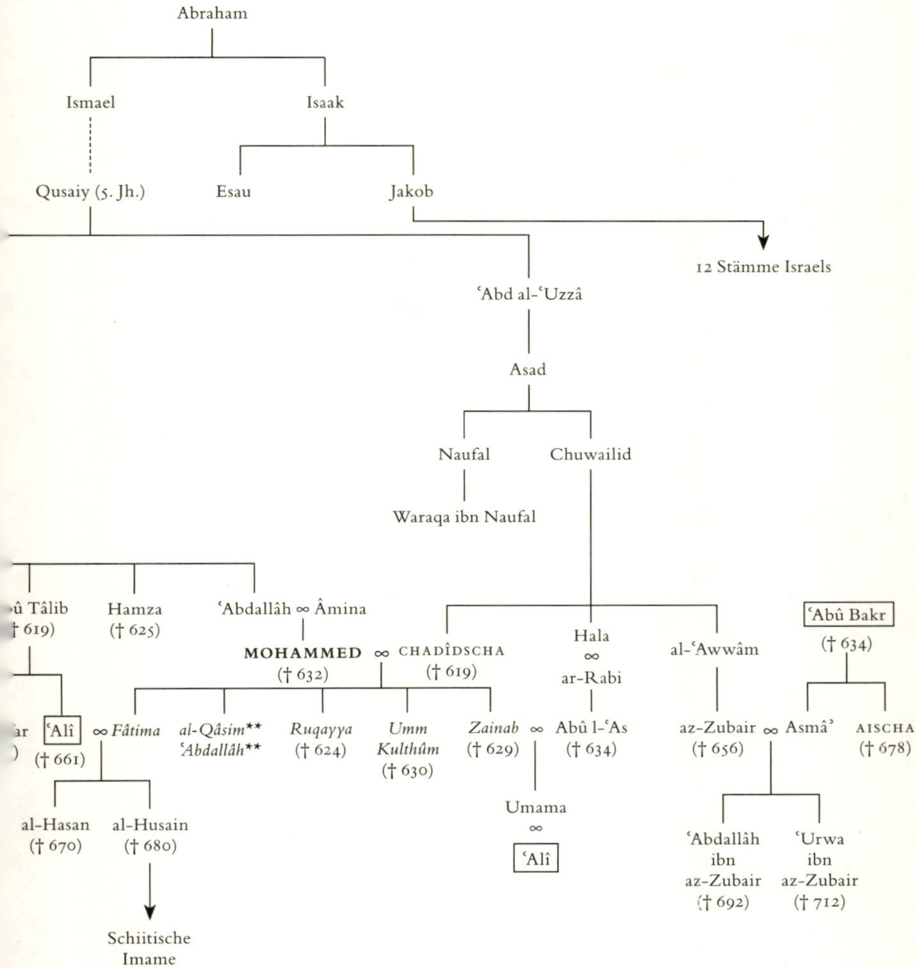

Weitere Ehefrauen Mohammeds:

- Sauda (Tochter des Zamaʿa ibn Qays)
- Umm Salama (Tochter des Abû Umayya ibn al-Mughîra)
- Hafsa (Tochter des Kalifen ʿUmar ibn al-Chattâb)
- Dschuwairiyya (Tochter des Hârith ibn Abî Dirar)
- Safiyya (Tochter des Huyayyiba Akthab)
- Maimuna (Tochter des Hârith ibn Hazn)
- Zainab (Tochter des Chuzayma)
- Asmâʾ (Tochter des Nuʿmân)
- ʿAmra (Tochter des Yazîd al-Kilâb)
- Raihana (Tochter des Zaid ibn ʿAmr)
- Maria al-Qibtiyya (Sohn *Ibrahim* starb im Säuglingsalter, 632)

** bereits im Säuglingsalter verstorben

Anmerkungen

Einleitung

1 Guillaume, S. 227.
2 Vgl. Géza Vermes, *The Passion*, London 2005, S. 2 und S. 5.
3 Bis kurz vor Mohammeds Tod verwendeten die Araber einen Mondkalender, der durch das Einfügen von Schaltmonaten mehr oder weniger mit dem Sonnenjahr übereinstimmte. Mohammed hat die Schaltmonate abgeschafft, aber es ist nicht bekannt, wie das von ihm aufgehobene System genau ausgesehen hat. Wie ein Blick auf die Umrechnungstabellen sofort zeigt, gehen diese von einer Situation ohne Schaltmonate aus und können also auf keinen Fall auf die Periode vor der Abschaffung der Schaltmonate angewendet werden. Der Koran verbietet in Sure 9,37 die Schaltmonate. Dieses Verbot wird oft ins neunte Jahr nach der Hidschra datiert und soll bei der Abschiedswallfahrt verkündet worden sein.
4 Sure 12,3: *ahsan al-qisas*.
5 Siehe Patricia Crone, «What do we actually know about Mohammed?», veröffentlichte am 31. August 2006 (www.opendemocracy.net) mehr oder weniger eine Rückkehr zur traditionellen Version der Geschichte.

1. Der Anfang und die Chronologie

1 Guillaume, S. 69.
2 Lawrence I. Conrad in: Ibn Warraq (Hrsg.), *The Quest for the Historical Muhammad*, New York 2000, S. 370.
3 At-Tabarî, *Tarikh*, 1/1140 (= 2/291, hrsg. v. Muh. A. Al-Fadl Ibr.); Henri Lammens in: Ibn Warraq (Hrsg.), *The Quest for the Historical Muhammad*, New York 2000, S. 216, Anm. 161.
4 Uri Rubin, *The Eye of the Beholder*, Princeton 1995, S. 199.
5 At-Tabarî bei Guillaume, S. 689.
6 Uri Rubin, *The Eye of the Beholder*, Princeton 1995, S. 190, Anm. 8.
7 Vgl. N. J. G. Kaptein, *Het Geboortefeest van de profeet Mohammed*, Leiden 1989.
8 Lawrence I. Conrad in: Ibn Warraq (Hrsg.), *The Quest for the Historical Muhammad*, New York 2000, S. 372.
9 Guillaume, S. 67.

10 Guillaume, S. 68–69.
11 Guillaume, S. 73.
12 Guillaume, S. 79.
13 Patricia Crone, *Meccan Trade and the Rise of Islam*, Oxford 1987.
14 Guillaume, S. 79.
15 Lukas 13,34.
16 Guillaume, S. 82.
17 Guillaume, S. 82.
18 Guillaume, S. 83.
19 Lukas 2,25, *paraklesis*, «Tröstung». Ibn Ishâq und Ibn Hischâm erzählen (Guillaume, S. 104), daß «Mohammed» «Tröster» bedeute und vom syrischen *Munahhemana* stamme, demselben Wort wie das hebräische *Menachem*, bekannt als Vorname des israelischen Politikers Begin. Vgl. auch Sure 61,6 und Johannes 14,26. Möglicherweise liegt eine Verwechslung vor von *parakletos*, «Tröster», mit *periklytos*, das genau wie *ahmad* und *muhammad* «berühmt», «gerühmt» bedeuten kann.
20 Guillaume, S. 84.

2. Die Berufung

1 Beispielsweise Psalmen 50,6, Psalmen 97,6 oder Sure 17,44.
2 Mohammed sagt *mâ aqra'*, dessen Bedeutung sich erst im Lauf der Geschichte erschließt, vgl. dort.
3 Guillaume, S. 104.
4 Wie beispielsweise W. Montgomery Watt es getan hat.
5 Guillaume, S. 105.
6 Guillaume, S. 106–107.
7 Sure 96,1–5 [Übers. Jansen].
8 Der theologische arabische Begriff für «ohne Sünden» ist *ma'sûm*, für «Sündenlosigkeit» ist es *'isma*.
9 Christoph Luxenberg, *Die Syro-Aramäische Lesart des Koran*, Berlin 2000, S. 276–285.
10 Abû l-Qâsim ist die Bezeichnung, mit der Mohammed in den Geschichten von Ibn Ishâq und in anderen erzählenden Texten von seinen Mitbürgern angesprochen wird.
11 Diese Bezeichnung für Gott, der die ganze Welt in seiner Hand hält, wird häufig verwendet, wenn ein heidnischer Gottesname Anstoß erregen würde, ein islamischer Gottesname jedoch anachronistisch wäre.
12 Ibn Ishâq sagt nicht mehr, als daß Waraqa Christ geworden war, aber in Veröffentlichungen heutiger Muslime kann man gelegentlich lesen, er sei Bischof oder Priester gewesen. Das würde die Geschichte tatsächlich schöner machen, aber ein Bischof oder Priester braucht eine Kirche und eine Gemeinde, und

offenkundig weiß die Tradition, daß es so etwas in Mekka nicht gab. Auch Nasr Abû Zaid, *Rethinking the Qur'ân: Towards a Humanistic Hermeneutics*, Utrecht o. J. [2004], 28, spricht von «a Christian Arab priest Waraqa ibn Naufal».

13 Vgl. beispielsweise Rodney Stark und Roger Finke, *Acts of Faith: Explaining the Human Side of Religion*, Berkeley 2000.

14 Vgl. beispielsweise Malise Ruthven, *The Divine Supermarket*, New York 1990 (deutsch: *Der göttliche Supermarkt*, Frankfurt am Main, 1991).

3. Dschahiliyya – Zeit des Heidentums

1 Vgl. Patricia Crone, *God's Rule*, New York 2004, S. 7.

2 Vgl. vor allem Patricia Crone, *God's Rule*, New York 2004, S. 27.

3 Dieses schöne, wohlbekannte Bild stammt in dieser Formulierung von Patricia Crone. Aber wie schön das Bild auch sein mag, der Islam war trotzdem in allererster Linie eine Stadtkultur, keine Wüstenreligion. Dabei denken wir natürlich an Städte wie Mekka, Medina und Bagdad, wo die Wüste nie weit weg ist und jeder Stadtbewohner von Kindesbeinen an eine ziemlich realistische Vorstellung von der Wüste hat.

4 Die Kamel-Schlacht zwischen ʿAlî ibn Abî Tâlib einerseits und Talha und ʿAbdallâh ibn az-Zubair andererseits im Jahre 656 sowie die Schlacht bei Siffin 657 zwischen ʿAlî und Muʿâwiya, dem Gouverneur der Umayyadenfamilie in Damaskus.

5 Zwischen ʿAbdallâh ibn az-Zubair von Mekka und dem Umayyadenkalifen in Damaskus.

6 Guillaume, S. 35.

7 Wie die von Gerald R. Hawting, *The Idea of Idolatry and the Emergence of Islam*, Cambridge 1999.

8 Guillaume, S. 37.

9 In Sure 19,20 und 19,28 wird *baghy* sogar mit «Hure» übersetzt. Dort geht es um die schwangere Jungfrau Maria und ihre Mutter.

10 Patricia Crone, *Meccan Trade and the Rise of Islam*, Oxford 1987.

11 Siehe dazu beispielsweise die Archäologen Yehuda D. Nevo und Judith Koren, *Crossroads to Islam*, New York 2003, z. B. S. 20.

12 Thomas L. Thompson, *The Bible in History*, London 1999.

13 Vgl. beispielsweise Robin Lane Fox, *Die Geheimnisse der Bibel richtig entschlüsselt: Legende und Wahrheit in der Bibel*, Augsburg 2001, aber dazu gibt es natürlich sehr viel mehr Literatur.

14 Lukas 2,2.

15 Matthäus 2.

16 Guillaume, S. 84–86.

17 Beispielsweise Karen Armstrong, *Kleine Geschichte des Islam*, Berlin 2001, S. 26.

4. Die ersten Muslime in Mekka

1 Vgl. beispielsweise Rodney Stark und Roger Finke, *Acts of Faith: Explaining the Human Side of Religion*, Berkeley 2000.
2 Guillaume, S. 111: *kânat awwal man âmana bi-llâh wa-bi-rasûlihi.*
3 Guillaume, S. 112–113.
4 Guillaume, S. 714, Anm. 151.
5 Guillaume, S. 792, Ibn Hischâms Anm. 918.
6 Guillaume, S. 115, S. 116.
7 Quraisch war in Mekka der dominante Clan, zu dem alle bisher genannten Mekkaner gehörten.
8 Vgl. beispielsweise Bernard Lewis, *The Arabs in History*, London/New York 1950, S. 59; W. Montgomery Watt, *Muhammad at Mecca*, Oxford 1953, S. 86–87.
9 «Khalid ibn Said», in: *The Encyclopaedia of Islam*, Bd. IV, S. 927; W. Montgomery Watt, *Muhammad at Mecca*, Oxford 1953, S. 97.
10 Guillaume, S. 117.
11 Guillaume, S. 121.
12 Guillaume, S. 131.
13 Arabisch *dhabh*, das außer «Schlachtung» auch «Mord» oder «Gemetzel» bedeuten könnte.
14 J. J. G. Jansen, *The Neglected Duty*, New York 1986, S. 161.
15 J. J. G. Jansen, *The Neglected Duty*, New York 1986; S. 159–230 enthält eine Übersetzung des vollständigen Dokuments.
16 Guillaume, S. 212.
17 Guillaume, S. 131.
18 Guillaume, S. 156–158.
19 Guillaume, S. 179.
20 Gab es bereits eine Moschee in Mekka, oder ist dies ein Anachronismus?
21 Guillaume, S. 192.
22 Guillaume, S. 194.
23 Einer der Söhne Abrahams, vgl. beispielsweise Genesis 25,12–18.
24 Guillaume, S. 197.

5. Die Auswanderung nach Äthiopien

1 Guillaume, S. 143.
2 Guillaume, S. 145. ʿAbdallâh ibn ʿAbbâs (619–670) war ein Vorfahre des späteren Abbasidenkalifen. In der Überlieferung der Tradition spielt er eine wichtige Rolle.
3 Guillaume, S. 718.

4 Siehe «Ammar ibn Yasir», in: *The Encyclopaedia of Islam*, Bd. I, S. 448.

5 Guillaume, S. 145.

6 Das heißt, daß er wegen seines Reichtums Mohammeds Predigten nicht unbedingt nötig hatte.

7 Guillaume, S. 145.

8 Guillaume, S. 159. Übersichtsstammbaum des Quraisch-Clans in: W. Montgomery Watt, *Muhammad at Mecca*, Oxford 1953, S. 7.

9 W. Montgomery Watt, *Muhammad at Mecca*, Oxford 1953, S. 170–179.

10 Guillaume, S. 160.

11 Guillaume, S. 172; W. Montgomery Watt, *Muhammad at Mecca*, Oxford 1953, S. 121.

12 Philip K. Hitti, *History of the Arabs*, London/New York 1961, S. 114.

13 Vgl. beispielsweise Frants Buhl, *Das Leben Muhammeds*, Darmstadt 1961, S. 172.

14 W. Montgomery Watt, *Muhammad at Mecca*, Oxford 1953, S. 109–110.

15 Maxime Rodinson, *Mahomet*, Paris 1961, S. 143.

16 Nach Ibn Ishâq insgesamt etwa achtzig Erwachsene, Guillaume, S. 148.

17 Übersetzt von Wim Raven, in: Ibn Ishâq, *Het leven van Mohammed*, Amsterdam 2000, S. 60–66; Guillaume, S. 146–155.

18 Ibn Ishâq, *Het leven van Mohammed*, Amsterdam 2000, S. 62.

6. Der Koran in mekkanischer Zeit

1 Gehinnom, das Höllenfeuer. Vgl. in der Bibel etwa 2. Könige 23,10 und Lukas 12,5.

2 Alphonse Mingana, «Syriac Influence on the Style of the Koran», in: Ibn Warraq (Hrsg.), *What the Koran Really Says*, New York 2002, S. 175–178.

3 Alphonse Mingana, «Syriac Influence on the Style of the Koran», in: Ibn Warraq (Hrsg.), *What the Koran Really Says*, New York 2002, S. 180. Im Neuen Testament ist es *Geënna*. Ursprünglich handelt es sich um einen einfachen Ortsnamen, ein Tal bei Jerusalem. Vgl. beispielsweise Nehemia 11,30 oder Josua 18,10.

4 Alphonse Mingana, «Syriac Influence on the Style of the Koran», in: Ibn Warraq (Hrsg.), *What the Koran Really Says*, New York 2002, S. 185.

5 Vgl. auch Guillaume, S. 180.

6 Vgl. beispielsweise Fawn M. Brodie, *No Man Knows My History: The Life of Joseph Smith*, New York 1995, S. 45–49 und öfter.

7 Berichte über die Verspottung und das Auslachen Mohammeds auch an anderer Stelle im Koran, vgl. die Suren 9,65, 21,36, 25,41, 36,30, 37,12 und 53,60.

8 Genesis 19,1–29 sowie die Suren 69,9 (mekkanisch) und 9,70 (medinensisch).

9 Die Suren 10,98–100 und 37,139–148, beide mekkanisch, sowie das Alte Testament, Buch Jonas.

10 Vgl. Sure 7,127 und folgende sowie Exodus 1,15–22 etc.
11 So auch Exodus 1,8.
12 Rudi Paret, *Der Koran: Kommentar und Konkordanz*, Stuttgart 1980, S. 122, über Sure 19,12–15.
13 Hebräisch *Mirjam*, arabisch *Maryam*, griechisch *Mariam* oder *Maria*, lateinisch Maria, aber es handelt sich immer um denselben Namen.
14 Dieser Vers behauptet, daß Jesus das Neue Testament empfangen habe, wie Mohammed der Koran offenbart wurde. Der Text des Neuen Testaments schreibt dagegen die verschiedenen Teile («Bücher» und «Briefe»), aus denen es besteht, verschiedenen Schülern oder Jüngern Jesu zu.

7. Vier rätselhafte Geschichten

1 Beispielsweise Karen Armstrong, *Kleine Geschichte des Islam*, Berlin 2001, S. 15, über Mohammed: «Im Monat Ramadan des Jahres 610 n. Chr. machte ein arabischer Geschäftsmann eine Erfahrung, die die Weltgeschichte verändern sollte.»
2 Das normale moderne arabische Wort für «Koalition», *i'tilâf*, ist von derselben Wurzel abgeleitet. Im modernen Arabisch hat *îlâf* sich nicht durchgesetzt. Das ist übrigens meist der Fall bei den Wörtern aus dem Koran, deren Bedeutung heute unbekannt oder umstritten ist.
3 Patricia Crone, *Meccan Trade and the Rise of Islam*, Oxford 1987, S. 205–210.
4 Guillaume, S. 166.
5 Wim Raven, «Duivelsverzen 2», in: *Het Woordenboek van de duivelsverzen*, Amsterdam 1996, S. 29–31.
6 Vgl. Gerald R. Hawting, *The Idea of Idolatry and the Emergence of Islam*, Cambridge 1999, vor allem S. 141–143.
7 Dome of the Rock, Qubbat as-Sachra, Felsendom, mitten auf dem ummauerten Platz. In der südwestlichen Ecke dieses Platzes befindet sich, über der Klagemauer, in einem gewissen Abstand die Mauer der Aqsa-Moschee.
8 W. Montgomery Watt, *Muhammad at Mecca*, Oxford 1953, und ders., *Muhammad at Medina*, Oxford 1956.
9 Guillaume, S. 181–187.
10 Idrîs (Koran, Sure 19,56–57) wird meist identifiziert als Henoch, Genesis 5,24. Auch at-Tabarî tut das.
11 Der technische Begriff dafür ist im Arabischen *tafsîr al-Qur'ân bi-l-Qur'ân*.
12 Der Titel des Buches war *Da'wa li-t-Tafakkur wa-t-Tadabbur fi-l-Qur'ân wa-l-Hadîth*, «Aufruf zur Reflexion über den Koran und die Hadith».
13 MEMRI Special Dispatch Series, Nr. 564, 3. September 2003.
14 Arabisch *sahar* statt *shahr*. Das System der Punkte, die in der heutigen arabischen Schrift diese zwei Worte voneinander unterscheiden, wurde bekanntermaßen erst nach dem siebten Jahrhundert erfunden.

15 *Tunazzil*, wie der Standardkonsonantentext faktisch lautet, nicht das gesuchte *[ta]tanazzal*.

8. Nach Medina

1 Das Bild stammt bekanntlich aus dem Neuen Testament, Offenbarung 22.
2 Thora, hebräisch, das «Gesetz» von Mose.
3 Guillaume, S. 197.
4 Aber in Sure 63,8 verwenden die Feinde Mohammeds den Namen Medina, was wohl völlig absonderlich wäre, wenn Medina eine Abkürzung für «die Stadt des Propheten» ist.
5 Arabisch *ansâr*.
6 Kalif ʿUmar bestimmte im sogenannten «Pakt ʿUmars», daß Juden einen gelben, Christen einen blauschwarzen und Samaritaner einen roten Turban zu tragen hätten, um sie von den Muslimen zu unterscheiden. Eine solche Anordnung impliziert, daß die Samaritaner damals keine zu unterschätzende Gruppe waren.
7 Patricia Crone und Michael Cook, *Hagarism: The Making of the Islamic World*, Cambridge 1977, S. 7–9.
8 Es geht zu weit, diese Worte mit Watt als Hinweis auf die Erwartung eines kommenden Messias zu sehen. W. Montgomery Watt, *Muhammad at Mecca*, Oxford 1953, S. 144. Es wirkt eher wie ein entschuldigendes Vorausdeuten auf das endgültige Schicksal der Juden von Medina.
9 Guillaume, S. 198.
10 Fast genau diesen Ausdruck gebraucht Josef auch in Sure 12,37.
11 «*qâla: al-Dschanna*», Guillaume, S. 205; vgl. auch S. 199.
12 Guillaume, S. 212.
13 Guillaume, S. 205.
14 *Mudhammam*, das Gegenteil von *muhammad*, «gepriesen», «geehrt».
15 Guillaume, S. 206.
16 Guillaume, S. 212.
17 Guillaume, S. 213.
18 Guillaume, S. 216–218.
19 *Aslimû*, «Ergib dich!», auch zu übersetzen als: «Werde Muslim!»
20 *Tunsarûna*, «Dir wird geholfen werden», ein Wortspiel mit *ansâr*, «Helfer».
21 Nach den Korankommentaren: der Koran.
22 *Sahîfa*.
23 Guillaume, S. 218.
24 Die Analyse von Mohammeds Taktik in dieser Hinsicht geht bereits auf Leone Caetani (1905) zurück, vgl. W. Montgomery Watt, *Muhammad at Mecca*, Oxford 1953, S. 150.
25 Guillaume, S. 221–230.

26 Ibn Ishâq legt Abû Dschahl hier doch sehr prophetische Worte in den Mund.
27 Guillaume, S. 223.
28 Guillaume, S. 227.
29 So auch W. Montgomery Watt, *Muhammad at Mecca*, Oxford 1953, S. 151.
30 Bertold Spuler und Joachim Mayr, *Wüstenfeld-Mahler'sche Vergleichungs-Tabellen zur muslimischen und iranischen Zeitrechnung*, Wiesbaden 1961, S. 2.
31 Oder wie der Koran sagt: «gebieten, was Recht ist, und verbieten, was Unrecht ist», Koran, Sure 3,104, 110, 114; Sure 7,157; Sure 9,67, 71, 112; Sure 22,39–41 und Sure 31,17: *al-amr bi-ʾ l-maʿrûf wa-ʾ l-nahy ʿani ʾl-munkar.*

9. Die erste Zeit in der Stadt

1 Montag, der zwölfte Tag des dritten Monats des Jahres, in dem die Hidschra stattfand. Der dritte Monat, Rabiʿ al-awwal, begann am 13. September 622, das Jahr der Hidschra am 16. Juli 622. Nicht alle Muslime kamen gleichzeitig an; die Hidschra dauerte einige Wochen. Es gibt also nicht nur ein bestimmtes Datum für «die» Hidschra. Mohammed selbst kam, umgerechnet, am 24. oder 25. September an, je nach Interpretation der Tabellen.
2 Guillaume, S. 227.
3 Guillaume, S. 228.
4 Guillaume, S. 229.
5 Beispielsweise Sure 36,69 oder 52,29–30.
6 Guillaume, S. 231.
7 Guillaume, S. 241.
8 Eine ausgewogene Besprechung und Inventarisierung der wissenschaftlichen Forschung zur Konstitution von Medina gibt R. Stephen Humphreys, *Islamic History*, Princeton 1995, S. 92–98.
9 Guillaume, S. 234. Übrigens erzählt das Neue Testament, daß Jesus aus seinen Jüngern ebenfalls Paare bildete, vgl. Markus 6,7, Lukas 10,1, Die Aussendung der Jünger. Davon könnte diese Geschichte ein Widerhall sein, mit dem Unterschied, daß Jesus nicht zu einem Paar gehörte. Vielleicht wollte der Erzähler damit auf das bekannte Motiv hinweisen, daß dem Islam zufolge Mohammed nur der Gesandte Gottes ist und ein gewöhnlicher Mensch, während für das Christentum Jesus der Sohn Gottes ist, eine der drei Personen der göttlichen Dreifaltigkeit.
10 Guillaume, S. 731, Anm. 285.
11 Guillaume, S. 235.
12 Guillaume, S. 709, Anm. 117; Guillaume, S. 73.
13 Wie Steinigung für Ehebruch und Amputation einer Hand für Diebstahl.
14 Guillaume, S. 235.

15 *Bûq.*
16 Guillaume, S. 731, Anm. 288.

10. Debatten, Listen, Hindernisse

1 Guillaume, S. 236, S. 239.
2 Peter Heather, *The Fall of the Roman Empire*, London 2005, S. 175.
3 Guillaume, S. 239.
4 Die Geschichte von Hofni und Phineas wird erzählt in 2. Samuel 4,12–25.
5 Guillaume, S. 241.
6 Guillaume, S. 240–241.
7 Guillaume, S. 241.
8 Guillaume, S. 241.
9 Guillaume, S. 242.
10 Das Schriftzeichen, das heute als *â* interpretiert wird, müßte vielleicht als *y* gelesen werden.
11 «Römisch» bedeutet in diesem Zusammenhang natürlich: oströmisch, byzantinisch.
12 Guillaume, S. 242 unten.
13 Es gab einen berühmten ghassanidischen König namens Hârith ibn Dschabala (529–569), ein monophysitischer Christ und Verbündeter von Byzanz.
14 Guillaume, S. 243.
15 Der jüdische Clan Qainuqâʿ unterstützte Chazradsch, die jüdischen Clans al-Nadîr und Quraiza unterstützten Aus, vgl. z. B. Guillaume, S. 253.
16 Guillaume, S. 243, zweimal auf einer Seite.
17 Guillaume, S. 243–244.
18 Guillaume, S. 245.
19 Ist es nötig, darauf hinzuweisen, daß in diesem Kontext «sein Kamel verloren zu haben» das Äquivalent dazu ist, heute nicht mehr zu wissen, wo man sein Auto geparkt hat?
20 Guillaume, S. 246.
21 Man beachte, daß Ibn Ishâq hier höchstpersönlich das, was in der Moschee besprochen wird, als Geschichten abstempelt.
22 Guillaume, S. 246.
23 Guillaume, S. 247.
24 Guillaume, S. 247, S. 228.
25 Guillaume, S. 258.
26 Guillaume, S. 258–259, S. 267.
27 Guillaume, S. 260.
28 Guillaume, S. 270.
29 Vgl. beispielsweise Irfan Shahid, «Nadjran», in: C. E. Bosworth, E. von Don-

zel u. a., *The Encyclopaedia of Islam*, New Edition, Leiden 1993, Bd. 7, S. 871–872.

30 Guillaume, S. 270–271.

31 Eine solche Formulierung provoziert doch die Frage, mit welcher Art von Hofhaltung und mit welcher Art von diplomatischem Verkehr der Erzähler dieser Geschichte denn eigentlich vertraut war.

32 Guillaume, S. 271.

33 Guillaume, S. 179.

34 Guillaume, S. 277.

35 Guillaume, S. 277.

36 W. M. Watt, *Muhammad: Prophet and Statesman*, Oxford 1961 (zahlreiche Neuauflagen).

37 Guillaume, S. 278.

38 Auf die heutigen Niederlande übertragen hieße das: Von dem Sozialdemokraten Wouter Bos, dem Amsterdamer Bürgermeister Job Cohen und dem Vorsitzenden der marktwirtschaftlich orientierten VVD Mark Rutte könnten wir uns vorstellen, daß sie einmal zum Islam übertreten, aber von Menschen wie Pim Fortuyn oder Theo van Gogh war das nicht denkbar.

39 Matthäus 25,39.

40 Vgl. Rodney Stark, *The Rise of Christianity: A Sociologist Reconsiders History*, Princeton 1996.

41 Guillaume, S. 280.

11. Die ersten Waffengänge

1 Guillaume, S. 280.

2 September/Oktober 622.

3 August 623.

4 z. B. hebräisch *yarêach*, «Mond», und *yerach*, «Monat».

5 Guillaume, S. 281.

6 Guillaume, S. 281.

7 *Rasûlun atâhum sâdiqun fa-tukadhdhibû ʿalaihi wa-qâlû ‹lastafînâ bi-mâ kithin›.*

8 Guillaume, S. 285.

9 Guillaume, S. 285.

10 Guillaume, S. 286.

11 Patricia Crone bringt eine ausführliche Analyse dieses Problems, mit allen Verweisen, in: *Meccan Trade and the Rise of Islam*, Oxford 1987, S. 226–230.

12 Sure 2,217.

13 Guillaume, S. 289.

14 Auch wer glaubt, daß es den Islam schon immer gegeben habe und Adam der erste muslimische Prophet gewesen sei, kann nichts dagegen einzuwenden ha-

ben, daß die Bewegung, die von Mohammed zu Beginn des siebten Jahrhunderts initiiert wurde, eine, innerhalb des damaligen Kontextes, neue religiöse Bewegung genannt wird.

15 Guillaume, S. 289.

16 Guillaume, S. 292, S. 738.

17 Guillaume, S. 297: dreihundert Mann.

18 Guillaume, S. 295: tausend Mann.

19 Guillaume, S. 296.

20 Die türkische Form von «Badr» ist «Bedir». Bedir ist in den Niederlanden besser als der Name einer Schule in Uden bekannt, die als Reaktion auf den Mord an Theo van Gogh in Brand gesteckt wurde. Es ist die Frage, ob es wohl in eine friedliche Gesellschaft paßt, eine Schule nach einer Schlacht oder, wenn man es anders ausdrücken möchte, nach einem Raubzug zu benennen.

21 Bertold Spuler und Joachim Mayr, *Wüstenfeld-Mahler'sche Vergleichungs-Tabellen zur muslimischen und iranischen Zeitrechnung*, Wiesbaden 1961, zufolge fiel dieses Datum auf einen Dienstag.

22 Guillaume, S. 297.

23 Guillaume, S. 300.

24 Guillaume, S. 300.

25 Guillaume, S. 301.

26 Guillaume, S. 303.

27 Guillaume, S. 304.

28 Guillaume, S. 304.

29 Guillaume, S. 305.

30 Guillaume, S. 360.

31 Guillaume, S. 308.

32 Guillaume, S. 360.

33 Guillaume, S. 361.

34 Guillaume, S. 260.

35 Guillaume, S. 363–364.

36 Guillaume, S. 751, Anm. 568.

37 W. Montgomery Watt, *Muhammad at Medina*, Oxford 1956, S. 209.

38 *Auliyâ'*.

12. Wer erlöst mich von Ibn al-Aschraf?

1 Guillaume, S. 364–369.

2 J. J. G. Jansen, *The Neglected Duty*, New York 1986, 26, S. 211–213.

3 *Aschrâf al-ʿarab wa-mulûk an-nâs.*

4 Guillaume, S. 365–366.

5 Guillaume, S. 369. Was mit jüdischen Frauen und Kindern zu geschehen hatte, war selbstverständlich.

6 *Man zafirtum bihi min ridschâl al-yahûd, fa-qtulûhu.* Auch in die maßgebliche kanonische Hadith-Sammlung von Abû Dâwûd (gestorben 888) aufgenommen. Vgl. dazu jedoch Karen Armstrong, *Kleine Geschichte des Islam*, Berlin 2001, S. 37: «Der Zwist stand nicht mit einer besonderen Feindseligkeit gegen die Juden allgemein im Zusammenhang, sondern nur gegen die drei rebellischen Stämme. Der Koran verehrte weiterhin jüdische Propheten.» Das Problem ist nur, daß nicht alle Juden Propheten sind oder waren.

7 Guillaume, S. 369.

8 Guillaume, S. 370–391.

9 Guillaume, S. 370.

10 Bertold Spuler und Joachim Mayr, *Wüstenfeld-Mahler'sche Vergleichungs-Tabellen zur muslimischen und iranischen Zeitrechnung*, Wiesbaden 1961, zufolge fiel der zwölfte auf einen Donnerstag.

11 Guillaume, S. 371.

12 Guillaume, S. 372–373.

13 Guillaume, S. 380.

14 Guillaume, S. 381.

15 Guillaume, S. 383–384.

16 Guillaume, S. 385.

17 Guillaume, S. 358.

18 Guillaume, S. 385–386.

19 *Lau lâ an takûn sunna baʿdî la-taraktuhu.*

20 Guillaume, S. 388.

21 Guillaume, S. 386–387.

22 Guillaume, S. 390.

23 Guillaume, S. 757.

24 Guillaume, S. 391: *ichtabar Allâh bihi al-muʾminîn.*

25 J. J. G. Jansen, *The Neglected Duty*, New York 1986, S. 145.

26 Guillaume, S. 391–401.

27 Guillaume, S. 403, S. 759.

28 Guillaume, S. 426.

29 Eine *rakʿa* ist eine Sequenz, die aus sechs Körperhaltungen besteht: (1) Im Stehen mit übereinandergelegten Händen; (2) halb vornübergeneigt; (3) im Stehen mit den Händen am Körper herunterhängend; (4) mit der Stirn auf dem Boden; (5) im Knien; (6) Stirn wieder auf dem Boden. Th. W. Juynboll, *Handleiding tot de kennis van de Mohammedaansche wet volgens de leer der Sjʾfitische school*, Leiden 1930, S. 60–62. Es ist natürlich nicht sicher, ob das auch damals in Medina bereits so präzise systematisiert war wie in späteren Handbüchern.

30 Lukas 23,34.

31 *Atâ l-chabar min as-samâʾ bi-mâ arâda l-qaum*, Guillaume, S. 437.

32 Der schottische Gelehrte W. Montgomery Watt ist der Ansicht, daß die Gründe der Muslime, sich jetzt der Nadîr zu entledigen, vielleicht nicht so

«flimsy» sind, wie sie auf den ersten Blick erscheinen. Nach dem Mord an Kaʿb ibn al-Aschraf konnten die Muslime ja mit einer Reaktion rechnen. W. Montgomery Watt, *Muhammad at Medina*, Oxford 1956, S. 211. Eine solche Argumentation geht allerdings von der Historizität der beiden Geschichten aus.

33 Guillaume, S. 762.

34 Guillaume, S. 437.

35 Guillaume, S. 438: *ʿalâ amwâlihimâ wa-ahrazâhâ.*

36 Guillaume, S. 439–445.

13. Der Graben

1 Das persische *kandan* bedeutet «graben». Vgl. auch Carl Brockelmann, *Lexicon Syriacum*, Berlin 1895, 333b: *«fossa»*.

2 G. Monnot, «Salat al-Khawf», in: C. E. Bosworth, E. von Donzel u. a. (Hrsg.), *The Encyclopaedia of Islam*, New Edition, Bd. 8, S. 934–935; Ahmad ibn Naqib al Misri und Nu Ha Mim Keller, *Reliance of the Traveller: A Classic Manual of Islamic Sacred Law*, Beltsville MD 1994, «prayer of peril», f16 (S. 197–199); Ignaz Goldziher, *Die Zahiriten*, Leipzig 1884, S. 46–47.

3 Guillaume, S. 445.

4 *Hattâ sallâ rasûl Allâh bi-n-nâs salât al-chauf thumma sarafâ bi-n-nâs.*

5 Guillaume, S. 763, Anm. 688.

6 Guillaume, S. 386 und S. 448.

7 Guillaume, S. 448–449.

8 W. Montgomery Watt, *Muhammad at Medina*, Oxford 1956, S. 35.

9 Peter Heather, *The Fall of the Roman Empire*, London 2005, S. 105–107.

10 W. Montgomery Watt, *Muhammad at Medina*, Oxford 1956, S. 35.

11 *Dûmat*, mit einem t am Ende ist dann die Form von *Dûma*, die für einen Genitiv vorgeschrieben ist: der *Dûma* von al-Dschandal.

12 Guillaume, S. 449: *radschiʿa qabla yasila ilaihâ.*

13 Beispielsweise Philip K. Hitti, *History of the Arabs*, London 1961, S. 117.

14 Adrian Goldsworthy, *In the Name of Rome: The Men Who Won the Roman Empire*, London 2004, S. 413: «There is no real parallel to Belisarius' decision to protect almost his entire frontage in this way.»

15 Guillaume, S. 764.

16 Gerald R. Hawting, *The Idea of Idolatry and the Emergence of Islam*, Cambridge 1999, S. 56–57.

17 Arabisch: *maʿahu fi amrin dschâmiʿ.*

18 Guillaume, S. 451.

19 Guillaume, S. 452.

20 Guillaume, S. 452.

21 Guillaume, S. 455.

22 Guillaume, S. 460.

23 Guillaume, S. 461–469.
24 W. Montgomery Watt, *Muhammad at Medina*, Oxford 1956, S. 214, vgl. vor allem Anm. 1, die auf Guillaume, S. 461, verweist, auf die Geschichte vom Engel.
25 *Yâ ichwân qirada.* Vgl. Sure 5,60.
26 «Abû l-Qâsim» war der Name, mit dem Mohammed in Mekka und Medina angesprochen wurde.
27 *Mâ kunta dschahûlan?*
28 *Hisâr.*
29 *Naqtulu hâ'ûlâ l-masâkîn? Fa-mâ chair al-'aisch ba'dahum?*
30 Am 11. Juli 1995 fiel die muslimische Enklave Srebrenica in Bosnien in serbische Hände. Alle muslimischen Männer wurden ermordet.
31 *Atâ li-Sa'd an lâ ta'chudhahu fî llâh laumat lâ'im.* Vgl. Sure 5,54.
32 Sowohl für die Wasserrinnen auf dem Markt wie für die Wassergräben um Medina herum verwendet Ibn Ishâq das Wort *chandaq.*
33 Guillaume, S. 765, Anm. 711.
34 Matthäus 26,69–75.

14. Der Skandal um Aischa

1 Nach der traditionellen Fassung der Geschichte lebte Aischa von etwa 614 bis 678, Mohammed von etwa 570 bis 632. Beide wurden in Mekka geboren und starben in Medina. Beide wurden etwa gleich alt.
2 Guillaume, S. 792.
3 Liste bei Guillaume, S. 792–794.
4 Es steht wirklich da: *dschalâbîb Quraisch.* Guillaume, S. 491, übersetzt hier und anderswo *vagabonds.*
5 Dschuwairiyya ist der Diminutiv von *dschâriya*, «Mädchen». Diminutive sind als Namen frequent, auch Quraisch und Husain sind Diminutive.
6 Guillaume, S. 493.
7 Guillaume, S. 496: *inna l-nisâ' la-kathîr, wa-innaka la-qâdir 'alâ an tastachlif.*
8 Guillaume, S. 499: *wadschadûhu Hasûran, mâ ya'tî l-nisâ'.*
9 Die Kamel-Schlacht, benannt nach dem Kamel, von dem aus Aischa den Verlauf der Kämpfe beobachtete.
10 Guillaume, S. 493.
11 Vgl. R. S. Humphreys, *Islamic History*, Princeton 1991, S. 83.

15. Friede mit den Mekkanern

1 Diese Wortwahl ist zu finden in: Guillaume, S. 190, und Philip K. Hitti, *History of the Arabs*, London 1961, S. 117: *confederates.*
2 *Arâ fîhi athâr at-taʿâm.*
3 Guillaume, S. 482–484.
4 Guillaume, S. 484: *in Sarafnâ maʿa l-ahzâb ʿani l-chandaq.*
5 Guillaume, S. 485: *Qubâʾil al-fath.*
6 Guillaume, S. 485–486: *wibâr.*
7 Guillaume, S. 504.
8 Guillaume, S. 499.
9 Es geht hier um die ersten Aprilwochen, denn der Wallfahrtsmonat (Dhûʾl-hiddscha) begann 628 am 12. April.
10 Guillaume, S. 499, Sure 48,11.
11 Der bibelfeste Leser erinnert sich, daß auch Mose Wasser aus dem Felsen schlug, Deuteronomium 8,15.
12 Guillaume, S. 501.
13 Guillaume, S. 502: *umsus bazr al-Lât.*
14 Guillaume, S. 503: *lâ yatawaddaʾ illâ btadarû wadûʾahu.*
15 Hans Jansen, *Het nut van God*, Amsterdam 2001, S. 179, und Verweise.
16 Guillaume, S. 503, Sure 48,18.
17 Guillaume, S. 504: *daniyya fî dîninâ.*
18 Gefolgt von einem Eigennamen bedeutet ibn nicht «Sohn», sondern «der Sohn von».
19 Guillaume, S. 505: *dam ahadihim dam kalb.*
20 Guillaume, S. 505.
21 Etwas aus diesen Kommentaren findet sich beispielsweise wieder in Johannes H. Kramers u. a., *De Koran uit het Arabisch vertaald*, Amsterdam 2001.
22 Ibn Ishâq schreibt die Geschichte az-Zuhrî zu, der sie von ʿUrwa übernommen hat.
23 Guillaume, S. 507.
24 Guillaume, S. 507: *ghadr.*
25 *Qaumuka.*
26 Guillaume, S. 508.
27 Patricia Crone, *Meccan Trade and the Rise of Islam*, Oxford 1987.
28 Guillaume, S. 509 und S. 510.

16. Triumph und Niederlage

1 Etwa Tom Holland, *Rubicon: The Triumph and Tragedy of the Roman Republic*, London 2003, S. 5–6.
2 Guillaume, S. 511.
3 Guillaume, S. 515.
4 Guillaume, S. 515: *schaitâna.*
5 Guillaume, S. 515. Mohammed sagt: *ʿadhdhib-hu.*
6 W. Montgomery Watt, *Muhammad at Medina*, Oxford 1956, S. 218: «was put to death after the surrender because he had concealed the family treasure».
7 Guillaume, S. 516: *mâta schahîdan.*
8 Guillaume, S. 519: *idrab fî wudscûhihâ.*
9 Guillaume, S. 521–523.
10 Guillaume, S. 771, Anm. 778.
11 Guillaume, S. 530–531.
12 Joseph Schacht, *The Origins of Muhammadan Jurisprudence*, Oxford 1950, S. 153.
13 Guillaume, S. 531: *lâ hâdscha lanâ fî taʿ âmika.*
14 Guillaume, S. 532.
15 Frants Buhl, *Das Leben Muhammeds*, Darmstadt 1961, S. 302, Anm. 107.
16 Frants Buhl, «Muʾta «, in: C. E. Bosworth, E. von Donzel u. a., *The Encyclopaedia of Islam*, New Edition, Leiden 1993, Bd. 7, S. 756.
17 Guillaume, S. 533: *immâ zuhûr wa-immâ schahâda.*
18 Guillaume, S. 535.
19 Guillaume, S. 536: *farrâr.*

17. Mekka fällt

1 Guillaume, S. 540–561. Dagegen Karen Armstrong, *Kleine Geschichte des Islam*, Berlin 2001, S. 39: «und Mohammed eroberte Mekka, ohne einen einzigen Blutstropfen zu vergießen.» W. Montgomery Watt, *Muhammad at Medina*, Oxford 1956, S. 66: «With such negligible bloodshed did Muhammad achieve this great triumph» und S. 69: «Thus in the end very few persons were put to death.» Der Eifer, mit dem westliche Autoren das Blut aufwischen, grenzt ans Unbegreifliche. Trotzdem werden sie stets und ständig beschuldigt, den Islam zu kämpferisch und blutrünstig darzustellen.
2 Vgl. z. B. Patricia Crone und Michael Cook, *Hagarism: The Making of the Islamic World*, Cambridge 1977, S. 155–156, über Reaktionen auf die arabische Invasion. Aber Karen Armstrong, *Kleine Geschichte des Islam*, Berlin 2001, S. 48: «Einige römische Christen [...] zogen die muslimische Herrschaft bei weitem der byzantinischen vor.»
3 Guillaume, S. 544: *sayyid al-ʿarab ilâ âchir al-dahr.*

4 Guillaume, S. 544.
5 Guillaume, S. 545.
6 W. Montgomery Watt, *Muhammad at Medina*, Oxford 1956, S. 66.
7 Guillaume, S. 546.
8 Guillaume, S. 546.
9 Guillaume, S. 548.
10 Ibn al-ʿIbri, *Târîch Muchtasar al-Duwal*, Beirut 1958, S. 95.
11 Guillaume, S. 550.
12 Guillaume, S. 550–551.
13 Frants Buhl, *Das Leben Muhammeds*, Darmstadt 1961, S. 308; W. Montgomery Watt, *Muhammad at Medina*, Oxford 1956, S. 68.
14 Guillaume, 550: *lâ yaqtul bi-l-ishâra.*
15 Der *textus receptus* wird im Arabischen meist *mushaf ʿUthmân* genannt.
16 Guillaume, S. 773.
17 Al-Azraqi starb um 858.
18 Guillaume, S. 552.
19 Sure 49,13.
20 Guillaume, S. 552–553.
21 Guillaume, S. 552: *baʿd ahl al-ʿilm.*
22 Guillaume, S. 553; at-Tabarî, S. 1643.
23 Guillaume, S. 553; at-Tabarî, S. 1644: *lâ yusâfihu l-nisâʾ.*
24 Guillaume, S. 554: *yawm birr wa-wafâʾ.*
25 Guillaume, S. 555.
26 Guillaume, S. 562.
27 Guillaume, S. 562.
28 Guillaume, S. 565.

18. Eroberungen

1 Ibn Ishâq (Guillaume, S. 628) bezieht den Vers auf die Situation im Jahr der Gesandtschaften, auf das Jahr 9 nach der Hidschra, das am 20. April 630 begann, also nach Hunain, nach Tabûk und nach der Befriedung der Thaqîf. Kommentator Baidâwî (um 1300) erwähnt beide Standpunkte.
2 Guillaume, S. 567: *tafarraqat ausâluhum.*
3 Die Wurzel *n-w-t* bedeutet unter anderem «aufhängen».
4 Guillaume, S. 572.
5 Guillaume, S. 576.
6 Guillaume, S. 576.
7 Guillaume, S. 587.
8 Guillaume, S. 593.
9 Guillaume, S. 594, und Gernot Rotter: Ibn Ishâq, *Das Leben des Propheten*, Kandern 2004, S. 234.

10 Guillaume, S. 595.
11 Guillaume, S. 596: *idhâ lam yakun al-ʿadl ʿandî.*
12 Arabisch: *schîʿa.*
13 At-Tabarî, S. 1683: *fa-taʾachchir ʿannî.*
14 Guillaume, S. 596: *mâ anâ illâ min qaumî.*
15 Guillaume, S. 597. Personalformen angepaßt.
16 Guillaume, S. 782, Anm. 853.
17 Frants Buhl, *Das Leben Muhammeds*, Darmstadt 1961, S. 315, der die Ehre, diese Idee gehabt zu haben, dem niederländischen Gelehrten Christiaan Snouck Hurgronje zuteil werden läßt.
18 Guillaume, S. 597.
19 Guillaume, S. 597.
20 Guillaume, S. 598: *hal anta qâbil minhu?*
21 Guillaume, S. 601: *as-sûd al-tanâbîl.*
22 *Bânat Suʿâdun fa-qalbî l-yauma matbûl.*
23 Guillaume, S. 601–602.
24 Guillaume, S. 602.
25 Frants Buhl, *Das Leben Muhammeds*, Darmstadt 1961, S. 322.
26 Guillaume, S. 602–614. Guillaume, S. 618–624; diese Seiten bilden einen Kommentar zu Sure 9.
27 Guillaume, S. 602–608.
28 Guillaume, S. 602: *banî asfar.*
29 Guillaume, S. 604.
30 Guillaume, S. 604.
31 Sure 15,80–84.
32 Guillaume, S. 605.
33 Guillaume, S. 607.
34 Guillaume, S. 608: *manâdîl.*
35 Bruce M. Metzger, *A Textual Commentary on the Greek New Testament*, Stuttgart 1975, S. 76. Bart D. Ehrman, *Misquoting Jesus: The Story Behind Who Changed the Bible and Why*, San Francisco 2005, S. 133.
36 Es gibt auch moderne Universitäten, in denen diese Methode angewandt wird, um unbequeme Teammitglieder zu disziplinieren. Aber in diesem Umfeld funktioniert sie selten.
37 Sure 9,118; Guillaume, S. 613.
38 Guillaume, S. 616.
39 Sure 9,1. Heiden, Polytheisten, die dem einen Gott freilich einen ihm wesensgleichen «Gefährten» geben.
40 Mohammed.
41 Der Vertrag von Hudaibiyya.
42 Sure 9,3.
43 Sure 9,28.

44 Frants Buhl, *Das Leben Muhammeds*, Darmstadt 1961, S. 337.
45 Guillaume, S. 627.

19. *Abschied und Tod*

1 *Wufûd*.
2 Guillaume, S. 678, S. 792, Anm. 917.
3 Guillaume, S. 629: *qatluhu ʿalainâ yasîran*.
4 Guillaume, S. 635.
5 Guillaume, S. 637.
6 Guillaume, S. 636–637: *fî l-amr*.
7 Guillaume, S. 642–644.
8 Guillaume, S. 645.
9 Guillaume, S. 646: *la-alqaitu ruʾûsakum taht aqdâmikum*.
10 Vgl. Sure 5,6.
11 Vgl. z. B. Hans Jansen, *Nieuwe inleiding*, Bussum 1998, S. 42, S. 61, über die fünf Zeitpunkte und die Abrogation.
12 Guillaume, S. 648.
13 Sure 20,47 (Schluß).
14 Sure 7,128; Guillaume, S. 649.
15 Guillaume, S. 649; Frants Buhl, *Das Leben Muhammeds*, Darmstadt 1961, S. 340.
16 Ahmad ibn Naqib al-Misri und Nuh Ha Mim Keller, *Reliance of the Traveller. A Classic Manual of Islamic Sacred Law*, Evanston 1994, S. 74.
17 Guillaume, S. 651–652.
18 Alfred Guillaume und Wim Raven übersetzen dieses Wort (*ʿawâni*, von der Wurzel *ʿny*) als «Kriegsgefangene». Im modernen Standardarabisch wird das Wort wohl für Frauen verwendet, die unverheiratet sind und nach Ansicht ihrer Umgebung angesichts ihres Alters auch nicht mehr heiraten werden, vgl. z. B. MEMRI, Nr. 291, 31. August 2006. Vielleicht verwandt mit hebräisch *ʿny*, u. a. «unfrei sein», «eine niedrige Stellung einnehmen»; möglicherweise auch mit dem aramäischen Wort verwandt, das im Neuen Testament mit «Arme» übersetzt wird. Vgl. die sogenannten Seligsprechungen, Lukas 6,20; Anna Wierzbicka, *What Did Jesus Mean? Explaining the Sermon on the Mount and the Parables in Simple and Universal Human Concepts*, Oxford 2001, S. 34–40.
19 Joseph Schacht, *The Origins of Muhammadan Jurisprudence*, Oxford 1950, S. 181.
20 Zu in der Bibel erwähnten Steinigungen wegen Unzucht vgl. Leviticus 20,10, Deuteronomium 22,22 und Johannes 8,11.
21 Guillaume, S. 652.
22 Guillaume, S. 678. Dieser Monat endete am 26. Mai 632.
23 Im Arabischen nur zwei Wörter: *aslim taslam*.

24 Guillaume, S. 655.
25 Guillaume, S. 667.
26 Guillaume, S. 672.
27 Guillaume, S. 678. Die kanonische Überlieferungssammlung von Buchârî bringt diese Greuelgeschichte ebenfalls. Vgl. auch Ibn Warraq, *Why I Am Not a Muslim*, New York 1995, S. 345.
28 Guillaume, S. 675.
29 Guillaume, S. 676.
30 Guillaume, S. 678.
31 Guillaume, S. 679.
32 Guillaume, S. 680: *fal-yusalli bi-l-nâs.*
33 Philip K. Hitti, *History of the Arabs*, London 1961, S. 119; Frants Buhl, *Das Leben Muhammeds*, Darmstadt 1961, S. 353.
34 Guillaume, S. 682: *fa-dadschaʿa fî hiğrî.*
35 Moojan Momen, *An Introduction to Shiʿi Islam*, New Haven 1985, S. 16.
36 Guillaume, S. 683.
37 Guillaume, S. 688.

Epilog: Mohammed und danach

1 Ibn Warraq (Hrsg.), *The Quest for the Historical Muhammad*, New York 2000, S. 30, S. 542.
2 Drei Beispiele bei Muhammad Abd al-Salâm Farag, um 1980, übersetzt in: J. J. G. Jansen, *The Neglected Duty*, New York 1986, S. 193–194. Diese Beispiele übernimmt Farag aus al-Buchârî, at-Tabarî und Baihaqî. Die bis auf den heutigen Tag noch unvermindert große Bekanntheit der Geschichten über diese Briefe zeigt unter anderem die Tatsache, daß auch Farag sie zitiert.
3 Bruce Lawrence (Hrsg.), *Messages to the World: The Statements of Osama bin Laden*, New York 2005. Brief des iranischen Präsidenten Ahmedinedschâd an den amerikanischen Präsidenten George W. Bush, veröffentlicht am 9. Mai 2006.
4 *Man Zafirtum bihi min ridschâl al-yahûd, fa-qtulûhu.*
5 Dies gilt in seiner Allgemeinheit natürlich für jeden Religionsgründer.
6 Psalm 118,26; Matthäus 21,9; Markus 11,9; Lukas 13,35; Johannes 12,13.
7 Vgl. Ezra 1,1. Hans Jansen, *Het nut van God*, Amsterdam 2001, S. 89–93, faßt Thompson knapp zusammen.
8 Thomas L. Thompson, *The Bible in History*, London 1999.
9 Guillaume, S. 651–652; Sure 9,36–37.
10 Vor allem Sure 2,191, «Und tötet sie (d. h. die heidnischen Gegner), wo (immer) ihr sie zu fassen bekommt», und Sure 2,216, «Euch ist vorgeschrieben, (gegen die Ungläubigen) zu kämpfen». Aber auch das Verfluchen Andersdenkender am Ende von Sure 9,30 müßte Juden und Christen Sorgen bereiten.

Literatur

Quellen

Die wichtigste Quelle zum Leben Mohammeds (570–632) ist das Werk von Ibn Ishâq (704–767) *Sîrat al-Nabiy*, «Der Lebensgang des Propheten», das wahrscheinlich um 750 verfaßt wurde. Der Name des Verfassers wird übrigens «Ibn Is-châk» ausgesprochen. Das Buch wurde von Ibn Hischâm (gestorben etwa 833) bearbeitet. Diese Bearbeitung wurde in den Jahren 1858–1860 in Göttingen von Ferdinand Wüstenfeld herausgegeben. Die erste deutsche Übersetzung stammt von dem Orientalisten Gustav Weil: *Mohammed der Prophet, sein Leben und seine Lehre. Aus handschriftlichen Quellen und dem Koran. Mit Beilagen und einer Stammtafel* (Stuttgart: Metzler, 1843). Diese Übersetzung ist leider wenig zuverlässig, zumal sie auch nicht auf der Edition von Wüstenfeld basiert. Ibn Ishâqs und Ibn Hischâms Werk wurde rund ein Jahrhundert später von dem britischen Arabisten Alfred Guillaume ins Englische übersetzt: *The life of Muhammad. A translation of Ishâq's Sîrat rasûl Allâh. With introduction and notes by Alfred Guillaume* (London u. a.: Oxford University Press, 1955, 17. Auflage 2004). Da diese Übersetzung recht zuverlässig ist, habe ich bei Zitaten aus Ibn Ishâq in den Anmerkungen immer auf die Seiten bei Guillaume verwiesen. Von dort aus kann ein Leser, der Arabisch beherrscht, bei Bedarf leicht den arabischen Text auffinden. Die von mir verwendete Edition von Ibn Ishâq beziehungsweise Ibn Hischâm ist folgende: *Sîrat al-nabiyy calayhi al-Salaatu wa-ʾl-salâm li-ʾl-shaykh al-imâm abî muHammad ʿabd al-malik Ibn Hischâm* [Kairo], *muHammad ʿalîi SubayH wa-awlâdahu bi-mîdân al-azhar al-sharîf*, 2 Bände, Ramadân 1346 [März 1927]. Diese Edition ist mit knappen Anmerkungen von Mahmûd Sayyid al-Tahtawi versehen und beruht auf der 1843 in Kairo gedruckten Ausgabe.

Der Koran wird nach der deutschen Übersetzung von Rudi Paret zitiert. Wo davon abgewichen wird, ist dies vermerkt. Die Bibel wird, sofern nicht anders angegeben, nach der Übersetzung Martin Luthers in der revidierten Fassung von 1984 zitiert. Der verwendete Korankommentar war meist der sogenannte Tafsîr al-Dschalâlayn aus der Zeit um 1500.

In den Anmerkungen genannte Literatur

Armstrong, Karen: *Islam: A Short History*, London 2004 (deutsch: *Kleine Geschichte des Islam*, Berlin 2001).

Buhl, Frants: *Das Leben Muhammeds*. Aus dem Dänischen von Hans Heinrich Schaeder, Darmstadt 1961.

Crone, Patricia: *Meccan Trade and the Rise of Islam*, Oxford 1987.

–: God's Rule. *Government and Islam*, New York 2004.

–: *What Do We Actually Know about Mohammed?*, auf der Internetseite www.opendemocracy.net/articles/ViewPopUpArticle.jsp?id=5&articleId=3866 (Zugriff am 31.8.2006) bzw. www.opendemocracy.net/faith-europe_islam/mohammed_3866.jsp (Zugriff am 10.9.2007).

–/Michael Cook: *Hagarism. The Making of the Islamic World*, Cambridge 1977.

Guillaume, Alfred: *The Life of Muhammad*. A Translation of Ishâq's Sirat Rasul Allah, Oxford 1955.

Hawting, Gerald R.: *The Idea of Idolatry and the Emergence of Islam. From Polemic to History*, Cambridge 1999.

Heather, Peter: *The Fall of the Roman Empire: A New History*, London 2005 (deutsch: *Der Untergang des Römischen Weltreichs*, Stuttgart 2007).

Humphreys, R. Stephen: *Islamic History: A Framework for Inquiry*, Princeton 1995.

Ibn Ishâq: Het leven van Mohammed. De vroegste Arabische verhalen. Aus dem Arabischen von Wim Raven, Amsterdam 2000.

Ibn Naqib al-Misri, Ahmad: *Reliance of the Traveller. A Classic Manual of Islamic Sacred Law*. Aus dem Arabischen von Nuh Ha Mim Keller, Evanston 1994.

Ibn Warraq: *Why I Am Not a Muslim*, New York 1995 (deutsch: *Warum ich kein Muslim bin*, Berlin 2003).

– (Hrsg.): *The Quest for the Historical Muhammad*. Aus dem Arabischen von Ibn Warraq, New York 2000.

–: *What the Koran Really Says. Language, Text and Commentary*. Aus dem Arabischen von Ibn Warraq, New York 2002.

Jansen, Hans: *Het nut van God*, Amsterdam 2001.

Jansen, J. J. G.: *The Neglected Duty: The creed of Sadat's Assassins and Islamic Resurgence in the Middle East*, New York 1986.

Kramers, Johannes H.: *De Koran uit het Arabisch vertaald*. Bearbeitet von Asad Jaber und Johannes J. G. Jansen, Amsterdam 2003.

Luxenberg, Christoph: *Die Syro-Aramäische Lesart des Koran. Ein Beitrag zur Entschlüsselung der Koransprache*, Berlin, 3. Auflage 2007.

Nevo, Yehuda D./Judith Koren: *Crossroads to Islam. The Origins of the Arab Religion and the Arab State*. New York 2003.

Paret, Rudi: *Der Koran: Kommentar und Konkordanz*, Stuttgart, 7. Auflage 2005.

Rodinson, Maxime: *Mahomet*, Paris 1961 (deutsch: *Mohammed*, Luzern 1975).

Rubin, Uri: *The Eye of the Beholder. The Life of Muhammad as Viewed by the Early Muslims – a Textual Analysis*, Princeton 1995.

Schacht, Joseph: *The Origins of Muhammadan Jurisprudence*, Oxford 1950.

Thompson, Thomas L.: *The Bible in History: How Writers Create a Past*, London 1999.

Vermes, Géza: *The Passion*, London 2005 (deutsch: *Die Passion. Die wahre Geschichte der letzten Tage im Leben Jesu*, Darmstadt 2006).

Watt, William Montgomery: *Muhammad at Mecca*, Oxford 1953.

–: *Muhammad at Medina*, Oxford 1956.

Weiterführende Literaturhinweise

Ammann, Ludwig: *Die Geburt des Islam. Historische Innovation durch Offenbarung*, Göttingen 2001.

Andrae, Tor: *Mohammed. Sein Leben und sein Glaube*, Gauting 2002 (Neuausgabe).

Bobzin, Hartmut: *Der Koran. Eine Einführung*, München, 7. Auflage 2007.

–: *Mohammed*, München, 3. Auflage 2006.

Bouman, Johan: *Der Koran und die Juden*, Darmstadt 1990.

Burgmer, Christoph (Hrsg.): *Streit um den Koran. Die Luxenberg-Debatte: Standpunkte und Hintergründe*, Berlin, 3. Auflage 2007.

Gabriel, Mark A.: *Jesus und Mohammed. Erstaunliche Unterschiede und überraschende Ähnlichkeiten.* Aus dem Englischen von Christian Rendel, Gräfelfing 2006.

Hebbo, Ahmed: *Die Fremdwörter in der arabischen Prophetenbiographie des Ibn Hischâm* (gest. 218/834), Frankfurt a. M. u. a. 1984.

Ibn Is'hâq: *Das Leben des Propheten.* Aus dem Arabischen von Gernot Rotter, Kandern 2004.

Imhof, Agnes: *Religiöser Wandel und die Genese des Islam. Das Menschenbild altarabischer Panegyriker im 7. Jahrhundert*, Würzburg 2004.

Kunelius, Risto (Hrsg.): *Reading the Mohammed cartoons controversy. An international analysis of press discourses on free speech and political spin*, Bochum/Freiberg 2007.

Lüling, Günter: *Die Wiederentdeckung des Propheten Muhammad. Eine Kritik am «christlichen» Abendland*, Erlangen 1981.

Maier, Bernhard: *Koran-Lexikon*, Stuttgart 2001.

Motzki, Harald (Hrsg.): *The Biography of Muhammad. The issue of the sources*, Leiden 2000.

Muranyi, Miklos: «Die Auslieferungsklausel des Vertrages von al-'Hudaibiya und ihre Folgen», in: Arabica 23 (1976), S. 275–295.

–: «Ein neuer Bericht über die Wahl des ersten Kalifen Abû Bakr», in: Arabica 25 (1978), S. 233–260.

Nagel, Tilman: *Der Koran. Einführung – Texte – Erläuterungen*, 4. unveränd. Auflage, München 2002.

Ohlig, Karl-Heinz/Gerd-Rüdiger Puin (Hrsg.): *Die dunklen Anfänge. Neue Forschungen zur Entstehung und frühen Geschichte des Islam*, 3. Auflage, Berlin 2007.
Ohlig, Karl-Heinz (Hrsg.): *Der Frühe Islam. Eine historisch-kritische Rekonstruktion anhand zeitgenössischer Quellen*, Berlin 2007.
Paret, Rudi: *Mohammed und der Koran*, Stuttgart, 9. Auflage 2005.
Raven, Wim: «ʿSîra and the Qurʾân», in: Jane Dammen Mac-Auliffe (Hrsg.): *Encyclopaedia of the Qurʾân*, Bd. 5, Leiden 2006 , S. 29–51.
al-Samuk, S. M.: *Die historischen Überlieferungen nach Ibn Isʾhâq. Eine synoptische Untersuchung*, Frankfurt am Main 1978.
Schimmel, Annemarie: *Und Muhammad ist sein Prophet*, München, 3. Auflage 1995.
Schoeler, Gregor: *Charakter und Authentie der muslimischen Überlieferung über das Leben Mohammeds*, Berlin/New York 1996.
Schöller, Marco: *Exegetisches Denken und Prophetenbiographie*, Wiesbaden 1998.
Sellheim, Rudolf: «Prophet, Chalif und Geschichte, die Muʾhammad-Biographie des ibn Isʾhâq», in: Orient 18 (1967), S. 33–91.
–: «Muhammeds erstes Offenbarungserlebnis», in: Jerusalem Studies in Arabic and Islam (JSAI) 10 (1987), S. 1–16.
Sprenger, Aloys: *Das Leben und die Lehre des Moʾhammad*, Hildesheim 2003.

Bildnachweis

Seite 25, 131, 195, 355, 393, 419: The Art Archive/Topkapı Sarayı Museum Istanbul/Harper Collins Publishers
Seite 61, 297, 333: The Bridgeman Art Library/Topkapı Sarayı Museum Istanbul
Seite 79, 177, 279: Aus: Rachel Milstein/Karin Rührdanz/Barbara Schmitz: Stories of the Prophets. Illustrated Manuscripts of Qisas al-Anbiyâʾ, Costa Mesa 1999, Tafel 42, 32, 33
Seite 103: The Art Archive/Turkish and Islamic Art Museum Istanbul/Dagli Orti (A)
Seite 149: Scala Archives/British Museum London
Seite 215, 261: Aus: Sheila R. Canby: Princes, Poets & Paladins. Islamic and Indian paintings from the collection of Prince and Princess Sadruddin Aga Khan, London 1999, Tafel 136, 73
Seite 241: The Art Archive/Bodleian Library Oxford
Seite 319: Aus: Marie-Rose Séguy (Hrsg.): Muhammeds wunderbare Reise durch Himmel und Hölle, München 1977, Tafel 43
Seite 371: The Chester Beatty Library, Dublin

Register

Verzeichnis der Koranstellen

Verzeichnis der Bibelstellen

Aus dem Verlagsprogramm

Geschichte und Kultur des Islam

Werner Ende/Udo Steinbach

Der Islam in der Gegenwart

Entwicklung und Ausbreitung - Kultur und Religion - Staat, Politik und Recht
5., aktualisierte und erweiterte Auflage. 2005
1064 Seiten mit 15 Abbildungen und 1 Karte. Leinen

Heinz Halm

Geschichte der arabischen Welt

Begründet von Ulrich Haarmann.
Unter Mitwirkung von Monika Gronke, Barbara Kellner-Heinkele, Helmut Mejcher, Tilman Nagel, Albrecht Noth, Alexander Schölch, Reinhard Schulze, Hans-Rudolf-Singer, Peter von Sievers.
5. Auflage. 2004. 786 Seiten mit 14 Karten. Leinen
(Beck's Historische Bibliothek)

Abdellah Hammoudi

Saison in Mekka

Geschichte einer Pilgerfahrt
Aus dem Französischen von Holger Fock und Sabine Müller
2007. 313 Seiten mit 1 Karte. Gebunden

Navid Kermani

Gott ist schön

Das ästhetische Erleben des Koran
3. Auflage. 2007. 546 Seiten. Broschiert

Gudrun Krämer

Geschichte des Islam

2005. 334 Seiten mit 87 Abbildungen und 5 Karten. Gebunden

Silvia Naef

Bilder und Bilderverbot im Islam

Vom Koran bis zum Karikaturenstreit
Aus dem Französischen von Christiane Seiler
2007. 160 Seiten mit 18 Abbildungen. Gebunden

Geschichte und Kultur des Islam

Hartmut Bobzin

Mohammed

2., durchgesehene Auflage. 2002
128 Seiten mit 1 Karte und 1 Stammbaum. Paperback
(C. H. Beck Wissen in der Beck'schen Reihe Band 2144)

Hartmut Bobzin

Der Koran

Eine Einführung
7. Auflage. 2007. 128 Seiten mit 3 Abbildungen. Paperback
(C. H. Beck Wissen in der Beck'schen Reihe Band 2109)

Heinz Halm

Der Islam

Geschichte und Gegenwart
7. Auflage. 2007. 103 Seiten. Paperback
(C. H. Beck Wissen in der Beck'schen Reihe Band 2145)

Heinz Halm

Die Araber

Von der vorislamischen Zeit bis zur Gegenwart
2. Auflage. 2006. 128 Seiten mit 2 Karten. Paperback
(C. H. Beck Wissen in der Beck'schen Reihe Band 2343)

Heinz Halm

Die Schiiten

2005. 128 Seiten mit 3 Abbildungen. Paperback
(C. H. Beck Wissen in der Beck'schen Reihe Band 2358)

Annemarie Schimmel

Sufismus

Eine Einführung in die islamische Mystik
3. Auflage. 2005. 125 Seiten. Paperback
(C. H. Beck Wissen in der Beck'schen Reihe Band 2129)